高尔夫

球杆量身定制理论与实践

THEORY AND PRACTICE OF
GOLF CLUB FITTING

王玉玺 ◎ 主编

北京体育大学出版社

策划编辑：吴 珂 田 露
责任编辑：吴 珂
责任校对：田 露
版式设计：谭德毅

图书在版编目（CIP）数据

高尔夫球杆量身定制理论与实践 / 王玉玺主编. --
北京：北京体育大学出版社，2023.7
ISBN 978-7-5644-3751-0

Ⅰ.①高... Ⅱ.①王... Ⅲ.①高尔夫球运动—球棒—
制作 Ⅳ.①G849.353

中国版本图书馆CIP数据核字（2022）第207677号

高尔夫球杆量身定制理论与实践

GAO'ERFU QIUGAN LIANGSHEN DINGZHI LILUN YU SHIJIAN

王玉玺 主编

出版发行：北京体育大学出版社
地　　址：北京市海淀区农大南路1号院2号楼2层办公B-212
邮　　编：100084
网　　址：http://cbs.bsu.edu.cn
发 行 部：010-62989320
邮 购 部：北京体育大学出版社读者服务部 010-62989432
印　　刷：北京瑞禾彩色印刷有限公司
开　　本：787mm×1092mm　1/16
成品尺寸：185mm×260mm
印　　张：29
字　　数：643千字
版　　次：2023年7月第1版
印　　次：2023年7月第1次印刷
定　　价：680.00元

编委会

序言

　　20 世纪 80 年代以来，伴随着改革开放和经济社会的发展，我国高尔夫球运动从广东等沿海开放地区率先兴起。此后 30 多年，在社会各方面的共同努力下，我国高尔夫球运动不断普及和发展，在球场建设、赛事体系建立、专业人才队伍搭建、国际交往等方面，有了较快的进步，我国运动员也先后取得大满贯冠军，登顶世界排名榜首，站上奥运会领奖台，在国际职业、业余和青少年高尔夫球竞赛中不断取得突破，展现了中国体育健儿的风采。

　　运动成绩的提高，要建立在科学、规范的训练体系之上。球员要想打好高尔夫球，除了刻苦练习以外，拥有适合自己身体条件和能力的球杆也非常重要，它将更有助于球员快速地掌握专项技能，并稳定发挥。高尔夫球杆的量身定制，是实现运动技术与运动工具完美结合的一个重要手段。

　　我们希望读者能够通过对高尔夫球杆量身定制知识的学习，掌握这项有助于改善运动技术水平的方法和手段，提高实操水平，用知识和科技提升球员的运动表现。我们也希望越来越多的行业基础性研究不断开花结果，形成多元力量，为中国高尔夫球运动技术水平的提升贡献一份力量。

袁伟民

国家体育总局前局长
中国奥委会前主席
中国高尔夫球协会前主席

前言

现代高尔夫球运动已有五百多年的历史。自 2009 年国际奥委会将高尔夫球确定为 2016 年奥运会正式比赛项目以来,有条件的国家和地区都越来越重视该项目的发展。中国的现代高尔夫球运动起步较晚,发展时间较短,但因为中国经济发展较快,高尔夫球运动也迅速发展起来,高尔夫球场的发展,以及高尔夫球赛事体系的完善都极大地推动了中国竞技高尔夫球运动的发展。近年来由于经济发展等多方面因素,参与高尔夫球运动的人数不断增多,高尔夫球运动呈现蓬勃发展的态势。随着全球高尔夫球人口的增长,高尔夫球具市场规模也逐年攀升,就高尔夫球具市场而言,球杆占比超过 40%,而我国目前是世界高尔夫球杆的生产制造基地之一,有完整的球杆生产组装产业链。

高尔夫球运动与其他大多数运动项目相比,场地条件和使用器材更为复杂多变。在巡回赛的赛场上,没有两套完全一样的球杆,球员的每套球杆都有不同的参数设定。高尔夫球具的发展在推动高尔夫球运动的发展以及球员竞技水平的提高上都起到了重要的作用。作为全球高尔夫球杆生产制造国之一,我国在高尔夫球杆制作领域的理论研究亟待发展和突破,人才需求量极大。目前,国内开设高尔夫球相关专业的大专院校近百家,但与球杆相关的专业教材却寥寥无几,长此以往将制约专业人才的培养和行业的发展。鉴于此,出版一本高尔夫球杆相关的专业书籍势在必行,刻不容缓。

本书从基础理论入手,系统地讲解了有关球杆参数及量身定制的基础知识,为了便于理解采用了大量总结性表格和二维、三维图示对理论知识进行讲解。内容上由浅入深,并详细讲解了挥杆击球阶段、高尔夫球飞行阶段的力学理论基础及杆头、球等相关数据参数,为高尔夫球杆量身定制提供了理论基础。因此,本书适用于以下人员阅读和使用。

本书从写作到成稿历时五年多，笔者将多年来从事球杆定制器材开发及球杆量身定制的实践经验进行总结与提炼，最终完成了本书。书中所含文字及图表都经过无数次的修改及完善。为了便于各等级技师的分阶段学习以及高尔夫球专业院校的教学计划安排，书中将不同难度的内容用星号数量来标识区分。学习难度最低为三颗星，涉及球杆的基础概念类章节；难度最高为五颗星，涉及力学原理及数据分析等。难度详解如下。

★★★（三颗星）：初级阶段学习内容，适合初级工坊技师、专卖店销售人员、初级教练，专业院校低年级学生。

★★★★（四颗星）：中级阶段学习内容，适合中级工坊技师、中级教练，专业院校中年级学生。

★★★★★（五颗星）：高级阶段学习内容，适合高级工坊技师、高级教练，专业院校高年级学生。

因本书所含知识点较多，为了便于读者掌握相关内容，特做了以下总结性思维导图，读者可根据该思维导图对不同章节的内容串联学习，以便更好地掌握相关知识点。

本书在写作的过程中得到了多位顾问和编委的支持与帮助，为本书内容的完善和准确性提供了保障，在此表示感谢。本书中关于球杆历史及球杆量身定制相关章节中引用的部分照片，如有不妥请联系出版社或笔者，在此也表示感谢。

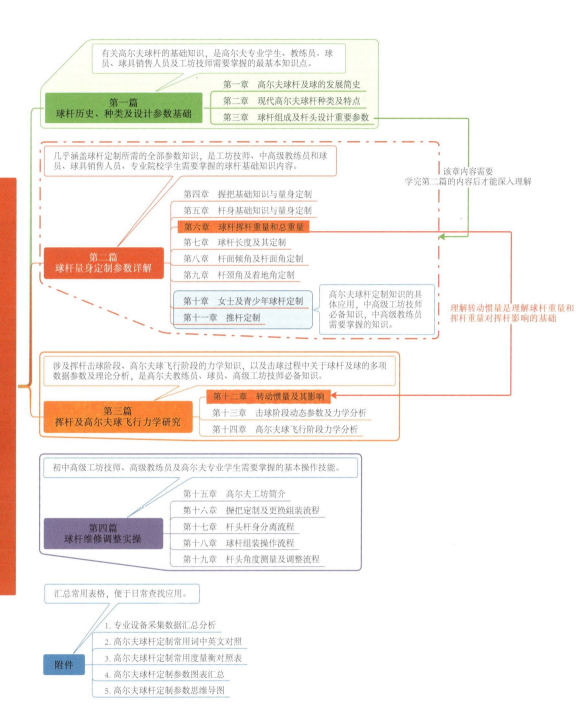

高尔夫球杆量身定制理论与实践学习思维导图

有关高尔夫球杆的基础知识，是高尔夫专业学生、教练员、球员、球具销售人员及工坊技师需要掌握的最基本知识点。

第一篇
球杆历史、种类及设计参数基础

第一章　高尔夫球杆及球的发展简史
第二章　现代高尔夫球杆种类及特点
第三章　球杆组成及杆头设计重要参数

该章内容需要学完第二篇的内容后才能深入理解

几乎涵盖球杆定制所需的全部参数知识，是工坊技师、中高级教练员和球员、球具销售人员、专业院校学生需要掌握的球杆基础知识内容。

第二篇
球杆量身定制参数详解

第四章　握把基础知识与量身定制
第五章　杆身基础知识与量身定制
第六章　球杆挥杆重量和总重量
第七章　球杆长度及其定制
第八章　杆面倾角及杆面角定制
第九章　杆颈角及着地角定制

第十章　女士及青少年球杆定制
第十一章　推杆定制

高尔夫球杆定制知识的具体应用，中高级工坊技师必备知识，中高级教练员需要掌握的知识。

理解转动惯量是理解球杆重量和挥杆重量对挥杆影响的基础

涉及挥杆击球阶段、高尔夫球飞行阶段的力学知识，以及击球过程中关于球杆及球的多项数据参数及理论分析，是高尔夫教练员、球员、高级工坊技师必备知识。

第三篇
挥杆及高尔夫球飞行力学研究

第十二章　转动惯量及其影响
第十三章　击球阶段动态参数及力学分析
第十四章　高尔夫球飞行阶段力学分析

初中高级工坊技师、高级教练员及高尔夫专业学生需要掌握的基本操作技能。

第四篇
球杆维修调整实操

第十五章　高尔夫工坊简介
第十六章　握把定制及更换组装流程
第十七章　杆头杆身分离流程
第十八章　球杆组装操作流程
第十九章　杆头角度测量及调整流程

汇总常用表格，便于日常查找应用。

附件

1. 专业设备采集数据汇总分析
2. 高尔夫球杆定制常用词中英文对照
3. 高尔夫球杆定制常用度量衡对照表
4. 高尔夫球杆定制参数图表汇总
5. 高尔夫球杆定制参数思维导图

与球杆相关的理论和实践知识浩如烟海，本书内容虽然经过无数次修订，但因笔者的知识能力有限，书中难免存在不当和不完善之处，敬请读者批评指正。笔者的邮箱为 125975150@qq.com，欢迎读者来信讨论。

王玉玺

2021 年 11 月

目录 Contents

附件

绪论

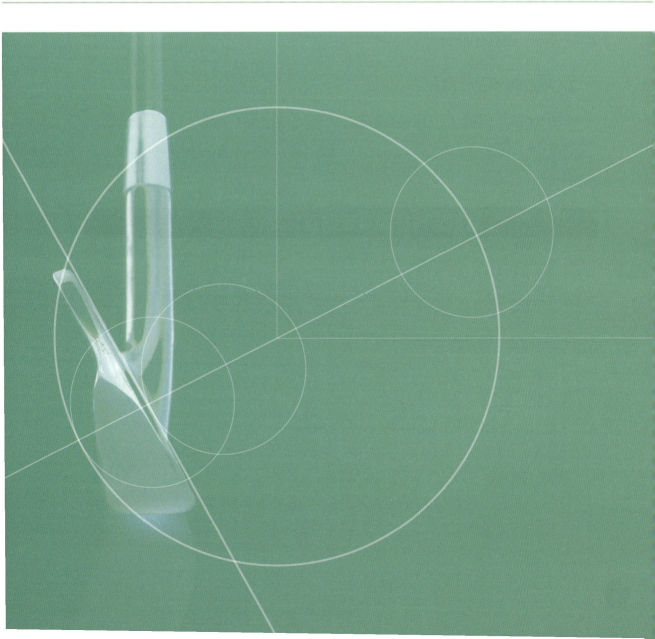

高尔夫球杆量身定制的定义及学科特点

高尔夫球杆量身定制是综合运用材料学、生物力学、运动人体科学等的一门综合学科，研究人体运动与器械的关系，探索高尔夫球杆如何更好地与球手现阶段的体能及技术特征相适应，以达到稳定发挥、取得更好运动成绩的目的。

高尔夫球杆量身定制是高尔夫球专业院校开设的一门必修课程。本课程的主要任务如下。

一、培养辩证唯物主义世界观

通过学习本课程，不仅对高尔夫球杆有一个基本的、系统的认识，还必须了解不同人、不同的挥杆特征对高尔夫球杆的影响，以及不同的高尔夫球杆对挥杆动作的影响，学会用辩证的观点去认识运动中的人体及使用的球杆。

二、为实践提供理论依据

高尔夫球杆量身定制是一门理论指导实践的应用学科。通过本课程的学习，学生能够认识到球杆对击球效果的影响，提高技术水平，为今后从事教学及训练等工作进行知识储备。

高尔夫球杆量身定制基础理论术语

为了能更好地分析在挥杆击球过程中高尔夫球杆及球的力学特征，在此引入运动解剖学及力学等方面的基本术语，以便于更加规范和统一地对挥杆过程及球杆进行分析和诊断。

一、人体的基本面和基本轴

人体的基本面和基本轴是运动解剖学定位术语，是为统一人体形态结构和人体运动的描述而确定的定位术语。本书中，将会运用基本面来分析在高尔夫挥杆过程中杆身在不同面上的弯曲特征，以便能更好地解释不同类别的杆身对击球效果的影响。

人体的解剖学姿势是：身体直立，双眼平视，两脚分开与肩同宽，足尖向前，上肢下垂，掌心向前。在描述各种不同的人体姿势和结构时，都应以此为标准。

人体有三个基本轴，即额状轴、矢状轴和垂直轴；三个基本面，即额状面、矢状面和水平面（图0-1-1）。

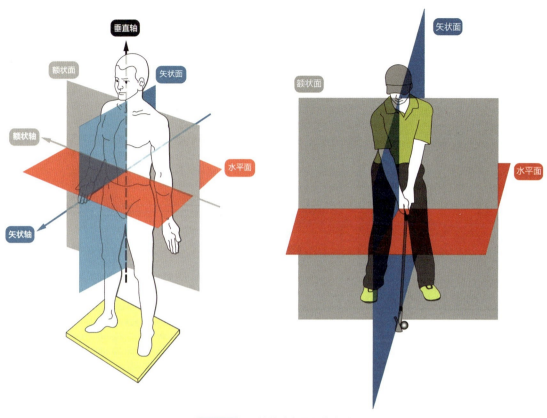

图 0-1-1　人体的基本面和基本轴

人体的三个基本轴：

垂直轴（Vertical axis）：上下方向，垂直通过水平面的轴。

矢状轴（Sagittal axis）：前后方向，垂直通过额状面的轴。

额状轴（Frontal axis）：左右方向，与身体的矢状面垂直，也称冠状轴。

轴在描述关节运动时非常重要。每一个关节的运动都围绕着一定的轴来进行。

人体的三个基本面：

水平面（Horizontal plane）：垂直人体垂直轴，与地面平行的切面，也称横切面（Transverse plane）。此面将人体分为上下两部分。

额状面（Frontal plane）：沿身体左右与地面垂直的切面，也称冠状面（Coronal plane）。此面将人体分为前后两部分。

矢状面（Sagittal plane）：沿身体前后与地面垂直的切面。此面将人体分为左右两部分。

在本书中，为了便于分析，我们将垂直于水平面的面统称为垂直面（Vertical plane）。

二、高尔夫球杆的基本轴

高尔夫球杆的基本轴包括：杆头重心垂直轴、杆头重心水平轴、杆颈中心轴、杆身中心轴（图0-1-2）。

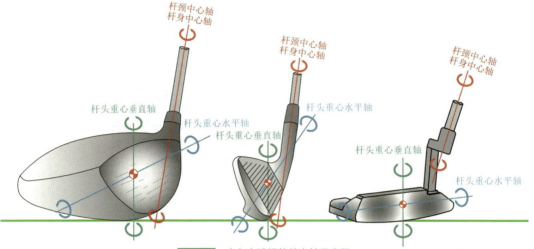

图 0-1-2　高尔夫球杆的基本轴示意图

杆头重心垂直轴：在垂直面上通过杆头重心的轴。击球阶段杆头围绕重心垂直轴的转动主要影响球的侧旋量及出球方向。

杆头重心水平轴：在水平面上通过杆头重心的轴。击球阶段杆头围绕重心水平轴的转动主要影响球的后旋量及出球角度。

杆颈中心轴：通过杆颈中心线的轴。击球阶段杆头围绕杆颈中心轴的转动对球的出球方向、侧旋量均产生影响。

杆身中心轴：木杆和铁杆的杆身中心轴与杆颈中心轴重合，但对于一些在杆身上设计有弯曲的推杆，杆身中心轴与杆颈中心轴并不重合（图0-1-3）。

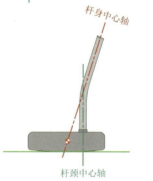

图 0-1-3　杆身弯曲推杆杆身中心轴和杆颈中心轴图示

三、挥杆阶段杆头位置时间点位

挥杆阶段杆头位置时间点位是指在额状面上，从球手的正前方观察，球杆杆头所处的点位位置。（图0-1-4）

时间点位的确定是为了更加准确地定位分析球手在挥杆的不同阶段杆头所处的不同位置、身体各关节部位特征及高尔夫球杆杆身弯曲变化特征等。

图 0-1-4　挥杆阶段杆头位置时间点位图示

四、杆头及杆身相对位置时间点位

杆头及杆身相对位置时间点位指球手以准备姿势在水平面上观察杆头及杆身，以球杆杆面为基准，当杆面角为 0° 时，6 点和 12 点的连线作为杆面的基准线，是杆身横切面上的"时间表"。如 12 点和 6 点分别位于杆头趾部和跟部的方向，9 点为杆面方向（图 0-1-5）。

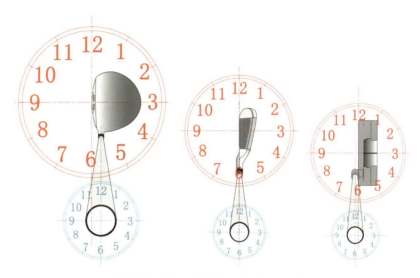

图 0-1-5　杆头及杆身相对位置时间点位图示

高尔夫球杆时间点位的确定是为了更加准确地定位杆身及握把特殊标识等相对杆头的安装位置。杆身主要涉及杆身脊椎线位置及品牌标识的安装位置，挥杆握把主要涉及握把脊线和品牌标识的安装位置。

五、击球瞬间、击球阶段和出球瞬间

击球瞬间是指杆头杆面碰触球的瞬间。

击球阶段是指从击球瞬间到出球瞬间的时间段，也就是球与杆面接触的时间段。

出球瞬间是指高尔夫球弹离杆面的瞬间（图 0-1-6）。

击球瞬间　　　　　　　　　　击球阶段　　　　　　　　　　出球瞬间

图 0-1-6　击球瞬间、击球阶段和出球瞬间图示

六、杆头在击球阶段的方位术语

高尔夫球杆杆头在击球阶段及高尔夫球飞行阶段是在三维空间中的运动阶段，为了能把该阶段的运动情况分析清楚，我们将该阶段的运动在水平面和垂直面上进行分解，分别进行分析。在水平面上的运动我们统称为杆头路径（Club path），在垂直面上的运动统称为杆头轨迹。

路径包括击球阶段杆头的击球路径和高尔夫球在飞行过程中的飞行路径两种。杆头击球路径的表达用语是"内、外"（由外向内、由内向外、笔直）（图0-1-7），高尔夫球飞行路径的表达用语是"左、中、右"。

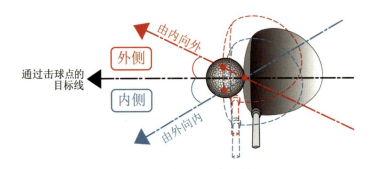

图 0-1-7　水平面上杆头击球路径图示

知 识 拓 展

击球阶段杆头路径内外的定义

以击球瞬间球在杆面上的碰撞点为基准，到出球瞬间，杆头在水平面（以球手视角自上而下观察）上的运动方向，通过碰撞点并平行于目标线所在垂直面，靠近人的一侧为内，远离人的一侧为外。

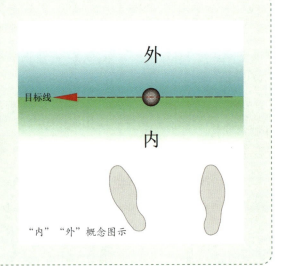

"内""外"概念图示

轨迹包括击球阶段杆头的击球轨迹和高尔夫球飞行过程中的飞行轨迹。其中，飞行轨迹又称弹道。杆头击球轨迹的表达用语是"上、下"（由下向上、由上向下、水平），球飞行轨迹的表达用语是"高、低"。

击球阶段杆头轨迹上下的定义：以击球瞬间球在杆面上的碰撞点为基准，到出球瞬间，杆头在垂直面上的运动轨迹，碰撞点所在的水平面以上为"上"，碰撞点所在水平面以下为"下"（图0-1-8）。

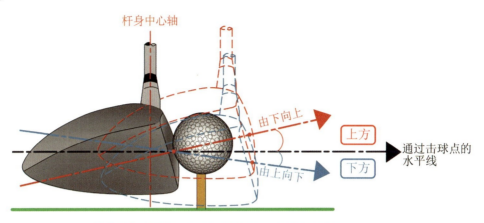

杆身中心轴

由下向上

上方

通过击球点的水平线

由上向下

下方

图 0-1-8　垂直面上的杆头击球轨迹（击球角度）图示

七、高尔夫球"出球五要素"

高尔夫球出球瞬间五个重要数据包括球速、出球方向、出球角度、旋转量和旋转轴。这五个数据决定了高尔夫球最终的落点位置，也就是球的飞行距离和方向。这里我们将这五个数据统称为"出球五要素"。接下来，本书中所有有关球杆定制的参数，最后的效果评价都是围绕着这五个要素来展开的（图0-1-9）。

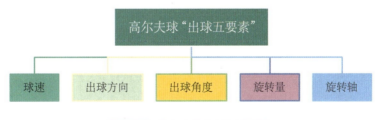

高尔夫球"出球五要素"

| 球速 | 出球方向 | 出球角度 | 旋转量 | 旋转轴 |

图 0-1-9　高尔夫球"出球五要素"

第一篇

球杆历史、种类及设计参数基础

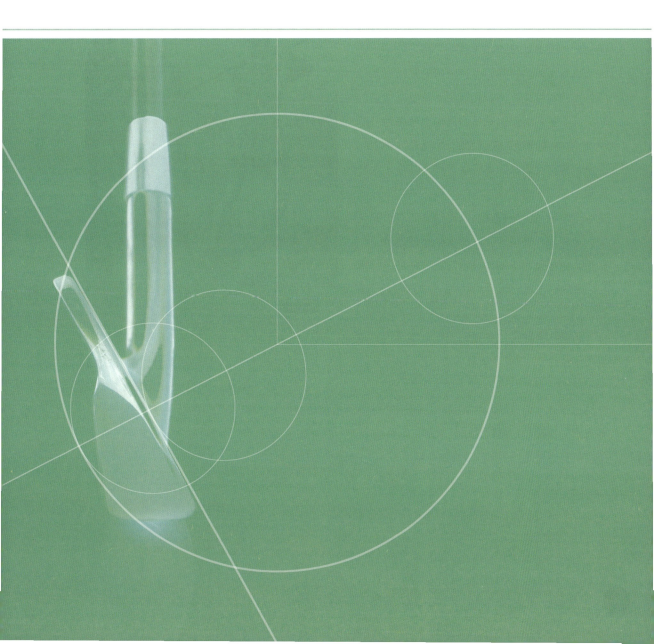

第一章　高尔夫球杆及球的发展简史

第一节　高尔夫球杆发展简史

难度系数：★★★

在高尔夫运动的故乡——苏格兰，15 世纪已经出现了木质高尔夫球杆（图1-1-1）。这种球杆有着木质杆身，以及坚硬的木质杆头，握把用皮料缠绕而成，如猪皮、羊皮、牛皮、马皮等。早期制作的球杆通常用山毛榉木、苹果木、梨木等坚硬并有韧性的材料（图1-1-2）。后来，苏格兰人从北美引进了柿木。柿木木质密实，坚硬而有韧性，不易开裂，木纹美观，是制造球杆的良好材质。木质球杆的取材差异颇大，就取材部位而言，树木根部最适合用作杆头，树枝则利于制作杆身，还会在杆颈部衔接处利用其他材质加固，以防止击球时受损（图1-1-3）。

图 1-1-1　早期使用木质球杆打球的苏格兰球手

　　传统木质球杆的制造比现在金属球杆更需要精细的手工。首先要选择一块合适的木块，然后将杆头形状刻在木块上，再依照其形状切割出来，并打磨成最终的杆头形状（图1-1-4、图1-1-5），并在杆颈、杆面和杆底处做必要的处理。在杆面上镶嵌一块长条状金属板，以利于增加击球时的撞击力及耐打性，此外，在杆头底部加上配重，更有利于提高球杆易打性。尽管几百年后的今天，原本意义上的全木质球杆已很少见，但在欧美国家仍有专精此项手艺的球杆制作者。

1785 年前后
西蒙·科萨（Simon Cossar）
制造的较短三号木杆　　贴有配重铅片

皮料缠绕握把

早期木质杆头和杆身连接方式：用胶水将杆头和杆身接触面粘到一起，再用线缠绕固定防止断裂。

1800 年前后
理查德·柯林斯（Richard Collins）
制造的发球木杆　　紫檀木杆头

锥形接合

杆身

线缠绕固定——

杆头

1875 年前后
威尔·帕克（Wille Park）
制造的推杆　　苹果木杆头

1890 年前后
彼得·米旺（Peter MeEwan）
制造的长型三号木杆　　山毛榉木杆头

图 1-1-2　早期球杆的材料

图 1-1-3　早期木质杆头和杆身连接方式

木块经过细心挑选，无裂痕，纹理方向也满足杆头要求。

木块经手工打磨成杆头形状，杆头背面的流线形非常重要。

在杆头、杆面和杆底切割凹槽。

在杆面嵌入塑胶面板，杆底嵌入金属板。

经过精细打磨后，给杆头上色，最后上釉。

图 1-1-4　木质球杆杆头制作流程

图 1-1-5　木质球杆杆头外形发展

大卫·爱伦（David Allan）所画的威廉·英格力（William Inglis）的肖像油画。（英格力是1782—1784年爱丁堡荣誉高尔夫社团的队长，他所拿的球杆是长鼻子木杆。）

苏格兰画家查理斯·里斯（Charles Lees）于1859年完成的《夏日黄昏》。（图中呈现了使用木质推杆击球入洞的场景。）

在1700年前后，出现了金属杆头球杆，但在当时，金属杆头球杆还只被当作辅助性工具，用来处理一些困难球位的球，最后逐渐取代了木质杆头球杆。

在球杆的演变过程中，杆头不仅有材质的变化，也有外形的变化。

18世纪及19世纪，纤细的长鼻子木杆是这一时期的典型代表，当时在苏格兰一些球场上打球的人一般有8～12支球杆，包括开球木杆及几支球道用木杆、1支木质推杆等（图1-1-6）。

1819年，圣安德鲁斯高尔夫球协会（Society of St. Andrews Golfers）任命艾伦·罗伯逊（Allan Robertson）和当地木匠休·菲尔普（Hugh Philp）为球杆制造者。

1852年，罗伯特·福根（Robert Forgan）以木工身份在圣安德鲁斯的休·菲尔普商店开始制作球杆，这是当时圣安德鲁斯唯一一家这样的商店。休·菲尔普大约在19世纪初就开始经营这个生意，一些早期的球杆标记有 "Philp Forgan" 的字样。1856年，罗伯特·福根接替休·菲尔普，开始以自己的名字做球杆（图1-1-7）。

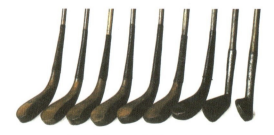

图1-1-6　一组1850年的球杆

图 1-1-7 罗伯特·福根生产的球杆
（在杆头上方刻有名字）

约在1880年，福根高尔夫球杆制造厂成立，这家工厂是世界上较古老的高尔夫球杆制造厂之一（图1-1-8）。

图 1-1-8 罗伯特·福根（坐）在工厂中

罗伯特·福根直到19世纪90年代才开始制作自己的铁杆杆头，之前的是从罗伯特·怀特（Robert White）和汤姆·斯图尔特（Tom Stewart）那里买来的。

铁杆杆面的沟槽就像高尔夫球表面的凹槽一样，是高尔夫球具发展史上一项非常重要的设计（图1-1-9）。早期的铁杆表面是光滑的，但是球童需要经常用砂布擦拭球杆上的锈，这使它变得粗糙。球手们使用时，发现杆面变粗糙的铁杆改进了球的旋转并有利于控制球，使击球方向更加稳定。第一支表面带有沟槽的球杆是故意打点造成的，它出现在19世纪90年代。

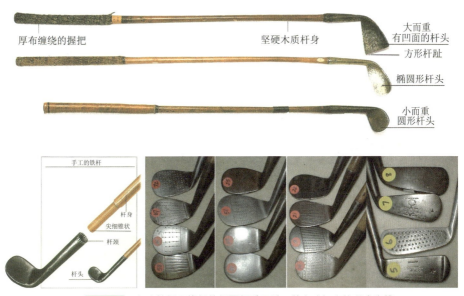

图 1-1-9 老式铁杆及推杆的杆面都采用手工的方式打出纹理或沟槽

休·菲尔普用苹果木和梨木做杆头,用白蜡树树枝做杆身,并在制造的过程中摸索出了一套自己的技艺。"在球杆制造商中,从来没有人接近过休·菲尔普。"詹姆斯·鲍尔弗-梅尔维尔(James Balfour-Melville)在他的高尔夫回忆录中写道。即使是现在,拥有他的一根球杆,就像一个音乐家拥有一把古老的克雷莫纳小提琴,一个剑客拥有一把托莱多之剑,都是一笔财富。1856 年,休·菲尔普去世后,他的侄子兼门生罗伯特·福根接管了公司。在罗伯特·福根的管理下,进口山胡桃木在圣安德鲁斯 17 号球道的一边被风干。当时的高尔夫球杆需求量较大,以至于罗伯特·福根雇佣了杰米·安德森(Jamie Anderson)作为他的学徒。杰米·安德森是一名优秀的高尔夫球手,他曾连续三次赢得英国公开赛冠军。当时,罗伯特·福根的竞争对手有汤姆·莫里斯(Tom Morris)、大卫·安德森父子公司(David Anderson & Sons)、利文的帕特里克(Patrick)及雄心勃勃的伦敦银斯伯丁公司(AG Spalding)。

罗伯特·福根(摄于 1885 年)

罗伯特·福根父子球杆制造厂广告

罗伯特·福根及球杆厂工人

威尔士王子担任皇家
古老高尔夫俱乐部的队长

1863 年,罗伯特·福根被邀请为威尔士王子制作一套球杆(共 9 支),以庆祝他成为球队队长。这套球杆的杆头都是用苹果木做的,杆身是山胡桃木,杆头的上方印有皇家徽章和制造者的名字。

杆身上标识有"FORGAN&SON
STANDREWS"字样

杆头上刻有皇家徽章图案及"R.FORGAN"字样

杆身上标识有"FORGAN&SON STANDREWS
SELECTED"字样

山胡桃木杆身

注：由于山胡桃木的强度和韧性，它很快被广泛用在所有球杆上。因为它既不太硬也不太重。球杆生产商对不同类型的山胡桃木有自己的偏好，比如红、棕或白。

1901—1910年，福根的球杆上都刻有皇冠标志。它们也是最大的组装和维修店之一，许多印有"Forgan & Son"字样的杆身被安装在印有别人名字的杆头上。这也开创了独立品牌杆身的先河。其中一些球杆是由福根重新装配的，而另一些则是由别的卖家装配的。在鼎盛时期，福根的制造厂每周生产600～800支球杆，拥有50多名员工。

第二次世界大战导致罗伯特·福根及其儿子的家族企业迅速衰落。他们无法应付国际市场，尤其是当美国球杆涌入市场的时候。1959年，该公司被出售给了美国人拥有的斯伯丁公司（Spalding），1963年3月，工厂最终关闭。至此，福根这个品牌走到了终点。

福根高尔夫球杆制造厂

由于击球时要根据不同的距离和不同的场地条件使用不同的球杆，因此球杆的性能与用途也有所不同，杆身长短和杆面倾角等也各不相同。为了区分这些球杆，人们索性将其编号，以便于识别。到 20 世纪初，球手们已经开始用发球铁杆、劈起杆、沙坑杆和球道用铁杆，连推杆也有了金属杆头。此外，早在 1895 年，铝质的推杆已被使用。为了增加铝质杆头的重量，杆头背部还被加上了铅钉。后来，球杆制造者还在杆面上刻各种纹理或沟槽（图 1-1-10 至图 1-1-12）。

图 1-1-10　杆面打击面的纹理由点状刻痕发展成长方形沟槽

图 1-1-11　老式锻造刀背推杆

图 1-1-12　造型多样的老式推杆

随着科技的进步，球杆在材质、外形、结构等多方面都有了很大的进步与发展。高科技成果不断地被运用到高尔夫球杆的研发和生产中。新材料与科技研究新成果不断地促进球杆的改造与更新。1912 年，第一批无接缝钢质杆身在英格兰问世。到了 20 世纪 20 年代，类别齐全的铁杆组出现在美国市场。

在 19 世纪 90 年代，球杆设计人员开始尝试使用其他材质，如铁管和实心钢棒。托马斯·霍斯堡（Thomas Horsburgh）是苏格兰的一名铁匠，他在 1893 年生产了第一支钢杆身，并申请了专利。因为这个杆身是实心的，而且特别重，使用效果很差，所以并没有多少人使用。

1910 年，亚瑟·F. 奈特（Arthur F. Knight）制作了一支钢杆身，但由于圣安德鲁斯皇家古典高尔夫球俱乐部和美国高尔夫球协会（以下简称"USGA"）的规定，这支杆身不合规，所以未能获得大众的青睐。在 1915 年，艾伦·拉德（Allan Lard）申请了一项杆身专利，杆身是由一个实心的钢轴做成的，钢轴被磨成了 6 个面，为了减轻重量，在 6 个面上钻了很多个孔（图 1-1-13）。这种穿孔有助于减轻重量并提高杆头速度。挥杆的时候，空气会通过这些孔洞并发出声音，像吹口哨一样，于是就有了"Whistler"（吹口哨的人）的绰号。

在 20 世纪 20 年代早期，英国的鱼竿制造商阿波罗（Apollo）设计了第一个真正意义上的钢杆身，尽管它是一个封闭的管子，而且性能很差，也不稳定。在阿波罗公司设计钢杆身的同时，美国康涅狄格州的一家叫作布里斯托尔的钢铁公司生产了无缝钢管的杆身，这是一个巨大的进步，也是现在我们常用的钢杆身的前身。

图 1-1-13　艾伦·拉德的穿孔杆身

1924 年，USGA 使钢杆身合法化，但圣安德鲁斯皇家古典高尔夫球俱乐部直到 1929 年威尔士亲王在圣安德鲁斯使用钢杆身的球杆打球后，才发生改变，于 1930 年使钢杆身合法化。

在材料和制造工艺的发展过程中，钢管的制作工艺进一步提高，生产出了逐步变细的杆身，也就是我们所说的竹节杆身。钢杆身的性能得到了更好的改善，相比于木质杆身，钢杆身在性能方面开始表现出明显的优势。1929 年，一种由粗到细的竹节钢杆身上市。杆身逐渐变细，细端能更好地连接杆头，并且可以制作出不同的硬度以适合不同的选手。1930 年，斯伯特推出了鲍比·琼斯（Bobby Jones）签名的系列铁杆。这些铁杆都是用的钢杆身，但涂装成棕色让人感觉像是木质的。这一举动也被很多其他制造商模仿来帮助选手从木质杆身更换为钢杆身。

1931 年，比利·伯克（Billy Burke，图 1-1-14）赢得了美国公开赛。他是第一位使用钢杆身球杆赢得比赛的球手。到了 20 世纪中期，钢杆身已经基本取代了木质杆身。

图 1-1-14　比利·伯克

1954 年，出现了玻璃纤维（Fibre Glass）杆身。体育用品中，首先使用玻璃纤维材质的是撑杆跳杆，然后是鱼竿。开始时，玻璃纤维包裹在一根钢管上，主要的优点是可以有效地减少杆头击球时的震动。1958 年，一根通体玻璃纤维的杆身被生产出来，但当时玻璃纤维杆身扭矩大，稳定性差，而且比较重，所以并没有被市场认可。

在 20 世纪 60 年代到 70 年代，铝合金高尔夫杆身（Aluminum shaft）很受欢迎。铝合金杆身比钢杆身轻，适合挥杆速度不快的选手，而且铝合金杆身也不会生锈，但缺点是较容易折断。

1969 年，莎士比亚体育用品公司（Shakespeare Sporting Goods Company）的弗兰克·托马斯（Frank Thomas）设计并制造了第一支碳素纤维杆身，并在 1970 年的美国高尔夫博览会（PGA Show）上正式推出，然而，这在当时并没有引起太多的关注。莎士比亚公司也没有意识到这将对高尔夫球杆杆身的发展带来革命性的变革，在接下来的几年时间里，有十多家高尔夫球具公司开始生产碳素纤维杆身。但早期的碳素纤维杆身由于成本较高、扭矩较大且耐用性不好等原因，并没有得到大范围的使用。1974 年，威尔逊高尔夫公司成为第一家在产品线中引入碳素纤维杆身的知名公司。随着技术的进步，越来越多的专业球手开始尝试使用碳素纤维杆身。

20 世纪 90 年代钛金属杆身开始出现，它很轻并且扭矩也很低，但因为造价成本高且性能的提升并不明显，所以没有流行起来，现在也有些品牌会在碳素纤维杆身中加入钛丝来提高杆身性能。随着科技的进步和生产工艺流程的改进，自 20 世纪 80 年代中期以来，碳素纤维杆身从材质到性能都得到了进一步的提升，并逐步取代了钢杆身。

高尔夫球杆成套（搭配有木杆、铁杆、推杆和球包的一整套球杆）销售的观念在 20 世纪 30 年代就已经形成，球杆制造商会根据不同的球杆长度、重量、杆面倾角等来制造不同的球杆并组成一套球杆来销售（图 1-1-15）。同时，球杆制造商还会根据不同球位及不同的障碍区设计很多不同规格和外形的球杆（图 1-1-16、图 1-1-17）。此外，很多时候，球手会携带多达 20 支球杆下场。

鉴于市场上越来越多种类的球杆和球手携带越来越多球杆下场的混乱局面，1938 年 1 月 1 日，USGA 首先宣布正式比赛时携带下场的球杆不得超过 14 支。次年，皇家古典高尔夫球俱乐部（2004 年 1 月 1 日起，高尔夫球规则的制定、解释及裁决的权力已转至 R&A 规则有限公司）亦同意此规定。这项规范对打球者的意义远超过对球杆本身的影响，这迫使打球者把注意力更多地放在自己的挥杆技术上，而不是通过球杆来解决遇到的各种困难球位。然而，限制所能携带的球杆数量，并不能阻碍球杆的发展，随着材料科学、生产制造工艺以及设计水平等的进步和提高，球具制造商不断推陈出新。面对市场上各种各样的高尔夫球杆，很多球手并不太了解球杆之间的差异，选择适合自己的球杆就比较困难，我们将在后面的章节对市场上常见球杆的种类及特点加以梳理，通过对以下章节的学习，球手能够了解不同球杆之间的差异，更有利于选择到适合自己的球杆。

图 1-1-15　木杆、铁杆组合

图 1-1-16　越来越多的套杆组合

图 1-1-17　设计成不同形状的铁杆杆头

第二节 高尔夫球发展简史

难度系数：★ ★ ★ ★

在漫长的历史发展过程中，高尔夫球经历了多次材料的改变以及性能的改进。没有任何一项单一的因素能比球本身的发展对高尔夫运动的发展产生的影响更大。球的材质和特性大大影响了高尔夫运动的发展和球场的设计。最原始的高尔夫球据说是圆形或椭圆形的石子，进而发展到经过手工雕琢的木球。有些高尔夫史研究者认为，早期的高尔夫球是用山毛榉木做成的，球手用木质的杆头击打木质的球。高尔夫球的演变过程可以划分为以下四个阶段：木质球、皮革球、古塔橡胶球以及橡胶内核多层球（图1-2-1）。

木质球 ➡ 皮革球 ➡ 古塔橡胶球 ➡ 橡胶内核多层球

图 1-2-1 高尔夫球的演变过程

一、木质高尔夫球

第一粒木质高尔夫球诞生于苏格兰东海岸。尽管至今尚无法确定其究竟使用哪种木料，但人们普遍认为，这种木质球很有可能是由山毛榉或黄杨树根一类的硬木制成（图1-2-2）。从15世纪中期到17世纪，球手们一直使用木质球杆打木质球。

图 1-2-2 木质高尔夫球

二、皮革球

1618年，工匠们制造出了一种新型球"Featherie"（用羽毛填充的皮革球），这是有文字记载的最早的皮革质高尔夫球。这种球的外皮由三片真皮（马皮或牛皮）缝合而成（图1-2-3）。在缝合两个半球前，需要先将它置于特殊的支架上固定，缝线间留有缝隙，然后由外往内翻转，将蒸煮过的湿羽毛填塞进半球内，再将外皮缝合。缝合后晾干，球皮会干缩，羽毛会膨胀，球体略变小，从而形成一粒坚硬的球。球的坚固和圆润与否完全取决于切割表皮和缝制的细致功夫。只有经过能工巧匠之手，球才会达到较好的圆度。由于一个工匠一天只能缝制几粒球，且需在球的表层涂上涂料，以达到防水的效果，有时一粒球的价格会超过一支球杆。不过，尽管昂

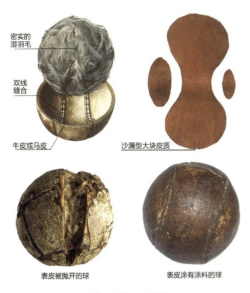

密实的湿羽毛

双线缝合

牛皮或马皮

沙漏型大块皮质

表皮被抛开的球

表皮涂有涂料的球

图 1-2-3　皮革球

贵，但与木质球相比，这种球能够产生令人瞠目的飞行距离，所以很快就替代了木质高尔夫球。皮革球的缺点是难于制造又容易破损，还有就是在潮湿环境或阴雨天气时会因吸水而变重。在早期的皮革高尔夫球制造者中，以古尔雷（Gourlay）和罗伯森（Robertson）家族最为著名。

亚伦·罗伯森（Allan Robertson）出身于著名的皮质高尔夫球制造家族，也是当时最佳的高尔夫球手。1842 年，他在安卓老球场用皮质高尔夫球打出过 87 杆的好成绩。古塔橡胶球刚出现时，他想抵制古塔橡胶球的使用，却没有成功。皮革球从 17 世纪面世历经了大约 200 年的历史，一直使用到 19 世纪中叶才"功成身退"。这期间，皮革球一直作为"标准用球"被生产和使用。

三、古塔橡胶球

大约在 1848 年时，牧师罗伯特·亚当斯博士发现了古塔杜仲橡胶（Gutta percha），并用其制作出第一粒古塔橡胶高尔夫球（Gutta percha ball）（图 1-2-4），这使整个高尔夫球史发生了变革。这种球利用生长于墨西哥等热带地区的古塔树干中流出的汁液（图 1-2-5）进行烘干制作而成。这些树的汁液被加热进行塑形，很容易得到圆滑的球体，冷却后其质地又很坚硬，更重要的是，当球体破裂时，可以重新加热塑形，重复使用。无论从性能、成本还是制成的便利性上，这种古塔橡胶球都有绝对的优势，因此古塔橡胶球一出现便迅速取代了昂贵的皮革高尔夫球。

图 1-2-4　古老的古塔橡胶球

起初，古塔橡胶球是用防热手套或两片平板将加热软化的古塔橡胶搓揉滚圆，所以球面都是光滑的。高尔夫球手们经过实践得出结论：表面有纹路的再生球有时比完全光滑平实的新球具有更好的飞行性能。于是，制造者就用刀子或锥子将球刻出纹理。手工刻痕的高尔夫球，

图 1-2-5　采集古塔树的汁液

表面纹理不均匀，影响了球飞行过程的稳定性（图 1-2-6、图 1-2-7）。这种手工制造法一直持续到铁板模具和铜板模具出现。用模具生产出来的球表面纹理更加均匀，使球的飞行路径和弹道更加稳定。

图 1-2-6　手工雕刻有不同纹理的古塔橡胶球

没过几年，使用金属冲压机器的生产方式取代了手工制造，古塔橡胶球的制作成本大大低于皮革球，从而使更多的人可以打得起高尔夫。也正是从那个时期开始，高尔夫运动搭上了工业革命的快车，大批量生产的方式使高尔夫运动的普及也进入飞速发展阶段。古塔橡胶球在生产的过程中开始

图 1-2-7　手摇式古塔橡胶球打标机

注重"标准化"，即所生产的球在尺寸和重量等方面都应逐步符合一定的规范。古塔橡胶球材质的易成形性是它追求标准化的前提。

根据圣安德鲁斯老球场保存的史料记载，亚伦·罗伯森在 1858 年曾用这种古塔橡胶球打出 79 杆的佳绩。当时的古塔橡胶球重约 1.3 ～ 1.5 盎司（1 盎司 ≈28.35 克），比今天的高尔夫球略轻。球表面设计的小凸起类似于黑莓表面的凸起，所以这种球又被称为"欧洲黑莓"（Bramble）。这成为古塔橡胶球时代最流行的设计特色（图 1-2-8）。

图 1-2-8　表面为凸出小点的古塔橡胶球

四、橡胶内核多层球

橡胶内核多层球的出现彻底改变了高尔夫运动的发展局面。橡胶内核多层球由一位富裕的美国业余高尔夫球手科伯恩·哈斯克尔（Coburn Haskell）于 1898 年发明，以高压胶线包裹的坚实橡胶为内核，以古塔橡胶为外壳。这种球凭借一系列改进的外壳设计获得了更好的飞行效果。1901 年，沃尔特·特拉维斯（Walter Travis）使用这种新球一举夺得美国业余锦标赛冠军，卫冕成功。翌年，这种球传到英伦三岛，英国球手山迪·赫德（Sandy Herd）使用新球在霍伊湖皇家利物浦球场取得英国公开赛冠军，击败了使用旧球的三次冠军得主——名将哈里·瓦登（Harry Vardon）。从此，橡胶内核多层球站稳了脚跟，并结束了新旧球谁优谁劣的争论。

知 识 拓 展

科伯恩·哈斯克尔于 1868 年 12 月 31 日出生在波士顿，是一名狂热的高尔夫运动爱好者。一天，哈斯克尔找他的朋友伯特伦（Bertram）去打高尔夫球，由于他提前到了伯特伦所在的轮胎公司，工作人员让他等一会儿。哈斯克尔等得很无聊，开始在工厂的地板上玩制作轮胎用的橡皮筋。他把它们缠绕成一个小球，直到有高尔夫球那么大，然后把它摔到地上，球弹得很高，几乎击中了三层楼高的工厂屋顶。哈斯克尔向伯特伦展示了它是如何弹起来的，他建议用一个硬壳包裹橡皮筋，这样它就可以被高尔夫球杆击打。两人开始研究如何用橡胶线缠绕在一个结实的橡胶芯上做成高尔夫球，并于 1899 年获得了专利。1901 年，哈斯克尔成立了哈斯克尔高尔夫球公司（Haskell Golf Ball Co.），开始生产高尔夫球。由于高尔夫球的性能得到很大提高，它的受欢迎程度也大大提高。哈斯克尔也因为其发明的橡胶内核多层球而变得非常富有。1917 年，他卖掉了哈斯克尔高尔夫球公司和他的专利，该公司于同年停止运营。

科伯恩·哈斯克尔

HASKELL
橡胶内核多层球

用来制作橡胶内核多层球的模具上刻有均匀的纹理（图1-2-9），这使球表面的纹理更为均匀，有利于提高球飞行过程的稳定性。借助于约翰·盖米特（John Gammeter）于1900年获得专利权的自动缠绕机，橡胶内核多层球进入自动化批量生产阶段。20世纪初期，各地的高尔夫球制造厂如雨后春笋般建立并开始生产橡胶内核多层球。

图 1-2-9　用于生产高尔夫球的压缩模具

随着高尔夫球制造工艺的发展，高尔夫球生产和使用中的麻烦也接踵而至，不同生产商的球不仅内核材质多样，表面纹理多样，大小和重量也各不相同（图1-2-10）。于是，使用哪种球参加正规比赛，成了高尔夫行业亟待解决的大问题。1921年，USGA和皇家古

图 1-2-10　当时球的表面纹理多种多样

老高尔夫俱乐部（以下简称"R&A"）商议以直径1.62英寸（1英寸＝2.54厘米）作为高尔夫比赛用球的标准规格。十年后，USGA单方面将球的直径提高到1.68英寸，两大组织的规则对抗一直持续到1990年才形成了最终的统一标准（高尔夫球直径不能小于1.68英寸，重量不能大于1.62盎司）。

对于橡胶内核球，品牌商一直进行各种试验并加以改进。随着科技的进步，空气动力学研究也更为深入。研究发现，球表面的小凸起会使侧旋球偏转得更加严重，而球表面凹槽能有效降低空气阻力。于是，更新的球以表面凹槽代替了小凸起，这样的球不仅可以具有良好的空气动力学特性，飞得更远，而且可以使球手打得更精准。

现代高尔夫球分类

现代高尔夫比赛用球在重量及外径尺寸上几乎无差异，差异主要体现在材质、层数、表面纹理设计以及硬度等方面。

现代高尔夫球按层数不同，分为单层球、双层球、三层球、四层球、五层球等。研究显示，层数越多的球，击球时，球的后旋量会越多，这也与球的硬度有很大关系。不同层数高尔夫球的优劣主要体现在内部不同层分布的均匀程度，球内部每一层的分布都非常均匀，也就是不"偏心"，这样可以使球在飞行时的旋转轴更加接近球的中心轴，使球在飞行的过程中更为稳定。

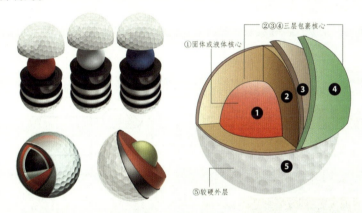

多层高尔夫球效果图

高尔夫球的硬度（Compression）是指球受到球杆击打时抵抗变形的能力，越硬的高尔夫球打感越硬，击球反馈也越强。高尔夫球硬度的选择与球杆杆身硬度的选择类似，主要依据是击球者的挥杆速度与力量，挥杆速度快、力量大的球手可以选择硬一些的球，用来达到理想的击球距离和反馈；挥杆速度慢、力量较小的球手可以选择较软一些的球。对于球硬度的选择并无严格界限，球手可以通过自身的挥杆速度、力量类型、年龄、体力、技术状况等综合因素来选择。

不同品牌型号的现代高尔夫球，表面设计的凹槽形状、大小、深度以及分布均有所不同，在飞行的过程中会产生不同的空气动力学特性。

设计有不同表面凹槽形状的高尔夫球

第二章　现代高尔夫球杆种类及特点

第一节　高尔夫球杆分类

难度系数：★★★

高尔夫球杆可以根据使用者类别、左右手习惯和套杆搭配组合类别进行分类（图 2-1-1）。

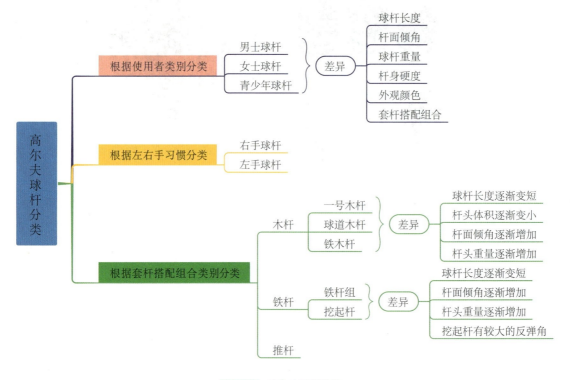

图 2-1-1　高尔夫球杆分类

一、根据使用者类别分类及球杆差异

目前市场上常见的高尔夫套杆，根据使用者类别来分类可以分为男士球杆、女士球杆和青少年球杆。

男士成品套杆组合，不同品牌会有所差异，但大部分的配置是由"三木"（一支开球木杆、两支球道木杆），"七铁"（5号、6号、7号、8号、9号、PW、SW）和一支推杆组成。

女士套杆与男士套杆相比，一般长铁杆被铁木杆所代替。相比于男士球杆，木杆杆面倾角更大，搭配的杆身更轻更软，同号球杆长度大都短1英寸左右。女士球杆的颜色也更加艳丽。

青少年球杆套杆搭配较为多样，一般都会根据青少年的身高来搭配不同长度和数量的球杆。与成人球杆相比，青少年球杆杆头更轻，杆身也更轻更软，握把更细。

二、根据使用者的左右手习惯分类及球杆差异

右手球杆又称正手球杆，是使用最多的球杆；左手球杆又称反手球杆，使用者较少，市场上品牌型号也相对更少。左右手球杆的差异就是杆头杆面的设计方向不同（图2-1-2、图2-1-3）。

图 2-1-2　左手球杆的杆头杆面　　　　图 2-1-3　右手球杆的杆头杆面

三、根据套杆搭配组合类别分类

一套完整的高尔夫球杆根据搭配组合类别来分（图2-1-4），可以分为木杆（Woods）、铁杆（Irons）和推杆（Putter）三种，其中木杆又包括一号木杆（Driver）、球道木杆（Fairway Wood）和铁木杆（Hybrid 或 Utility）；铁杆又分为铁杆组（Irons）和挖起杆（Wedges）。表2-1列出了不同球杆号数与击球距离参考。

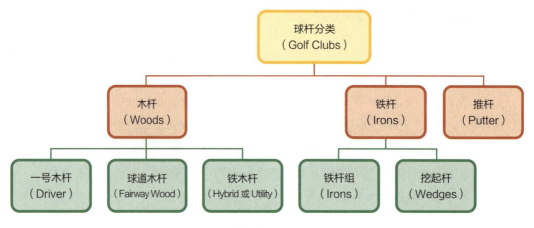

图 2-1-4 球杆分类

球杆型号	杆面倾角	业余男子击球落点距离 / 码			业余女子击球落点距离 / 码		
		较近	平均	较远	较近	平均	较远
Driver	10.5°	210 yd	230 yd	260 yd	150 yd	180 yd	200 yd
FW3	15°	190 yd	210 yd	220 yd	130 yd	160 yd	180 yd
FW5	18°	180 yd	200 yd	210 yd	120 yd	150 yd	170 yd
FW7	21°	170 yd	190 yd	200 yd	110 yd	140 yd	160 yd
#4	24°	160 yd	180 yd	190 yd	—	—	—
#5	27°	150 yd	170 yd	180 yd	100 yd	120 yd	140 yd
#6	30°	140 yd	160 yd	170 yd	90 yd	110 yd	130 yd
#7	33°	130 yd	150 yd	160 yd	80 yd	100 yd	120 yd
#8	37°	120 yd	140 yd	150 yd	70 yd	90 yd	110 yd
#9	41°	110 yd	130 yd	140 yd	60 yd	80 yd	100 yd
PW	45°	100 yd	120 yd	130 yd	50 yd	70 yd	90 yd

表 2-1 球杆号数与击球距离参考表 *

注：①以上球杆落点距离均为业余球手的落点距离，因为目前铁杆杆面倾角越来越小，所以同一号数的铁杆落点距离也趋向于越来越远。②高尔夫球杆分类及选择的主要依据是击球距离的差异，在稳定的全挥杆情况下，确保10码（1码≈ 0.914 米）的间隔范围都有合适的球杆可用，100码以内再根据短杆的击球距离和技术特点选择不同角度的挖起杆。

*：表格中"FW"为球道木杆标识；"#"为铁杆型号标识。本书图片和表格中球杆型号均使用此类标识。

第二节　木杆

难度系数：★★★

木杆主要分为三种：一号木杆（也称开球木杆）、球道木杆和铁木杆（图 2-2-1）。

图 2-2-1　木杆组合

一、一号木杆

一号木杆主要是在长距离开球时使用，是一套球杆里长度最长、击球距离最远的一支球杆，其主要分类如下（图 2-2-2）。

图 2-2-2　一号木杆分类

（一）超标一号木杆

根据是否符合 R&A 和 USGA 的规则，可将一号木杆分为合规一号木杆和超标一号木杆。目前市场上的超标一号木杆主要是杆面的反弹系数（或者 CT 值）超标和杆头体积超标两种。杆面反弹系数超标的一号木杆称为高反弹一号木杆，也是目前市场上最为常见的超标杆，在大多数工坊均有销售。

R&A 及 USGA 关于一号木杆杆面及体积的相关规定：一号木杆杆面 CT 值不得超过 239 微秒，允许有 18 微秒的容差，所以上限是 257 微秒（2004 年之前规定的是杆面反弹系数不得大于 0.83）。杆头体积不得大于 460 立方厘米，允许有 10 立方厘米的容差，所以上限是 470 立方厘米。

目前一号木杆的杆面主要材质是钛合金，球杆生产厂家主要通过将杆面做薄的方式来提高反弹系数。杆面反弹系数较高的杆头可以帮助挥杆速度不快的球手有效提高球速，进而增加击球距离。但对挥杆速度较快的球手来说可能会适得其反，而且会增加杆面爆裂的风险，因为较快的杆头速度在击球瞬间会使杆面变形过大，超过杆面有效反弹的上限，尤其是在击打较硬的高尔夫球时，不仅不会提高击球距离，还很容易将杆面打裂。

也有厂家生产杆头体积超标（比如体积 480 立方厘米或 500 立方厘米）的一号木杆杆头，或者杆头体积和杆面反弹系数均超标，较大体积的一号木杆杆头可以有效地扩大甜蜜区，提高击球的稳定性，对一些击球不稳定的球手来说会有所帮助。

（二）杆颈套管调节式一号木杆

随着设计和制造工艺水平的提高，现在很多品牌商推出了可调节的杆颈套管。可调节的杆颈套管不仅可以调节杆面倾角（Loft Angle），还可调节杆颈角度（Lie Angle）或者杆面角（Face Angle）。不同品牌杆颈套管的设计均有所不同，可调节的角度及范围亦有所差异。球手可根据自己的挥杆问题来自行调节，用杆面倾角来调整击球时弹道的高低，根据自己的着地角来调节杆颈角度，或者调节杆面角来改变击球的初始方向等。可调节的杆颈套管也方便了杆身的定制，在使用同一个杆头的情况下单纯地改变杆身变得非常容易，更有利于快速找到合适的杆身，提高了定制的效率和准确性。

可调节的杆颈套管杆头（图 2-2-3）与传统的固定杆颈杆头（图 2-2-4）相比，虽然杆颈的可调节性大大方便了球手，但不同品牌的杆颈套管调节均有所不同，而且组合方式多种多样，有的多达 16 种组合方式，复杂多变的组合着实让人头疼，必须按照杆头品牌的对照表才能准确调节。

图 2-2-3　可调节的杆颈套管杆头

图 2-2-4　传统的固定杆颈杆头

（三）配重可调节式一号木杆

杆头配重的调节会从多个方面改变球杆的参数性能，目前市场上一号木杆的配重块设计较多样，有的设计可更换的配重块，有的设计可滑行的配重块。配重块的调节可改变杆头的重心位置，进而能够改变杆头的击球特性。这也是使用配重块的主要目的，即通过调整杆头的重心高度及深度来改变击球时的动态杆面倾角，调整杆头的重心位置（靠近跟部或趾部）来改变出球方向及侧旋量等。

1. 单一位置配重调节杆头

一号木杆杆头底部设有一个可更换的配重块，有的配重块在杆头底部中心线靠近尾部的位置，有的靠近杆面。如果配重块靠近杆头底部中心线（图 2-2-5、图 2-2-6），那么配重的调节主要改

图 2-2-5　配重块靠近杆头底部中心线的尾端位置（调整重心高度和深度）

图 2-2-6　配重块在杆头底部中心线位置（调整重心高度）

变杆头重心的深度及高度，影响出球角度及后旋量；如果单一配重块靠近杆头跟部（图 2-2-7），那么调整配重主要改变重心位置（增加配重，重心更靠近跟部），影响击球时的初始方向和侧旋量。

单一位置配重调节杆头主要的问题是在改变配重块重量的同时不仅改变了杆头的重心位置，也改变了杆头的总重量和球杆的挥杆重量。

图 2-2-7　配重靠近杆头跟部（调整重心位置）

2. 多点位置配重调节杆头

多点位置配重调节杆头是指杆头底部设有两个或两个以上配重块的杆头（图 2-2-8 至图 2-2-10）。这样的杆头提供了更多改变杆头重心位置的调节方式。

多点位置配重调节可兼顾重心位置调节和杆头重量调节两方面，可在不改变杆头总重量的情况下通过两个或两个以上配重的重量调节来单纯地改变重心位置。

图 2-2-8　杆头底部设有两个配重的杆头

图 2-2-9　杆头底部设有三个配重的杆头

图 2-2-10　杆头底部设有多个配重的杆头

3. 滑块式配重调节杆头

滑块式配重调节杆头（图 2-2-11、图 2-2-12）是指杆头底部设有一个或多个可滑动的配重的杆头。此类杆头通过滑块来调节杆头重心位置，进而影响击球的弹道和球的后旋及侧旋量。它与固定式配重块的原理相同，但滑块调整起来更加方便，并且杆头总重量不会改变。

图 2-2-11　杆头底部设有一个和多个滑块配重的杆头

图 2-2-12　此类杆头配重的调节不仅有不同重量的配重销，并且配重销的重量分配也不一样（一侧重一侧轻，可以通过调节配重销安装的方向来改变杆头的重心位置）

2

选择成品一号木杆要考虑的因素（针对业余球手）

杆身重量及硬度：杆身对挥杆时力量的传递以及击球时杆头的稳定起到非常重要的作用，并且杆身需要与个人的挥杆力量及速度等因素相匹配，目前大部分品牌的球杆杆身上都标有杆身重量、硬度及扭力等参数，方便大家选择。业余球手在选择杆身时需要着重考虑杆身的重量和硬度两个方面，重量的选择要考虑自身的力量及体重，硬度的选择要考虑挥杆速度，同时要注意重量和硬度的搭配，相同的硬度（杆身上标识的硬度）情况下杆身越重，打感也会越硬。杆身硬度的差异非常大，建议选择时一定要试打。这是因为目前市场上一号木杆搭配的杆身品牌及型号繁多，即使是相同品牌的杆身若型号不同差异也非常大，而且杆身重量和硬度等规格参数的搭配也很多，仅靠参数难以选择。

杆面倾角：根据所需弹道高度选择杆面倾角合适的杆头，但这点要结合所搭配的杆身（重量、硬度、折点等）综合考虑。目前，大部分一号木杆均有可调节的套管，均可在一定范围内调节杆面倾角。

球杆长度：这是获得稳定和方正击球最重要的因素。球杆越长，稳定性越差，建议一般球手选择的球杆长度不要超过45.75英寸。球杆长度对击球稳定性的作用非常重要，目前市场上一号木杆的球杆长度差异较大，选择时要非常注意。

杆头设计：球手根据自己现有的一号木杆水平（杆头速度及稳定性）及诉求，确定对一号木杆的要求（距离更远或稳定性更高）。挥杆速度较慢的业余选手想提高击球距离选择高反弹的一号木杆是比较有效的方式。要提高击球稳定性就选择容错性较好的一号木杆（杆头体积、整体的重心设计等），杆身和球杆长度也是很重要的。

二、球道木杆

球道木杆在外观设计及可调节功能等方面与一号木杆基本相同，只是在材质的选择上会有所不同。球道木杆一般有3号、4号、5号、7号、9号五个规格，有的品牌也为高水平选手设置有更低杆面倾角度数的3号+（或2号）球道木杆，杆面倾角一般是13°左右。表2-2中列出了一号木杆及球道木杆常见的设计参数。

有关球道木杆号数的标识以及角度、球杆长度、杆头重量等参数设置，在行业内并没有统一的标准，因此每个品牌都按自己的方式来进行标识，以便于区分。通常标识在杆头底部或杆颈位置，对球道木杆加以区分，有的品牌用号数（如3、5、7等），有的用杆面倾角度数（如15、18、21等），有的用号数加杆面倾角度数（如3/15、3^{15}等）的方式来标识（图2-2-13）。

表 2-2 木杆参数参考汇总表

球杆类别	杆面倾角	杆颈角	杆头重量	杆头体积	球杆长度
DRIVER	9°～10.5°	58°	190～200 g	460 cm³	45.5～46 in
FW3	15°	58°	213 g	190 cm³	43 in
FW5	18°	59°	223 g	170 cm³	42 in
FW7	21°	59.5°	228 g	160 cm³	41.5 in
FW9	25°	60°	233 g	150 cm³	41 in

注：以上木杆杆头参数是以男士木杆为例，不同的品牌都会有所差异，这里总结常见参数作为参考。一号木杆一般杆头越重球杆越短，杆头越轻球杆越长。球道木杆不同品牌在同一号数下杆面倾角会有 0.5°～1.5°的差异，杆颈角度会有 0.5°～1°的差异，长度上有 0.25～1 英寸的差异，杆头重量和杆头体积上则有较大差异。

图 2-2-13 用号数加杆面倾角度数来标识球道木杆

目前很多品牌推出了可调节杆颈套管的球道木杆，调节方式一般与该型号的一号木杆相同（图 2-2-14）。

图 2-2-14 可调节杆颈套管的球道木杆

选择成品球道木杆要考虑的因素（针对业余球手）

易打性：尤其是小号数（杆面倾角小）球道木杆，能否有效地将球打起，并且有稳定的方向和击球距离最重要。因不同品牌球道木杆的外形（尤其是体积及杆头重量）差异较大，易打性差异也比较大，所以在选择球道木杆时要尤其注意。

杆面倾角：根据长铁杆或铁木杆所能稳定打出的最远距离选择，根据想要得到的击球距离选择合适的杆面倾角的球道木杆，先从大号数（杆面倾角较大）的球道木杆开始，一直到所能控制的（方向和距离相对稳定）最小号数的球道木杆。

杆身：与一号木杆杆身的选择方式相同，球道木杆的杆身选择可根据一号木杆杆身的选择来匹配，一般球道木杆杆身要比一号木杆身更重更硬。

球杆长度：在杆面倾角相同的情况下，不同品牌的球道木杆球杆长度有 0.25 ~ 1 英寸的差异，而且现在市场上球道木杆的长度对很多业余球手来说都比较长。建议在专业技师的帮助下将其调整到合适的长度。

三、铁木杆

铁木杆又称混血杆，其外形有的类似于球道木杆，有的类似于铁杆（图 2-2-15），其生产工艺流程与木杆类似，大多由底部、冠部、杆面和杆颈四部分组成。美国常称该类球杆为 "Hybrid"，日本则称之为 "Utility"，国内有人称之为 "小鸡腿" 或 "UT 杆"。

铁木杆更多的是取代长铁杆的功能，因大部分业余球手都很难操控长铁杆，这导致击球距离和方向都非常不稳定，而铁木杆因有更低和更深的重心及更宽的底部，而更易起球，也具有更稳定的方向和距离。同时，因为现在的长铁杆杆面倾角越来越小，较小的杆面倾角操控难度更大、更难起球，所以针对业余球手，3 号、4 号铁杆慢慢被铁木杆取代，尤其是在女士套杆里，中长铁杆都设计成了铁木杆，这也是为了有更高的易打性。

图 2-2-15　市场常见铁木杆举例

铁木杆与球道木杆相比（杆面倾角相同的情况下），球杆更短、杆头更重、杆头体积更小；在击球的效果上，虽然铁木杆击球距离短一些，但它比球道木杆有更好的操控性和易打性。表 2-3 中列出了铁木杆常见的设计参数。

表 2-3 铁木杆参数参考汇总表					
球杆类别	杆面倾角	杆颈角	杆头重量	杆头体积	球杆长度
U2	17°	59°	215 g	135 cm³	41 in
U3	19°	59.5°	220 g	130 cm³	40.5 in
U4	21°	60°	225 g	125 cm³	40 in
U5	23°	60.5°	230 g	120 cm³	39.5 in
U6	25°	61°	235 g	115 cm³	39 in

注：不同品牌同一号数铁木杆的杆面倾角会有 0.5°～1.5° 的差异，杆颈角会有 0.5°～1° 的差异，长度上有 0.25～1 英寸的差异，杆头重量和杆头体积上则差异较大，杆头越重则杆身会相对短一些。

铁木杆与长铁杆相比，其特点是杆头底部更宽、杆面较窄、有更大的中空构造，目的是增加重心深度、降低重心高度、扩大甜蜜区，因此更容易将球打起，击球方向和距离更加稳定。缺点是由于铁木杆相较于长铁杆有更宽的底部设计，在长草区或者较复杂的地形情况下，铁木杆无法像铁杆一样穿过长草击球。

第三节　铁杆

难度系数：★★★

铁杆由铁杆组和挖起杆组成（图 2-3-1）。铁杆组的搭配有 4 号、5 号、6 号、7 号、8 号、9 号、PW、SW，也有用 3 ～ 10 号、11 号等来标识的品牌，主要是为了让球手更好地加以区分和辨别。现在 3 号铁杆已经很少，只有在较为专业一点的刀背铁杆组中才有配置。4 号铁杆也在逐渐减少，因其对于业余球手来说变得越来越难打（杆面倾角越来越小）。表 2-4 为铁杆参数参考。随着铁杆号数的增大，杆面倾角逐渐增加，球杆长度变短，杆头重量渐渐增加。杆面倾角大，球易于打高，击球后产生的后旋量也较大，球落地后不易向前滚动，击球落点比较容易控制。

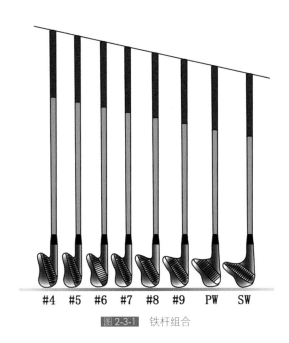

#4　#5　#6　#7　#8　#9　PW　SW

图 2-3-1　铁杆组合

挖起杆又称角度杆或切杆，因为挖起杆的外形设计以及在杆头关键的功能参数上与铁杆组有所不同，所以在此我们将其单独分出一类，以便能更清楚地讲解。目前市场上常见的挖起杆有 48°、50°、52°、54°、56°、60°、62° 等，挖起杆大多是以杆面倾角的度数来标识，多见 46° ～ 64° 的挖起杆，杆面倾角度数以偶数居多。

铁杆类别	杆面倾角	杆颈角	杆头重量	球杆长度
#3	18°	60°	243 g	39.25 in
#4	21°	60.5°	250 g	38.75 in
#5	24°	61°	257 g	38.25 in
#6	27°	61.5°	264 g	37.75 in
#7	31°	62°	271 g	37.25 in
#8	35°	62.5°	278 g	36.75 in
#9	40°	63°	285 g	36.25 in
PW	45°	63.5°	293 g	35.75 in
48°	48°	64°	298 g	35.50 in
50°	50°	64°	298 g	35.50 in
52°	52°	64°	298 g	35.50 in
54°	54°	64°	298 g	35.50 in
56°	56°	64°	303 g	35.25 in
58°	58°	64.5°	303 g	35.25 in
60°	60°	64.5°	303 g	35.25 in
62°	62°	64.5°	303 g	35.25 in

表 2-4 铁杆参数参考汇总表

注：以上参数表是以常见男士钢杆身为例，铁杆组不同品牌在同一号数下杆面倾角会有 1° ~ 2° 的差异，杆颈角会有 0.5° ~ 1° 的差异，长度上有 0.25 ~ 1 英寸的差异，杆头重量也会有 1 ~ 5 克的差异。

一、铁杆分类及功能差异

铁杆可依照生产制造方式、外观和内部构造及场地使用差异来分类（图 2-3-2）。

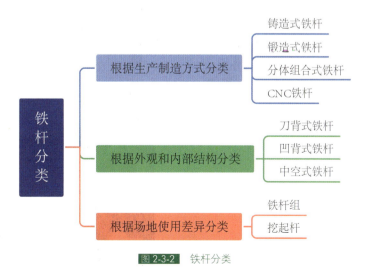

图 2-3-2　铁杆分类

（一）根据生产制造方式分类

1. 锻造式铁杆杆头

早期的铁杆杆头都是锻造而成，制造工艺比较简单，铁匠拿一截重量差不多的铁棍，把它放进火炉里烧红，钳出来放在砧上用铁锤敲打，直至把这块铁捶打成杆头的形状，再进行打磨及颈部钻孔，最后再用凿子在杆面凿出刻线，一颗锻造杆头就做好了。现代工艺制造杆头的原理与古法相同，只是现在用机器取代了人工的敲打，即使用大型锻压机把烧红的铁棒放在杆头模具上锻压成形（图2-3-3、图2-3-4），这大大提高了生产效率。锻造杆头一般在杆头背部或颈部有"FORGED"标识，这代表杆头杆面倾角和杆颈角都是可以调整的（图2-3-5）。

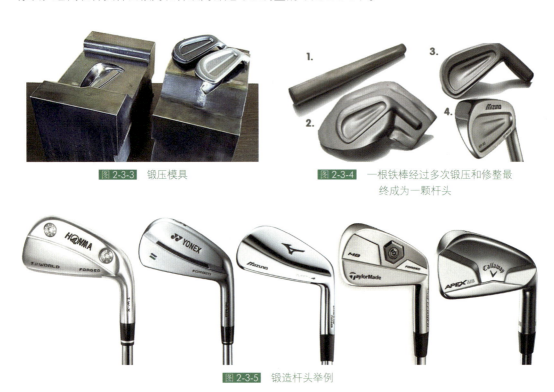

图 2-3-3　锻压模具

图 2-3-4　一根铁棒经过多次锻压和修整最终成为一颗杆头

图 2-3-5　锻造杆头举例

2. 铸造式铁杆杆头

20世纪70年代，球杆制造业发生了革命性的飞跃，铸造工业开始发展，所谓铸造就是按设计好的形状做出模具，把熔化的铁水灌进模具内（图2-3-6），冷却后去掉模具，再经打磨，就生产出了铸造杆头（图2-3-7）。铸造杆头的优点是可以设计出比较复杂的凹背式的杆头背部，更好地分配杆头重量，提高杆头的易打性。

图 2-3-6　熔化的铁水被倒入杆头模具中

图 2-3-7　铸造杆头背部粘贴品牌铭板

3. 分体组合式铁杆杆头

这类杆头采用将杆头拆分成不同的部件来分别制造，最后将部件镶嵌焊接到一起的生产制造方式。一般将杆头拆分为本体和杆面两部分，较复杂的杆头本体部分采用铸造或者锻造方式，杆面一般采用锻造方式，最后将两部分焊接到一起（图 2-3-8）。该方式很好地解决了锻造杆头很难做出高容错性的凹背式结构的问题，同时又能具有锻造杆头的打击面。这类杆头的杆面也可以采用不同的材质，以提高反弹性能，如钛合金杆面等。

此类生产方式能生产出更为复杂的内部结构，如中空式铁杆杆头，或者在杆头底部嵌入重金属（如钨）的配重块等，这在生产工艺流程上都比较容易达成。

图 2-3-8　多种多样的分体组合式铁杆杆头设计

4.CNC 铁杆杆头

CNC（Computer number control）是计算机数字控制机床的简称，是一种装有程序控制系统的自动化机床。该控制系统能够根据设计好的图纸自行控制成组刀具和自动换刀切削，是一种高度自动化的数字控制加工中心。工件在加工中心上经一次装夹后（需要针对杆头做相应的夹具），能完成两个以上杆头的加工。加工中心按控制轴数可分为三轴、四轴和五轴等。轴数越多成本越高，加工的精度也越高。

目前很多量身定制的品牌铁杆杆头都采用"软铁锻造 +CNC"的生产方式，很多推杆也采用CNC 加工。因 CNC 加工耗工耗时，并且一次加工的数量不多，所以成本相对高昂。CNC 加工的杆头外观线条及纹理比较细腻，尤其是对铁杆杆头背部的立体造型设计及纹理的加工与处理更加到位（图 2-3-9）。

图 2-3-9　CNC 加工的杆头背部

5. 不同生产制造方式的铁杆杆头对比

表 2-5 为不同生产制造方式的铁杆杆头优缺点对比。

表 2-5　不同生产制造方式的铁杆杆头优缺点对比			
对比项	锻造式	铸造式	分体组合式	CNC 式
定义	高温下用挤压的方法成形，是把一种形状的固体变成另一种形状的固体	熔化的铁水倒入杆头形状的模具中，冷却后成形，把没有形状的金属液体变成有形状的固体	将杆头拆分成不同的部件，采用各自的生产工艺完成制造，最后组装成杆头	采用数字控制加工的方式进行杆头的制造，直接将一块铁切铣成想要的杆头形状
优点	可以用较软的原材料来进行加工生产，生产的产品分子结构较为均匀细腻	生产成本低，效率高，可做出杆头背部较深的凹槽，杆头容错性高	可生产较为复杂的杆头，既有锻造杆头的打感又有铸造凹背杆头的容错性，能更好地满足设计的需要，杆头内部空间的设计及重量的分配更为多样	加工精度高，外观纹理细腻，可小批量生产
缺点	无法制造出容错性较高的凹背式杆头，杆头容错性低成本较铸造式的高	材质相对较硬，制件中间易产生气孔	生产流程较多，成本高	单件成本高，无法加工出容错性较高的凹背式杆头

目前的生产工艺越来越先进，杆头的设计生产也突破了单一的生产加工方式，很多杆头采用多部件设计的生产方式，很多品牌会综合运用铸造、锻造、CNC 等多种生产加工工艺制造杆头，使杆头易打性更高，也更美观。

（二）根据外观和内部结构来分类

1. 刀背式铁杆

刀背式铁杆（Muscle back iron 或 Blade iron）杆头背部较平，杆头底部也较窄，有些像镰刀的刀背，所以形象地称之为"刀背式铁杆"（图 2-3-10）。刀背式铁杆杆头大多采用软铁锻造的方式，锻造刀背式铁杆的特点是操控性优异，球技高超者可以准确地控制球并打出强劲的弹道，是适合职业球手或球技高超者使用的球杆。刀背式铁杆杆头重心较高、甜蜜区较小，击球失误时距离损失大，方向偏离也较大。但刀背式球杆能提供更为准确的击球反馈，在技巧性的表现上更能符合优秀球手的要求。

图 2-3-10　刀背式铁杆

随着锻造工艺的发展，锻造杆头的外形也有了更大的发展，可以用锻压机直接在模具上冲压出想要的杆头外形，杆头背部虽然不能锻压出凹槽的结构，但可以在杆头背部把杆面的部分做薄，将更多的重量分配到底部，提高杆头的容错性。

半刀背式铁杆，也称之为"半凹背式铁杆"，是介于刀背和凹背之间的一种背部外形设计（图 2-3-11）。

图 2-3-11　半刀背式铁杆

2. 凹背式铁杆

凹背式铁杆（Cavity back iron）杆头大多是铸造杆头，铸造的工艺才能在杆头的背部做出凹穴的结构，但现在有些铁杆杆头是杆面和杆头本体分开来做，一样可以做出凹背的杆头。将杆头背面设计成凹穴形，可使重量更多地分配到杆头底部和四周（图2-3-12）。凹背式铁杆具有较高的容错性，适合任何水平的高尔夫球手使用，是目前市场上最普遍的杆头类型。与刀背式铁杆相比，凹背式铁杆重心更低，分布到杆头跟部和趾部的重量更多，四周加重后增加了甜蜜区的面积，即使偏离甜蜜区击球，也不会损失太多距离，同时方向偏差也不会太大。

图 2-3-12　凹背式铁杆

3. 中空式铁杆

中空式铁杆（Hollow iron）杆头是内部设计成空腔结构的铁杆杆头（图2-3-13）。此类杆头大多采用分体组合式的制造方式，可制作出具有木杆性能的铁杆杆头，杆面反弹系数更大。为了将杆头重心做得更低和更好地分配杆头重量，会在杆头底部加入重金属配重，有些品牌为了能改善击球触感及声音，会在中空的内部填充软性材料。

中空式铁杆杆头制作的特点是杆头本体和杆面是镶嵌式的，本体可以铸造也可以锻造，杆面大多采用锻造方式，最后将两者焊接到一起。其优点是甜蜜区较大，同时通过对杆面厚度的控制，杆面的反弹系数更大，增加击球距离。

图 2-3-13　中空式铁杆结构

有些品牌通过铁杆组渐进式的"中空—凹背—实心"设计来解决长铁杆难打的问题。长铁杆（3号、4号、5号）采用中空式设计来提高易打性，中铁杆（6号、7号）采用半中空式设计，短铁杆（8号、9号、PW）采用实心结构来提高击球的操控性（图2-3-14）。

图 2-3-14　渐进式设计搭配的铁杆组

小号数（杆面倾角小）的中空式铁杆，在此我们以制造工艺来区分，将此类与铁杆制作工艺类似的杆头统一归类为铁杆（图2-3-15）。中空式铁杆杆头都会有一个孔（成品用螺丝或塑料塞子封住），这是为杆头本体与杆面焊接留出的排气孔。为了进一步提高中空式铁杆的易打性，有些品牌采用在杆头底部增加配重块的方式，来进一步降低杆头重心，提高出球角度。也有些品牌在中空的结构里填充软性材料（图2-3-16），以改善击球触感和声音。

图 2-3-15　小号数中空式铁杆

图 2-3-16　填充软性材料的铁杆杆头

刀背式杆头与凹背式杆头的对比

刀背式杆头的重心高度相对较高，重心深度相对较浅，整个杆头重量的分配较为平均，甜蜜区相对较小，容错性低。但好处是此种杆头对于高水平选手来说对球的操控性能更高，击球反馈更精准。

凹背式杆头可在设计上将杆头重量更多地分配到杆头底部、跟部和趾部，这样使杆头重心高度更低，重心深度更深，这样就增大了甜蜜区，提高了容错性，即使偏离甜蜜点击球，出球方向的偏差也不会太大。

中空式铁杆的复合式结构，能为设计留有更多的空间，可将杆面做得比较薄，这样就有效提高铁杆杆面的反弹系数，加快出球速度，同时中空式铁杆还可在底部加入密度更大的金属配重，做出更好的底部重量分配，提高杆头的容错性。

二、挖起杆

挖起杆也是铁杆的一种，因为挖起杆具有特殊的用途和功能，在杆头参数设置（如反弹角及杆头底部外形）、杆头外形等方面与铁杆有较多差异，所以在此单独列出，以便能更好地加以讲解。表 2-6 中列出了挖起杆常见的设计参数。

表 2-6 挖起杆参数参考汇总表

类别	杆面倾角	杆颈角	反弹角	杆头重量
48°	48°	64°	6°～10°	298 g
50°	50°	64°	6°～10°	298 g
52°	52°	64°	8°～10°	298 g
54°	54°	64°	8°～10°	298 g
56°	56°	64°	8°～16°	303 g
58°	58°	64°	8°～16°	303 g
60°	60°	64°	8°～16°	303 g
62°	62°	64°	8°～16°	303 g

注：不同品牌的挖起杆杆颈角设置差异不大，但反弹角设置差异非常大，0°～18°均有设置。杆头重量也会有 1~5 克的差异。

挖起杆在背部外形设计上与铁杆组相比更为简单，无中空或凹背的结构设计，基本都是在杆头背部靠近底部的位置进行一些造型设计。

挖起杆大多在杆头底部靠近趾部的位置标识杆面倾角度数，在杆面倾角度数下标识反弹角度数（图 2-3-17）。

图 2-3-17　在杆头底部靠近趾部的位置标识杆面倾角度数及反弹角度数

挖起杆杆头底部会做一些特殊的形状设计，适用于不同的击球方式，用以改善和提高击球时杆头的通过性能（图 2-3-18、图 2-3-19）。

图 2-3-18　底部设计有不同研磨外形的挖起杆杆头

图 2-3-19　底部设计有凹槽外形的挖起杆杆头

挖起杆在表面处理和外观颜色方面提供了更多的选择（图 2-3-20）。

图 2-3-20　电镀不同颜色的挖起杆

第四节　推杆

难度系数：★★★★

与铁杆和木杆相比，推杆的杆面倾角最小，一般为 2°～ 6°，颈角度为 68°～ 75°，男士推杆长度一般为 33 ～ 35 英寸，女士推杆长度为 32 ～ 34 英寸，推杆长度的设置个体差异性较大。

推杆无论是外形设计、杆头材质、杆面材质，还是生产制造的方式都是比较多样的，其杆头与杆身的连接方式，以及杆面与杆身的相对位置等也都是非常多样的，并且球具制造商也没有明确的分类方法，因此给推杆分类非常困难，但为了能把推杆的类型讲解清楚，我们尝试用以下六种不同的方式来对推杆进行分类（图 2-4-1）。

图 2-4-1　推杆的分类

一、根据杆头与杆身连接处的杆颈类型分类

推杆杆颈以及杆身与杆头的连接类型非常多样（图 2-4-2），有的是将杆颈的角度设置在杆头杆颈处，有的是通过杆身的弯曲来达到。综合市场上常见的推杆类型，可归纳总结为四类：曲柄型杆颈、L 型杆颈、T 型杆颈、杆身弯折型杆颈。

图 2-4-2　众多的推杆杆身与杆头颈部连接类型

（一）曲柄型杆颈

曲柄型杆颈（Crank neck 或 Plumber-neck）是目前市场上普遍使用的杆颈类型，杆颈长度会有所差异，杆头颈部设计有一个呈直角的平台接座，杆头与杆颈连接处呈直角，杆颈角设置在杆颈与杆身连接的接座处，这样的接座使杆身与杆头的连接位置位于杆面前方，使杆面后移（图 2-4-3）。

（二）L 型杆颈

图 2-4-3　曲柄型杆颈推杆举例

此种推杆从杆头背面看好像英文字母"L"，故称为 L 型杆颈（L-shaped putter）。此类杆颈的主要特点是杆颈位于杆头跟部最后端，杆颈角度的弯曲位于杆颈上，连接的杆身无弯曲，常见的是杆颈插入杆身末端（图 2-4-4）。

图 2-4-4　L 型杆颈推杆举例

（三）T型杆颈

T型杆颈（Cash-in）的推杆杆身与杆头的连接位置接近杆头中间或者靠近跟部，以靠近中间位置居多，杆身无弯曲，并且杆头通过较短的颈部插入杆身内部连接，杆身中心轴与连接的杆颈中心轴重合（图2-4-5）。杆颈角度位于杆颈与杆头连接处，杆面无后移（Zeroset）。T型杆颈的推杆在所有类型的推杆中，击球时的反馈是最为清晰的，尤其是杆颈接近杆头中心线的T型推杆。击球位置与杆颈的距离越远，击球的反馈会越轻。

图 2-4-5　T型杆颈推杆举例

（四）杆身弯折型杆颈

杆身弯折型杆颈（No hosel）的推杆最大的特点是杆身在靠近杆头的连接位置是弯曲的，不同品牌型号的弯曲位置和方向等也各不同（图2-4-6）。此类推杆杆头颈部几乎完全插入杆身内部，杆头几乎没有杆颈，球杆杆颈角度是通过杆身的弯曲来达到的。

图 2-4-6　杆身弯折型杆颈推杆举例

二、根据推杆杆头外形分类

推杆杆头的外形设计非常多，根据外形特征很难全面地区分和总结出所有推杆的外形特点，这里仅对一些有历史传承和常见的外形加以总结和区分，也希望通过对外形的总结，使读者较为全面地了解推杆杆头外形的设计特点。

外形的分类总结最难的是用一个总结性的词来概括外形特征，所以通常使用发明者为该类推杆命名的方式来统称同一类型的推杆。

（一）Anser 型推杆

该类型的推杆杆头设计相对比较简单，外形是类似"1"字的条形，所以又称为一字形或条形推杆。

讲到该类型推杆不得不提到一个人——卡斯坦·索尔汉姆（Karsten Solheim），他设计出了现代高尔夫推杆市场上最为流行的一款革命性的推杆——Anser 型推杆（图 2-4-7）。

图 2-4-7　卡斯坦·索尔汉姆设计的 Anser 型推杆逐渐发展成了现在的外形

知识拓展

在卡斯坦·索尔汉姆发明 Anser 型推杆前，球手所使用的推杆与刀背式铁杆一样，杆头重量分配较为平均，这导致推杆的容错性非常低，击球点要非常精准才行。

卡斯坦·索尔汉姆最初发明的推杆，杆头中间部分被挖空，杆头重量更多分配到杆头跟部和趾部，这样就极大地提高了球杆的容错性。杆面后部底板位置也被挖空，这样的推杆设计在击球时声音比较响亮，所以起名为"PING"（PING 的发音与这类球杆击球的声音很像）。

1966 年 1 月，卡斯坦·索尔汉姆忽然有了一个全新的灵感。他来不及找纸，拿起一张唱片封面就开始画，一个全新的推杆设计草图就这样画好了。卡斯坦·索尔汉姆的妻子建议将这支推杆命名为"Answer"，但他认为 6 个字母太多，于是妻子建议去掉"w"，反正这个字母也不发音，从此诞生了 Anser 型推杆。

卡斯坦·索尔汉姆——
PING 的创始人

卡斯坦·索尔汉姆
最初发明的推杆

名为"PING"的推杆

（二）Mallet 型推杆

因为此类推杆看起来有点像一个槌球棒，所以得名"Mallet"，也称"槌形"（图 2-4-8）。此类推杆大多为 L 型杆颈，杆头颈部是一个向上延伸的实心杆颈插入杆身内部。

图 2-4-8　Mallet 型推杆

（三）W&M 翼型推杆

此类推杆的特点是杆头体积较大，形状非常多样，杆头拥有更深的重心和更高的容错性，大多采用多结构式的复合设计，杆身前端大多弯折（图 2-4-9）。

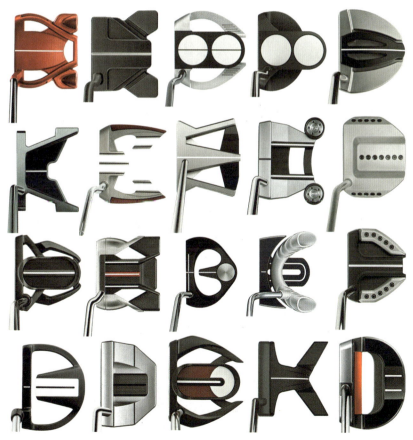

图 2-4-9　W&M 翼型推杆

三、根据杆面与杆身前缘的相对位置分类

根据杆面与杆身前缘的相对位置可将推杆分为杆面后置型推杆（Offset hosel）、杆面中置型推杆（Neutral hosel 或 Zeroset hosel）和杆面前置型推杆（Onset hosel）三种（图 2-4-10 至图 2-4-12）。

图 2-4-10　杆面后置型推杆

图 2-4-11　杆面中置型推杆

图 2-4-12　杆面前置型推杆

三种杆面与杆身的相对位置关系会影响推杆瞄球时的视线，也会影响击球时握把端与杆面的相对位置，进而影响击球时的动态杆面倾角。

杆面后置型推杆的杆面前缘位于杆身前缘的后方，目前市场上此种推杆最为常见。

杆面中置型推杆的杆面前缘与杆身前缘齐平，杆头颈部和杆身均没有任何弯曲，杆身左侧边缘基本与杆面在同一个平面上。这样的推杆击球反馈最为直接。杆头重心位置大多在杆身中心轴线上。

杆面前置型推杆的杆面突出到杆头前方，杆身与杆头的连接位置常放置在瞄球线后方。

四、根据杆头重心位置与杆身中心轴的关系分类

根据杆头重心位置与杆身中心轴的关系，可以将推杆分为杆面平衡型推杆（Face balanced putters）、趾部重型推杆（Toe weighted putters）和跟部重型推杆（Heel weighted putters）三种，这主要是由杆身中心轴和杆头重心的相对位置决定的。

测试的方法比较简单，需要一台杆头重心角度测量器，将球杆放置在测量器上，看杆面与通过杆身中心轴的垂直面的夹角（图 2-4-13），即重心角度。杆面平衡型推杆放置时杆面平行于水平面，杆头重心角度是 90°。市场上大多是趾部重型推杆（放置时杆头趾部朝下），只是杆头重心角度有所差异（图 2-4-14）。球杆的重心角度越小（杆头趾部越朝下），说明杆头重心位置越靠近杆头趾部，重心位置与杆身轴线的距离越远。

图 2-4-13　推杆重心角度测量器

图 2-4-14　不同重心角度的推杆

现在很多品牌都推出了杆头可调节配重的推杆，通过配重来改变杆头重量分配比例，进而改变重心位置和重心角度。

除以上分类外，推杆材料种类也比较多，尤其是杆面材料，金属材料、橡胶、合成橡胶、聚氨酯等都可用做推杆杆面的材料。除了材料外，推杆杆面纹理线条的设计也是种类繁多，有完全平的杆面、刻线杆面、蜂巢杆面、凹槽杆面等（图 2-4-15）。

图 2-4-15　不同外观、材质及杆面设计的推杆杆头

五、根据杆头有无可调节配重分类

根据杆头有无可调节的配重可将推杆分为可调节式配重和无调节式配重。可调节更换的配重为定制提供了便利。可更换的配重有的设计在杆头跟部，有的设计在杆头趾部等，一般都是对称设计两个配重或者是在杆头重心垂直轴上设置一个配重（图 2-4-16）。

图 2-4-16　底部或尾部设计有可更换配重的推杆

第三章　球杆组成及杆头设计重要参数

第一节　球杆组成及杆头设计重要参数释义

难度系数：★★★

一支高尔夫球杆主要是由杆头（Head）、杆身（Shaft）和握把（Grip）三部分组装而成，通常木杆、铁杆和挖起杆在杆身与杆头连接处会有胶环（Ferrule），而推杆一般没有胶环（图3-1-1）。杆头与杆身一般使用环氧树脂胶（AB胶）固定在一起，而杆身和握把则是用双面胶纸粘贴在一起，以避免握把转动。

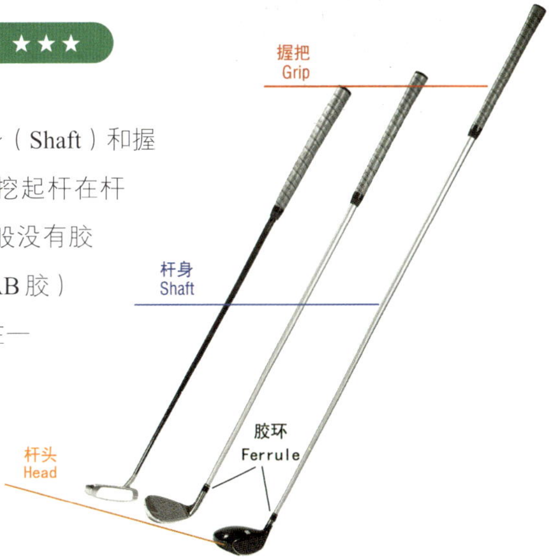

握把
Grip

杆身
Shaft

胶环
Ferrule

杆头
Head

图 3-1-1　球杆构成部位名称

一、杆头重要部位名称

杆头重要部位名称如下（图3-1-2）：

杆颈（Hosel）：指装入杆身的部位。木杆杆颈差异较大，杆颈长度及外径的设计会影响杆头的重心位置。

调节套管（Shaft adaptor，也称"杆身转接器"）：木杆，尤其是一号木杆大多采用此装置来调节杆面倾角和杆颈角等。

趾部（Toe）：位于杆头底部前缘。

跟部（Heel）：位于杆头底部后缘，靠近杆颈处。

顶部（Crown）：木杆杆头顶部又称冠部，指木杆上盖处，木杆顶部材质及厚度直接影响杆头重心的高度。

底部（Sole）：指杆头下方靠近地面的部分。木杆杆头底部设计较为多样，可有较多的形状或可更换的配重，铁杆底部宽度设计及反弹角设计也较为多样。

杆面（Face）：指杆头能有效击球的部位。

面沟线（Score line）：指为了在击球时能够产生足够的后旋而设计的凹槽。铁杆杆面面沟线基本都为横向的 V 形或 U 形凹槽，木杆杆面有的有面沟线，有的为激光刻痕。

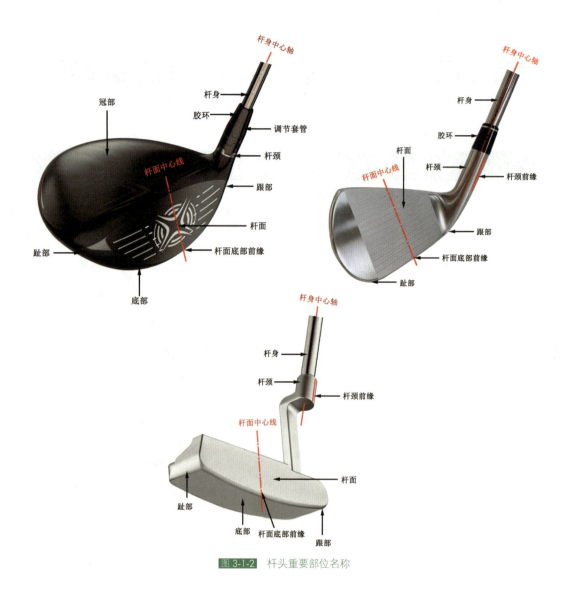

冠部

杆身中心轴

杆身

胶环

调节套管

杆颈

跟部

杆面中心线

杆面

趾部

杆面底部前缘

底部

杆身中心轴

杆面

杆身

胶环

杆面中心线

杆颈

杆颈前缘

跟部

趾部

杆面底部前缘

杆身中心轴

杆身

杆颈

杆颈前缘

杆面中心线

杆面

趾部

底部

杆面底部前缘

跟部

图 3-1-2　杆头重要部位名称

胶环（Ferrule）：安装在杆颈上方，用于杆颈与杆身的过渡，主要起装饰作用，胶环有很多种规格和颜色。

二、杆面倾角

　　木杆及铁杆的杆面倾角是指杆头方正放置，面沟线水平，杆头底部弧面最低点着地，杆面所在的平面与杆身中心轴所形成的角度（图 3-1-3）。因为木杆杆面有垂直弧度，所以木杆杆面倾角是以杆面中心点为基准的。一号木杆、球道木杆、铁木杆及挖起杆一般都会在杆头底部标识杆面倾角度数。

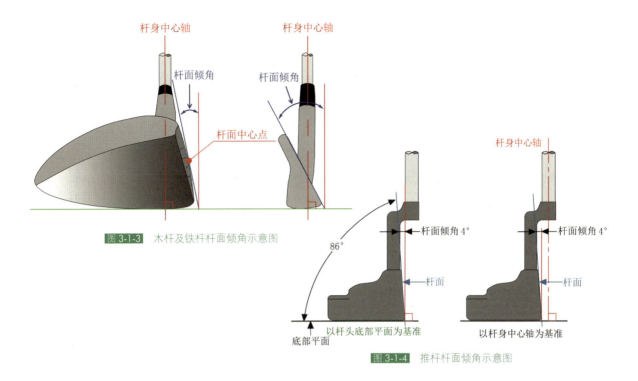

图 3-1-3　木杆及铁杆杆面倾角示意图

图 3-1-4　推杆杆面倾角示意图

推杆杆面倾角的定义与木杆及铁杆的类似，但推杆的杆面倾角首先以靠近杆面的杆头底部所在的平面为基准，也可以杆身中心轴为基准（图 3-1-4），因为有些推杆杆头上的杆颈是垂直于杆头顶部平面的，杆颈角及杆面倾角是通过杆身的弯曲实现的。

三、杆面角

杆面角是指杆面指向在水平面上的投影与目标方向线所成的角度，指向目标方向线则为方正（Square），指向目标方向线右侧即为打开（Open），指向目标方向线左侧即为关闭（Closed）。具体打开或关闭的程度用度数来表示，即杆面角度。一般来说，一号木杆原始设定的杆面角多为关闭，尤其是目前都是较大体积（460 立方厘米）的一号木杆，杆头重心深度及距离都比较大，因为要避免在下杆过程中杆面难以回正，所以都会将杆面角设计得稍偏向关闭（图 3-1-5）。设计

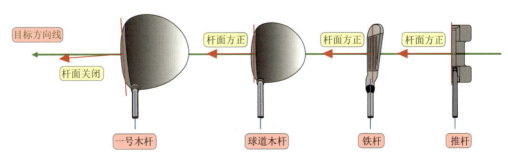

图 3-1-5　杆面角示意图

铁杆杆头时，原始设定的杆面角我们认为都是 0°，只是有些有较大杆面后移量的杆头在放置时杆面角会产生关闭的现象。杆面角主要影响出球方向。

四、杆颈角

杆颈角是指杆头方正放置，面沟线水平，杆头底部弧面最低点着地，杆身中心轴与水平面所形成的夹角（图 3-1-6）。杆颈角是球杆的基本参数之一，是杆头固有的角度属性。

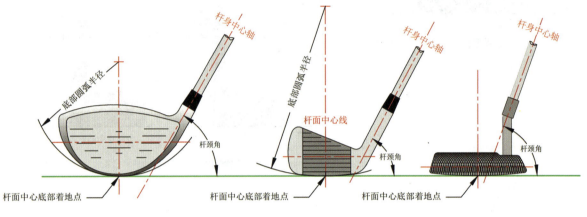

图 3-1-6 杆颈角示意图

五、反弹角

以杆身中心轴垂直于地面为基准，杆面方正，杆身中心轴延伸到杆头底部，最低点与杆面底部前缘连线和水平面所形成的角即为反弹角。测量方法详见第十九章第三节内容。

当杆头底部位于杆面底部前缘上方时，杆底突出水平面朝上的角度称为铲地角（Scoop angle），相反，杆底突出水平面朝下的角度称为反弹角（Bounce angle）。反弹角越大，杆面中心底部前缘距离地面越高。（图 3-1-7）。

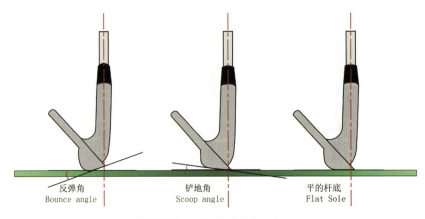

图 3-1-7 反弹角和铲地角示意图

第二节 杆头设计重要参数

难度系数：★★★★

一、杆头杆面相关设计参数

（一）杆面相关参数

杆面相关参数名称如下（图 3-2-1）。

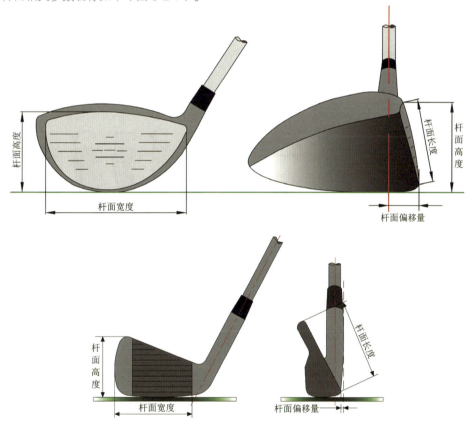

图 3-2-1 杆面相关参数名称

杆面宽度：指杆头杆面跟部和趾部最外侧的距离。

杆面长度：指杆面上最高点和最低点的距离。

杆面高度：杆颈中心轴所在的面垂直于水平面，并且杆头底部弧线最低点着地，杆面角为 0°的情况下，杆面最高点到地面的垂直距离。

杆面偏移量：指杆面中心底部前缘相对于杆颈前缘或杆颈中心轴的距离。

（二）杆颈偏移及杆面前移

杆面偏移是杆头设计需要考虑的重要参数，会对杆头的重心深度产生影响，其测量基准有两个：一个是以杆颈前缘为基准，另一个是以杆颈中心轴为基准。二者的英文表达也有所不同，具体如下。

杆颈偏移（Hosel offset，英文简写为"Offset"）：从杆面中心底部前缘到杆颈前缘的距离，"Offset"主要用在标识铁杆及推杆的参数上，铁杆及推杆杆头的设计大多会有杆面底部前缘相对杆颈前缘偏后（图3-2-2）。有些球具品牌会在球杆参数表中标注杆面偏移量，铁杆杆面后移量一般会随着铁杆号数的增大而减少（图3-2-3），甚至挖起杆杆面前缘还会突出于杆颈前缘。另外，在铁杆组杆面后移量的设计上，一般针对高差点球手，杆面后移量会相对较大，针对低差点球手的刀背式杆头杆面后移量相对较小。

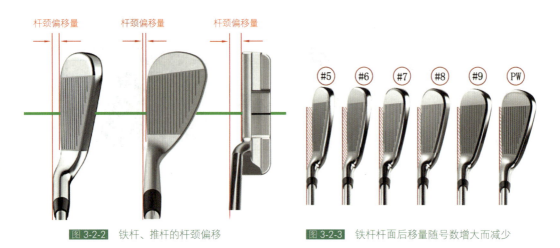

图 3-2-2 铁杆、推杆的杆颈偏移　　　图 3-2-3 铁杆杆面后移量随号数增大而减少

杆面前移（Face progression，英文简写为"FP"）：从杆面中心线底部前缘到杆身中心轴的距离（图3-2-4）。主要用在木杆参数中，因为有些木杆杆头没有向上延伸的杆颈，或者杆颈非常短，所以木杆杆面偏移量的表达采用杆身中心轴到杆面底部前缘的距离。木杆杆头的设计大多是杆头底部前缘相对于杆颈前缘偏向前方。

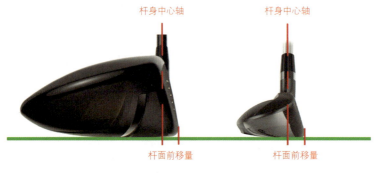

图 3-2-4 木杆的杆面前移

杆颈偏移和杆面前移都是杆头的设计参数,这两者的属性是完全相同的,只是测量的基准点有所不同。一般木杆杆面前缘向前突出于杆颈中心轴,并且都突出于杆颈前缘,我们称之为"杆面前移"。铁杆的杆颈偏移是杆面中心底部前缘在杆颈前缘后方,我们称之为"杆面后移"。

杆颈偏移对击球瞬间动态杆面倾角及杆面角的影响

① 杆面后移量直接影响杆头的重心位置,后移量越大,杆头重心越深。击球瞬间,杆身在额状面上的 C 形弯曲越大,杆头动态杆面倾角也会更大,使出球角度增加,后旋量增加。

② 在下杆阶段为杆面回正留有更多的时间和空间,使击球瞬间杆身在水平面上的弯曲相对更大,杆面更趋于关闭,减少出球方向偏右以及右曲球倾向。

③ 杆面后移量越大,击球准备阶段,杆面角也会更偏向于关闭,这样更加强化了出球方向偏左的倾向。

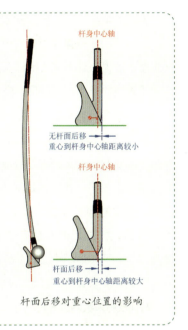

杆面后移对重心位置的影响

(三)杆面反弹系数(COR)及 CT 值

1. 反弹系数的定义及测量

COR 的英文全称为"Coefficient of restitution",翻译为恢复系数。恢复系数是物理专业名词,指两个物体碰撞后的分离速度与碰撞前的接近速度的比值。两个物体碰撞后的分离速度与碰撞前的接近速度成正比。在高尔夫球杆制做领域,我们常见把 COR 称为弹性系数或反弹系数,为便于概念的统一,本书将 COR 称为反弹系数。

恢复系数是反映碰撞时物体变形恢复能力的参数,在弹性限度内,反弹系数的大小只与碰撞物体的性质有关,与速度无关,对于确定的两个物体,它们之间的反弹系数是一个确定的常数。但当速度足够快时,碰撞发生的变形量超过了物体的最大变形量时,如某一物体发生破裂(如高速挥杆下,击球瞬间一号木杆杆面破裂),反弹系数就与速度有关了。

反弹系数 e 值的范围是 $0 \leqslant e \leqslant 1$。按 e 值的大小,碰撞可分为三类:弹性碰撞、完全弹性碰撞和完全非弹性碰撞。

(1)**弹性碰撞(0<e<1)**:实际碰撞一般都属这一类。碰撞物体的动能因引起振动而散失,物体的变形不能完全恢复,或伴有内阻引起的能量损失。e<1,不满足机械能守恒,一部分能量转变为内能,但是始终满足动量守恒。

（2）**完全弹性碰撞（e=1）**：碰撞后，物体完全恢复原形，能量无损失。在宏观现象中，这是不可能达到的理想情况；在微观现象中，则有完全弹性碰撞，例如分子间的碰撞有完全弹性的，也有非完全弹性的。恢复系数 e 等于 1，满足机械能守恒。

（3）**完全非弹性碰撞（e=0）**：碰撞物体的变形不能恢复，其相对动能全部损失，碰撞后两个物体基本黏在一起，没有任何反弹。

球与杆头的碰撞即为弹性碰撞，0<e<1，反弹系数代表了能量的转化效率，反弹系数越高，代表能量的损失越小、效率越高，反之则效率越低。一号木杆杆头的反弹系数最大，因为一号木杆需要最快的球速以达到最远的击球距离。为了达到更远的击球距离，一号木杆杆面在材质和力学结构上都不断地改进，目的是尽量提高杆面的反弹系数，增加出球速度。

木杆杆面击打高尔夫球时，杆面会产生内凹，高尔夫球由于弹性也会被压缩变形（图 3-2-5），然后再弹出，因此会有能量损失，反弹系数 e 小于 1。早期的木质杆头弹性不好，随着材料科学的进步，航空材料钛合金被用于一号木杆杆面，打击面做得越来越薄，因此反弹系数得到显著提高，以至于 R&A 和 USGA 不得不将反弹系数限定在 0.83 以内。现在用 CT 值来表示，CT 值越大，反弹系数越高。

图 3-2-5　击球阶段球被压缩的高速摄影

杆面反弹系数测试方法

（图 3-2-6）：将杆面垂直放置，即杆面与水平面垂直，杆面倾角处于 0°位置，球在杆面正前方以 100mph（英里/时）[1] 的速度（v_1）撞击杆面，测量球被杆面反弹后离开杆面瞬间的速度，再用反弹后的初速度（v_2）除以100mph，即为反弹系数。R&A 规则规定反弹系数不

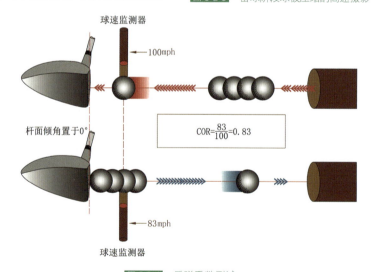

球速监测器

←100mph

杆面倾角置于 0°

$$COR=\frac{83}{100}=0.83$$

←83mph

球速监测器

图 3-2-6　反弹系数测试

能超过 0.83，且在此测试方法下，击打杆面的任何位置所得的反弹系数均不得超过 0.83。反弹系数计算公式如下：

$$COR=\frac{v_2}{v_1}=\frac{v_2}{100}$$

---

1 mph，即英里/小时（mile/h），为与球速监测器显示器保持一致以方便学习，本书使用 mph 作为单位。1 英里 ≈1.61 千米。

2. 杆面反弹系数的影响因素

除杆面材质和厚度、杆头整体结构设计及杆面测试位置外，在实际的测试过程中，所用的球也会对反弹系数测试结果造成影响（图 3-2-7），球的品牌、层数、材质、重量、硬度等均会对反弹系数的测试结果造成影响。从 2004 年开始，R&A 开始用 CT 值来对杆面的反弹效果进行限制。CT 值测试所用设备更为统一，且没有不确定变量的影响。

图 3-2-7　R&A 测试条件下影响杆面反弹系数的因素

3.CT 值的概念及影响因素

CT 是 Characteristic Time 的缩写，代表的是特征时间延迟，单位是微秒（μs），是个时间概念。R&A 及 USGA 规则规定杆面的 CT 值不得超过 239 微秒，允许有 18 微秒的容差，所以上限为 257 微秒。

通常来说，恢复系数越高，CT 值就越大，反之亦然。一般来说，钛合金杆面打击区域的厚度每增加 0.1 毫米，CT 值约降低 6 微秒；厚度每减少 0.1 毫米，CT 值约增加 6 微秒。

CT 值的影响因素包括杆面材质及薄厚、杆头整体结构以及杆面测试位置，与反弹系数相比，CT 值测试时消除了球对测试结果的影响。

4.CT 值测试方法

使用 CT 值测量器及 R&A 测试软件（图 3-2-8）：将球杆固定在测量器上，并调整右侧的测试台，使杆面倾角相对于测试锤呈 0°。将测试锤抬起并自然下落，用测试软件测试并读取 CT 值。CT 值即为测试锤碰触杆面到最后弹离杆面所用的时间。也就是说，CT 值越大，代表测试锤触碰杆面至最后弹离杆面所用的时间越长，反之时间越短。同样的，CT 值越大，代表从杆面打到球后，球飞离杆面的时间越长，说明杆面的反弹系数越大。

测量 CT 值时会在杆面上选择多个测量位置，以确保整个杆面的 CT 值都符合规则的要求。

图 3-2-8　CT 值测量器及 R&A 测试软件

二、铁杆杆头底部设计参数

铁杆杆头底部的差异主要体现在底板的宽度、弧度、反弹角和前缘高度的不同。一般针对中高差点球手设计的凹背式杆头底部较宽，以达到降低杆头重心、易起球的目的。针对中低差点球手设计的刀背式杆头底板较薄，以提高杆头在草坪上的通过性，以及使球杆具有更好的操控性。挖起杆杆头底部设计较多样化，可根据球手使用挖起杆时的挥杆动作的差异设计不同的底部外形，如有些杆头底部适合方正的切杆方式，有些适合杆面打开的切杆方式等。

杆头底部设计重要参数如下（图 3-2-9）。

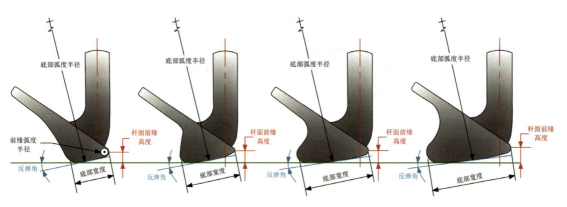

图 3-2-9 杆头底部设计重要参数

三、木杆杆头体积

关于木杆外形设计，杆头体积的大小是较为重要的一个参数，以一号木杆为例，现在几乎所有品牌的一号木杆杆头体积都是按照规则规定的最大体积来设计的，因为大的杆头可以有更高的转动惯量，即有更高的容错性、更大的甜蜜区，击球后球的方向和飞行路径等都会较为稳定。因此，USGA 和 R&A 对一号木杆杆头的体积加以限制，一号木杆杆头体积不能超过 460 立方厘米，允许有 10 立方厘米的容差，此规定于 2004 年 1 月 1 日正式生效。

知识拓展

杆头体积快速测量

木杆杆头体积的测量：准备一个装有液体的量杯，将杆头整个浸入液体，看量杯内液体液面对应读数的变化。

杆头体积快速测量

四、木杆杆面弧度及其作用

木杆杆面与铁杆杆面的设计有所不同，铁杆杆面整体是平的，而木杆的杆面是向外凸出的。
下面就木杆杆面对出球方向和出球角度产生的影响加以论述。为了更为清楚地解释木杆杆面凸出
对击球的影响，我们将木杆杆面的凸出弧度分解在垂直面和水平面这两个面上（图3-2-10），并
分别讲解。

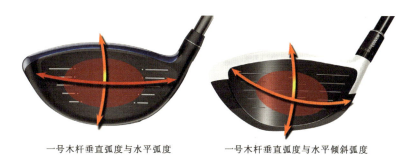

一号木杆垂直弧度与水平弧度　　　　　一号木杆垂直弧度与水平倾斜弧度

图 3-2-10　杆面垂直弧度、杆面水平弧度和杆面水平倾斜弧度

（一）木杆杆面垂直弧度及其作用

由于木杆杆面垂直弧度（Vertical roll）的存在（图3-2-11），以杆面中心点为基准，越靠上，
杆面倾角越大，越靠下杆面倾角越小，而杆面倾角是影响出球角度最重要的因素（详见第八章），
也就是说，杆面击球位置越靠上方出球角度越大，越靠下方出球角度越小。木杆杆面为什么要设
计垂直弧度呢？这里需要理解垂直面上的齿轮效应。

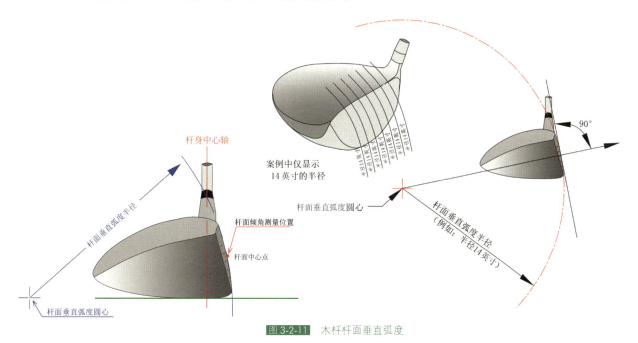

图 3-2-11　木杆杆面垂直弧度

由于齿轮效应和杆面垂直弧度的作用，杆面击球位置越靠近下方，出球角度越小，而齿轮效应使后旋量增加。杆面击球位置越靠近上方，出球角度越大，而齿轮效应使后旋量减少。这样就可以确保在垂直面上偏离甜蜜点击球时，高尔夫球的弹道的稳定（图 3-2-12）。

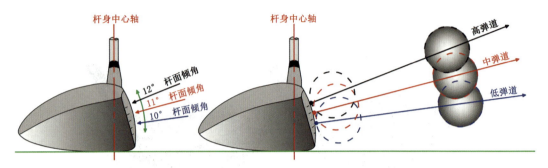

图 3-2-12　一号木杆杆面垂直弧度对杆面倾角及出球角度的影响

齿轮效应

齿轮效应（Gear effect）指在击球阶段杆头与球在碰撞的过程中，由于杆头受到球的反作用力，杆头围绕重心轴及杆颈中心轴产生转动，杆面转动的方向与球转动的方向相反，就像两个相互咬合的齿轮一样，所以形象地称之为"齿轮效应"。齿轮效应要分解在垂直面和水平面上来进行分析才能更为清楚地加以理解。杆面击球位置偏离甜蜜点越远，齿轮效应就越明显。齿轮效应在木杆及铁杆上均会产生，只是在木杆上更为明显。

影响齿轮效应的主要因素有杆头速度、杆面击球位置、杆头转动惯量和杆身前端硬度及杆身扭矩（图 3-2-13）。

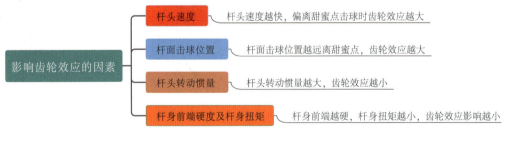

图 3-2-13　影响齿轮效应的因素

垂直面上的齿轮效应：在垂直面上，当杆面击球位置靠近上方时，击球阶段杆面受到球的反作用力使动态杆面倾角变大，这样产生的齿轮效应使球的后旋量减少。相反，当杆面击球位置靠近下方时，击球阶段杆面受到球的反作用力使动态杆面倾角变小，这样产生的齿轮效应使球的后旋量增加（图 3-2-14）。

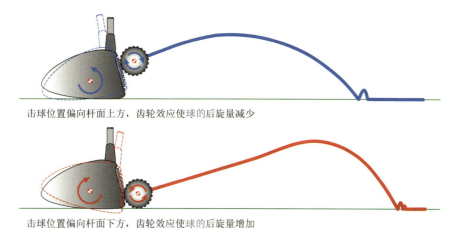

击球位置偏向杆面上方，齿轮效应使球的后旋量减少

击球位置偏向杆面下方，齿轮效应使球的后旋量增加

图 3-2-14 垂直面上的齿轮效应对球后旋量的影响

影响垂直面齿轮效应的因素：杆头重量、重心深度、重心高度、杆身硬度。杆头重心深度越深，也就是在垂直面上围绕杆头重心水平轴的转动惯量越大，垂直面上的齿轮效应就越小。这样出球角度和后旋量就越稳定，尤其是在偏离甜蜜点击球的情况下。

（二）木杆杆面水平弧度及其作用

由于木杆杆面水平弧度（Horizontal bulge）的存在（图 3-2-15），越靠近跟部，杆面角越关闭（为负值），越靠近趾部，杆面角越打开（为正值）。在击球瞬间杆面方正的情况下，杆面击球位置越靠近趾部则出球方向越偏右，杆面击球位置越靠近跟部则出球方向越偏左，这是由杆面的水平弧度造成的（图 3-2-16）。

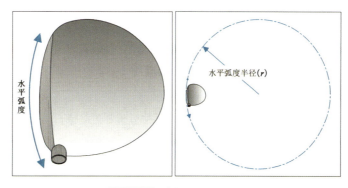

图 3-2-15 木杆杆面水平弧度

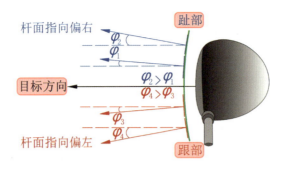

图 3-2-16 杆面水平弧度对杆面角的影响 *

水平面上的齿轮效应：在水平面上，当杆面击球位置靠近杆面跟部时，击球阶段杆面受到球的反作用力使杆面关闭，齿轮效应使球产生更多的右旋。相反，当杆面击球位置靠近杆面趾部时，击球阶段杆面受到球的反作用力使杆面打开，齿轮效应使球产生更多的左旋（图 3-2-17）。

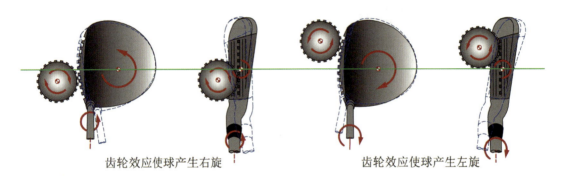

齿轮效应使球产生右旋　　　　　齿轮效应使球产生左旋

图 3-2-17 水平面上的齿轮效应对球侧旋的影响

影响水平面齿轮效应的因素：杆头重量、重心深度、重心距离、杆身硬度等。在水平面上，围绕杆头重心垂直轴的转动惯量越大，水平面上的齿轮效应就越小。这样出球方向和侧旋量就越稳定，尤其是在偏离甜蜜点击球的情况下。

木杆杆面水平弧度的作用：由木杆杆面水平弧度对杆面角造成的影响得知，杆面方正时，越靠近杆面趾部，杆面角越打开，即指向右侧；越靠近跟部，杆面角越关闭，即指向左侧。杆面角是影响出球方向最重要的因素，也就是说，在击球瞬间杆面方正的情况下，杆面击球位置越靠近趾部，出球方向越偏右，越靠近跟部，出球方向越偏左。

由于齿轮效应和杆面水平弧度的作用，杆面击球位置越靠近趾部，出球方向越偏右，而齿轮效应使球产生了更多的左旋。杆面击球位置越靠近跟部，出球方向越偏左，而齿轮效应使球产生

---

* φ 代表夹角。该符号在本书图中均为此义。

了更多的右旋。这样就可以确保在球右旋较多时出球方向偏左，左旋较多时出球方向偏右，进而使球的落点位置更加接近目标线方向（图 3-2-18）。

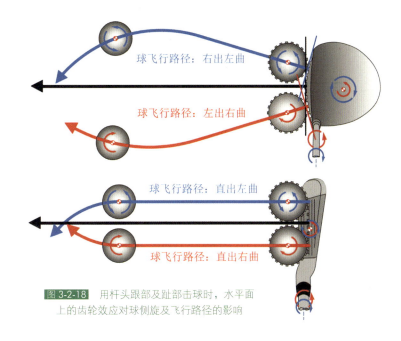

图 3-2-18　用杆头跟部及趾部击球时，水平面上的齿轮效应对球侧旋及飞行路径的影响

　　为了更好地理解木杆杆面水平弧度的作用，这里我们假设三种不同的情况，来分析杆面弧度对击球的影响。

　　当木杆杆面无水平弧度时： 假设杆面方正，击球阶段的杆头路径为笔直，在甜蜜点击球时，球的出球方向和飞行路径均为直的。当杆面击球位置偏向跟部时，齿轮效应使球产生了右旋，出球方向为直的，但飞行路径偏右，这样球的落点就偏离到了目标线的右侧（图 3-2-19 ①）；相反，当杆面击球位置偏向趾部时，齿轮效应使球产生了左旋，出球方向为直的，但飞行路径偏左，这样球的落点就偏离到了目标线的左侧（图 3-2-19 ②）。

　　当木杆杆面有合适的水平弧度时： 杆面水平弧度使球的出球方向发生了改变，当杆面击球位置偏向趾部时，出球方向偏向右侧，齿轮效应使球产生左旋，飞行路径为"右出左曲"，使球最终的落点更接近目标线（图 3-2-19 ③）；相反，当杆面击球位置偏向跟部时，出球方向偏左，球右旋，飞行路径为"左出右曲"，同样使球最终的落点接近目标线（图 3-2-19 ④）。

　　当木杆杆面水平弧度过大时： 出球方向过多地偏离目标方向。当杆面击球位置偏向趾部时，出球方向过多偏向右侧，齿轮效应使球产生的左旋不足以使球飞回目标线附近（图 3-2-19 ⑤）。同理，当杆面击球位置偏向跟部时，出球方向过多偏向左侧，齿轮效应使球产生的右旋不足以使球飞回目标线附近（图 3-2-19 ⑥）。

　　杆面水平弧度大小对击球路径影响的效果如图 3-2-20。

　　总结： 木杆杆面弧度的作用是降低齿轮效应对球飞行路径和弹道的影响。

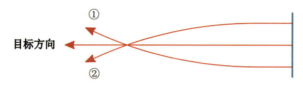

木杆杆面无水平弧度：
出球方向为目标线方向，齿轮效应产生的侧旋使球的
飞行路径偏离目标线较多。

木杆杆面有合适的水平弧度：
出球方向适当偏左（跟部击球）或偏右（趾部击球），
齿轮效应产生的侧旋使球最终的落点在目标线附近。

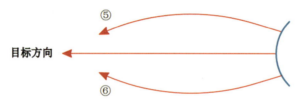

木杆杆面水平弧度过大：
出球方向偏左（跟部击球）或偏右（趾部击球）过大，
齿轮效应产生的侧旋不足以使球飞回目标线附近。

图 3-2-19　木杆杆面水平弧度对出球方向的影响

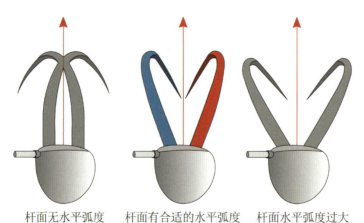

杆面无水平弧度　　杆面有合适的水平弧度　　杆面水平弧度过大

图 3-2-20　杆面水平弧度大小对击球路径影响的效果图

木杆杆面击球位置对齿轮效应的影响（图3-2-21、图3-2-22），以甜蜜点为基准，越靠近杆头趾部上方和跟部下方，齿轮效应越明显。跟部与趾部相比，趾部的齿轮效应要大于跟部。所以木杆杆面的弧度设计，应该是从趾部上方到跟部下方的一个曲面弧形（图3-2-23）。但这样设计的杆面存在一个问题——靠近杆面趾部上方杆面角过于开放，当击球位置偏向趾部上方时，出球方向过于偏向右侧。

图 3-2-21　木杆杆面击球位置越靠近趾部上方和跟部下方，齿轮效应越明显

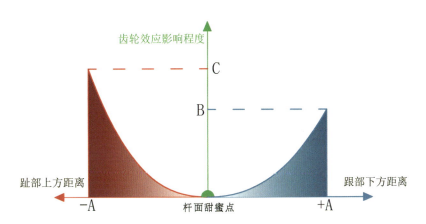

图 3-2-22　木杆杆面位置对齿轮效应影响程度线性图

图 3-2-23　双曲杆面（Twist face）设计，杆面
弧度是从趾部上方向跟部下方的弧度

五、杆头重心位置及对击球的影响

（一）杆头重心位置释义及测量

杆头重心位置（Center of gravity，简称"CG"）包括三个参数：重心高度（Height of center of gravity）、重心深度（Depth of center of gravity）和重心距离（Distance of center of gravity）。因为杆头是一个形状不规则的形体，所以实际重心位置和通过测量器测得的重心位置会有差异。下面就实际重心位置和测量位置进行图示和讲解（图 3-2-24 至图 3-2-28）。

实际重心高度是重心位置到杆头底部水平面的距离，测量重心高度是杆头重心位置杆面测量点到杆头底部水平面的距离。

实际重心深度是重心位置到杆面的垂直距离，测量重心深度是杆头重心位置底部测量点到杆面前缘的距离。

重心距离是杆头实际重心位置到杆颈中心轴的垂直距离，在设计杆头时可以通过软件计算得出，但实际测量比较困难。

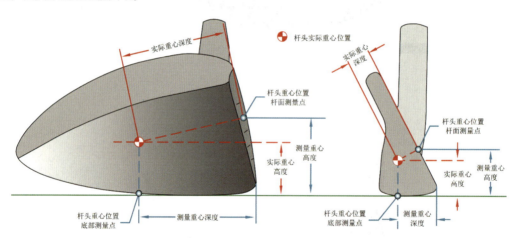

图 3-2-24　重心高度和重心深度

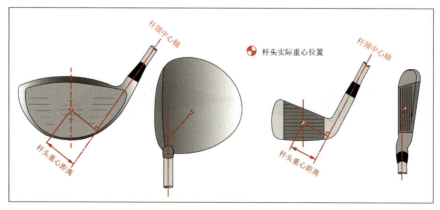

图 3-2-25　重心距离

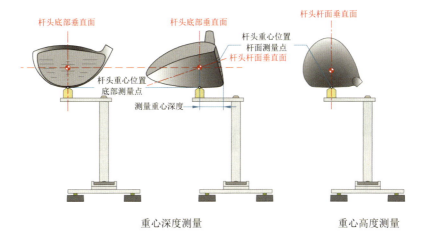

重心深度测量　　　　　　　重心高度测量

图 3-2-26　木杆杆头重心位置测量

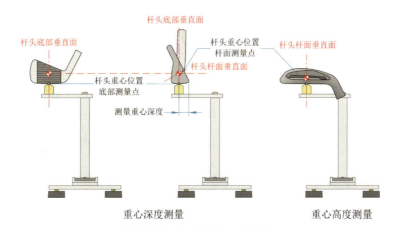

重心深度测量　　　　　　　重心高度测量

图 3-2-27　铁杆杆头重心位置测量

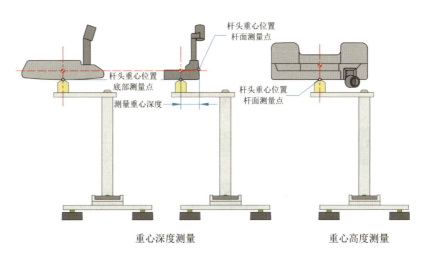

重心深度测量　　　　　　　重心高度测量

图 3-2-28　推杆杆头重心位置测量

（二）重心高度对击球的影响

重心高度主要影响出球角度和后旋量，具体如下（图3-2-29、图3-2-30）。

图 3-2-29　重心高度对击球的影响

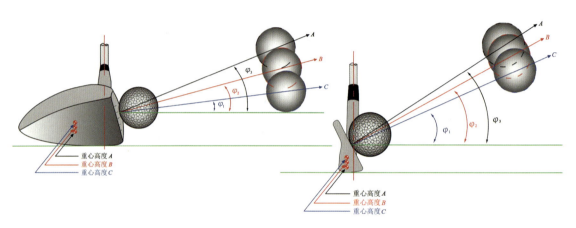

图 3-2-30　重心高度对出球角度的影响

（三）重心深度对击球的影响

在额状面上，击球瞬间杆头重心位置越趋向与发力的握把端在一条直线上，重心深度越大，杆身的弯曲就越大，导致动态杆面倾角和出球角度越大，后旋量也越大（图3-2-31至图3-2-33）。这也是杆面后移较多的杆头出球角度高的原因。

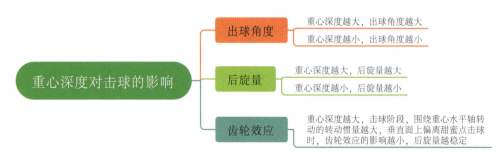

图 3-2-31　重心深度对击球的影响

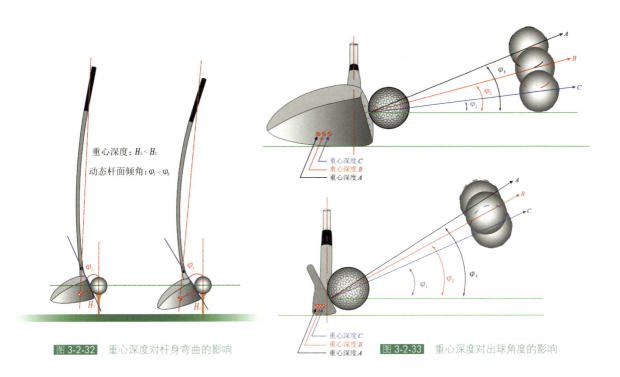

重心深度：$H_1 < H_2$

动态杆面倾角：$\varphi_1 < \varphi_2$

重心深度 C
重心深度 B
重心深度 A

重心深度 C
重心深度 B
重心深度 A

图 3-2-32　重心深度对杆身弯曲的影响　　　图 3-2-33　重心深度对出球角度的影响

（四）重心距离对击球的影响

重心距离对击球的影响包括对动态着地角、动态杆面角的影响，以及杆头转动惯量的不同导致击球阶段齿轮效应的影响程度不同等（图 3-2-34）。

矢状面上，击球瞬间杆头重心越趋向与发力的握把端在同一直线上，杆头重心距离越大，杆身的弯曲也会越大，动态着地角就会越大（图 3-2-35、图 3-2-36）。

重心距离越大，击球阶段，杆头重心在杆颈中心轴上的转动惯量就会越大，在偏离甜蜜点击球时，齿轮效应使球产生的侧旋越少，球的方向性会更好。

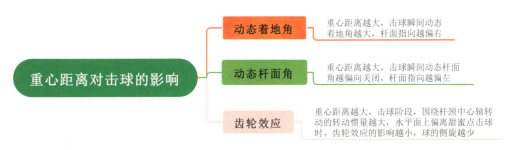

重心距离对击球的影响

动态着地角　　重心距离越大，击球瞬间动态着地角越大，杆面指向越偏右

动态杆面角　　重心距离越大，击球瞬间动态杆面角越偏向关闭，杆面指向越偏左

齿轮效应　　重心距离越大，击球阶段，围绕杆颈中心轴转动的转动惯量越大，水平面上偏离甜蜜点击球时，齿轮效应的影响越小，球的侧旋越少

图 3-2-34　重心距离对击球的影响

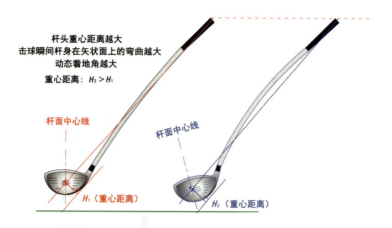

杆头重心距离越大
击球瞬间杆身在矢状面上的弯曲越大
动态着地角越大

重心距离：$H_2 > H_1$

杆面中心线

杆面中心线

H_1（重心距离）

H_2（重心距离）

图 3-2-35　重心距离对出球角度的影响

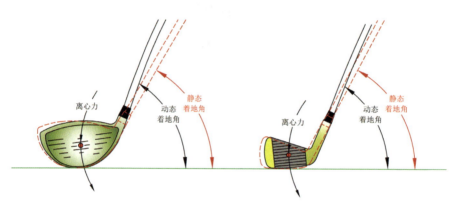

离心力

动态
着地角

静态
着地角

离心力

动态
着地角

静态
着地角

图 3-2-36　重心距离对动态着地角的影响

（五）重心角度

重心角度是指杆身水平放置，杆面与杆身中心轴所在垂直面的夹角（图 3-2-37）。

将杆身平放在杆头重心角度测量器上（图 3-2-38）。测量器放置杆身的部位是可以转动的球面轴承，由于重力的作用，杆头趾部自然下垂，杆头重心位置在杆身中心轴所在的垂直面上。

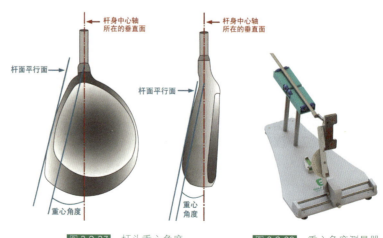

杆身中心轴
所在的垂直面

杆身中心轴
所在的垂直面

杆面平行面

杆面平行面

重心角度

重心
角度

图 3-2-37　杆头重心角度

图 3-2-38　重心角度测量器

重心角度由重心深度、杆面偏移量等因素决定，主要受重心深度的影响，对木杆和铁杆而言，杆头重心深度越深，重心角度越大。推杆的重心角度不仅受杆头重心深度和杆面偏移量的影响，还会受杆身、杆颈形状的影响，也就是受杆身中心轴位置的影响。

六、球杆组装对重心位置的影响

在球杆组装时，为了调节挥杆重量，有时会在杆颈内增加配重来增加挥杆重量，这样会将杆头的重心位置拉向杆颈，增加重心高度，减少重心深度和重心距离，导致杆头易打性降低（图3-2-39）。

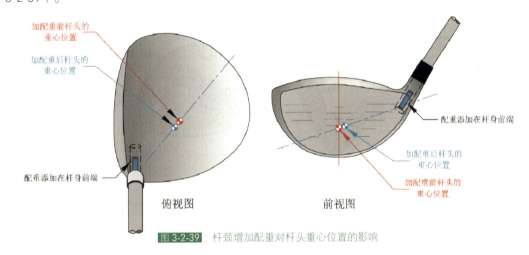

图3-2-39　杆颈增加配重对杆头重心位置的影响

七、杆头容错性设计主要参数

杆头容错性设计主要参数如下（图3-2-40）。

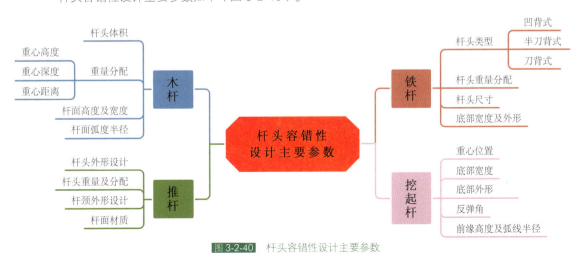

图3-2-40　杆头容错性设计主要参数

八、杆头配重调节对击球弹道和飞行路径的影响

目前，市场上的一号木杆杆头大多设计有可调节的配重，以便解决球手击球中遇到的问题，有的设计了可更换的配重，有的设计了可滑动的配重，那么杆头配重的调节是如何对击球的方向产生影响的呢？这里我们通过配重调节对重心的影响来讨论。

（一）杆头跟部及趾部配重调节设计

杆头跟部及趾部配重调节设计包括滑动型配重调节设计和可更换型配重调节设计（图 3-2-41、图 3-2-42）。其中，滑动型配重调节设计可将重心调节至靠近跟部或趾部。

图 3-2-41　滑动型配重调节设计　　　　图 3-2-42　可更换型配重调节设计

1. 杆头跟部加重对击球的影响

杆头重量更多地分配在杆头跟部，会将杆头重心拉向跟部，杆头击球时产生的齿轮效应使球产生更多的左旋（左曲球偏向加重）。下图为假设杆面方正击球时杆头跟部加重对球飞行路径的影响（图 3-2-43）。

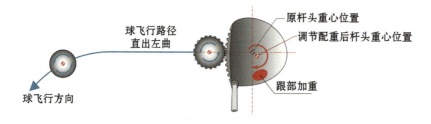

图 3-2-43　杆头跟部加重对球飞行路径的影响

2. 杆头趾部加重对击球的影响

当重量更多地分配在杆头趾部时，会将杆头重心拉向趾部，杆头击球时产生的齿轮效应使球产生更多的右旋（右曲球偏向加重）。下图为假设杆面方正击球时杆头趾部加重对球飞行路径的影响（图3-2-44）。

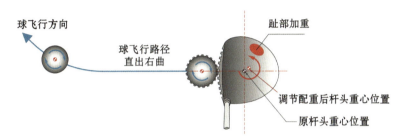

图 3-2-44　杆头趾部加重对球飞行路径的影响

（二）杆头重心深度调节设计

将杆头底部的配重滑块放置在远离杆面的尾部（图3-2-45），或加重尾部的可更换配重（图3-2-46），这样可增加杆头重心深度，增大击球时的出球角度，原因是在下杆过程中杆身产生更多的弯曲，加大了动态杆面倾角，进而增大了出球角度。相反，将杆头底部的配重滑块放置在靠近杆面的底部，或降低尾部的可更换配重，会减小杆头的重心深度，减小击球时的出球角度。

杆头重心深度对动态杆面倾角产生影响的原因：下杆过程中，由于离心力的作用，杆头重心位置趋向与握把端的杆身中心轴成一条直线，所以重心深度越深，杆身在额状面上的弯曲就越大，导致动态杆面倾角越大，出球角度也相对更大。

图 3-2-45　滑块型调节配重设计　　　　图 3-2-46　杆头尾部的可更换配重设计

影响球杆杆头重心位置的设计因素	
影响木杆杆头重心位置的设计因素	影响铁杆杆头重心位置的设计因素
★杆头体积、杆面高度及厚度：木杆杆头体积直接影响重量的分配，目前大多数一号木杆杆头体积为 460 立方厘米，球道木杆及铁木杆杆头体积则相对小得多，重心深度也会相对小很多。 ★杆头不同部位材质及重量分配：由于技术的提高，很多木杆杆头冠部采用更加轻量的材质（如碳纤维），这样大大降低了杆头冠部的重量，为重量的分配提供更多可能，可以将杆头重心高度做得更低。 ★杆头底部配重设计：一号木杆设计在降低杆头冠部重量的同时，在杆头底部不同位置设置配重，并可设置有可调节的配重，可根据需要调节重心位置，用于改变出球角度、后旋量和出球方向。	★外形尺寸、杆面长度及厚度：铁杆杆头的设计者会针对不同差点的球手设计不同的外形及容错性。针对高差点球手设计的杆头一般杆头重心高度最低，深度最深；外形上，杆头较大，采用凹背式设计，杆头底部较宽等。 ★底部配重：为了尽量降低杆头重心高度，有些铁杆也会在杆头底部加入较重的配重，以使杆头重心更低。 ★中空式结构设计：不仅杆面更薄，而且杆头重心更深、更低，并且为重量的分配提供更多可能。
 在木杆的设计上，将木杆杆头拆分成不同的部件，采用不同的材质来进行重量的分配，以达到最佳的性能。	 在杆头底部加入钨配重，以降低杆头重心。
 一号木杆杆头底部多方向的可调节配重，可对重心位置进行调节。底部配重滑块靠近杆面则击球弹道低，配重滑块靠近底部尾端则击球弹道高。	 中空式结构设计，可在杆头内部空腔填充软性材料，用于提高击球反馈和改善击球声音等。

关于木杆和铁杆杆头形状及杆面击球区的规则限制

1.杆头尺寸、体积和转动惯量

（1）木杆杆头尺寸。

当球杆处于60°着地角时，球杆杆头的尺寸必须符合下列要求：

①球杆杆头跟部至趾部的距离大于杆头杆面至背面的距离；

②球杆杆头跟部至趾部的距离不超过5英寸；

③从杆头底部至杆头顶部的距离，包括任何允许的形状，不超过2.8英寸。

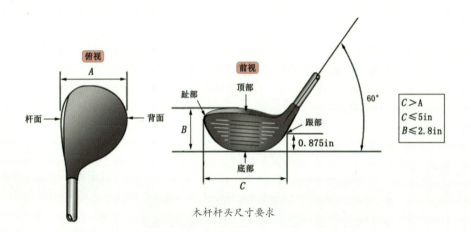

木杆杆头尺寸要求

上述尺寸的测量是在跟部至趾部（图中尺寸C）以及杆面至背面（图中尺寸A）最外侧点的垂直投影之间的水平线上，以及杆头底部和杆头顶部（图中尺寸B）的最外侧点的水平投影之间的垂直线上进行的。如果无法清楚定义跟部的最外侧点，它将被视为在球杆放置的水平面上0.875英寸处。

球杆杆头的体积不得超过460立方厘米，再加上10立方厘米的容差。

当球杆的着地角为60°时，围绕通过杆头重心垂直轴的转动惯量不得超过5900克·厘米^2，再加上100克·厘米^{2}的容差。

（2）铁杆杆头尺寸。

当球杆处于正常的击球准备状态时，球杆杆头的尺寸必须符合要求，即从跟部到趾部的距离大于从杆面到背面的距离。

2.杆面击球区沟槽规则

在相关规则里，杆面的击球区分两种：一种是沟槽（也就是我们说的面沟线）杆面，另一种是点状刻痕杆面。点状刻痕杆面现在已很少见，下面我们以沟槽杆面为例讲解。

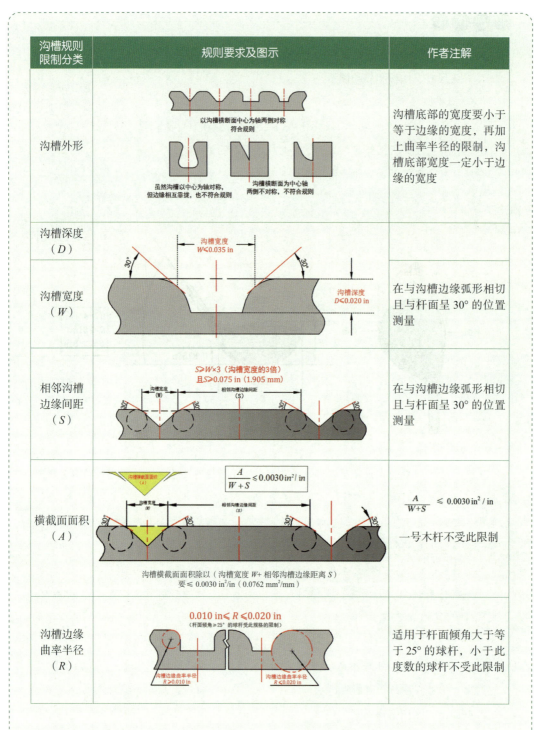

沟槽规则限制分类	规则要求及图示	作者注解
沟槽外形	以沟槽横断面中心为轴两侧对称 符合规则 虽然沟槽以中心为轴对称，但边缘相互靠拢，也不符合规则　　沟槽横断面为中心轴两侧不对称，不符合规则	沟槽底部的宽度要小于等于边缘的宽度，再加上曲率半径的限制，沟槽底部宽度一定小于边缘的宽度
沟槽深度（D） 沟槽宽度（W）	沟槽宽度 $W \leqslant 0.035$ in　30°　30°　沟槽深度 $D \leqslant 0.020$ in	在与沟槽边缘弧形相切且与杆面呈30°的位置测量
相邻沟槽边缘间距（S）	$S \geqslant W \times 3$（沟槽宽度的3倍）且 $S \geqslant 0.075$ in（1.905 mm） 沟槽宽度(W)　相邻沟槽边缘间距(S)	在与沟槽边缘弧形相切且与杆面呈30°的位置测量
横截面面积（A）	沟槽横截面面积(A)　$\dfrac{A}{W+S} \leqslant 0.0030\ in^2/in$ 沟槽宽度(W)　相邻沟槽边缘间距(S) 沟槽横截面面积除以（沟槽宽度 W+ 相邻沟槽边缘距离 S）要 ≤ 0.0030 in²/in（0.0762 mm²/mm）	$\dfrac{A}{W+S} \leqslant 0.0030\ in^2/in$ 一号木杆不受此限制
沟槽边缘曲率半径（R）	$0.010\ in \leqslant R \leqslant 0.020\ in$ （杆面倾角≥25°的球杆受此规格的限制） 沟槽边缘曲率半径 $R \geqslant 0.010$ in　沟槽边缘曲率半径 $R \leqslant 0.020$ in	适用于杆面倾角大于等于25°的球杆，小于此度数的球杆不受此限制

目前工坊定制的号称"很停球"的挖起杆，沟槽边缘的曲率半径基本都是不合规的。曲率半径越小，边缘越锋利，有的甚至是直角，这样就会非常"吃球"，带来更多的后旋。

第二篇
球杆量身定制参数详解

第四章　握把基础知识与量身定制

握把（Grip）是高尔夫球杆三大组成部件之一，握把的合适与否直接影响击球表现的各个方面，根据握把在球杆上的使用类别，可以将握把分为挥杆握把（Swing grip）和推杆握把（Putter grip），下面对挥杆握把和推杆握把的特点及其定制分别进行讲述。

第一节　挥杆握把及其定制

难度系数：★★★

一、握把对挥杆的重要性

高尔夫是一项非常注重操控性和主观感受的运动，握把的合适与否会直接影响球手挥杆表现的各个方面，握把是挥杆时力量和方向的转换点，直接影响球手对球杆的控制（图4-1-1）。握把直接传递击球力量，并有效控制球杆杆面方向，合适的握把能带来舒适的感觉和良好的操控感，合适的握把尺寸使球手在做准备动作时，握感舒适，握力适中，使其在做挥杆动作时对球杆有着恰当的控制，可以大大增强球手的自信心。

合适的握把包括合适的粗细、材质、硬度、重量、防滑性，以及适当的击球反馈等。握把的粗细、材质及表面的防滑纹理会直接影响球手控制球杆的感觉，触感影响球手对球杆的感知，这种感觉因素是由球手握杆时手的握力决定的，而握力的大小也受到握把尺寸和材质等因素的影响。

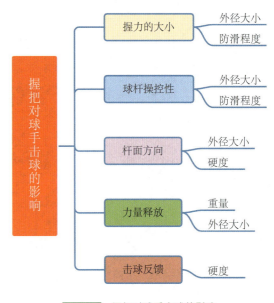

图 4-1-1　握把对球手击球的影响

二、挥杆握把分类及特点

可根据材质、使用者类别和是否合规来对挥杆握把进行分类（图 4-1-2）。

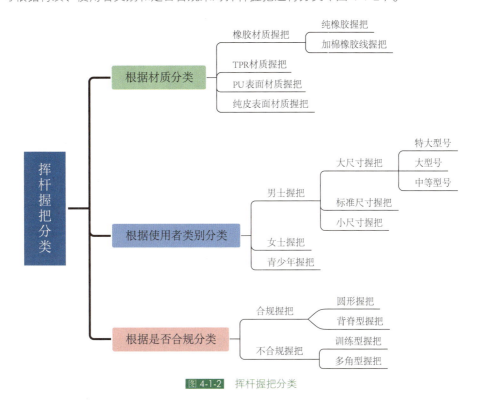

图 4-1-2　挥杆握把分类

（一）根据握把主要材质来划分

最初的高尔夫球杆握把都是在杆身末端缠绕皮质来达到防滑效果的，但缠绕式的纯皮握把有重量不好控制、雨水天气握把防滑性能下降、吸水后重量增加等缺点。随着材料的进一步发展，市场上出现了橡胶握把，并迅速取代了古老的纯皮缠绕式握把。橡胶握把不仅改进了手感，提升了耐用性，也能更好地吸收击球时的震动。从球杆生产的角度来看，橡胶握把安装便捷，生产效率更高，成本也更加低廉，因而迅速成为各大品牌球具商球杆搭配握把的首选。

1. 橡胶材质挥杆握把

目前市场上使用率最高的挥杆握把材质是橡胶。橡胶握把具有方便更换、结实耐用等特点，橡胶是目前几乎所有挥杆握把的首选材料。橡胶材质握把主要以天然橡胶为主，不同品牌橡胶的配料有所不同，也可以调配出不同的硬度和密度。不同硬度和不同的表面纹理设计带来不同的手感、防滑效果和击球反馈（图 4-1-3）。

有些型号的橡胶握把在制造的过程中加入棉线。其中，有些是在握把的全长度内均加入棉线（图 4-1-4），有些是在后半部分加入棉线（图 4-1-5）。

图 4-1-3　不同品牌型号的全橡胶挥杆握把　　图 4-1-4　全棉线橡胶挥杆握把　　图 4-1-5　半棉线橡胶挥杆握把

加有棉线的橡胶握把大多相对较硬，同时也有一定的吸水吸汗功能，并且在握把纵轴扭转的稳定性上也有所提高，尤其是对挥杆速度较快者而言。

2.TPR 材质挥杆握把

TPR（Thermo-plastic-rubber）材料是热塑性橡胶材料的简称，是一类具有橡胶弹性且无须硫化，可直接加工成型（如注塑、挤出、吹塑等）的热塑性软性橡胶材料。

TPR 材料既具有橡胶的高弹性、高强度，又具有可注塑加工的特征，且安全环保无毒，硬度范围广，有优良的着色性，所以此材质的握把颜色较多且较为鲜艳。

TPR 材料握把具有良好的回弹和减震性能，舒适性要优于橡胶材质握把，但耐磨性不如橡胶材质握把（图 4-1-6）。

3.PU 表面材质挥杆握把

PU 的英文全称是"polyurethane"，中文名称是"聚氨酯"，是聚氨基甲酸酯的简称，是一种人造的合成材料，具有真皮的质感，可制造出不同的密度、弹性等。与橡胶材质握把相比，PU 表面材质握把的手感较为细腻柔软，且表面的纹理及颜色搭配更为多样，但作为需要承受大力挥杆的握把，PU 表面材质握把最大的缺点是耐磨性较差，所以它在挥杆握把上使用率并不高，在推杆握把上的使用率是最高的，因为推杆时并不需要太大的力，对握把的损伤不大。

绝大多数的 PU 表面材质握把由两部分粘贴而成，外层为 PU 皮，粘贴在一个内管表面，内管一般为 TPR、EVA（乙烯 - 乙酸乙烯酯共聚物）或橡胶材质（图 4-1-7）。EVA 材质的优点是可以减轻重量，橡胶材质握把则很难做到轻量化，尤其是较粗的推杆握把。

4. 纯皮表面材质挥杆握把

目前市场上制作纯皮的挥杆握把的品牌很少，因为成本较高且市场需求量少，并且纯皮的挥

图 4-1-6　TPR 材质握把　　　　　　　　　图 4-1-7　PU 表面材质握把

杆握把耐用性及防滑性等方面都要比橡胶握把差很多，只有一些高端的推杆品牌会选择制作纯皮的推杆握把。纯皮表面材质握把还有一个缺点是容易吸水变重、变硬、变滑，这也是纯皮不适合做挥杆握把的重要原因之一。

目前纯皮表面材质握把的制作工艺与 PU 表面材质握把基本相同，都是由表皮层和一个内管粘贴缝合而成（图 4-1-8）。纯皮表面材质握把在安装时要特别注意避免溶剂损伤皮质。

图 4-1-8　纯皮表面材质挥杆握把

纯皮表面材质握把的原料有各种动物皮可供选择，如牛皮、羊皮、鹿皮、鸵鸟皮、袋鼠皮等，不同的皮质，手感和硬度也会有所差异。

（二）根据使用者类别进行分类

根据使用者类别进行分类，挥杆握把可分为男士握把、女士握把和青少年握把。不同类别的使用者对握把的选择在材质及外观上并无明显差异，主要是根据使用者手掌大小来选择握把的粗细和重量。一般握把在规格表中内径尺寸标识的第一个字母表示其适用的人群，M 表示男士，L 表示女士，J 表示青少年。

1.男士握把

男士握把根据外径的粗细又分为小尺寸（Undersize）握把、标准尺寸（Standard）握把以及大尺寸握把。其中，大尺寸握把又有中等型号（Midsize）、大型号（Oversize）和特大型号（Jumbo）之分。

男士握把的内径规格常见的有 M58、M60 和 M62，其中以 M60 最为多见。我们以某品牌的握把为例，通过其某一型号的握把参数来说明男士握把不同的内径、外径。表 4-1 为该型号握把不同内径及重量举例。

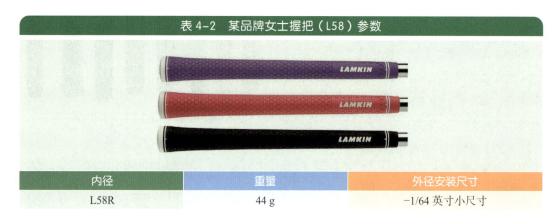

表 4-1　某品牌男士握把参数

内径	重量	外径安装尺寸
M58X	47.5 g	小尺寸
M58X	51.5 g	标准尺寸
M58R	51.5 g	标准尺寸
M60R	49.5 g	标准尺寸
M62R	45 g	标准尺寸
M60R	53.5 g	中等型号
M60R	61 g	特大型号

2. 女士及青少年握把

女士及青少年相较男士，手掌较小、力量较弱，所以对应的球杆相对较轻，杆身也相对较软、较细，与之对应的握把也需要较轻、较细。女士和青少年的握把在色彩搭配上也更为鲜艳亮丽。女士握把的内径规格常见的有 L58 和 L59，青少年常见的为 J55。表 4-2 至表 4-4 为各种女士及青少年握把的内径及重量举例。

表 4-2　某品牌女士握把（L58）参数

内径	重量	外径安装尺寸
L58R	44 g	-1/64 英寸小尺寸

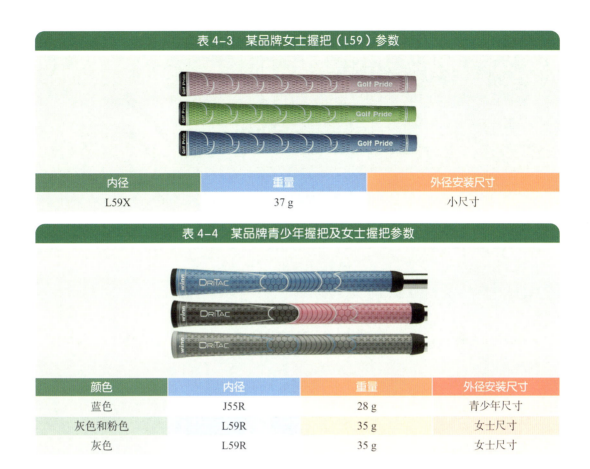

表 4-3　某品牌女士握把（L59）参数

内径	重量	外径安装尺寸
L59X	37 g	小尺寸

表 4-4　某品牌青少年握把及女士握把参数

颜色	内径	重量	外径安装尺寸
蓝色	J55R	28 g	青少年尺寸
灰色和粉色	L59R	35 g	女士尺寸
灰色	L59R	35 g	女士尺寸

　　女士握把的型号相较男士握把而言较少，因为女士握把的使用量较少，且手掌稍大一些的女士可以选择男士的握把，因此握把品牌商也只是选择个别的几款材质相对较软的型号将握把的内外径做小，重量做轻，以适合女士使用。

　　针对青少年群体开发的单独握把更少，因为青少年的球杆差异较大，且球杆品牌都会为自己品牌型号的青少年球杆设计适合该款杆身末端外径的握把。还因为青少年球杆单独更换握把的并不多，市场量较小，所以并没有几款针对青少年的握把。

　　从定制的角度看，握把的选择与杆身的选择类似，并不会过多地区分特定人群，只是根据个体差异，如手掌的大小及球杆的搭配等因素来选择尺寸、重量、硬度等参数合适的握把。

（三）根据是否合规来划分

　　挥杆握把根据是否符合 R&A 和 USGA 规则要求，可以分为合规挥杆握把和不合规挥杆握把，其中合规的挥杆握把包括圆形握把和背脊型握把两种，不合规挥杆握把主要有训练型握把和多角型握把两种。

知识拓展

R&A 和 USGA 规则对挥杆握把的限制

握把是安装在球杆杆身上使球手能够牢固地持握球杆的部件。握把必须固定在杆身上；必须是直的且形状普通；必须延伸至杆身末端且不得被制造成与手的任何部分吻合的形状（作者注：训练型握把不符合规则）。如果没有附加材料，必须将球手用于持握球杆的杆身部分视为握把（参见右图）。

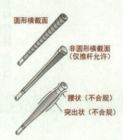

合规及不合规握把（R&A 官方图示）

（1）除推杆外，球杆握把的横断面必须是圆形的，但可以在握把的全长上有连续的、直线性的、稍凸起的棱纹。在缠绕式握把或仿古式握把上可以允许有轻微凸起的螺纹。（作者注：仿缠绕式的握把以及背脊型握把符合规则。）

（2）握把可以逐渐变细，但不得有任何凸起或凹陷。从任何方向上进行测量，握把横断面的直径均不得超过 1.75 英寸。（作者注：无论是挥杆握把还是推杆握把，均适用此规定。）

（3）除推杆外，球杆握把的中心轴必须与杆身的中心轴重合。

1. 合规挥杆握把

合规挥杆握把按有无背脊线，可分为圆形（Round）和背脊型（Reminder）两种。握把背脊线（Back line）为握把背面突出的一条 V 形线。想要确认握把有无背脊线，可查看握把的规格表，圆形无背脊线的握把在规格表上一般用 R 或者 Rnd 来标识，一般有背脊线的握把会用 X 或者 Rib 来标识。

在未安装杆身时，有背脊线的握把内侧为非圆形，表现为握把内有一个凸向内侧的平面（图 4-1-9）。在安装到杆身上时，握把向内突出的部分就会向外突出，表现为 V 形的一条线。查看时可将握把朝向光亮处，从口径处向里观察并旋转握把，看握把内侧是否为圆形，就可得知有无背脊线（图 4-1-10）。

图 4-1-9　圆形握把内侧面及背脊型握把内侧面

圆形

安装杆身后

背脊型

安装杆身后

图 4-1-10　圆形及背脊型握把安装杆身前后

圆形握把将有品牌标识的一侧装到上面（12点钟方向）或背面（6点钟方向）均可（图4-1-11），但有背脊线的握把一般将背脊线装在背面，这是在安装握把时需要特别注意的。

握把背脊线的作用：

（1）填充握杆时指间关节处的空隙，使握杆时指间关节与握把更为贴合，当然这也因人而异，选择哪种类型还需依据个人习惯。

（2）上杆过程中通过凸出的背脊线感受球杆旋转的位置，继而感知杆面方向（图4-1-12）。

也有个别球手将握把背脊线装到杆身上方大约11点钟方向，也就是握杆时虎口所在的位置，凸出的背脊线正好填充了虎口线，这就需要技师根据球手握杆的特点来进行安装。背脊线的安装方向，规则里并没有明确限定。

2. 不合规挥杆握把

目前市场上不符合 R&A 和 USGA 规则中有关"挥杆握把横截面必须是圆形"规定的握把主要有两类：一类是训练型握把，另一类是多角型握把。

训练型握把为特殊的手型握把（图4-1-13），根据握杆的手型设计而成，主要是为初学者提供握杆时手指位置的指示，方便初学者尽快掌握握杆姿势。目前市场上的训练型握把，材质均为橡胶，有男士款和女士及青少年款，握把在大小、粗细和重量上有所差异。

多角型握把是近几年市场上出现的一种横截面非圆形的握把（图4-1-14），其棱角部分可以填充握杆时的指间关节处的空隙，或者为球杆方向提供平面指示，目前有一小部分业余球手在使用此类握把。

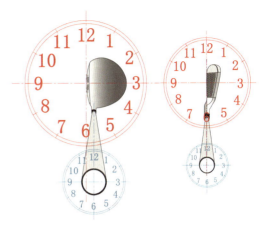

图 4-1-11　球杆握把安装位置时间点位

图 4-1-12　凸出的背脊线

图 4-1-13　训练型握把

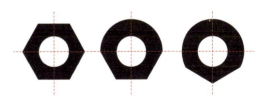

图 4-1-14　多角型挥杆握把横截面

三、握把外径尺寸及其定制

（一）握把外径对挥杆的影响

合适的握把尺寸为做击球准备动作的球手带来更加舒适的感觉，并使其挥杆时有更稳定的控制，同时，也会使击球过程更为顺畅。握把过粗或过细都会使球手过度用力地握紧球杆，导致过度控制的情况，这降低了挥杆动作及力量的一致性（图4-1-15）。同时，球手在挥杆时，过紧地握杆会抑制正常的手腕动作，影响手腕的释放和前臂的旋转配合，最终影响击球的距离和方向。

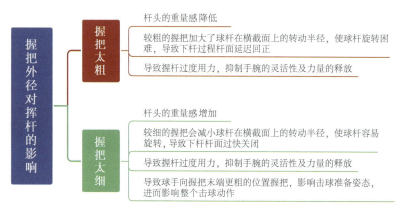

图4-1-15 握把外径对挥杆的影响

（二）握把外径尺寸的选择与定制

1.握把外径粗细的判断

握把的外径尺寸是指握把安装完杆身后的尺寸，握把的外径尺寸与手的大小相匹配是选择合适握把的关键因素之一。太大或太小的握把都会造成过度用力握杆的情况，那么什么尺寸的握把才合适呢？用你击球时处于上方的那只手握住球杆握把，看中指和无名指是否可以轻触到手掌大鱼际。如果接触不到，还留有一定缝隙，就说明握把太粗；反之，如果两个手指甲被大鱼际完全覆盖，则说明握把太细（图4-1-16）。

握把偏细　　握把合适　　握把偏粗

图4-1-16 握把外径粗细的判断

2.握杆方式与握把粗细的关系

手掌握杆位置的不同会对握把粗细的感觉产生影响：

（1）用掌指关节处握杆，会倾向更平的准备击球姿势。相比于其他两种方式，在握把外径相同的情况下，这种握杆位置会感觉握把外径更细一些（图4-1-17①）。这种情况常见于身材比较矮的球手。

（2）用第二掌指关节到接近掌心位置握杆，这是大多数球手的握杆方式。这种握杆位置对握把尺寸的感觉是实际安装的握把尺寸（图4-1-17 ②）。

（3）用第二掌指关节和靠近手腕位置握杆，会倾向更陡直的准备击球姿势（图4-1-17 ③）。这常见于身材比较高的球手或者初学者。相对以上两种握把位置，这种握把位置会感觉握把外径更粗一些。

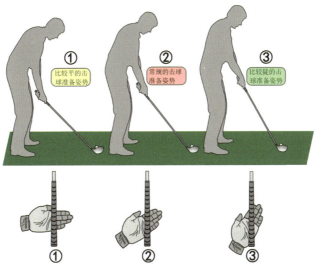

图 4-1-17　不同的手掌握杆位置

3. 常见的握把外径尺寸规格

目前市场上常见的男士握把外径规格有小尺寸、标准尺寸、中等型号、大型号和特大型号五种，有些品牌会在握把规格参数中标识具体大了或者小了多少。握把外径规格一般标识在握把末端的握把帽处（图4-1-18）。

以某品牌某型号的握把为例，其握把外径尺寸有四种规格，表4-5 为四种规格握把参数。

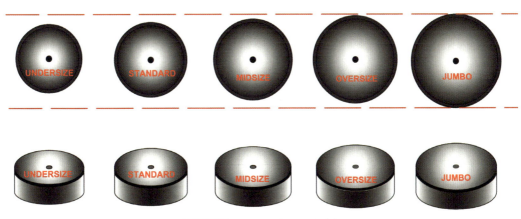

图 4-1-18　握把帽处标识握把外径

表 4-5　某品牌某型号四种规格握把参数

内径	重量	外径尺寸
M58R	46 g	小尺寸
M60R	52 g	标准尺寸
M60R	64 g	中等型号
M60R	78 g	特大型号

有的品牌在握把参数表中用具体的尺寸标识比标准规格大了或者小了多少英寸，部分品牌的女士握把规格也用"undersize"标识安装外径尺寸。以某品牌某型号的握把为例，表 4-6 为其各规格参数。

表 4-6　某品牌某型号各规格握把参数

内径	重量	外径尺寸
L58R	44 g	-1/32 英寸小尺寸
M60R	44 g	标准尺寸
M60R	52 g	标准尺寸
M60R	63 g	+1/16 英寸中等型号
M60R	78 g	+1/8 英寸大型号

4. 握把外径尺寸的定制

握把的外径尺寸需要根据球手手的大小来确定，直接的方式是用手掌尺寸测量板测量手掌长度和中指长度，间接的方式是根据所佩戴的手套大小测量。

（1）使用手掌尺寸测量板（图 4-1-19）测量手的大小，进而计算出适合的握把外径规格尺寸，再使用加厚胶纸或拉长握把等方式来改变握把外径规格，以符合手的大小。用手掌尺寸测量板测量手的大小包括两部分：一部分是手掌长度，一部分是中指长度，手掌长度为手腕第一横纹到中指尖的长度，中指长度为中指掌指横纹处到中指尖的长度。

首先测量手掌长度，再测量中指长度，按"取大不取小"的原则，以较大尺寸为准。比如测量手掌长度为 $7^{1/2}$ 英寸，对应的建议为标准尺寸，中指长度为 $3^{1/2}$ 英寸，对应的建议为加厚 1/64 英寸，最后安装握把时需要加厚 1/64 英寸会比较合适。详见表 4-7。

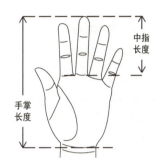

手掌及中指起止点位置测量图示

手掌尺寸测量板说明:
1. 将左手手掌放在 A 处测量手掌的长度。
2. B 为中指长度。
3. 如果 B 大于 3 英寸,那么根据 B 的尺寸对总体尺寸进行调整。

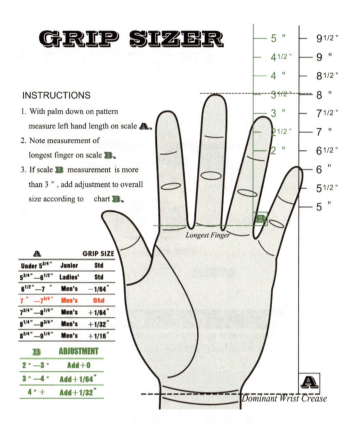

图 4-1-19　手掌尺寸测量板及测量图示

表 4-7　手掌长度和握把尺寸对照表

手掌长度	中指长度	握把尺寸	手掌长度	中指长度	握把尺寸
$<5^{3/4}$ in	2 ~ 3 in	青少年	$7^{3/4} \sim 8^{1/4}$ in	2 ~ 3 in	男性 +1/64 in
	3 ~ 4 in	青少年 +1/64 in		3 ~ 4 in	男性 +1/32 in
	>4 in	青少年 +1/32 in		>4 in	男性 +3/64 in
$5^{3/4} \sim 6^{1/2}$ in	2 ~ 3 in	女性标准	$8^{1/4} \sim 8^{3/4}$ in	2 ~ 3 in	男性 +1/32 in
	3 ~ 4 in	女性 +1/64 in		3 ~ 4 in	男性 +3/64 in
	>4 in	女性 +1/32 in		>4 in	男性 +1/16 in
$6^{1/2} \sim 7$ in	2 ~ 3 in	男性 -1/64 in	$8^{3/4} \sim 9^{1/4}$ in	2 ~ 3 in	男性 +1/16 in
	3 ~ 4 in	男性标准		3 ~ 4 in	男性 +5/64 in
	>4 in	男性 +1/64 in		>4 in	男性 +3/32 in
$7 \sim 7^{3/4}$ in	2 ~ 3 in	男性标准			
	3 ~ 4 in	男性 +1/64 in			
	>4 in	男性 +1/32 in			

由图 4-1-20 可知，如果需要加厚 1/64 英寸，约需 2 层加厚胶纸，或者用 1 层双面胶纸（以常用品牌握把胶纸为例）（表 4-8）；如需加厚 1/32 英寸，约需 4 层加厚胶纸；如需加厚 1/16 英寸，约需 6 层加厚胶纸。一般并不建议用 6 层以上加厚胶纸，如果手掌较大最好更换更粗的握把。以上仅仅提供了一种计算方法，具体用量多少还需要知道使用的加厚胶纸厚度。

双面胶纸厚度　　　　　　　　　加厚胶纸厚度

图 4-1-20　双面胶纸（以常用品牌握把胶纸为例）及加厚胶纸厚度

表 4-8　加厚胶纸层数与外径尺寸变化对应表

加厚胶纸层数	加厚胶纸厚度	外径尺寸增加	对应关系
1 层	0.004 in	0.008 in	—
2 层	0.008 in	0.016 in	1/64 in
3 层	0.012 in	0.024 in	—
4 层	0.016 in	0.032 in	1/32 in
5 层	0.020 in	0.040 in	—
6 层	0.030 in	0.060 in	1/16 in

注：1/64 英寸 ≈ 0.016 英寸，1/32 英寸 ≈ 0.031 英寸，1/16 英寸 ≈ 0.063 英寸。

（2）使用高尔夫手套尺寸来定制握把外径尺寸（表 4-9）。

表 4-9　高尔夫手套尺寸和握把尺寸对照表

性别	手套规格	手套号数	握把外径安装尺寸
男士	XL 及以上	27 号及以上	中等型号到特大型号
	X	26 号	+1/32 in 标准尺寸
	L	25 号	+1/64 in 标准尺寸
	ML	24 号	标准尺寸
	M	23 号	-1/64 in 标准尺寸
	S	22 号	小尺寸
女士 青少年	L	21 号	-1/64 in 小尺寸
	M	20 号	-1/32 in 小尺寸
	S	19 号	-1/16 in 小尺寸
	J	18 号	青少年尺寸

（三）握把外径尺寸的测量

1. 测量位置的选择

挥杆握把的外径设计是从握把帽处向下逐渐变细的。这里我们建议在握把帽向下 2 英寸和 6 英寸两个位置进行测量（图 4-1-21）。这两个位置较为接近左手和右手握杆的位置。由于握把帽向下 2 英寸处基本处于球手握杆时左手中间的位置，传统上被认为是检查握把尺寸最好的位置。握把帽向下 6 英寸处基本位于球手握杆时右手食指掌指关节处，也是右手手掌感知握把粗细较为敏感的部位，所以在此我们建议测量握把外径尺寸的位置选择握把帽向下 2 英寸和 6 英寸处。

表 4-10 为握把外径尺寸及测量位置尺寸对照表。

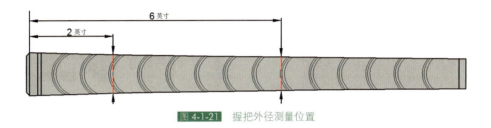

图 4-1-21　握把外径测量位置

使用者	外径尺寸	测量位置	
		2 英寸处直径	6 英寸处直径
男士	−1/64 in 小尺寸	0.885 in	0.765 in
	标准尺寸	0.900 in	0.780 in
	+1/64 in 大型号	0.915 in	0.795 in
	+1/32 in 大型号	0.930 in	0.810 in
	+3/64 in 大型号	0.945 in	0.825 in
	+1/16 in 大型号	0.960 in	0.840 in
女士	−1/64 in 小尺寸	0.835 in	0.705 in
	标准尺寸	0.850 in	0.720 in
	+1/64 in 大型号	0.865 in	0.735 in
	+1/32 in 大型号	0.880 in	0.750 in

表 4-10　握把外径尺寸及测量位置尺寸对照表

2. 测量工具

可以使用握把外径及杆身末端外径测量尺（图 4-1-22）快速测量握把外径尺寸的对应规格，此测量尺上左右两侧可测量握把外径尺寸，中间卡槽可测量杆身末端尺寸；也可以使用游标卡尺测量握把的外径尺寸。

握把外径尺寸的测量位置为握把帽下 2 英寸处和 6 英寸处。测量时，要注意握把是否有背脊线，测量板要平行于杆面，避开背脊线（图 4-1-23、图 4-1-24）。

图 4-1-22 握把外径及杆身末端外径测量尺

图 4-1-23 测量握把帽下 2 英寸处外径

图 4-1-24 测量握把帽下 6 英寸处外径

四、握把内径尺寸

（一）常见握把内径尺寸及其表达方式

握把内径尺寸（Core size）表示握把内圈直径，目前国际通用单位为英寸。男士挥杆握把内径尺寸最为常见的是 0.60 英寸，女士挥杆握把常见的内径尺寸为 0.58 英寸和 0.59 英寸。

挥杆握把的内径规格尺寸一般标识在握把口内侧（图 4-1-25、图 4-1-26）。

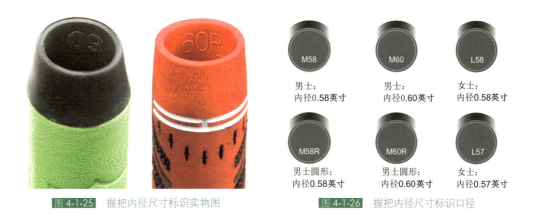

图 4-1-25　握把内径尺寸标识实物图　　　　　图 4-1-26　握把内径尺寸标识口径

60R：60 表示握把内径尺寸为 0.60 英寸，R 为英文 Round 的简写，表示圆形，即无背脊线。

握把内径规格常用的表达方式：

M60R：男士用，握把内径尺寸为 0.60 英寸，圆形。

L58X：女士用，握把内径尺寸为 0.58 英寸，有背脊线。

J50X：青少年用，握把内径尺寸为 0.50 英寸，有背脊线。

（二）握把内径与杆身末端外径的对应关系

杆身末端外径尺寸一般为 0.56 ～ 0.62 英寸（图 4-1-27），其中以 0.60 英寸最为常见。一般情况下，安装时握把的内径尺寸需要与杆身末端外径尺寸相匹配。

0.56英寸　　　0.58英寸　　　0.60英寸　　　0.61英寸　　　0.62英寸

图 4-1-27　常见的杆身末端外径尺寸

男士标准型握把常见的内径一般有 M58R、M60R 和 M62R 三种，其中以 M60R 最多，如果装在相对应尺寸的杆身上（杆身对应尺寸为 0.58 英寸、0.60 英寸和 0.62 英寸），在确保外径尺寸相同的情况下，内径尺寸较小的握把管壁较厚，内径尺寸较大的握把管壁较薄（图 4-1-28），例如 M58R 的握把管壁厚度要比 M60R 的大。

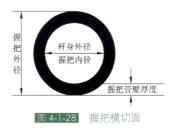

图 4-1-28　握把横切面

我们以某品牌一款男士标准型握把为例，来说明握把内外径与杆身的关系（表 4-11）。

表 4-11　某品牌男士标准型握把参数		
内径	重量	外径安装尺寸
M58R	51.5 g	标准尺寸
M60R	49.5 g	标准尺寸
M62R	45.0 g	标准尺寸

该款握把有三种不同的内径尺寸，外径均为男士标准型，因为内径较小时要保证外径为男士标准，管壁就要较厚，所以重量较重，如表 4-11 所示，M58R 最重，为 51.5 克，相反，M62R 最轻，为 45.0 克。

还是以一款不同内径尺寸的握把为例，展示该款握把装在不同外径的杆身上对握把外径的影响。三种不同内径 M62R、M60R、M58R 握把装到对应的外径"0.62 英寸、0.60 英寸、0.58 英寸"的杆身上，安装后握把外径相同，均为男士标准型（图 4-1-29）。三种不同内径 M62R、M60R、M58R 握把都装在"0.60 英寸"的杆身上，M62R 握把外径较细，M58R 握把外径较粗（图 4-1-30）。

图 4-1-29　三款外径相同、内径不同的握把　　图 4-1-30　三款内径相同、外径不同的握把

更换握把的时候要选择握把内径与杆身末端外径相同（或相近）的握把来安装。握把内径和杆身末端外径相同的情况下，握把外径即为该型号标识的外径。也可以通过握把内径和杆身外径的对应关系来调节安装后握把外径的大小。具体搭配见表 4-12。

表 4-12　杆身末端外径与握把内径组合关系对照表

杆身外径尺寸	握把内径尺寸			
	M56	M58	M60	M62
0.56 in	标准	细	细	—
0.58 in	粗	标准	细	细
0.60 in	粗	粗	标准	细
0.62 in	—	粗	粗	标准

五、握把重量对球杆总重量和挥杆重量的影响

握把因使用材料、大小及粗细的不同，重量上也会有所差异，目前市场上挥杆握把重量在25克到80克之间。常用的男子标准外径的握把重量在46克到52克之间。

一般橡胶材质的握把重量会随着外径规格的增加而增加。但由于材料和制造工艺技术的进步，某些橡胶握把在橡胶材料中加入轻量的物质并使用发泡的工艺，可以把握把做得较轻，目前市场上最轻的男士标准外径的橡胶握把重量是25克，轻量的橡胶握把也有36克、40克等。轻量的标准型握把主要用于轻量的球杆，或用于调节特定的挥杆重量。

PU表面材质的握把因为内管可以采用橡胶材质，也可以使用PU发泡材质，所以这种握把在重量的调配上就可以比较灵活，可以在增加外径的同时（内径相同的情况下）保持重量不变，甚至可以做得更轻。下面以某款橡胶握把和某款PU表面材质握把为例，参数详见表4-13。

表 4-13　某款橡胶握把和某款 PU 表面材质握把参数

橡胶握把			PU 表面材质握把		
内径	重量	外径安装尺寸	内径	重量	外径安装尺寸
M60R	48 g	标准尺寸	M60R	50 g	标准尺寸
M60R	58 g	中等型号	M60R	50 g	+1/16 英寸中等型号
M60R	73 g	特大型号	M60R	50 g	+1/8 英寸大型号

握把重量的改变会影响球杆总重量和挥杆重量（图4-1-31）。握把越重，球杆的总重量越大，挥杆重量反而越小；反之，握把越轻，球杆总重量越小，挥杆重量越大。

握把重量对挥杆重量的影响随着球杆长度的减小而变小。在木杆上，握把重量约3.7克影响一个挥杆重量；在铁杆上，握把重量约4克影响一个挥杆重量（图4-1-32）。

下面我们以一号木杆更换握把为例，看球杆挥杆重量和球杆总重量的变化关系，假设杆头重量为198克，杆身重量为55克，详见表4-14。

图 4-1-31 握把重量对球杆参数的影响

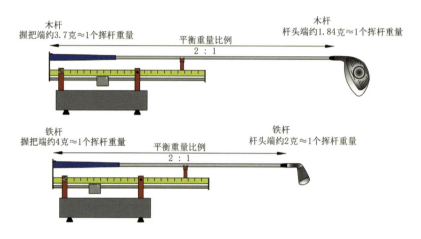

图 4-1-32 握把重量对挥杆重量的影响

表 4-14 握把重量对一号木杆挥杆重量及球杆总重量的影响举例			
握把规格型号	握把重量	挥杆重量	球杆总重量
男士标准橡胶握把（标准尺寸）	48g	D1	301g
男士加粗握把（中等型号）	58g	C8.5	311g
男士加粗握把（特大型号）	73g	C4.2	326g

　　除了握把重量对挥杆重量造成影响以外，握把末端握把帽的厚度还增加了球杆长度，进而对挥杆重量产生影响，握把帽厚度约 5 毫米（0.2 英寸）（图 4-1-33），球杆长 1 英寸增加 6 个挥杆重量，那么，0.2 英寸约增加 1.2 个挥杆重量，所以在安装握把之前，测量挥杆重量时，要特别注意握把帽厚度对挥杆重量的影响。

　　未安装握把的球杆放在挥重秤上时，要注意杆身末端放置的位置，杆身末端要预留约 5 毫米（握把帽的厚度），再将所要安装的握把放置在上面（图 4-1-34），测出挥杆重量。以目前市场常用的双面胶纸为例，其长度为 27 厘米（通常与握把长度一致）的情况下，重量约为 2 克，大约会降低 0.5 个挥杆重量。

　　有些挥重秤设置有未安装握把时杆身置放和握把置放的区域，但有些品牌的挥重秤没有这样的设置，所以建议工坊技师将常用的握把从中间剪开，当遇到相同握把时，将剪开的握把套到杆

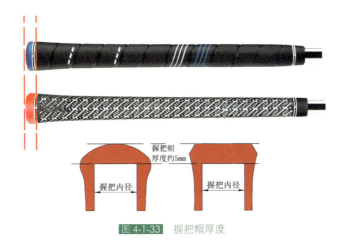

图 4-1-33　握把帽厚度

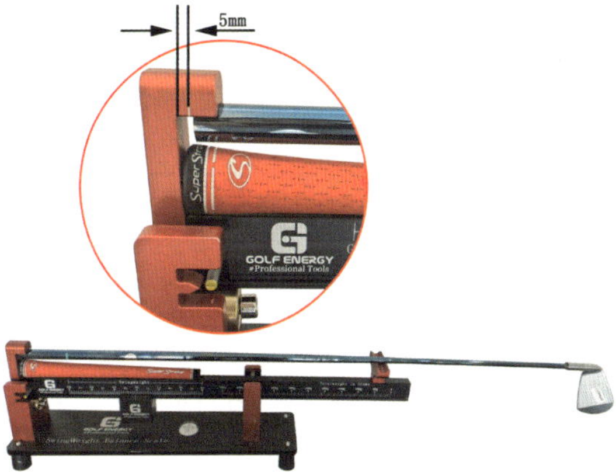

图 4-1-34　未安装握把时挥杆重量测量方法

身末端来称量挥杆重量，这样会更加准确（图 4-1-35）。

　　套上剪开的握把时一定要注意将杆身插到握把底端握把帽处，以免造成挥杆重量误差。遇到不同型号的握把，也可以根据握把重量差算出相差的挥杆重量。

图 4-1-35　套上剪开的握把称量挥杆重量

六、挥杆握把定制总结

　　工坊技师为球手选择和推荐握把，首先需要考虑的是重量和内径要符合球杆整体搭配，其次考虑的是握把外径要适合球手手的大小，在此基础上再根据球手的客观情况选择握把的硬度、材质、款式等。握把选择要点如下（图4-1-36）。

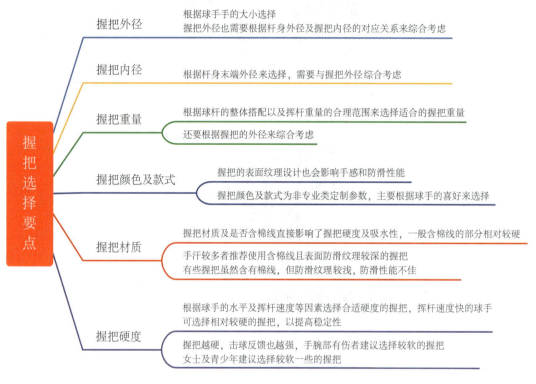

图4-1-36　握把选择要点

第二节　推杆握把及其定制

难度系数：★★★

相比于挥杆握把，推杆握把更为多样（图4-2-1），选择也更为复杂，合适的推杆握把，能使推杆的距离控制和方向控制都达到最佳状态。下面就推杆握把定制的重要参数（图4-2-2）进行详细讲述。

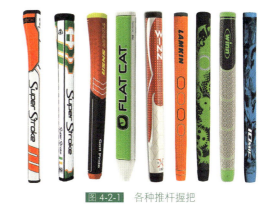

图 4-2-1　各种推杆握把

图 4-2-2　推杆握把定制重要参数

一、推杆握把材质

推杆握把的表面材质和纹理设计主要影响触感。触感是球手接触握把时的第一感觉，触感的好坏直接影响球手推杆的信心，推杆是精细化的小幅动作，信心是非常重要的。

目前市场上推杆握把材质与挥杆握把材质种类基本相同，主要有PU、TPR、橡胶和纯皮四种，只是推杆握把使用率较高的材质与挥杆握把有所不同。挥杆握把使用率最高的材质是橡胶，但推杆握把使用率最高的表面材质是PU（图4-2-3）。这是因为推杆不会像挥杆那样用于球手的发力击球，故对握把的耐用性及抗磨损程度要求相对较低。PU表面材质推杆握把手感较为柔软细腻，且颜色及表面纹理都比较多。

图 4-2-3　PU 表面材质推杆握把

橡胶推杆握把（图 4-2-4）手感不像 PU 表面材质握把那么柔软细腻，相对较硬，加入棉线的橡胶推杆握把手感更硬。较粗的橡胶握把重量较重，这也是影响橡胶握把在推杆上使用的原因之一。

TPR 材质推杆握把（图 4-2-5）相比于橡胶握把手感更为细腻，颜色也可以设计得更为鲜艳。和橡胶握把一样，较粗的 TPR 材质握把重量也会比较重。

纯皮表面材质推杆握把（图 4-2-6）目前市场上较少，主要是价格较高，制造难度相对较大，重量不好控制，耐用性也不高，所以已经慢慢被市场淘汰。

图 4-2-4　橡胶推杆握把

图 4-2-5　TPR 材质推杆握把

图 4-2-6　纯皮表面材质推杆握把

二、推杆握把外形及长度

推杆握把的外形是指握把横截面的形状。不同于挥杆握把，R&A 规则规定推杆握把横截面可以是非圆形的，因此推杆握把就有了很多的外形设计（图 4-2-7），这为使用不同的推杆握杆

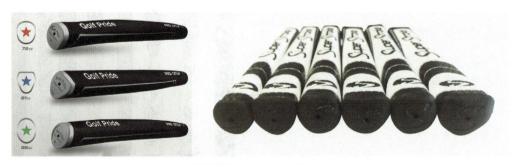

图 4-2-7　不同推杆握把外形

姿势的球手提供了更多的选择。不同的推杆握把外形对推杆时的握杆姿势以及发力特点均会产生影响。

目前市场上除了长型 Belly 推杆握把外，常用的推杆握把大多有一个平面（推杆握把平面的安装方向规则并没有限制，一般情况下，安装时推杆握把平面与杆面设定的推击线平行），平面能帮助球手在推杆时固定手的位置，并有效确定杆面方向，以便更准确地推杆。

相较于挥杆握把，推杆外形尺寸变化很多。以单支推杆握把的外径尺寸为例，挥杆握把基本都是从握把帽到前端逐渐变细，呈锥形，推杆握把则变化很多，有的逐渐变细，有的没有粗细变化，还有的在握把末端设计有更大的 U 形。

推杆握把的长度也有较大差异，这是推杆长度差异造成的。球手的推杆握杆姿势及推杆动作较多，这就为推杆的长度设定提供了更多的空间，也直接导致了推杆长度的多样性，故需要设计不同长度的握把与之相适应。

知 识 拓 展

R&A 和 USGA 规则对推杆握把外形及尺寸的限制

（1）推杆握把的横截面可以呈非圆形，但其不得有凹面。它是对称的，并在握把的全长上大体相同。

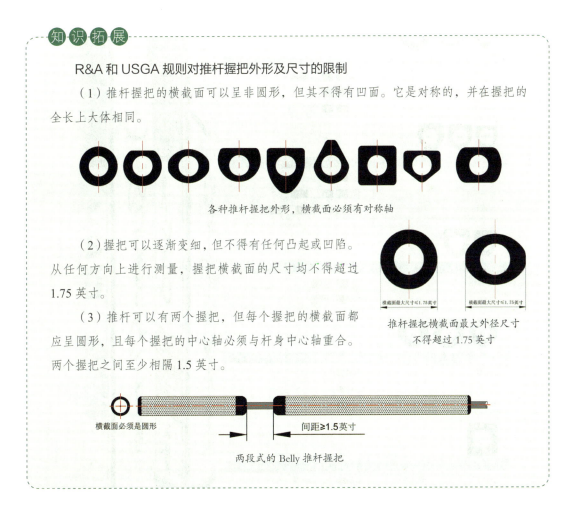

各种推杆握把外形，横截面必须有对称轴

（2）握把可以逐渐变细，但不得有任何凸起或凹陷。从任何方向上进行测量，握把横截面的尺寸均不得超过 1.75 英寸。

（3）推杆可以有两个握把，但每个握把的横截面都应呈圆形，且每个握把的中心轴必须与杆身中心轴重合。两个握把之间至少相隔 1.5 英寸。

横截面最大尺寸≤1.75英寸　　横截面最大尺寸≤1.75英寸

推杆握把横截面最大外径尺寸
不得超过 1.75 英寸

横截面必须是圆形　　间距≥1.5英寸

两段式的 Belly 推杆握把

三、推杆握把外径

推杆握把的外径尺寸差异较大（图 4-2-8），带给使用者的感觉和效果也不同。粗细适当的推杆握把能有效减少球手推杆时手腕的多余动作，也会使握杆动作更放松。放松的手腕能降低无意识的杆面旋转，提高推击方向的稳定性。当然，推杆握把也不是越粗越好，过粗的推杆握把会减少杆头的重量感和击球反馈，使距离的控制性降低。

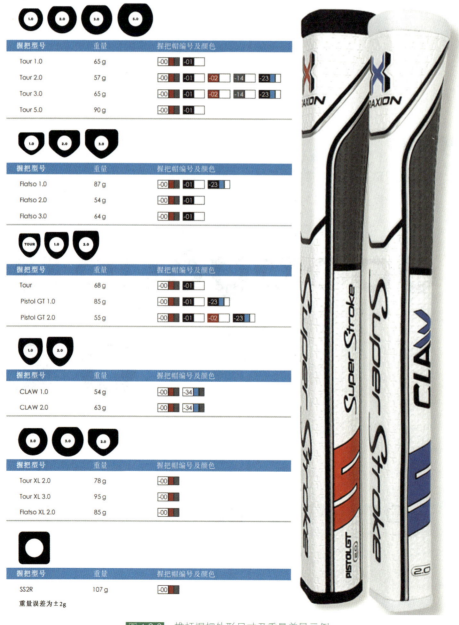

握把型号	重量	握把帽编号及颜色
Tour 1.0	65 g	-00 -01
Tour 2.0	57 g	-00 -01 -02 -14 -23
Tour 3.0	65 g	-00 -01 -02 -14 -23
Tour 5.0	90 g	-00 -01

握把型号	重量	握把帽编号及颜色
Flatso 1.0	87 g	-00 -01 -23
Flatso 2.0	54 g	-00 -01
Flatso 3.0	64 g	-00 -01

握把型号	重量	握把帽编号及颜色
Tour	68 g	-00 -01
Pistol GT 1.0	85 g	-00 -01 -23
Pistol GT 2.0	55 g	-00 -01 -02 -23

握把型号	重量	握把帽编号及颜色
CLAW 1.0	54 g	-00 -34
CLAW 2.0	63 g	-00 -34

握把型号	重量	握把帽编号及颜色
Tour XL 2.0	78 g	-00
Tour XL 3.0	95 g	-00
Flatso XL 2.0	85 g	-00

握把型号	重量	握把帽编号及颜色
SS2R	107 g	-00

重量误差为 ±2g

图 4-2-8 推杆握把外形尺寸及重量差异示例

四、推杆握把重量

因为推杆握把的粗细、形状以及材质等差别非常大，所以推杆握把的重量差异也非常大，最轻的 PU 表面材质推杆握把不到 50 克，最重的橡胶材质推杆握把接近 200 克。握把的重量不仅影响球杆的总体重量，更会影响球手用推杆击球时对杆头重量的感觉和击球阶段的反馈。

但与挥杆握把有所不同，推杆握把重量的改变对球杆总重量的影响大于对挥杆重量的影响，这是因为推杆动作并不像挥杆动作幅度那么大，球手使用推杆时更多是小幅度的钟摆动作，所以对推杆总重量的感觉会强于对挥杆重量的感觉。推杆越短影响越大，因为推杆的长度差异比较大，所以球手对推杆总重量的感觉和挥杆重量的感觉差异也相对更复杂。

较粗的轻量推杆握把目前大多表面是 PU，内管采用发泡材质。

有些品牌的推杆握把在握把帽位置设置了可更换的配重（图 4-2-9），以方便握把重量的定制。推杆握把配重的设计也较多样，有的是从握把末端插入杆身内部的配重设计，有的是在握把末端设置可更换的配重，配重还有标志物的功能（图 4-2-10）。

图 4-2-9　握把底部有可更换的配重

图 4-2-10　握把底部有标志物

第五章　杆身基础知识与量身定制

第一节　挥杆过程中杆身弯曲特性及对击球的影响

难度系数：★★★★

一支球杆由杆头、杆身和握把组成，握把的作用是为球手提供稳定的抓握，以便其能更好地控制球杆。杆头的作用是球手击球的时候能利用杆头固有的质量和角度特征将球以一定的速度、角度及后旋量击出。而杆身的作用是将握把端挥动的力量有效地传递到杆头，并保证杆头的特征属性能有效稳定地发挥。在整个挥杆击球的过程中，除了木杆杆头的杆面会在击球阶段产生小幅度的压缩变形以外，杆身的外形基本是不发生变化的，但杆身在上杆、下杆以及击球的不同阶段都在发生着变化，既有绕横轴的弯曲，又有绕纵轴的扭转，在下杆初期储存能量，下杆的中后期至击球瞬间释放能量，这是挥杆过程中最为复杂的动态变量。所以在杆头、握把确定的情况下，杆身是挥杆过程中确保力量能有效传递和保证击球稳定性最为重要的部分。

一、杆身性能对挥杆击球的重要性

杆身在挥杆过程中将球手的转动能量传递到杆头，将这个能量尽可能多地通过杆身稳定地传递到杆头，最后产生稳定的击球，这是杆身最重要的功能。同时，在击球阶段，杆头受到球的反作用力，反作用力传递至杆身，杆身抵抗反作用力的能力也体现着杆身性能的好坏，所以选择适合球手挥杆力量的杆身非常重要。

市面上有许多杆身可供球手选择，但如何选择适合球手体能和击球习惯的杆身呢？要从以下几个方面综合考虑。

二、下杆过程中杆身动态弯曲特征

先来看两组照片，以便于对下杆击球过程中杆身在额状面和矢状面上的弯曲有一个直观的了解（图 5-1-1、图 5-1-2）。

图 5-1-1　下杆击球过程中杆身在额状面上的弯曲

图 5-1-2　击球瞬间杆身在矢状面上的弯曲

接下来，我们对挥杆下杆阶段杆身变形模型进行简单的分析。为了便于分析下杆击球过程中杆身的弯曲变化特点，我们将杆身在下杆过程中的弯曲分出不同的关键节点，以额状面杆身弯曲特点为例（图 5-1-3）：

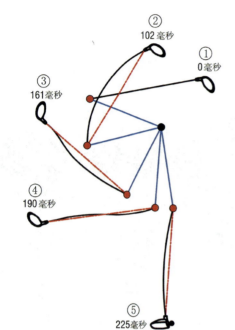

① 为上杆顶点：球杆处于相对静止的瞬间，杆身较直（挥杆节奏较慢者）。

② 为杆身滞后阶段：下杆初期，手腕部加速下杆，由于杆头的惯性，杆头相对于握把端滞后，并使杆身产生弯曲。

③④ 为杆头加速阶段：由于杆身的弹性作用，下杆中期杆身的弹性开始释放，这使杆头端的加速度加大，逐渐改变杆头端滞后的状态，表现为杆头速度逐渐快于杆身中段，并最后使杆头端超过杆身中段，使杆身产生 S 形弯曲。

⑤ 为击球阶段：击球瞬间杆身呈 C 形弯曲，在击球阶段杆头受到球的反作用力，这使杆头速度迅速降低，杆身中上部至手腕部依然加速运动，杆头端加速度小于握把端。

送杆阶段：杆头速度迅速降低，如果是铁杆，杆头在打入草皮后，杆头速度下降会更快，杆身及握把端加速度会大于杆头端。

收杆阶段：握把端及杆头端速度均减慢，杆身恢复至直的状态。

注：此图引自史蒂文·M. 内斯比特和瑞安·麦金尼斯发表于 2010 年第 8 期《运动科学与医学杂志》上的论文《运动学分析高尔夫球杆挥杆的中心路径及其在高尔夫球手和球杆上的动能转移》。

图 5-1-3 挥杆下杆阶段杆身（额状面）变形模型及分析

从挥杆过程中杆身的动态弯曲特点可以看出，在下杆的初期，杆头的惯性使杆头端滞后，杆身产生弯曲，这样杆身就积累了一定的弹性势能，弹性势能在下杆的中后期开始得到释放，并使杆身在击球瞬间产生 C 形弯曲。击球阶段，杆头因为受到球的反作用力，杆头速度迅速降低。

定制合适硬度的杆身有两个基准，可将该理论总结为"**杆身硬度定制的释放加速理论**"：

（1）在下杆阶段初期杆身积累足够的弹性势能，产生稳定的形变。

（2）击球瞬间杆身处于弹性势能的释放阶段，杆头端处于弹性势能释放的最佳阶段，有最快的杆头速度。

如果杆身太硬，杆身会因为下杆初期的变形太小而积累的弹性势能不够，这使击球瞬间杆头端没有处于弹性势能释放的加速阶段，而是提前结束弹性势能的释放。这不利于杆头速度的提高。

如果杆身太软，下杆初期杆身变形过大，这使击球瞬间杆身的弹性势能未得到完全的释放，同样不利于达到最快的杆头速度，并且使击球的方向变得不稳定。

为了更好地理解"杆身硬度定制的释放加速理论"，我们在这里举个特殊的较容易理解的例子：将杆身粗端固定在一个底座上，拉动杆头端弹动杆身，杆身在回弹的过程中杆头端速度逐渐加快，到初始状态时杆头端产生最快的速度，然后逐渐减小至零，再回弹往复（图5-1-4）。

从这个例子中我们可以看出：

（1）拉动杆头端使杆身变形越大，回弹到初始位置时的杆头速度就会越快。

（2）在拉力一定的情况下，杆身越软，拉动时杆身的变形量就会越大，回弹到原来位置时的杆头速度就会越快。

（3）杆身回弹往复一个周期的时间是一定的，杆身越硬，回弹往复一个周期的时间越短，并不受到拉力大小的影响，而是受到杆身本身材质性能及杆头重量的影响，这也是CPM测量杆身硬度的基础。那么是不是说，同一个球手在挥杆速度一定的情况下，杆身越软杆头速度就会越快呢？答案是不一定。

其原因是无法确保在杆头速度最快的那个点击到球。在挥杆速度一定的情况下，如果杆身太软，杆头端还未达到最快的速度时就击到球了，如图5-1-4中的B点。如果杆身太硬，可能杆头已经过了最快速度的位置才击到球，如图5-1-4中的A点。

击球瞬间杆头速度的影响因素是手腕部的加速度、球杆长度以及杆头端由于杆身弹性势能释放而产生的加速度。

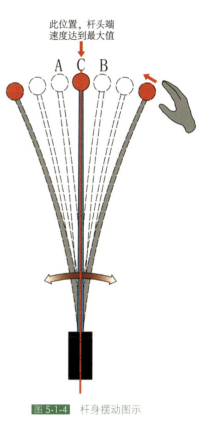

此位置，杆头端速度达到最大值

图5-1-4　杆身摆动图示

三、击球瞬间杆身动态弯曲程度的影响因素

杆身在击球瞬间弯曲的程度主要受到挥杆速度、挥杆节奏、杆身硬度等因素的影响（图5-1-5）。

挥杆速度：通常我们说的挥杆速度是指击球瞬间的杆头速度。对杆造成弯曲的力来自握把端的加速度，也就是说，从上杆顶点到下杆击球瞬间手腕部的加速度越快，杆身产生的弯曲就会越大。

挥杆节奏：指上下杆的时间差。挥杆节奏快意味着在上杆顶点瞬间杆头由于惯性还在做向上的运动，但手腕部已经开始向下做加速运动，这样会使下杆初期杆身的弯曲变形更大，产生更多的弹性势能，最后使击球瞬间杆身的C形弯曲更大。

杆身硬度：杆身硬度是相对于挥杆速度而言的概念，杆身越硬杆身弯曲变形越小。同时，动态的杆身硬度还受到球杆长度和杆头重量的影响。球杆越长，动态杆身硬度越小；杆头越重，动态杆身硬度越小。杆头速度一定的情况下，越软的杆身变形就会越大。

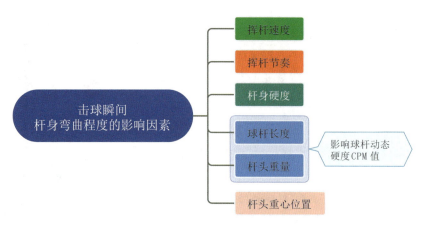

图 5-1-5　击球瞬间杆身弯曲程度的影响因素

同时，杆头重心深度也会对杆身的弯曲产生影响，即杆头重心越深，击球瞬间杆身在额状面上的弯曲越多。

四、杆身动态弯曲对击球的影响

杆身动态弯曲对击球的影响主要在三个面上进行分析：杆身在额状面上的弯曲程度（从球手正面观察）、杆身在矢状面上的弯曲程度（从球手侧面观察）及杆身在水平面上的弯曲程度（以球手的视角自上而下观察）（图 5-1-6）。

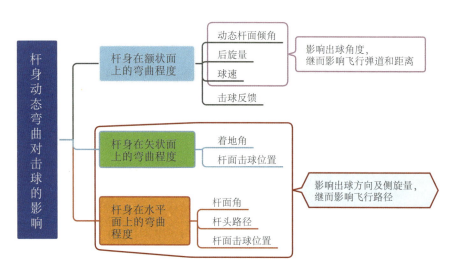

图 5-1-6　杆身动态弯曲对击球的影响

静止及挥杆击球瞬间杆身在额状面上的弯曲（图 5-1-7），使击球瞬间动态杆面倾角变大，杆身越软，变化的幅度越大。

静止及挥杆击球瞬间杆身在矢状面上的弯曲（图 5-1-8），使球杆着地角变大、长度变短，杆身越软，变化的幅度越大。

静止及挥杆击球瞬间杆身在水平面上的弯曲（图 5-1-9），使击球瞬间杆面角关闭，杆身越软，关闭的角度越大。

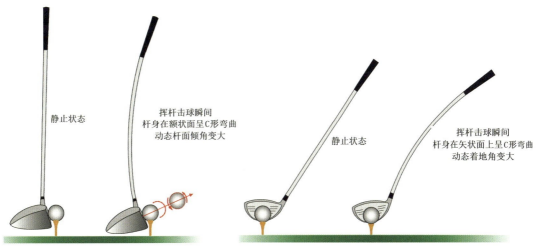

图 5-1-7 杆身在额状面上的弯曲对击球的影响　　图 5-1-8 杆身在矢状面上的弯曲对击球的影响

以上所说的杆身在下杆过程中由于杆身弯曲变形对球杆参数产生的影响，杆身越软，弯曲越大，对击球的影响也会越大，其前提是假设握把端的位置不变。但在实际的测试中，杆身硬度对出球角度和后旋量的影响较为明显，也就是杆身越软，球的出球角度越大、后旋量越多，飞行的弹道越高，但杆身硬度对出球方向和飞行路径的影响不是很明显，并且个体差异较大。这是因为这两个水平面上的参数（出球方向、飞行路径），更多地受到击球瞬间杆头和握把端在水平面上的相对位置及杆头击球路径（也是水平面上的参数）的影响，球手在下杆击球瞬间握把端位置相对于杆头端的位置会发生改变。尤其对于技术动作不稳定的业余球手来说，杆身硬度对方向的影响不明显，主要是击球动作的一致性不高。

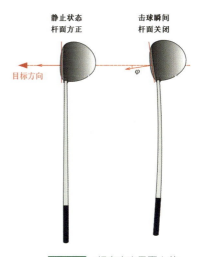

图 5-1-9 杆身在水平面上的弯曲对击球的影响

第二节 杆身的分类及主要性能参数

难度系数：★★★

一、杆身的分类

高尔夫球杆杆身的分类可根据材质或适用杆头的类别划分（图 5-2-1）。

杆身根据使用的材质分为碳素纤维杆身、钢杆身和玻璃纤维杆身。目前木杆杆身基本都是碳素纤维杆身，对铁杆而言，球手可根据自身挥杆能力来选择钢杆身或碳素纤维杆身，推杆杆身大多是钢杆身，但近几年很多大品牌都开始生产碳素纤维推杆杆身，这是因为碳素纤维杆身可以在轻量化的基础上将杆身扭矩降低。玻璃纤维杆身很少被使用。

杆身根据适用杆头的类别分为一号木杆杆身、球道木杆杆身、铁木杆杆身、铁杆杆身、挖起杆杆身和推杆杆身，这也是根据杆头的类别以及目前市场上杆身品牌商生产的类别进行的分类，差异主要是杆身长度、重量及规格尺寸，杆身前端的口径也有所不同。一号木杆前端口径最细（0.335英寸），其次是球道木杆（0.355 英寸或 0.335 英寸），最粗的是铁木杆和铁杆（0.355 英寸或 0.370英寸）。杆身价格的差异也比较大，一般一号木杆杆身最贵，其次是球道木杆和铁木杆，挖起杆和推杆杆身相对便宜。

钢杆身还分为直管杆身和竹节杆身，它们的主要差别是击球时的反馈不同。直管的杆身击球反馈更为直接。

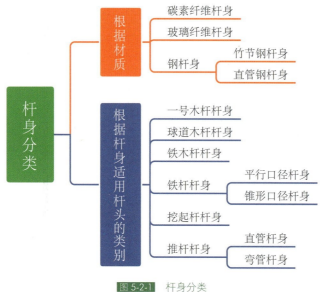

图 5-2-1 杆身分类

二、影响杆身性能的参数

影响杆身性能的参数包括材质、重量、硬度、折点、杆身扭矩、脊椎线等（图 5-2-2）。

图 5-2-2　影响杆身性能的参数

（一）常见杆身材质

目前市场上的杆身根据主要材质可分为碳素纤维杆身、钢杆身和玻璃纤维杆身。

1. 碳素纤维杆身

碳素纤维杆身（Graphite shaft）是将碳素纤维丝制成碳素纤维布后卷附在模具棒外，加热成型后抽出模具棒，再打磨制成的杆身。碳素纤维杆身由于多层次的设计，能有效减轻击球时产生的震动感，其本身的弹性也可以增加击球距离。碳素纤维杆身的特点是轻，重量约为玻璃纤维杆身的 1/2，而且强度高，耐热、耐腐蚀。不足之处是会导电，打球时若遇雷雨天气极不安全。

通常来说，碳素纤维杆身主要的物理参数有重量、硬度、杆身扭矩、折点及耐久性。其中对高尔夫球手影响最大的是重量、硬度和杆身扭矩。

碳素纤维杆身是通过卷碳素纤维布而形成的，卷的层越多，碳素纤维就越多，球杆就越重，硬度就越高，杆身扭矩就越低。杆身两端都有外径限制，要符合目前市场上杆头杆颈的规格和握把的规格，同时又有重量的限制，所以制造商就要在性能和规格间取得平衡，或者开发新的材料，使杆身轻且硬度高，所以碳素纤维杆身的性能提升主要源于原材料的进步。

目前最流行的高尔夫球杆杆身的材质主要为碳素纤维。碳素纤维杆身的质量很轻，但硬度却很大。日本的高尔夫球杆杆身生产企业是碳素纤维杆身生产的领先者，它们引领了杆身从玻璃钢材质到碳素纤维材质的跨越。但是，进入 21 世纪后，随着材料科学的不断发展，碳素纤维杆身逐渐达到了硬度和重量的极限。为了改良碳素纤维，生产者在其中加入硼纤维，以增加硬度、降低杆身扭矩。硼纤维具有高强度、高弹性及耐高温的特性。现在又有了纳米硼纤维（Boron nanofiber），即对硼纤维进行纳米技术处理后的物质，是一种使碳素纤维更轻、强度更大的一种增强剂。它的质量只有碳素纤维的 1/3，但强度却是碳素纤维的 3 倍。将纳米硼纤维与碳素纤维融合，能减轻杆身的重量，同时提高杆身的硬度和弹性，这成为继纯碳素纤维杆身后的又一次工艺进化。

知识拓展

何为碳素纤维

碳素纤维（Carbon fiber，简称"CF"）以经过特殊处理的高质量聚丙烯腈（PAN）为原料。碳素纤维通常与树脂一起固化成复合材料。这种材料的多项物理特性可以与金属媲美。由于它具有耐高温（＞3000℃）、耐烧蚀、热膨胀系数小、高强度、高模量等特性，被广泛应用于航天、航空、化工、电子及体育器材等领域。

碳素纤维杆身采用碳素纤维复合材料圆管，它的成型一般采用纤维缠绕、预浸料铺层、拉挤成型、热压成型等工艺。碳素纤维杆身的主要性能包括拉、压、弯、剪这四项。

"拉"指的是碳素纤维复合材料的拉伸模量。拉伸模量是指材料抗拉伸变形的能力，对比其他金属材料制成的管材，碳素纤维圆管的拉伸模量是它们的数倍。

"压"指的是碳素纤维复合材料的压缩模量，它与树脂性能、成型工艺有很大的关系。

"弯"包括弯曲弹性模量和弯曲强度，它反映了碳素纤维复合材料抗弯曲的能力。用碳素纤维复合材料圆管充当结构材料要远优于用传统金属。

"剪"指的是剪切强度，即碳素纤维复合材料承受剪切力的能力。碳素纤维复合材料圆管能够很好地承受剪切压力，不易被损坏。

碳素纤维丝

碳素纤维布

碳素纤维杆身

2. 钢杆身

钢杆身（Steel shaft）目前大多用在铁杆、挖起杆和推杆上。钢杆身的重量范围一般为75 ~ 130克，最轻的钢杆身为65克左右，但钢杆身管壁较薄，适合挥杆速度较慢者，亚洲市场用得最多的钢杆身重量为95克左右。做好一支钢杆身的首要条件就是采用好的材料及先进的加工工艺。钢杆身根据外形特征又分为竹节杆身和直管杆身，根据前端口径又可分为锥形口径杆身和平行口径杆身两种（图5-2-3）。

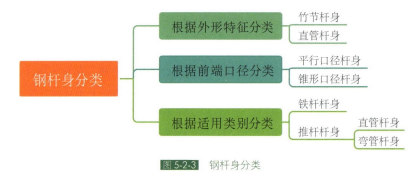
图 5-2-3　钢杆身分类

3. 玻璃纤维杆身

玻璃纤维杆身（Fiberglass shaft）是以玻璃纤维作为增强材料，以合成树脂作为基体材料的一种复合管状材料杆身。玻璃纤维杆身价格较低，但比碳素纤维杆身重，同样长度和厚度的玻璃纤维杆身和碳素纤维杆身，前者的重量是后者的 2 倍，并且玻璃纤维杆身的杆身扭矩也比较大。现在玻璃纤维的杆身已经非常少见了。

4. 杆身材质种类的优缺点总结

较常用的杆身主要有钢杆身、碳素纤维杆身及玻璃纤维杆身（图 5-2-4）。

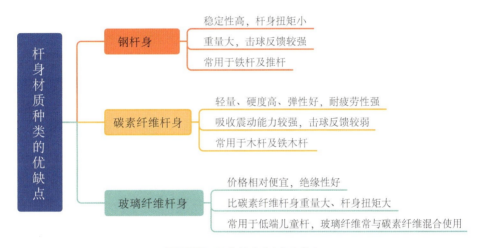

图 5-2-4 杆身材质种类的优缺点

目前，木杆大多采用碳素纤维杆身，以便更好地增加击球距离。那么，铁杆到底是用钢杆身还是用碳素纤维杆身，哪一种更好呢？一般球友常常觉得球技好的人应使用钢杆身，初学者应使用碳素纤维杆身，或有人觉得年轻人应使用钢杆身，老年人或者女士应使用碳素纤维杆身。其实并不然，由于科技的进步，碳素纤维杆身在很多性能参数上可以做得比钢杆身更好，所以单从杆身的材质和性能上无法说哪一种更好，要看打球者更加适合哪一种材质。

钢杆身与碳素纤维杆身的主要差别是重量、击球反馈及价格。

首先，钢杆身和碳素纤维杆身的差别主要在重量上。碳素纤维杆身在重量上提供了更多选择。碳素纤维杆身可以做得很轻，弹性也更好。球杆较轻意味着球手用同样的力量挥杆，杆头速度会更快，再加上球杆有良好的弹性，可以更加有效地帮助球手增加击球距离，这对女性及老年球友更有帮助。这也是为什么目前木杆多用碳素纤维杆身的原因。

其次，钢杆身和碳素纤维杆身的差别还在于击球时的反馈不同。与钢杆身相比，碳素纤维杆身有较强的吸震效果，可有效减少击球时球杆的震动反馈，对手腕及上肢有运动损伤的球手来说是更好的选择。相比碳素纤维杆身，钢杆身有控制性强、方向和距离稳定的优点，尤其适合挥杆速度较快的球手，这也是男性职业球手大多在铁杆上使用钢杆身的原因。

最后，价格差异。一般来说，碳素纤维杆身要达到较好的性能，需要使用较好的原材料、更复杂的加工工艺和更多的人工投入，所以其价格会比钢杆身贵。

（二）杆身重量及其选择

1. 杆身重量释义

杆身重量是指杆身在未经组装前的原始重量，单位为克。重量是杆身非常重要的一个参数（表5-1），重量的高低不仅会影响杆身的硬度和杆身扭矩等参数，还会对挥杆和击球效果等产生影响。碳素纤维杆身因为材质的特殊性能，可以做得较轻，目前最轻的碳素纤维杆身重量为30多克（一号木杆杆身），钢杆身最轻的为70克左右（铁杆杆身）。一般同一型号球杆的杆身越重，硬度会越大，杆身扭矩会越小。

表5-1不同杆身的重量及长度				
杆身类别	重量分类	碳素纤维杆身重量	钢杆身重量	杆身原始长度
一号木杆杆身	轻量	35 ~ 55 g		46 in 或 47 in
	普通	55 ~ 70 g	—	
	较重	70 ~ 90 g		
球道木杆杆身	轻量	40 ~ 60 g		44 in
	普通	60 ~ 70 g	—	
	较重	70 ~ 110 g	90 ~ 110 g	
铁木杆杆身	轻量	50 ~ 65 g		42 in
	普通	65 ~ 85 g	—	
	较重	85 ~ 110 g	90 ~ 120 g	
铁杆杆身	轻量	40 ~ 70 g	75 ~ 90 g	#7：36.5 in #7：38.5 in
	普通	70 ~ 100 g	90 ~ 110 g	
	较重	100 ~ 120 g	110 ~ 130 g	
挖起杆杆身	轻量	50 ~ 60 g	70 ~ 80 g	35 in 或 37 in
	普通	60 ~ 90 g	80 ~ 110 g	
	较重	90 ~ 110 g	110 ~ 130 g	
推杆杆身	—	90 ~ 140 g	100 ~ 140 g	35 ~ 38 in

注：不同品牌杆身原始长度（未裁切长度）设定有所差异。

2. 杆身重量对球杆的影响

杆身重量会对球杆总重量、挥杆重量、转动惯量、杆身硬度及杆身扭矩产生影响（图5-2-5）。

（1）杆身重量对球杆总重量、挥杆重量和转动惯量的影响

杆身是球杆的组成部分，杆身越重，球杆总重量就越大，由转动惯量的影响因素可以知道，球杆越重，转动惯量越大，球杆越难挥动，继而对挥杆节奏及速度产生影响。

杆身从握把端到杆头端越来越细，成锥形，杆身外径由粗到细，管壁越来越厚，一般情况下，杆身重量分布较为均匀，所以杆身越重，挥杆重量也越大，这是因为杆身重量的平衡点大多接近

杆身中间位置，而杆身的中心点都会在挥重秤14英寸支点以下更靠近杆头的位置，所以杆身越重，挥杆重量也越大（图5-2-6）。

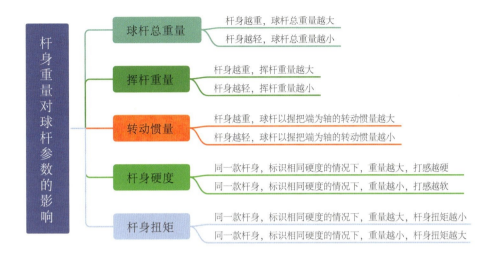

图 5-2-5　杆身重量对球杆参数的影响

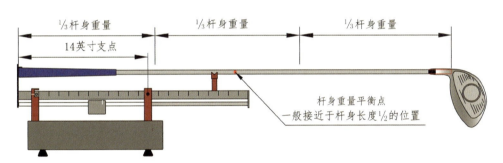

图 5-2-6　杆身重量分配对挥杆重量的影响

并不是所有的杆身重量平衡点都接近杆身一半的位置，也有一些特殊设计的杆身，将重量更多地分布在握把端或者杆头端，以达到特定的杆身折点和球杆平衡。如果将杆身重心平衡点设计得更靠近握把端一些，那么在杆身重量相同的情况下，球杆挥杆重量会减少一些；如果杆身的平衡点更靠近杆头端，挥杆重量会增加。

杆身重量对挥杆重量影响的程度同样受球杆长度的影响，球杆越长影响越大，球杆越短影响越小，一般规则是，杆身重量增加约28克，在铁杆组中增加大约3～4个挥杆重量，在木杆上，大约增加4～5个挥杆重量，也就是说大约10克杆身重量影响1个挥杆重量。

杆身重量对挥杆重量的影响更多受杆身平衡位置的影响。同样重量的杆身，重量平衡点越靠近杆头，挥杆重量越大；重量平衡点越靠近握把，挥杆重量越小（图5-2-7）。

同样的，杆身越重，整支球杆以握把端为轴的转动惯量越大。杆身重量相同的情况下，杆身重心位置越靠近杆头，杆身的转动惯量越大。

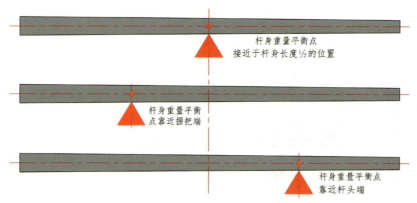

图 5-2-7　杆身重量平衡点位置图示

（2）杆身重量对杆身硬度及杆身扭矩的影响

一般来说，同一型号球杆的杆身重量越大，杆身越硬，杆身扭矩越小。例如，同一型号的球杆，60 克 R 的杆身一般比 50 克 R 的杆身打感更硬一些，杆身扭矩也会相对小一些，尤其是钢杆身相比于碳素纤维杆身影响更大，因为碳素纤维杆身可以在材料及工艺上做调整，制造出不同的硬度和杆身扭矩，以达到特定的性能。

3. 杆身重量选择

杆身重量选择要考虑的因素（图 5-2-8）与杆身硬度选择要考虑的因素类似（详见"杆身硬度选择要考虑的因素"的内容），因为一般情况下，同一型号的球杆，杆身重量越大打感越硬（标

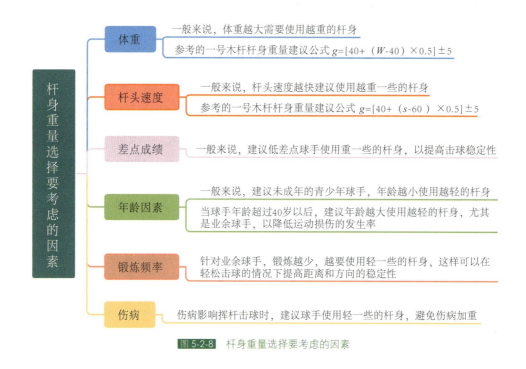

图 5-2-8　杆身重量选择要考虑的因素

识同样硬度的情况下）。但杆身重量的选择还有一个重要的参考因素就是球手的体重。球手体重越重，建议使用的杆身也越重，以利于提高球手挥杆时对球杆重量的感觉及击球的稳定性。

为什么体重是选择杆身重量需要参考的因素呢？这里需要了解力量概念中的绝对力量和相对力量的概念。力量是人体对抗阻力的能力，是速度、耐力、灵敏性和柔韧性等身体能力要素的基础。肌肉力量可表现为绝对力量、相对力量、爆发力等几种形式，详见表 5-2。

表 5-2 肌肉力量的表现形式

绝对力量	相对力量	爆发力
绝对力量是指肌肉收缩时所能克服的最大阻力。举例来说，在不考虑体重的情况下，谁举起的重量越大，谁的绝对力量就越大。例如：小王可以卧推 100 千克，小张可以卧推 150 千克。那么，我们说小张的绝对力量比小王大。绝对力量不考虑体重	相对力量是每千克体重所表现出来的力量，也就是绝对力量和体重的关系。用绝对力量除以体重得到的数值可以看出相对力量的大小。例如：小王体重 60 千克，可以卧推 150 千克，小张体重 80 千克，可以卧推 150 千克。那么，小王的相对力量大于小张。我们都听过蚂蚁是自然界中的"大力士"，比大象还厉害，说的就是蚂蚁的相对力量比大象大	爆发力是指肌肉在短时间内以最大速度克服一定阻力的能力。爆发力由最大力量与最大速度结合而成。在许多体育运动中，爆发力都起着重要的作用，如短跑、跳高、跳远、铅球、举重等

参考：王瑞元、苏全生主编《运动生理学》，人民体育出版社，2012 年。

体重大的人一般绝对力量也会比较大，而体重小的人可能有较大的相对力量。而随着体重的增加，绝对力量增大。这也是建议体重较大的球手使用重一些的杆身的原因。当然，对高尔夫挥杆动作而言，不一定绝对力量大挥杆速度就快，挥杆速度与绝对力量、爆发力、协调能力等身体综合素质能力以及挥杆技巧均有关系。

选择杆身的重点是要适合球手的体能和挥杆方式，并在合理的范围内尽量轻量化，尤其是针对业余球手的杆身，因为重量轻的杆身可以让球手在轻松挥杆的情况下确保稳定的距离和方向，不至于过快地消耗体能，也不会因为过度发力挥杆而造成方向上的偏差。

下面就杆身重量选择的参考因素加以分析和总结。

（1）根据体重选择一号木杆杆身重量

建议杆身重量不超过体重的千克值（体重大于 45 千克者）。球手较轻，建议杆身的重量也要相对较小，而针对较轻的青少年及女性球手，他们相对成年男性较矮，力量也会较弱，所以除了球杆整体需要轻量化以外，也需要更为柔软的杆身，杆头以及握把都需要轻量化，以提高杆头速度，增加击球距离。图 5-2-9、表 5-3 仅是重量的参考值，实际重量还需要与杆身的硬度及杆头的重量相匹配。由于杆身材料及工艺的进步，杆身有逐渐轻量化的趋势。

工坊技师要为球手选择更加合适的杆身，需要先通过定制理论知识确定一个合理的范围。不同品牌及系列的球杆杆身差异较大，具体还需要通过试打来最终确定，同一重量的杆身会因为参数的不同而在打感上有很大差异，每个人对球杆重量的感觉也会有所不同，因此，在杆身重量的选择上除了要依据已有的经验外，工坊技师还需要了解不同品牌型号杆身的性能等因素，这样才能更好地为球手定制合适的杆身。针对业余球手，遵循"选小不选大"的原则，先从较轻的杆身开始推荐。差点较低的高水平球手击球比较稳定，在试打时会对杆身的性能有更为准确的感受和体会，在杆身的定制上更为准确容易。

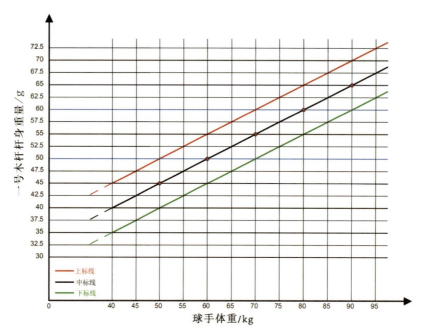

图 5-2-9　球手体重与一号木杆杆身重量选择建议

球手体重	一号木杆杆身选择重量范围	铁杆杆身重量选择范围及材质
小于等于 40 kg	小于 45 g	小于 55 g（碳素纤维）
41 ~ 50 kg	35 ~ 50 g	45 ~ 60 g（碳素纤维）
51 ~ 65 kg	40 ~ 57.5 g	50 ~ 75 g（碳素纤维、钢）
66 ~ 75 kg	47.5 ~ 62.5 g	75 ~ 95 g（碳素纤维、钢）
76 ~ 85 kg	52.5 ~ 67.5 g	85 ~ 105 g（碳素纤维、钢）
86 ~ 95 kg	57.5 ~ 72.5 g	95 ~ 115 g（钢、碳素纤维）
大于 95 kg	大于 62.5 g	105 ~ 125 g（钢、碳素纤维）

表 5-3　根据球手体重选择杆身重量参考

从表 5-3 中可以看出，体重与杆身重量的关系是，随着体重的减小建议使用的杆身重量也减小，但杆身重量减小的幅度不同。目前市场上最常见的较轻的一号木杆杆身重量为 40 多克，30 多克的也有，但成本较高，对击球表现也没有明显的提升作用。

这里给出一个简单的体重和一号木杆杆身重量选择范围的计算参考公式（单位为克）：

一号木杆杆身重量选择范围 ≈ [40+（W−40）×0.5]±5

其中，W 为体重的千克值。"±5克"的选择需要考虑的因素有年龄因素、职业或业余、挥杆速度、锻炼频率等。年轻的、职业的、挥杆速度快的、经常锻炼的球手，偏向于提高杆身重量；相反，年长的、业余的、挥杆速度慢的、很少锻炼的球手，偏向于降低杆身重量。举例，体重为 75 公斤的球手适合的一号木杆杆身重量为"40+（75−40）×0.5=57.5（克）"，至于是"+5克"还是"−5克"需要综合考虑其他因素。

此公式适用于体重大于 40 千克的球手，原因是体重过轻也没有更轻的杆身供其选择，目前市场上最轻的一号木杆杆身重量为 30 多克，但价格也会比较高，40 多克的一号木杆杆身已经是非常轻量的杆身了。这也是用"40"作为公式的基准数值的原因。当然也可以将公式简化为"20+W/2±5"。

（2）根据一号木杆杆头速度或落点距离来选择一号木杆杆身重量

一号木杆杆头速度是杆身硬度选择主要的参考依据，同时也是杆身重量选择的参考因素。这里也给出一个简单的一号木杆杆头速度和一号木杆杆身重量选择的计算参考公式（单位为克）：

一号木杆杆身重量选择范围 ≈ [40+（s−60）×0.5]±5

其中，s 为一号木杆杆头速度，单位为 mph。

综合表 5-3 和表 5-4 中根椐体重及一号木杆杆头速度选择一号木杆杆身重量的建议，有两种情况需要特别考虑：一种情况是体重较大但杆头速度较慢者，建议其选择重一些的杆身，原因是体重大的人绝对力量会相对较大，对抗阻力的能力较强，且需要较重的球杆来提高球手对重量的感觉；另一种情况是体重较小但杆头速度较快者，建议其使用较轻较硬的杆身，原因是体重越小的人绝对力量越小，对抗阻力的能力也会较弱，所以需要选择轻一些的杆身。

表 5-4 根据一号木杆杆头速度或落点距离选择一号木杆杆身重量参考			
一号木杆杆头速度	一号木杆落点距离	一号木杆身建议重量范围	铁杆杆身重量选择范围及材质
小于等于 60 mph	小于等于 140 yd	小于 45 g	小于 55 g（碳素纤维）
61 ~ 70 mph	141 ~ 170 yd	35 ~ 50 g	45 ~ 60 g（碳素纤维）
71 ~ 80 mph	171 ~ 190 yd	40 ~ 55 g	50 ~ 75 g（碳素纤维）
81 ~ 90 mph	191 ~ 220 yd	45 ~ 60 g	75 ~ 95 g（碳素纤维、钢）
91 ~ 100 mph	221 ~ 245 yd	50 ~ 65 g	85 ~ 105 g（碳素纤维、钢）
101 ~ 110 mph	246 ~ 270 yd	55 ~ 70 g	95 ~ 115 g（钢、碳素纤维）
大于 110 mph	大于 270 yd	大于 60 g	105 ~ 125 g（钢、碳素纤维）

以上两类球手建议对照表 5-3 和表 5-4 选择杆身重量。当遇到冲突时，业余选手应遵循"选小不选大"的原则。例如一个球手体重为 70 千克，一号木杆杆头速度为 95mph，查看表 5-3，建议一号木杆杆身重量范围为 47.5 ~ 62.5 克，但依据表 5-4 建议一号木杆杆身重量范围为 50 ~ 65 克，这时建议先从较轻较软的杆身开始尝试。而挥杆速度较快的低差点球手或职业球手有很稳定的挥杆动作，针对不同重量和硬度的杆身，他们试打时会有较为准确的感知能力并得出稳定的击球数据，所以这类人群在选择杆身重量时，相对比较简单，通过试打的数据就可以较为容易地选择到适合的杆身，这类球手建议遵循"选大不选小"的原则，以保证击球的稳定性。

4. 整套球杆杆身重量的搭配原则

一套球杆从一号木杆、球道木杆、铁木杆、铁杆组到挖起杆的"搭配三原则"为：球杆总重量逐渐增加、球杆 CPM 值逐渐增加、杆身重量逐渐增加。

球杆总重量和球杆 CPM 值是从一号木杆、球道木杆、铁木杆、铁杆组到挖起杆，随着球杆长度的减少，每一支的都在增加。杆身重量是从木杆、铁木杆、铁杆组、挖起杆按类别增加。一般一号木杆和球道木杆使用同一型号和重量的杆身，或者球道木杆杆身比一号木杆杆身稍微重一些，尤其是大号数的球道木杆建议重 5 ~ 10 克，铁木杆杆身会比球道木杆杆身更重一些（约 10 克），而铁杆杆身会比铁木杆杆身重约 20 克，挖起杆杆身可以与铁杆组杆身重量相同或者更重一些。这样是较为合理的套杆搭配。

从杆身重量搭配线性图（图 5-2-10）中可以看出，合理的搭配是线性增加的趋势，不合理的搭配会导致线性图有降低的点位，从降低的点位就能判断球杆搭配上有问题的具体球杆号数。球杆总重量是用电子秤来称量的；这里的杆身重量是指未裁切的杆身重量，可以根据杆身上标识的重量参数来确定。

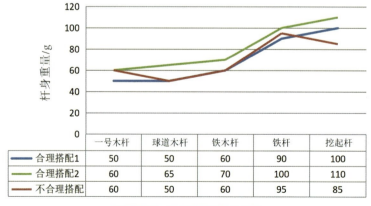

	一号木杆	球道木杆	铁木杆	铁杆	挖起杆
合理搭配1	50	50	60	90	100
合理搭配2	60	65	70	100	110
不合理搭配	60	50	60	95	85

图 5-2-10　杆身重量搭配线性图

（三）杆身硬度

1. 杆身硬度的定义

杆身硬度表示杆身抗弯曲的能力，但这个概念并不是一个可以标准量化的物理学概念，因为影响动态挥杆硬度感觉的因素有很多。特别是对碳素纤维杆身而言，弹性是一个非常重要的参数，即杆身在弯曲到一定程度后回弹的速度，这会影响下杆后期杆头端的加速时间。

目前，行业内并没有标识杆身硬度的统一标准（当然也无法有这样的标准）。杆身制造商都有自己测量硬度的方法和标识原则。

我们可以将杆身硬度区分成五个级别，如表5-5所示：特硬（X）、硬（S）、普通（R）、软（A）、特软（L）。比X更硬的规格还有TX（Tour extra stiff），而介于X和S之间还有SX、TS，介于S和R之间还有SR，介于A和R之间还有AR等表示方法，也有将硬度R分为R1和R2两个硬度的，比L更软的还有J（Junior）等，不同品牌对硬度的标识也会有所不同，每个品牌也都有自己的硬度标准。

表 5-5　常见杆身硬度标识	
代表符号	硬度
X（Extra stiff）	特硬
S（Stiff）	硬
R（Medium/ Regular）	普通
A（Flexible）	软
L（Lady）	特软

在杆身硬度标识方面，虽然目前市面上大多有"X、S、R、A、L"等硬度标识，但名品牌的硬度标准皆不相同，A品牌标识S硬度的杆身可能和B品牌标识R硬度的杆身硬度感觉差不多，也可能与C品牌标识X硬度的杆身相似。

2. 杆身硬度对击球的影响

了解了杆身在击球过程中的弯曲特点，就会比较容易理解杆身硬度对击球产生的影响。杆身的硬度影响杆身的弯曲程度，如前文所述，这可放在三个面上进行分析：杆身在额状面上的弯曲、杆身在矢状面上的弯曲、杆身在水平面上的弯曲（图5-2-11）。

击球距离及飞行轨迹：杆身越软，击球瞬间动态杆面倾角越大（图5-2-12），出球角度越大，后旋量也会越多，这会导致球的飞行弹道偏高，影响球的飞行距离和滚动距离。

球速的快与慢：在杆头速度一定、击球位置相同的情况下，动态杆面倾角越小，球速越快，但球速快并不代表飞行距离远，飞行距离是出球角度、后旋量和球速三个参数共同作用的结果。

出球方向：杆身硬度通过下杆击球瞬间杆身在水平面上的弯曲程度来影响杆面角（图5-2-13），继而影响出球方向。杆身越软，击球瞬间杆身在水平面上的弯曲越大，杆面越关闭。

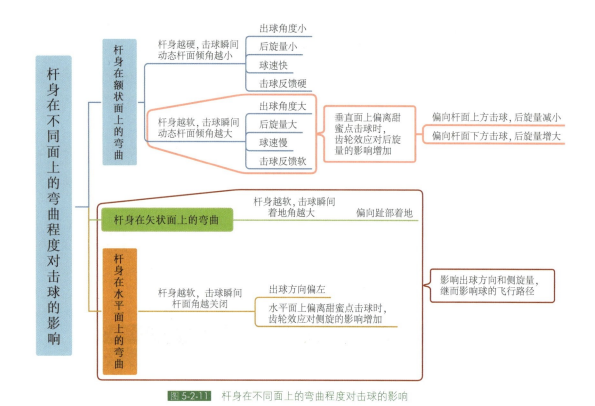

图 5-2-11　杆身在不同面上的弯曲程度对击球的影响

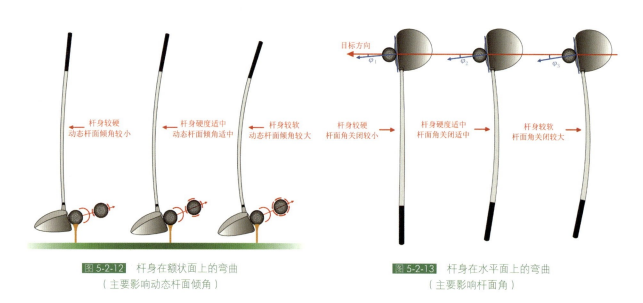

图 5-2-12　杆身在额状面上的弯曲
（主要影响动态杆面倾角）

图 5-2-13　杆身在水平面上的弯曲
（主要影响杆面角）

　　由于击球瞬间杆身在矢状面上的弯曲，杆身越软，击球瞬间动态着地角越大（图 5-2-14），最终影响出球方向和杆面击球位置。图 5-2-14 中所说的"杆身较硬，动态着地角较小"指的是击球瞬间动态着地角接近于准备姿态下的静态着地角。

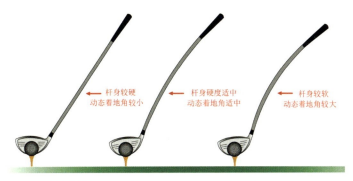

图 5-2-14 杆身在矢状面上的弯曲（主要影响着地角）

击球反馈：杆身硬度会对击球时的反馈产生较大的影响。杆身越硬，击球时振动的传递就越多，击球反馈就越强烈，尤其是在偏离甜蜜点击球时；杆身越软，在偏离甜蜜点击球时反馈感不强，但扎实感会比较好，这一方面是因为动态杆面倾角大，击球阶段球被压缩得相对较小，另一方面是较软的杆身吸收了更多的振动。

由以上可知，改变杆身的硬度可以用来解决击球时出现的一些常见问题，假设在其他条件不变的情况下，对杆身硬度的影响结果进行分析如图 5-2-15。在面对球手出现的具体问题时，还要综合考虑其他因素的影响。

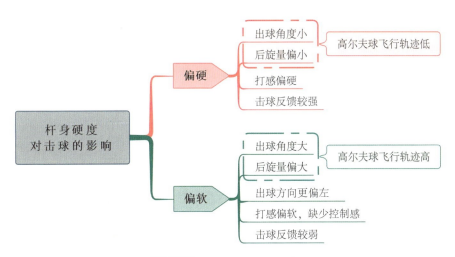

图 5-2-15 杆身硬度对击球的影响

3.杆身硬度选择要考虑的因素

杆身硬度是一个相对概念，是相对于球手的挥杆速度而言的。同样一支杆身，对于挥杆速度很快的球手而言是软的，而对于挥杆速度很慢的球手来说又是硬的。所以，在说到杆身硬度的时候一定是相对于挥杆速度而言的。下面就杆身硬度选择要考虑的因素加以分析。

杆头速度：杆头速度是选择杆身硬度最重要的参考因素。一般来说，挥杆速度越快的球手，肌肉爆发力越好，其挥杆时杆身产生的扭曲也会越大。为了避免因挥杆速度过快而造成的击球不稳定，也为了能够得到更加理想的击球距离，挥杆速度快的球手应该选择较硬的杆身。相反，挥杆速度慢的球手应选择较软的杆身，以提升击球时的杆头速度，获得更远的距离。

挥杆节奏：挥杆节奏是指上下杆的时间间隔。节奏快指上杆速度较快并且迅速下杆。上下杆时间间隔短，则开始下杆时杆头还有向上的惯性，这样会使下杆初期杆身的弯曲较大，在击球前杆身的回弹就会更多，导致杆身的弯曲更大，所以节奏快的球手需要选择稍硬一点的杆身。相反，球手挥杆节奏较慢，或有些球手上杆到顶点后会停留一下，这样下杆时杆头已经没有了向上的惯性，杆身的弯曲相对较小，所以这样的球手可选择稍软一些的杆身。

年龄因素：在选择杆身硬度时，年龄也是需要考虑的一个因素，青少年和年长者不应选择过硬的杆身。过硬的杆身球手使用起来会比较吃力，也会影响击球距离。青少年还处在身体发育阶段，身高和肌肉力量等都在逐渐发展，在此阶段不宜使用过硬的球杆，以免因长时间练习或训练而造成不必要的损伤，尤其是手腕部和肩背部的运动损伤。青少年可随着身体的发育逐渐增加杆身的硬度。

锻炼频率：打球或锻炼较少者，首先是身体运动机能和疲劳恢复的能力较差，其次是专项技术能力以及击球的稳定性较差，其应选择稍软一些的杆身，以便能轻松地挥杆，提高稳定性并降低运动损伤发生的风险。

伤病：以往有运动伤病史或正受到运动伤病困扰者，其挥杆动作及幅度可能受到限制，他们也需要选择软一些的杆身，以便能小幅度地轻松挥杆。

以上是工坊技师为球手定制杆身硬度时需要考虑的客观因素，但在挥杆时很多因素都会对球手关于动态杆身硬度的感觉产生影响，如球杆长度、杆身重量、折点、杆头重量等，即使有同样CPM值的球杆，也会因为杆身材质及刚性值分布等差异，使球手产生不同的球杆打感。所以，在选择杆身时，工坊技师要综合各方面的因素，为球手选择理想的球杆。选择了硬度合适的杆身，球手的击球距离和击球方向稳定性都会有所提高，同时这也是球手更好地掌握挥杆节奏和提高专项技能的关键。

挥杆速度要多次测量。一般在练习场测试挥杆速度时，很多球手都会刻意用力挥杆，所以，工坊技师要在多次测量后选择球手稳定击球时的挥杆速度作为最终的参考值，如表5-6所示。在练习场试打测量落点距离时，由于很多练习场的球质量较差，尤其是表面凹槽受损严重的球，会严重影响落点距离，越是使用长杆影响越大，所以在练习场测量落点距离时，要考虑球的因素，适当增加测算的距离。

一号木杆 杆头速度	一号木杆 落点距离	150yd 落点距离所用球杆	建议杆身硬度 （代码）
小于等于 60 mph	小于等于 140 yd	—	J
61 ~ 70 mph	141 ~ 170 yd	#4 铁杆或相应号数的铁木杆	L
71 ~ 80 mph	171 ~ 190 yd	#5 铁杆	A
81 ~ 90 mph	191 ~ 220 yd	#6 铁杆	R
91 ~ 100 mph	221 ~ 245 yd	#7 铁杆	SR
101 ~ 110 mph	246 ~ 270 yd	#8 铁杆	S
大于 110 mph	大于 270 yd	#9 铁杆	X

表 5-6　挥杆速度与杆身硬度建议对照表

注：此表的应用需要技师有足够的经验并区别对待，因为挥杆速度很慢的球手使用球道木杆及 4 号铁杆可能根本无法有效地击球，或者球的弹道很低，飞行距离很短。一号木杆杆头速度低于 70mph 的球手，建议使用杆面倾角大的一号木杆，6 号以上铁杆均用铁木杆替代。

现在，碳素纤维杆身的材质越来越好，稳定性越来越高，所以，不经常锻炼的业余球手使用杆身的重量和硬度也趋向于更轻、更软。

在同样的杆头速度下，建议的杆身硬度会有重叠的部分（图 5-2-16），如杆头速度是 100mph，杆身硬度的选择可以是 SR，也可以是 S，这时，技师就需要考虑其他相关因素，最终推荐适合定制者的杆身。对于青少年及老年的业余球手，建议的原则是"选软不选硬"，让他们先从较软的杆身开始试用。杆身硬度的选择还要综合考虑杆身重量，这两个参数在定制时需要同时考虑。

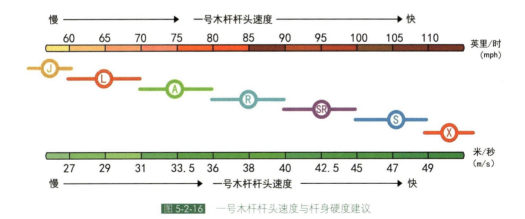

图 5-2-16　一号木杆杆头速度与杆身硬度建议

4. 杆身硬度的测量方法

杆身硬度的测量方法主要分为动态测量方法和静态测量方法两种，这两种测量方法基本都用于杆身硬度的对比（图 5-2-17）。

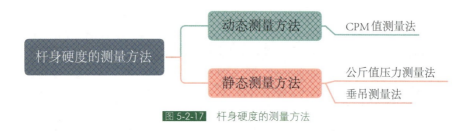

图 5-2-17　杆身硬度的测量方法

（1）动态测量方法。

动态测量方法也称振频（Cycles per minute，以下简称"CPM 值"）测量法。CPM 值指杆身每分钟的振动频率次数，是球杆组装后测得的动态振动频率。CPM 值能反映实际挥杆硬度的感觉。它是一种球杆搭配的硬度值，受到球杆安装长度和杆头重量的影响（图 5-2-18）。而静态测量方法测量的是杆身抵抗弯曲变形的能力，并不能反映杆身的弹性能力。静态测量方法并不受球杆安装长度和杆头重量的影响。

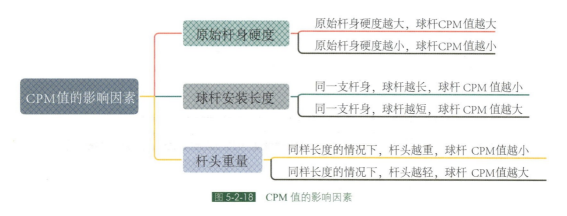

图 5-2-18　CPM 值的影响因素

测量方法：固定球杆末端（握把端），拨动杆头，使球杆杆头端上下振动，记录每分钟的振动次数，以此来对比评价杆身硬度。得到的数值越大表明杆身越硬，数值越小表明杆身越软（图 5-2-19、图 5-2-20）。CPM 值的测量并不受杆头端拉力大小的影响。

图 5-2-19　CPM 值测量方法

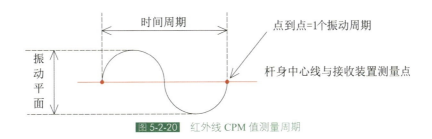

图 5-2-20　红外线 CPM 值测量周期

（2）静态测量方法。

静态测量方法测量的是杆身抵抗弯曲变形的能力，可分为公斤值压力测量法和垂吊测量法两种。

公斤值压力测量法：固定杆身一端，并将另一端向下压到一定程度，测量杆身中间位置的压力值（图 5-2-21）。公斤值越大，表示杆身越硬。此种测量方法会受到杆身粗细以及中间支点位置的影响，故主要用于对比两支杆身的硬度。对比时，要确保下压程度和中间支点的位置一致。

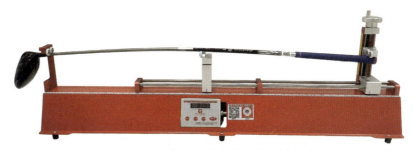

图 5-2-21　公斤值压力测量法测定杆身硬度

垂吊测量法：固定杆身末端，在杆身前端垂吊一个重量为 7 磅（1 磅 ≈453.59 克）的砝码，根据杆身后其前端到达的位置，对杆身硬度进行分类（图 5-2-22）。

图 5-2-22　垂吊测量法测定杆身硬度

5. 球杆硬度 CPM 值搭配原则

除了推杆以外，整套球杆杆身硬度的搭配原则为逐渐变硬（球杆长度逐渐变短），球杆的 CPM 值逐渐增加（图 5-2-23）。

（四）杆身折点

1. 杆身折点释义

为了达到不同的击球性能，杆身的某个位置会采用不同的材料或不同的厚度（图 5-2-24），这使杆身在受力弯曲时某个位置的弯曲度相对于其他位置更大，我们将弯曲度最大的位置称为杆身折点（Kick point）。根据位置相对于杆头的高低，杆身折点分为高折点（High）、中高折点（Mid-High）、中折点（Mid）、中低折点（Mid-Low）和低折点（Low）（图 5-2-25）。

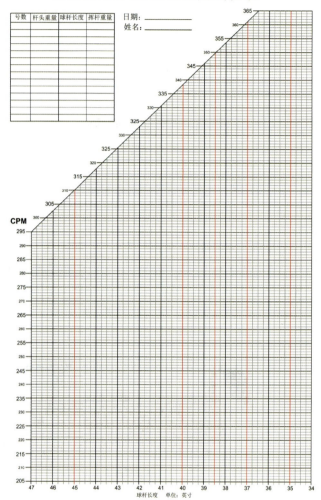

高尔夫球杆CPM值标定线性表

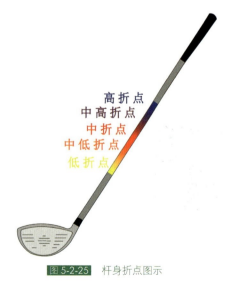

图 5-2-25 杆身折点图示

图 5-2-23 高尔夫球杆 CPM 值标定线性表（样表）

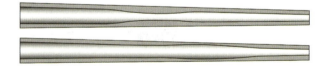

图 5-2-24 钢杆身通过不同的管壁厚度改变不同位置的硬度，设计出不同的折点（参考自 N.S.PRO MODUS 官方图片）

2.杆身折点对击球的影响

杆身折点首先影响击球瞬间的动态杆面倾角，进而影响出球角度及后旋量；其次影响击球阶段杆头的速度，杆头折点越低，即杆身靠近杆头端的位置越软，这样在击球阶段球作用于杆头的力使杆头速度降低越快，这不利于杆面的稳定和球速的提高，尤其对于挥杆速度较快的专业球手来说。也正是因为这一点，针对挥杆速度较快的专业球手开发的杆身一般都不会是低折点的杆身。

在挥杆速度不变的情况下，杆身折点的位置越高，击球瞬间的动态杆面倾角就越小，出球角度和球的后旋量也越小，击球反馈更硬；相反，杆身折点位置越低，击球瞬间的动态杆面倾角就越大，出球角度和后旋量也越大，击球反馈更软（图 5-2-26、图 5-2-27）。

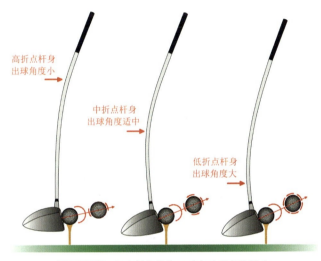

图 5-2-26　杆身折点的位置对击球弹道的影响

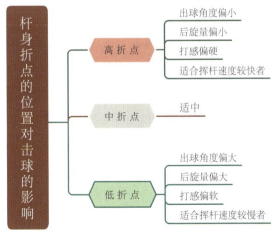

图 5-2-27　杆身折点的位置对击球的影响

一般情况下，杆身前端设计得越软，越容易起球，打感也会越软，适合挥杆速度较慢的球手，但挥杆速度较快的球手不适合使用低折点杆身，原因是动态杆面倾角、出球角度和后旋量偏大，在击球阶段，由于受到球的反作用力作用，杆身前端太软会使得杆头在击球阶段动态参数的变化较大（详见第十三章），尤其是在偏离甜蜜点击球的情况下，齿轮效应更加明显，增加球的侧旋量，影响杆头动态参数的稳定，并影响击球阶段杆头的速度。杆头速度越快影响也会越大。

击球阶段，杆头由于受到球的反作用力作用（图5-2-28），使得杆身的弯曲产生变化，而杆身最先受到反作用力冲击的位置就是靠近杆头的前端，尤其是在偏离甜蜜点（如靠近跟部或趾部）击球的情况下，杆头以杆颈中心轴为轴的转动会更多，影响出球方向的稳定，并增加了球的侧旋量，使球更多地偏离目标方向。

折点不同的杆身在搭配杆头方面的注意事项：低折点杆身适合搭配轻量一些的杆头，并且挥杆重量的设置上也要轻一些。

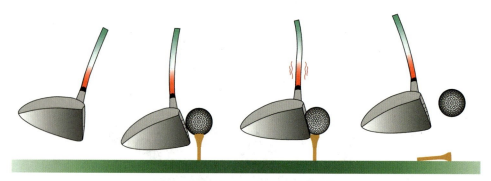

图 5-2-28　击球阶段杆身前端受力图示

（五）杆身扭矩

1. 杆身扭矩释义及对击球的影响

扭矩（Torque）是使物体发生转动的一种特殊的力矩，等于力和力臂的乘积，国际单位是牛·米。高尔夫球杆的杆身扭矩（Shaft torque）特指杆身一端固定，另一端在一定力和力臂的作用下产生扭转的程度，单位是°。杆身扭矩表示杆身在一定力矩的作用下扭转的程度。杆身扭矩大表示杆身在一定力矩的作用下扭转的程度较大，杆身扭矩小则扭转的程度较小。杆身扭矩值也是选择杆身时需要考虑的因素。

（1）下杆过程中杆身绕纵轴的扭转。

上杆时杆面逐渐打开，下杆时杆面逐渐关闭（图5-2-29），直至击球瞬间，杆面以一定的角度击球，由于杆头的重心位置与杆身中心轴不在一条线上，在上下杆的过程中杆头相对杆身产生扭转，扭转力的大小受到杆头重量、重心距离和挥杆速度等因素的影响。

杆头越重，杆头重心距离越远，扭转力就越大。

（2）击球阶段杆身绕纵轴的扭转。

击球阶段杆身绕纵轴的扭转方向与击球位置有关（图5-2-30）。靠近杆头跟部击球时，杆身会产生逆时针扭转；靠近杆头趾部击球时，杆身会产生顺时针扭转。扭转的程度受到杆身硬度及杆身扭矩（尤其是杆身前端的硬度）等的影响（图5-2-31）。

杆身扭矩的大小主要受杆身的材质、重量等因素的影响，并对出球的方向、距离以及挥杆时的硬度感觉等均产生影响。下杆过程中，杆身既有绕横轴的弯曲也有绕纵轴的扭转，杆身硬度代表杆身抗弯曲的能力，杆身扭矩则代表杆身抗扭转的能力。

钢杆身的杆身扭矩一般介于1.0°～2.5°，杆身越重越硬杆身扭矩越小。不同品牌钢杆身的杆身扭矩相差不大，一般在选择钢杆身时，不需要考虑杆身扭矩，杆身的重量和硬度是需要重点考虑的参数。下面以目前国内市场最为常见的钢杆身和碳素纤维杆身的铁杆杆身为例，看杆身扭矩和杆身的重量及硬度的关系，详见表5-7。

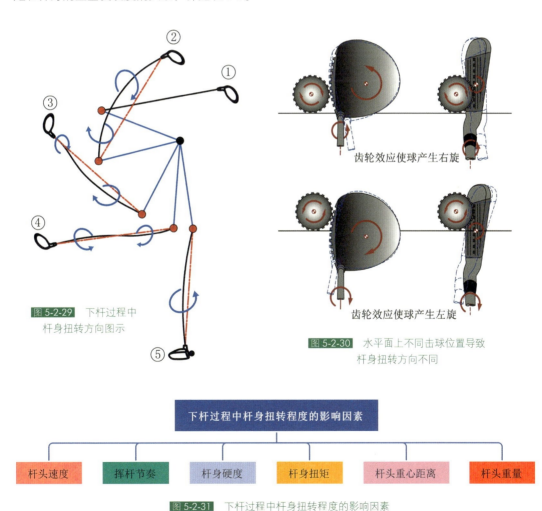

图 5-2-29　下杆过程中杆身扭转方向图示

齿轮效应使球产生右旋

齿轮效应使球产生左旋

图 5-2-30　水平面上不同击球位置导致杆身扭转方向不同

下杆过程中杆身扭转程度的影响因素

杆头速度	挥杆节奏	杆身硬度	杆身扭矩	杆头重心距离	杆头重量

图 5-2-31　下杆过程中杆身扭转程度的影响因素

表 5-7　常见钢杆身、碳素纤维杆身的杆身扭矩和杆身的重量及硬度的关系

杆身品牌及型号	长度	硬度	重量	杆身扭矩	折点	末端口径	前端口径
钢杆身（N.S.PRO 950GH）	39.5～35 in	R	94.5 g	2.3°～1.8°	Mid	15.50 mm	9.02 mm
	39.5～35 in	SR	97 g	2.1°～1.7°	Mid	15.50 mm	9.02 mm
	39.5～35 in	S	98 g	2°～1.6°	Mid	15.50 mm	9.02 mm
	39.5～35 in	X	104 g	1.9°～1.4°	Mid	15.50 mm	9.02 mm
钢杆身（N.S.PRO 850GH）	39.5～35 in	R	87 g	2.3°～1.8°	Mid	15.24 mm	9.02 mm
	39.5～35 in	S	91 g	2.1°～1.7°	Mid	15.24 mm	9.02 mm
碳素纤维杆身（MITSUBISHI RAYONOT Iron 85）	39 in	R	86 g	3°	Mid	15.20 mm	9.45 mm
	39 in	SR	89 g	3°	Mid	15.25 mm	9.45 mm
	39 in	S	93 g	3°	Mid	15.45 mm	9.45 mm
碳素纤维杆身（MITSUBISHI RAYONOT Iron 75）	39 in	R	76 g	3.3°	Mid	15.20 mm	9.45 mm
	39 in	SR	78 g	3.3°	Mid	15.25 mm	9.45 mm
	39 in	S	81 g	3.3°	Mid	15.35 mm	9.45 mm

注：钢杆身的杆身扭矩有一定的范围，这是因为该品牌钢杆身不同的铁杆杆头对应不同长度的杆身，从4～9号杆身逐渐变短，扭矩逐渐变小。

碳素纤维杆身的杆身扭矩一般为 2°～8°，这主要是和碳素纤维杆身的材质、长度、重量、硬度有关，一般杆身长度越短、重量越大，硬度越大，杆身扭矩就越小，相反则杆身扭矩越大。较好材质的碳素纤维杆身可在重量一定的情况下减小杆身扭矩，但一般价格也会比较高。近年来，更加先进的原材料和生产工艺被应用到杆身的制作中，尤其是在碳素纤维杆身领域，使得杆身性能不断地提高。关于杆身扭矩的选择，并不是杆身扭矩越小越好，其选择与杆身硬度的选择类似，挥杆速度快的球手，杆身扭矩小一些有利于方向的稳定，而针对挥杆速度比较慢的球手，选择杆身扭矩稍大一些的杆身在击球的反馈上会感觉更好一些，因为低杆身扭矩的杆身意味着击球时的反馈也更硬，就像硬度大的杆身一样。而且挥杆速度较慢的球手在下杆过程中使杆身产生扭转的力也会更小。下面我们再以一款一号木杆碳素纤维杆身为例，看杆身扭矩和杆身的重量及硬度的关系，详见表 5-8。

表 5-8　一号木杆碳素纤维杆身的杆身扭矩和杆身的重量及硬度的关系

杆身品牌及型号	长度	硬度	重量	杆身扭矩	折点	末端口径	前端口径
Tour AD GP-4	46 in	R2	47 g	5.7°	Mid	15.05 mm	8.5 mm
	46 in	R1	47 g	5.7°	Mid	15.10 mm	8.5 mm
	46 in	S	48 g	5.7°	Mid	15.15 mm	8.5 mm
Tour AD GP-5	46 in	R2	55 g	4.3°	Mid	15.15 mm	8.5 mm
	46 in	R1	56 g	4.3°	Mid	15.15 mm	8.5 mm
	46 in	S	57 g	4.3°	Mid	15.25 mm	8.5 mm

杆身品牌及型号	长度	硬度	重量	杆身扭矩	折点	末端口径	前端口径
Tour AD GP-6	46 in	SR	64 g	3.1°	Mid	15.20 mm	8.5 mm
	46 in	S	66 g	3.1°	Mid	15.25 mm	8.5 mm
	46 in	X	67 g	3.1°	Mid	15.30 mm	8.5 mm
Tour AD GP-7	46 in	S	75 g	2.9°	Mid	15.30 mm	8.5 mm
	46 in	X	76 g	2.9°	Mid	15.35 mm	8.5 mm
Tour AD GP-8	46 in	S	84 g	2.7°	Mid	15.40 mm	8.5 mm
	46 in	X	85 g	2.7°	Mid	15.45 mm	8.5 mm

2. 杆身扭矩的测量方法

常见的测量杆身扭矩的方法是将杆身固定于杆身扭矩测量仪器上，对杆身前端横向 1 英尺（1 英尺 =12 英寸 ≈30.48 厘米）处施加 1 磅的扭转力，测量杆身扭转的度数（图 5-2-32）。

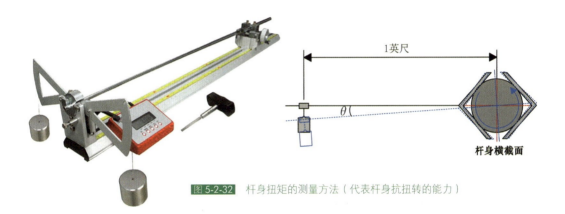

图 5-2-32　杆身扭矩的测量方法（代表杆身抗扭转的能力）

（六）杆身脊椎线

1. 杆身脊椎线的概念及产生原因

由于制造工艺及流程的限制，生产出来的杆身横截面并非绝对的圆形，由于材质分布不均匀、管壁厚度不均匀等造成的杆身一侧相对于对侧而言较硬，整支杆身相对最硬的一侧即为其杆身脊椎线（Shaft spine）。两侧若要产生同样的弯曲，在杆身脊椎线一侧向对侧弯曲时需要更大的力。

杆身脊椎线并不同于握把背脊线，握把的背脊线是突出于握把内侧面的较明显的一条线，安装后突出部位位于握把后方外侧，可以直接用肉眼观察到或触摸到，而杆身脊椎线无法像握把背脊线一样可以直观地用肉眼观察到，而是要通过专业的设备测量出来。杆身在受力弯曲的情况下，可描述为一侧被拉长，一侧被压缩，而最硬的一侧会趋向于产生最小的形变。

这一弯曲方向是杆身受力弯曲后的自然弯曲方向（杆身可自由转动的情况下）（图 5-2-33），也就是说，杆身在受力弯曲的情况下只要可以任意转动，就会趋向于在这个面上产生弯曲。这时杆身的最下方就是杆身的脊椎线位置。

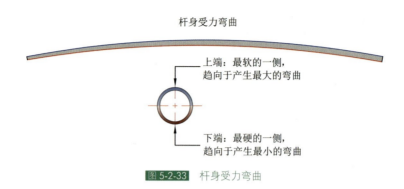

杆身受力弯曲

上端：最软的一侧，
趋向于产生最大的弯曲

下端：最硬的一侧，
趋向于产生最小的弯曲

图 5-2-33　杆身受力弯曲

2. 杆身脊椎线的测量方法

以下有两种杆身脊椎线的测量方法。测量时杆身可以随意转动，在一侧受力向下弯曲后，杆身下方就是此杆身最硬的一侧，即使旋转杆身，松手后杆身依然会转到这个方向。

（1）手动测量器测量。

测量方法：将杆身前端插入测量工具固定端，用下拉手柄向下拉杆身末端，注意下拉力度，尤其是碳素纤维杆身（图5-2-34）。基本上向下拉 20 ～ 50 毫米即可测出杆身脊椎线，转动杆身，看杆身自由转动后所停留的位置是否一致，如果 3 次左右杆身均自由转动到同一侧，则其下方即杆身脊椎线的位置（有些球杆的杆身脊椎线不明显或有两个以上的杆身脊椎线，就需要用电子式脊椎线测量器来确定脊椎线位置）。

图 5-2-34　手动杆身脊推线测量器
（下拉的方式更便于力量控制）

（2）电子式测量器测量。

这种测量器是用于测量杆身脊椎线及杆身硬度（公斤值）的（图5-2-35），既可以测量杆身脊椎线又可测量和对比杆身静态硬度。它可提供两种压力检测模式：一种是峰值检测模式，另一种是连续检测模式。峰值检测模式是在连续不断的压力作用下显示最大压力值。连续检测模式是在压力值不断变化中显示实时压力值。在峰值检测模式下旋转杆身，可以测得杆身在一定的压力下旋转 360° 的最大的压力值，然后再选择连续检测模式，测量脊椎线处的压力值。因为有些球杆的杆身脊椎线不止一条，需要对比不同的杆身脊椎线处的压力值，以判断哪条是最硬的。如果杆身脊椎线只有一条，那么在测量器上受力弯曲后产生的压力值最小时，杆身下方即为脊椎线。

图 5-2-35　杆身硬度及脊椎线电子测量器

3.杆身脊椎线安装位置建议

木杆及铁杆杆身脊椎线安装位置，建议为 9 点钟方向或 12 点钟方向（图 5-2-36）。

12 点钟方向是"方向稳定型"安装方式：将杆身脊椎线安装在 12 点钟方向，这样可以确保在击球瞬间杆身在矢状面上产生最小的弯曲，有利于获得稳定的动态着地角。这是稳定出球方向的安装方式。

9 点钟方向是"距离型"安装方式：将杆身脊椎线安装在 9 点钟方向，这样可以在下杆初期使杆身在额状面上产生最小的弯曲，但能积蓄较大的弹性势能，在下杆的后期使杆身产生更快更大的反弹，这样可以提高杆头速度，进而提高击球距离。

球手使用推杆时采用钟摆式的推击方式，由于杆头的惯性，杆身在额状面上会产生弯曲，所以建议将推杆杆身脊椎线安装在 9 点钟方向（图 5-2-37），这样可以尽量减少杆身在额状面上的弯曲，最大程度保持推击的距离和方向的稳定。

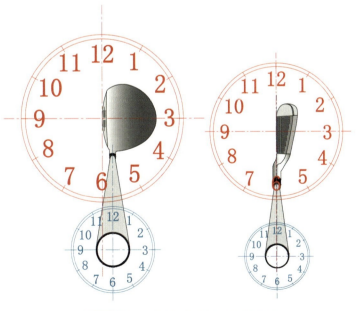

图 5-2-36　木杆及铁杆杆身脊椎线安装位置

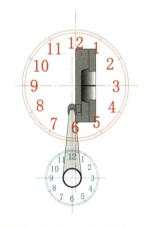

图 5-2-37　推杆杆身脊椎线安装位置

第三节　杆身更换规格尺寸参数

难度系数：★★★

杆身更换和安装需要了解的设计规格尺寸包括杆身原始长度、杆身前端外径尺寸和杆身末端外径尺寸。不同类别杆身常见参数范围见表 5-9。

表 5-9　不同类别杆身常见参数范围

杆身类别	杆身原始长度	杆身前端外径尺寸	杆身末端外径尺寸
一号木杆杆身	46.0 in	0.335 in 或 0.350 in	0.620 ～ 0.580 in
球道木杆杆身	44.0 in	0.355 in 或 0.335 in	0.610 ～ 0.580 in
铁木杆杆身	42.0 in	0.355 in 或 0.370 in	0.610 ～ 0.580 in
铁杆杆身	36.5 in 或 38.5 in（#7）	0.355 in 或 0.370 in	0.610 ～ 0.580 in
挖起杆杆身	35.0 in 或 37.0 in	0.355 in 或 0.370 in	0.610 ～ 0.580 in
推杆杆身	35.0 ～ 38.0 in	0.355 in 或 0.370 in	0.610 ～ 0.580 in

注：不同品牌的杆身原始长度设定有所差异，杆身前端外径因为需要与杆头颈部孔径相配合，所以不同品牌的杆身前端外径相对比较统一，但杆身末端外径差异较大，尤其是一号木杆碳素纤维杆身。

一、杆身原始长度设定

球杆杆身整体从末端到前端逐渐变细，但一般杆身末端都会留有一段粗细相同的平行端，以便裁切后符合握把的安装口径。一号木杆杆身原始长度最常见的是 46 英寸，最近几年为了适应轻量化的杆头，也有原始长度为 47 英寸的一号木杆杆身，它可以安装成更长的球杆。

铁杆杆身前端按其是否平行可分为平行前端杆身（Parallel shaft）和锥状前端杆身（Taper shaft）两种（图 5-3-1）。铁杆杆身的长度设定一般分为两种：一种是同一长度设定，如 41 英寸，需要根据不同的铁杆号数先从杆身前端裁切一定尺寸后（越到短杆裁切越多）再从末端裁切，这样的铁杆杆身前端有一段平行端，口径一般为 0.370 英寸。另一种是不同长度的铁杆组杆身，每个长度对应一个号数的铁杆杆头，例如市场上最常见的某型号钢制杆身，38 英寸、37.5 英寸、

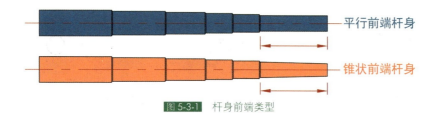

平行前端杆身

锥状前端杆身

图 5-3-1　杆身前端类型

37 英寸、36.5 英寸、36 英寸、35.5 英寸、35 英寸的杆身，分别对应 4 号、5 号、6 号、7 号、8 号、9 号、PW 的铁杆杆头，这样的铁杆杆身前端一般为锥状，口径为 0.355 英寸。

一号木杆、球道木杆及铁木杆杆身前端均会留有一段平行端，目的是为前端裁切留有空间。一号木杆杆身的安装大多根据安装的长度选择从末端裁切，但有时会考虑先从前端裁切一部分后再根据需要安装的长度从末端裁切，这样是为了提高杆身硬度，或增加杆身前端的硬度（注：杆身裁切变短，杆身动态硬度会增加，但从杆身前端裁切，杆身动态硬度会比从末端裁切增加更多）。另一个原因是，有时球道木杆会选择用一号木杆杆身来安装，这时就需要根据安装的球道木杆号数从前端裁切一定的长度。

杆身制造商在制作球道木杆和铁木杆杆身时，会先做出同一种长度的杆身，如球道木杆杆身原始长度均为 44 英寸，铁木杆杆身的原始长度均为 42 英寸，之后需要根据不同的球杆号数从杆身前端裁切一定的长度，再根据该球杆需要的安装长度从杆身末端裁切。目的是为了渐进性地提高杆身硬度。

下面我们以某品牌某系列的球道木杆和铁木杆杆身为例，来看杆身规格及品牌商建议安装不同号数的球杆时杆身前端裁切的尺寸（表 5-10、表 5-11）。

表 5-10　球杆木及铁木杆杆身参数举例

杆身型号	硬度	长度	重量	前端口径	前端平行长度	杆身扭矩	折点
FUBUKIAX f55	SR	43 in	57 g	8.55 mm	100 mm	4.5°	mid
FUBUKIAX f55	R	43 in	56 g	8.55 mm	100 mm	4.6°	mid
FUBUKIAX f65	X	43 in	68 g	8.55 mm	100 mm	3.8°	mid
FUBUKIAX f65	S	43 in	66 g	8.55 mm	100 mm	3.9°	mid
FUBUKIAX f65	R	43 in	64 g	8.55 mm	100 mm	3.9°	mid
FUBUKIAX h350	S	42 in	70 g	9.10 mm	100 mm	3.2°	mid
FUBUKIAX h350	R	42 in	68 g	9.10 mm	100 mm	3.2°	mid
FUBUKIAX h400	X	42 in	80 g	9.10 mm	100 mm	2.9°	mid
FUBUKIAX h400	S	42 in	78 g	9.10 mm	100 mm	2.9°	mid

注：由上表参数可以看出，此系列球道木杆和铁木杆杆身前端都留有 100 毫米（4 英寸）的平行端。

表 5-11　杆身前端裁切尺寸建议表

球道木杆		铁木杆	
3W	0 in	18°UT	0 in
5W	0.5 in	21°UT	0.5 in
7W	1.0 in	24°UT	1.0 in
9W	1.5 in	27°UT	1.5 in

球杆号数越大，也就是球杆的杆面倾角越大，杆身前端建议裁切得越长。具体操作时，技师也可根据实际情况采取多裁切或少裁切杆身前端的方式来对杆身硬度的增加幅度做调整。例如，如果球手挥杆速度较慢，使用 5W 球道木杆出球角度较低的话，可以采取前端不裁切，均从杆身末端裁切的方式，这样更有利于提高出球角度。杆身前端裁切得多，意味着杆身前端硬度更大，击球时，出球角度越小，后旋量就越小。

二、杆身前端外径尺寸

一般来说，一号木杆和球道木杆杆身前端外径尺寸最为常见的是 0.335 英寸，也有少部分球道木杆杆身为 0.350 英寸；铁木杆杆身以 0.370 英寸最为常见。铁杆及挖起杆杆身前端外径尺寸常见 0.355 英寸和 0.370 英寸，0.335 英寸大多为锥状前端外径尺寸，0.370 英寸大多为平行前端外径尺寸。具体如下（图 5-3-2）。

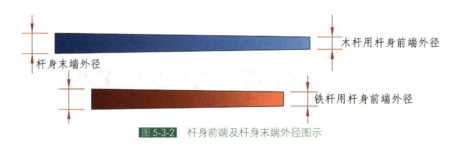

图 5-3-2　杆身前端及杆身末端外径图示

杆颈孔规格与杆身前端外径尺寸相对应，一般杆颈钻孔时会略大 0.2 毫米，以便顺利装上杆身。木杆杆颈孔大多是平行孔，铁杆杆颈孔有平行和锥状两种，杆颈孔的形状对杆头性能无影响（图 5-3-3）。

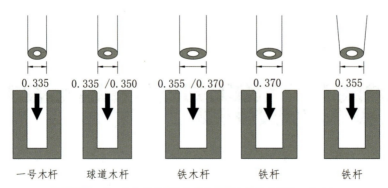

图 5-3-3　常见杆身前端规格尺寸及杆颈孔规格（单位：英寸）

三、杆身末端外径尺寸

杆身末端是指杆身装入握把的那一段较粗部分。常用的杆身末端尺寸为 0.58 ～ 0.62 英寸，较细一些的有 0.56 英寸或更细的，适合手掌较小的女士或者青少年。有些品牌早期的碳素纤维杆身为了能达到要求的强度和重量，会把杆身做得较粗，甚至达到 0.70 英寸，需要特殊的握把和安装工具才能安装，现在这种情况已经很少见了。

握把外径及杆身末端外径尺寸测量板：此种量板上有标注尺寸的凹槽和圆孔，测量时找到与其对应的凹槽或圆孔即可（图 5-3-4 ①）。

杆身前端外径及杆颈内径尺寸测量板：此种测量板上有标注尺寸的圆孔，测量杆身前端口径时，找到与其对应的圆孔即可，并可用于测量杆颈内径尺寸（图 5-3-4 ②）。

除了上述高尔夫球杆专用的测量工具以外，还可以使用游标卡尺测量杆身的尺寸。在此建议使用英寸和厘米两种单位可切换的电子游标卡尺。游标卡尺也可用于测量杆颈孔深度等。

① 握把外径及杆身末端外径尺寸测量板

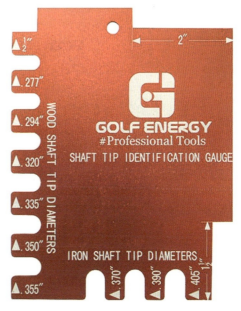

② 杆身前端外径及杆颈内径尺寸测量板

图 5-3-4　杆身两端尺寸测量工具

四、杆颈设计及杆颈孔深度对杆身硬度的影响

杆颈长度的设计是为了配合杆头整体重量的分配。杆颈短，杆头重量就可以更多地分配到杆头底部，这样可以有效降低杆头重心，提高杆头的易打性，但这样的设计也会对安装后球杆杆身的硬度造成影响。

从图 5-3-5、图 5-3-6 可以看出，杆身前端装入杆颈越深（A 值），杆身前端就越硬，导致球杆 CPM 值越高，球杆打感越硬。有些品牌铁杆组中长铁杆杆颈较短，短铁杆杆颈较长，这使长铁杆前端更软，击球瞬间动态杆面倾角更大，更容易将球打起。杆颈孔的孔深度（A 值）需要至少 1 英寸才能保证与杆身黏合牢固，一般其深度在 1.2 英寸左右。

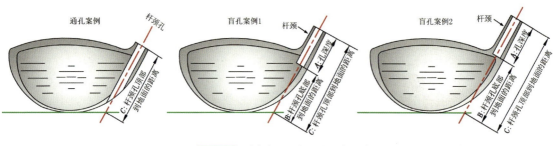

图 5-3-5　木杆杆颈及杆颈孔深度设计

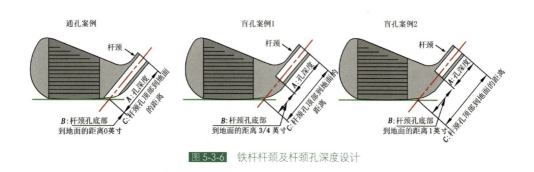

图 5-3-6　铁杆杆颈及杆颈孔深度设计

杆颈孔底部到地面的距离，也就是测量球杆长度的底部起止点到杆颈孔底部的距离（B 值）。在球杆长度一定的情况下，这个距离越小，从杆身末端裁切的杆身就会越少（图 5-3-7、图 5-3-8），同样会导致球杆打感偏硬。

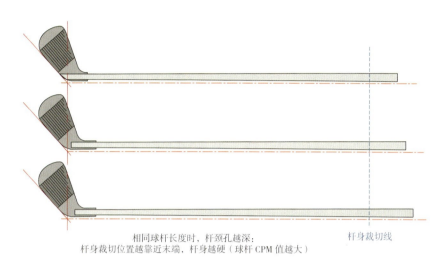

相同球杆长度时，杆颈孔越深：
杆身裁切位置越靠近末端，杆身越硬（球杆 CPM 值越大）

杆身裁切线

图 5-3-7   铁杆杆颈装入深度对杆身硬度的影响

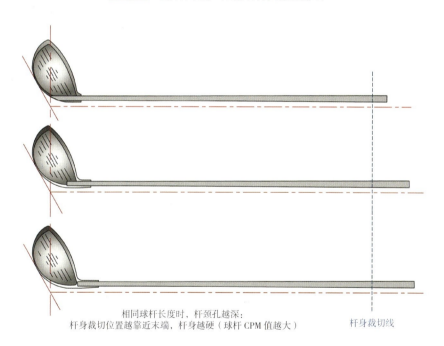

相同球杆长度时，杆颈孔越深：
杆身裁切位置越靠近末端，杆身越硬（球杆 CPM 值越大）

杆身裁切线

图 5-3-8   木杆杆颈装入深度对杆身硬度的影响

第六章　球杆挥杆重量和总重量

　　拿起一支球杆，我们首先感受到的是球杆的重量，或重或轻，这是球杆的总重量（图 6-0-1）。球手挥动球杆时对球杆轻重的感觉是球杆总重量、挥杆重量以及球杆长度共同作用的结果。当然，每个人对重量的感知能力会有所不同，但球杆的总重量依然是对球杆的感觉中非常重要的因素。球杆的轻与重是相对而言的，一般来说，挥杆速度慢者、年长者和女士更适合轻一些的球杆，强壮或者体重较大的球手更适合重一些的球杆。

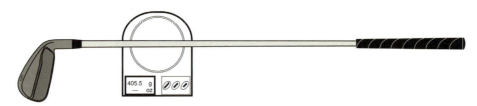

图 6-0-1　称量球杆总重量

　　挥杆重量（Swing weight）简称"挥重"（SW），又称"挥杆平衡（Swing balance）重量"，指握把、杆身和杆头等球杆组件重量在球杆长度范围内，以球杆握把末端下 14 英寸处为支点保持平衡所需的一个静态数值（图 6-0-2）。挥杆重量这个概念虽然已经提出并使用了近一个世纪，但挥杆重量可能是有关球杆参数中应用最为广泛但也是最受争议的一个参数，挥杆重量的大小对挥杆的影响也一直存在争议。下面我们对挥杆重量和球杆总重量及其影响加以详述。

图 6-0-2　称量球杆挥杆重量

第一节　挥重秤的历史及种类

难度系数：★★★★

一、挥重秤历史简介

1920 年，美国人罗伯特·亚当斯（Robert Adams）发明了第一个挥重秤（图 6-1-1），这种挥重秤被称为"洛里斯米克秤"（Lorythmic Scale），其支点到握把末端的尺寸是 14 英寸。罗伯特·亚当斯认为，14 英寸的支点位置是球杆挥杆重量测量的最佳距离，但他并没有科学地验证 14 英寸是这一测量方法的最佳距离。洛里斯米克秤上有单独的挥杆重量标识，由一个字母和一个数字组成，字母的范围从 A 到 G，数字的范围从 0 到 9，A0 是最轻的，G9 是最重的，这种挥杆重量的计量方式一直延续至今。

经过多次试验，罗伯特·亚当斯总结，距离杆身末端 14 英寸的位置作为支点是"最好的"。为什么是 14 英寸呢？这是否符合高尔夫球手挥杆时的某种"支点"呢？最终都找不到合理的论证（在后文中，我们将会看到，这与转动惯量不匹配，与之匹配的球杆与转动惯量匹配的球杆略有不同，但差异不是很大）。罗伯特·亚当斯发明的挥重秤当时被用来帮助弗朗西斯·奥米特和鲍比·琼斯匹配球杆，并且相当成功。

图 6-1-1　罗伯特·亚当斯发明的挥重秤实物图及申请专利的扫描件

　　第一位使用此挥重秤测量并制造球杆的是叫做肯尼斯·史密斯（Kenneth Smith）的制造商。他后来也开始生产并销售这种挥重秤，早期这种挥重秤由 Howe Scale 公司制造。用了一段时间后，他认为洛里斯米克秤有些缺点，并且用它开始进行自己的试验。1940 年，肯尼斯·史密斯设计出了新的挥重秤（图 6-1-2、图 6-1-3），他得出结论：14 英寸的支点对专业球手是很好的匹配，但是 12 英寸的支点对于一般水平的业余爱好者来说会是更好的匹配，他称其设计的挥重秤为"官方秤"（Official scale），尽管这个行业从来没有将它作为"官方秤"。

　　肯尼斯·史密斯设计的挥重秤支点被设置在握把末端下 12 英寸处，而不是 14 英寸处。此挥重秤测量挥杆重量时使用的单位是盎司，表示使球杆以握把末端下 12 英寸处为支点做水平平衡时所需要的重量（图 6-1-4）。

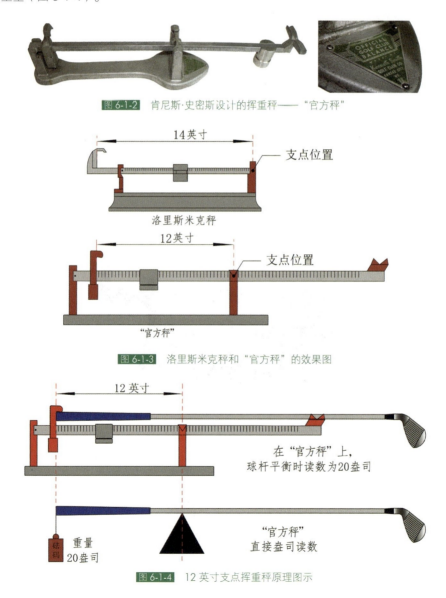

图 6-1-2　肯尼斯·史密斯设计的挥重秤——"官方秤"

图 6-1-3　洛里斯米克秤和"官方秤"的效果图

图 6-1-4　12 英寸支点挥重秤原理图示

然而肯尼斯·史密斯发明的以 12 英寸为支点的挥重秤并不流行。由罗伯特·亚当斯设计发明的以握把末端下 14 英寸为支点的挥重秤仍然被几乎所有主要的球杆制造商所使用，只是在外观设计和便利性上有所提高，在此基础上，又发明了表盘式挥重秤和电子式挥重秤。放置球杆后，这两种挥重秤可以直接测得挥杆重量的数值，但在测量的原理和读数上依然延续了罗伯特·亚当斯最初的设计。

肯尼斯·史密斯在发明"官方秤"之后，又设计了一种名为"普洛斯米克秤"（Prorythmic scale）的挥重秤，这种挥重秤既有洛里斯米克秤的挥杆重量（A0 ~ G9）读数，又有"官方秤"以盎司及千克计数的特征，它也是以握把末端 14 英寸处为支点的。目前市场上大多数挥重秤都有类似功能，既可以测量挥杆重量，又可以粗略测量点重量。

二、目前市场常见挥重秤的种类及特点

目前市场上常见的挥重秤主要有三种类型，即秤砣式、表盘式和电子式。三种挥重秤的特点总结如下（图 6-1-5）。

秤砣式挥重秤	表盘式挥重秤	电子式挥重秤

秤砣式挥重秤在秤杆上有一个金属滑块，向左或向右滑动滑块，使重秤的平衡臂悬空时，滑块上箭头所指的数字就是挥杆重量的值。秤砣式挥重秤也有称量重量的功能，重量标尺两侧的单位分别为盎司和克。该挥重秤的优点是结实耐用，长期使用不影响精度。	表盘式挥重秤是目前日本工坊常用的挥重秤，挥重秤重量显示为一个指针，原理与弹簧公斤秤相同，优点是称量较为快速，缺点是压力弹簧容易损耗，影响精度。此类挥重秤也带有称量重量的功能。	电子式挥重秤可测量挥杆重量和重量，重量计量单位可切换。它的优点是单位精度比较高，一般精确到小数点后两位，但缺点是电子设备容易出故障，并且当称量不准确时不容易被发现。

图 6-1-5　挥重秤的种类及特点

第二节　挥杆重量的计算及表达方式

难度系数：★★★★★

下面我们以目前市场上最常用的支点在 14 英寸处的挥重秤为例，来看挥杆重量的计算步骤：

（1）称量球杆总重量（图 6-2-1），假设重量（W）为 14.4 盎司（约 408 克）。

（2）找到整支球杆的平衡位置（图 6-2-2），测量握把末端到球杆平衡位置的距离（以英寸或者厘米为单位），假设这一距离（B）为 29 英寸。

（3）计算挥杆重量：$SW=W\times(B-14$ 英寸$)=14.4\times(29-14)=216$（盎司·英寸），对照表格（表 6-1），挥杆重量为 D1 到 D2 之间。测量和计算时注意数值的单位。

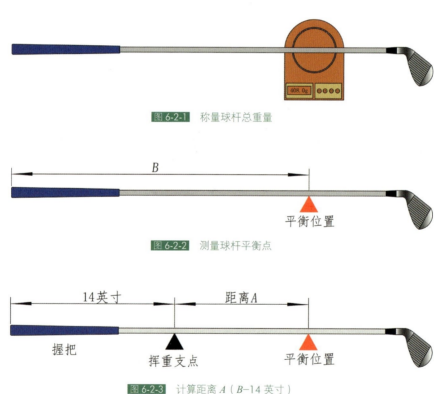

图 6-2-1　称量球杆总重量

图 6-2-2　测量球杆平衡点

图 6-2-3　计算距离 A（$B-14$ 英寸）

最后，挥杆重量的表示方式为一个英文字母（A～G）加上一个阿拉伯数字（0～9）（图 6-2-4）。挥杆重量从 A 到 G 不断增加，并且每个段分为十个点。如果值为 213.5 盎司·英寸，挥杆重量就是 D0。如果增加或减少 1.75 盎司·英寸，挥杆重量就增加或减少一个格。

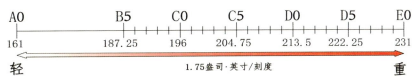

图 6-2-4　挥杆重量刻度指示图（部分）

表 6-1　挥杆重量转换表（部分）			
挥杆重量	盎司·英寸	克·英寸	克·厘米
C0	196.00	5556.6	14113
C1	197.75	5606.2	14239
C2	199.50	5655.8	14365
C3	201.25	5705.4	14491
C4	203.00	5755.0	14617
C5	204.75	5804.7	14743
C6	206.50	5854.3	14869
C7	208.25	5903.9	14995
C8	210.00	5953.5	15121
C9	211.75	6003.1	15247
D0	213.50	6052.7	15373
D1	215.25	6102.3	15500
D2	217.00	6151.9	15626
D3	218.75	6201.5	15752
D4	220.50	6251.1	15878
D5	222.25	6300.8	16004
D6	224.00	6350.4	16130
D7	225.75	6400.0	16256
D8	227.50	6449.6	16382
D9	229.25	6499.2	16508
E0	231.00	6548.8	16637

第三节　影响挥杆重量的因素及定制

难度系数：★★★

一、影响挥杆重量的因素

挥杆重量会受球杆长度、杆头重量、握把重量、杆身重量及杆颈角度的影响（图 6-3-1、表 6-2）。

（一）球杆长度对挥杆重量的影响

球杆长度对挥杆重量的影响较大，一般球杆长度每增加 1/2 英寸，挥杆重量约增加 3 个。同样，球杆长度减少 1/2 英寸，挥杆重量约降低 3 个。

球杆长度变化对挥杆重量的影响幅度受到球杆原始长度的影响。球杆原始长度越大，长度变化对挥杆重量的影响越小；球杆原始长度越小，长度变化对挥杆重量的影响越大。同样的加长 1/2 英寸，挖起杆挥杆重量的增加幅度要大于一号木杆挥杆重量的增加幅度。

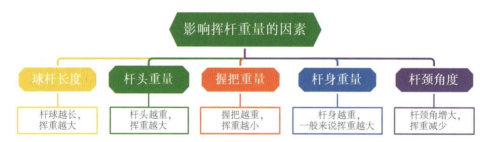

图 6-3-1　影响挥杆重量的因素

表 6-2　影响挥杆重量的因素及变化量

挥杆重量改变量	增加 "+"	挥杆重量影响因素	减少 "－"	挥杆重量变化
+3	+1/2 in	球杆长度	-1/2 in	-3
+1	+2 g	杆头重量	-2 g	-1
-1	+5 g	握把重量	-5 g	+1
+1	+9 g	杆身重量	-9 g	-1

（二）握把重量及杆头重量对挥杆重量的影响

握把端及杆头端的重量的变化对挥杆重量的影响幅度受到球杆长度和球杆总重量的影响，球杆越长影响越大。一号木杆握把端大约 3.7 克重量改变 1 个挥杆重量，杆头端约 1.84 克改变 1 个挥杆重量。相对比较短的铁杆（挖起杆）则为握把端约 4 克改变 1 个挥杆重量，杆头端约 2 克改变 1个挥杆重量（图 6-3-2）。

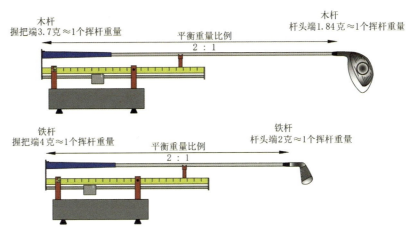

图 6-3-2　木杆及铁杆握把端及杆头端的重量对挥杆重量的影响

增加或减少重量的同时保持挥杆重量不变的挥杆重量平衡法则：

握把重量／杆头重量 =2/1

（三）杆身重量对挥杆重量的影响

杆身从握把端到杆头端越来越细，但杆身管壁越来越厚，一般来说，重量分布较为均匀，所以一般情况下杆身越重，挥杆重量也会越大，这是因为杆身重量的平衡位置大多接近杆身中心位置，而杆身的中心点都会在挥重秤 14 英寸支点位置以下更靠近杆头的位置，所以杆身越重，挥杆重量也会越大（图 6-3-3）。

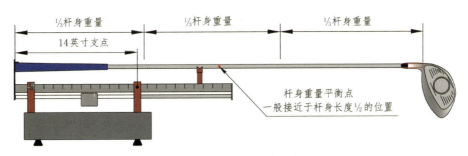

图 6-3-3　杆身重量分配对挥杆重量影响

并不是所有的杆身重量平衡点都接近杆身一半的位置，也会有一些特殊设计的杆身，将重量更多地分配在握把端或者杆头端，用于达到特定的球杆平衡。如果杆身重量平衡点靠近握把端一些，在杆身重量相同的情况下，球杆挥杆重量会减少一些。如果杆身重量平衡点更靠近杆头端，挥杆重量会增加一些（图 6-3-4）。

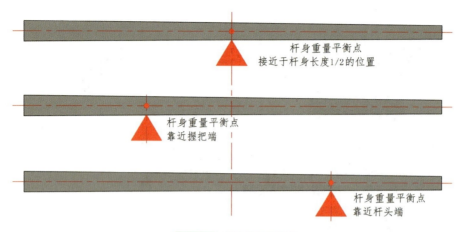

图 6-3-4　杆身重量平衡点

杆身重量对挥杆重量影响的程度一样受球杆长度的影响。相同重量下，球杆越长影响越大，球杆越短影响越小，一般规则是，杆身重量增加 1 盎司，在铁杆组中会增加 3 ~ 4 个挥杆重量，在木杆中会增加 4 ~ 5 个挥杆重量。

（四）杆颈角对挥杆重量的影响

调整杆颈角也会影响球杆的挥杆重量。杆颈角变小，挥杆重量变大；杆颈角变大，挥杆重量变小。

杆颈角的调整不仅改变了杆颈角的大小，也改变了杆头的重心与握把末端的距离，还改变了球杆长度（图 6-3-5）。杆颈角度变小，杆头重心位置到握把末端的距离变大，挥杆重量变大；杆颈角变大，杆头重心位置到握把末端的距离变小，挥杆重量变小。杆颈角变大，球杆变短；相反，杆颈角变小，球杆变长。因为杆颈角的调整范围不大，所以对挥杆重量的影响不大。

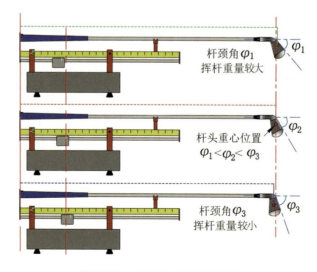

图 6-3-5　杆颈角对挥杆重量的影响

158

挥杆重量受球杆长度的影响程度总结如下（表6-3）。

影响挥杆重量的因素	对挥杆重量的影响程度
球杆长度	球杆原始长度越大，影响越大
杆头重量	球杆原始长度越大，影响越大
握把重量	球杆原始长度越大，影响越大
杆身重量	球杆原始长度越大，影响越大
杆颈角度	球杆原始长度越大，影响越小

表6-3　挥杆重量受球杆长度的影响程度

二、挥杆重量定制建议

为了能更加清楚地解释挥杆重量的定制，这里我们提出两个新的概念：直接定制参数和间接定制参数。直接定制参数是指直接由球手自身因素（身体条件、运动能力及挥杆技术特征等）决定的定制参数，如杆身硬度、杆身重量、握把直径等。间接定制参数是指不是直接由球手自身因素决定的，而是需要由间接因素（如杆头重量、球杆长度等）确定的定制参数，如挥杆重量、握把重量等（图6-3-6）。

| 球手的身体条件及运动能力、挥杆技术特征等 | 定制 | 合适的杆身、杆头、握把及球杆长度等 | 搭配 | 合理的挥杆重量 |

图6-3-6　挥杆重量定制所需参数

为什么说挥杆重量是间接定制参数呢？球手的身体条件（如身高、体重等）、运动能力（如力量、速度、爆发力、柔韧性等）及挥杆技术特征（如控制能力、稳定性等）等决定着使用何种杆头（重量、易打性、材质等）、杆身（重量、硬度等）、握把（材质、直径、重量等）及球杆长度，而这些参数确定后，基本挥杆重量已经确定了。在组装球杆时，不建议在杆颈内加较重的配重来调整挥杆重量，这样会拉高杆头重心位置，降低球杆的易打性。

从目前的球具市场情况来看，以男士成人球杆为例，相同号数的铁杆杆头重量差异不大，男士标准外径握把重量大多在50克左右，定制差异较大的主要是杆身重量，这也是挥杆重量定制需要着重考虑的影响因素。一般来说，杆身越重、硬度越高，挥杆重量就越大；杆身越轻、硬度越低，挥杆重量就越小。较重、较硬的杆身适合强壮有力的球手，挥杆重量较重也是合理的设置。杆身硬度与挥杆重量搭配的建议范围如表 6-4 所示。

杆身硬度	建议挥杆重量范围	平均挥杆重量
L	C3 ~ C9	C6
A	C7 ~ D1	C9
R	C8 ~ D3	D1
S	C9 ~ D4	D2
X	D0 ~ D5	D3

表 6-4　杆身硬度与挥杆重量搭配的建议范围

三、整套球杆挥杆重量搭配原则

除推杆外，目前大多数品牌套杆中的木杆、铁木杆、铁杆组挥杆重量基本相同，挖起杆挥杆重量一般都会比较重一些。

市场上大多数品牌球杆铁杆组的挥杆重量设置基本相同，或者 P 杆设置得稍重一些，挖起杆一般会比铁杆组重 2 ~ 4 个挥杆重量。铁杆组从长铁到短铁每支球杆长度的间差为 1/2 英寸，为了使一套铁杆组能有相同的挥杆重量，杆头重量的间差大约为 6 ~ 7 克。

也有一种递进式挥杆重量的设置，从木杆、铁木杆、铁杆组到挖起杆的挥杆重量逐渐增加，挥杆重量递增范围为 1 ~ 4 个挥杆重量。也有铁杆组采用递进式挥杆重量的设置，铁杆组中从长铁到短铁挥杆重量逐渐增加，增加的幅度为 0.5 ~ 2 个挥杆重量。

四、调节挥杆重量的常用方法

调节挥杆重量的常用方法如图 6-3-7 所示。

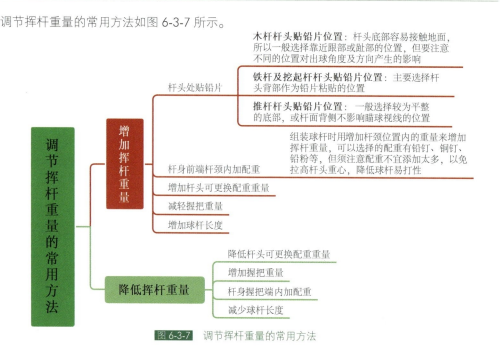

图 6-3-7　调节挥杆重量的常用方法

第四节　挥杆重量与球杆总重量及转动惯量的关系

难度系数：★★★★

一、挥杆重量与球杆总重量的关系

挥杆重量与球杆总重量之间并无直接关系，球杆总重量是杆头、杆身、球杆握把、胶环及配重的重量之和（图6-4-1），挥杆重量反映球杆重量的分配情况。球杆总重量变大，挥杆重量不一定变大；总重量变小，挥杆重量也不一定变小。

举例来说，一支一号木杆，球杆长度45英寸，球杆总重量298克，挥杆重量D0，如果想让这支一号木杆的总重量增加6克而挥杆重量不变，可以在握把端加重4克、在杆头端加重2克，这支一号木杆的挥杆重量还是D0。这样的方法称为"平衡法"，握把端的增重大约2倍于杆头端的增重，这样增加球杆总重量的方式可保持挥杆重量不变。

增加或减少握把重量和杆头重量并保持挥杆重量不变的平衡法则：握把增加（减少）重量/杆头增加（减少）重量=2/1，这也是在改变球杆总重量的同时不改变挥杆重量的方法。

图 6-4-1　球杆总重量组成

二、挥杆重量与转动惯量的关系及对挥杆的影响

高尔夫挥杆动作可简单描述为球手手持球杆绕脊柱做单侧旋转的鞭打动作（图6-4-2）。下杆击球的过程，可以看作球杆以脊椎为轴转动（图6-4-3），由影响转动惯量的因素我们可以得出，挥杆时以脊柱为轴转动的转动惯量受球杆总重量、球杆长度、挥杆重量三个因素的影响（图6-4-4），其中挥杆重量和球杆总重量与转动惯量均呈正相关，也就是说，在其他因素不变的情况下，球杆总重量越大，挥杆重量越大，球杆越难挥动；球杆总重量越小，挥杆重量越小，球杆越容易挥动。

图 6-4-2　挥杆动作高速摄像多帧数图像

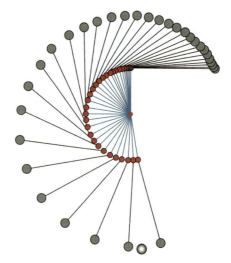

图 6-4-3　下杆至击球阶段围绕脊柱和手腕释放模拟图

挥杆时以脊柱为轴转动转动惯量的影响因素	球杆长度	其他条件相同的情况下，球杆越长，转动惯量越大，越难挥动
	球杆总重量	其他条件相同的情况下，球杆总重量越大，转动惯量越大，越难挥动
	挥杆重量	其他条件相同的情况下，挥杆重量越大，转动惯量越大，越难挥动

注：以上因素均是在保证其他因素不变的情况下，改变单一因素时所产生的影响。

图 6-4-4　挥杆时以脊柱为轴转动转动惯量的影响因素

同样一支球杆，在其他因素（球杆总重量、球杆长度）保持不变的情况下，挥杆重量越大，相当于球杆的重心距离旋转轴越远，所以转动（挥动）起来更为困难。相反，在球杆总重量和球杆长度不变的情况下，挥杆重量越小，相当于球杆重心位置离转轴越近，所以越容易转动（挥动）。举例：一支长度为 45 英寸的一号木杆，在球杆总重量保持不变的情况下，假设握把减轻 5 克，杆头重量增加 5 克，挥杆重量变大，这相当于整支球杆的质量分布在更靠近杆头的位置，使得挥杆时球杆重心距离旋转轴更远，所以相对会更难挥动。

由挥杆时的转动惯量我们可以得出，杆头速度受球杆总重量或杆头重量的影响，其他条件不变的情况下，杆头越重，挥杆重量越大，越难挥动（图 6-4-5）。所以杆头重量及挥杆重量在合理的范围之内，对击球而言，既能确保稳定的击球距离，又能有比较好的稳定性。

在杆头速度相同的情况下，增加杆头重量会导致下杆过程中杆头的离心力增加，杆身在矢状面上的弯曲变大，使击球瞬间动态着地角变大（图 6-4-6）。

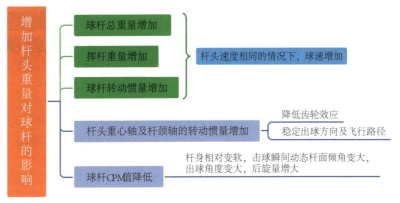

图 6-4-5　增加杆头重量对球杆的影响

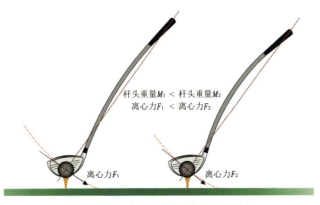

图 6-4-6　杆头重量增加对离心力的影响

三、整组球杆总重量和挥杆重量的搭配原则

　　一套球杆中，从一号木杆到挖起杆，球杆逐渐变短，但球杆总重量逐渐增加。现在我们假设一号木杆和挖起杆有相同的球杆总重量和挥杆重量，但一号木杆最长，转动惯量最大，也最难挥动，而短杆最短、最容易挥动。由于一号木杆需要打出最大的杆头速度、最远的击球距离，那么这样的设置就非常不合理。因此，整组球杆在重量的搭配上，一号木杆是最轻的，挖起杆是最重的，这是为了使一号木杆更容易挥动，以获得更大的杆头速度和更远的击球距离，这也是整组球杆重量搭配的合理性所在。

　　整组球杆除推杆外球杆总重量是递增的，也就是从木杆、铁杆组到挖起杆，球杆总重量是逐渐增加的，球杆杆头重量和杆身重量从木杆、铁杆组到挖起杆也是逐渐增加的，铁杆组所用杆身重量基本相同，一整组球杆握把一般都是相同款式，重量也是相同的，所以从整组球杆来看，球杆总重量是递增的。下面我们以市场上某品牌套杆为例，来看球杆总重量的搭配及递增关系（表 6-5）。

项目	球杆型号										
	Driver	FW3	FW5	#4	#5	#6	#7	#8	#9	PW	SW
球杆总重量	292 g	311 g	318 g	392 g	399 g	40 g	413 g	420 g	427 g	434 g	446 g
杆头重量	196 g	208 g	218 g	249 g	256 g	263 g	270 g	277 g	284 g	291 g	303 g
杆身重量	48 g	55 g	52 g	95 g	95 g	95 g	95 g	95 g	95 g	95 g	95 g
握把重量	48 g	48 g	48 g	48 g	48 g	48 g	48 g	48 g	48 g	48 g	48 g
挥杆重量	D2	D2	D2	D2	D2	D2	D2	D2	D2	D2	D4
球杆长度	45.50 in	43.00 in	42.50 in	38.75 in	38.25 in	37.75 in	37.25 in	36.75 in	36.25 in	35.75 in	35.25 in

表 6-5　球杆总重量的搭配及递增关系

　　整套球杆从一号木杆、球道木杆、铁木杆、铁杆组到挖起杆的参数搭配原则为：球杆总重量逐渐增加、球杆 CPM 值逐渐增加、杆身重量逐渐增加。

　　球杆总重量和球杆 CPM 值从一号木杆、球道木杆、铁木杆、铁杆组到挖起杆逐渐增加。杆身重量从木杆、铁木杆、铁杆组、挖起杆按类别增加。一般一号木杆和球道木杆使用同一型号和重量的杆身，或者球道木杆杆身也可以比一号木杆杆身稍微重一些，尤其是大号数的球道木杆（增加 5 ~ 10 克），铁木杆的杆身会比球道木杆杆身更重一些（增加 10 克左右），而铁杆的杆身会比铁木杆杆身重 20 ~ 30 克，挖起杆杆身可以与铁杆组杆身重量相同或者更重一些。这样是较为合理的整套球杆杆身重量搭配。

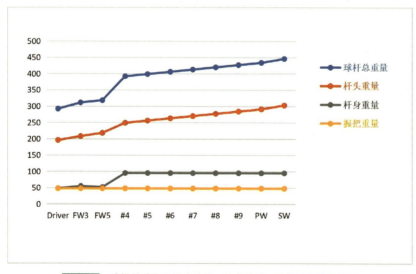

图 6-4-7　球杆总重量及杆头重量、杆身重量、握把重量的折线图

第七章　球杆长度及其定制

第一节　常见球杆长度设定及历史变化

难度系数：★ ★ ★

一、目前市场常见品牌球杆长度设定

目前市场上的高尔夫球杆品牌众多，有关球杆长度的设定每个品牌商都有自己的原则，就像杆身硬度一样，没有固定的标准，也没办法制定标准，这当然是好事，每个品牌球杆制造商都可以根据自己的设计来匹配自己认为最合适的球杆参数。虽然行业对球杆具体的长度没有统一的标准，但 R&A 规则却对球杆长度范围有所限定：球杆的总长度必须至少有 18 英寸。除推杆外，球杆的总长度不得超过 46 英寸。所有球杆长度都符合 R&A 规则的规定才可以参加正式的比赛。市场上常见的球杆长度设定如表 7-1、表 7-2 所示。

表 7-1　常见的男士及女士木杆长度			
男士木杆长度设定		女士木杆长度设定	
木杆型号	木杆长度 （碳素纤维杆身）	木杆型号	木杆长度 （碳素纤维杆身）
Driver（9°～10.5°）	45.50～46.00 in	Driver（11.5～13.5°）	43.50～44.00 in
FW3（15°）	43.00 in	FW3（17°）	41.50 in
FW5（18°）	42.00 in	FW5（20°）	41.00 in
FW7（21°）	41.50 in	FW7（23°）	40.50 in
FW9（25°）	41.00 in	FW9（26°）	40.00 in
U2（17°）	40.75 in	U4（22°）	39.00 in
U3（19°）	40.50 in	U5（25°）	38.50 in
U4（21°）	40.00 in	U6（28°）	38.00 in
U5（23°）	39.50 in	U7（31°）	37.50 in
U6（25°）	39.00 in		

注：表内数据参考目前市场上常见品牌球杆的平均长度，不同品牌或同一品牌的不同型号会有 0.25～0.5 英寸的差别，木杆长度差异比较大。一般杆头重量及杆身重量越大，长度越短。

铁杆及推杆型号	男士铁杆及推杆长度设定		女士铁杆及推杆长度设定
	平均长度（钢杆身）	平均长度（碳素纤维杆身）	平均长度（碳素纤维杆身）
#4	38.75 in	39.00 in	—
#5	38.25 in	38.50 in	37.50 in
#6	37.75 in	38.00 in	37.00 in
#7	37.25 in	37.50 in	36.50 in
#8	36.75 in	37.00 in	36.00 in
#9	36.25 in	36.50 in	35.50 in
PW	35.75 in	36.00 in	35.00 in
AW	35.50 in	35.75 in	34.50 in
SW	35.25 in	35.50 in	34.50 in
PT	34.00 in	34.00 in	33.00 in

表 7-2　常见的男士及女士铁杆及推杆长度

注：同一号数的球杆，女士球杆通常较男士球杆短 1 英寸。间隔一个号数的球杆，长度的差距为 0.5 英寸。

二、钢杆身及碳素纤维杆身的铁杆长度差异

为什么球具制造商对于钢杆身的铁杆及相同型号的碳素纤维杆身铁杆有着不同的球杆长度标准呢？主要原因是同一品牌的同一型号的铁杆杆头仅仅被制造出一种重量，而相对较轻的碳素纤维杆身的铁杆要保持与钢杆身铁杆有相同或稍轻一些的挥杆重量就需要更长的杆身。所以碳素纤维杆身的铁杆一般比钢杆身的铁杆长 0.25 ~ 0.5 英寸，但最近几年已逐渐趋于一致。

碳素纤维杆身与钢杆身相比更轻，弹性更好，可以提高杆头速度，进而使球手打出的球距离更远，再加上碳素纤维杆身球杆长度的增加，就有了更快的杆头速度。但长度增加降低了击球的稳定性，是以降低球手对方向的控制力为代价的，而且使用碳素纤维杆身的球手一般也是力量较弱者，其适合较轻的挥杆重量，因此，现在很多球具制造商将碳素纤维杆身铁杆的长度设定得与钢杆身铁杆的长度趋于一致，这也是为了在保证击球稳定性的情况下达到击球距离的最大化。

三、球杆长度设定发展变化

杆头和杆身材质、制作工艺的发展，为一号木杆杆头及杆身的材质和重量提供了更多的选择，球杆长度也发生了变化。一号木杆杆头的轻量化（钛金属杆头的出现）以及杆头体积的增加和碳素纤维杆身的轻量化，使得一号木杆长度在逐渐增加。铁杆钢杆身的长度只有小幅增加，很大原因是铁杆在杆头重量基本没变的情况下杆面倾角逐渐变小，这使球杆的易打性降低，如果再增加杆身长度，球杆会更加难以操控，因此铁杆组球杆的长度近一个世纪以来变化不大。

第二节 球杆长度对击球及球杆参数的影响

难度系数：★★★★

在这一节中，我们将从球杆长度变化对击球瞬间杆头参数的影响及对球杆整体参数的影响着手，综合分析球杆长度变化对击球的影响（图7-2-1）。

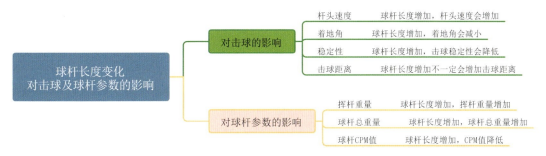

球杆长度变化对击球及球杆参数的影响

对击球的影响
- 杆头速度　　　球杆长度增加，杆头速度会增加
- 着地角　　　　球杆长度增加，着地角会减小
- 稳定性　　　　球杆长度增加，击球稳定性会降低
- 击球距离　　　球杆长度增加不一定会增加击球距离

对球杆参数的影响
- 挥杆重量　　　球杆长度增加，挥杆重量增加
- 球杆总重量　　球杆长度增加，球杆总重量增加
- 球杆CPM值　　球杆长度增加，CPM值降低

图 7-2-1 球杆长度变化对击球及球杆参数的影响

一、球杆长度与杆头速度的关系

近年来，由于一号木杆杆头材质的变化，杆头变得越来越轻质化，再加上杆身的轻量化以及碳素纤维杆身的杆身扭矩降低，球杆变得越来越长。现在，品牌球杆所生产的一号木杆长度大多为 45 ～ 46 英寸。为何现在的一号木杆有越来越长的趋势呢？除了杆头和杆身材质的发展以外，最大的驱动力就是人们对击球距离的无限追求，每个人都希望一号木杆可以将球打得更远，这使球杆制造商想尽办法满足市场需求，做出越来越长的一号木杆。但更长的一号木杆真的能带来更远的击球距离吗？下面我们来看杆头速度与球杆长度的关系。

我们假设同一名球手以相同的力量和节奏来挥动球杆，那么他在挥杆的过程中，球杆围绕脊柱转动的角速度是一致的，球杆越长，杆头所产生的线速度就越大，即击球瞬间杆头的速度越快。

角速度（用 ω 表示）是指物体在单位时间内转过的弧度。线速度（用 v 表示）是指物体运动的速率。根据线速度公式 $v=r\omega$，线速度等于角速度乘以半径（用 r 表示）。由此可以得出，角速度相同的情况下，半径越大，线速度就越大。运用在高尔夫挥杆上，即球杆越长，能产生的杆头速度（线速度）就越快（图7-2-2）。

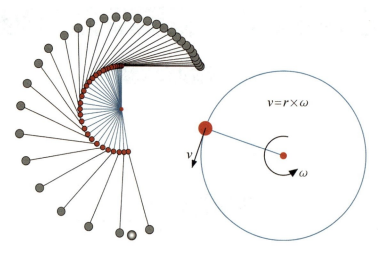

图 7-2-2　挥杆时杆头角速度及线速度示意图

$$v = r \times \omega$$

　　通过转动惯量的概念我们得知，在其他条件（重量及平衡位置）不变的情况下，球杆越长越难以挥动，要想达到同样的杆头速度，较长的球杆需要球手用更大的力量来挥动。球杆长度与杆头速度之间虽然是一种搭配关系（图 7-2-3），但对于球手而言，在一定的范围内，球杆越长杆头速度就越快，当长过某个临界点时，球杆将难以挥动，杆头速度也会降低，这个临界点与球手的身体素质有非常大的关系。

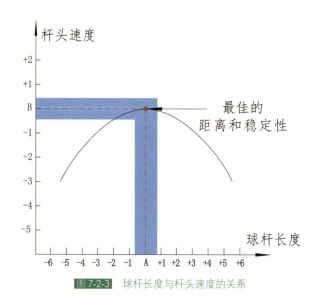

图 7-2-3　球杆长度与杆头速度的关系

二、球杆长度与着地角的关系

对同一球手来说，不同长度的球杆需要有不同的杆颈角与其匹配。假设同一名球手使用同一个杆头（杆颈角不变），当球杆长度增加时，着地角变小，杆头趾部翘起，这会导致杆面指向偏左；相反，球杆变短时，着地角变大，杆头跟部翘起，这会导致杆面指向偏右（图7-2-4）。

下面列出了这三者之间的关系（图7-2-5），我们以 7 号铁杆为例，其长度为 37 英寸，杆颈角为 62°，握把末端到地面的高度为 B，当握把末端高度不变，球杆长度增加 0.5 英寸时，着地角减小了约 1.4°。

但为什么实际球杆长度增加 0.5 英寸时大多杆颈角都减少 0.5° 呢？原因有两个：一是球杆越长，球手的站姿通常也会更直一些，这样手腕到地面的距离就会增加，着地角随之增大；二是球杆越长，击球瞬间杆身在矢状面上的 C 形弯曲越大，着地角也随之增大。所以基于以上两点，大多数铁杆组在设定上，球杆长度间差 0.5 英寸，着地角间差 0.5° 左右。

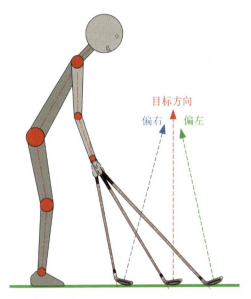

图 7-2-4　球杆长度对杆面指向的影响

注：有关杆颈角增加或减小，英文参考资料里用"Up"和"Flat"来表示。"Up"代表向上，就是把杆颈向上调，即增加杆颈角；"Flat"代表更平的杆颈角，就是把杆颈向下调，即减小杆颈角。

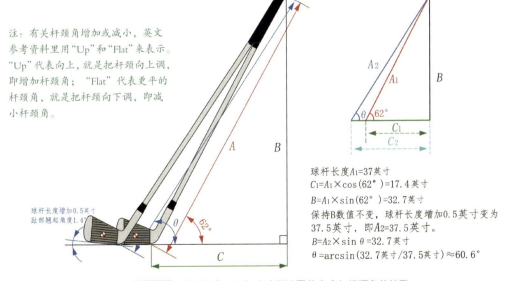

球杆长度 A_1=37英寸
$C_1 = A_1 \times \cos(62°) = 17.4$ 英寸
$B = A_1 \times \sin(62°) = 32.7$ 英寸
保持B数值不变，球杆长度增加0.5英寸变为
37.5英寸，即 A_2=37.5英寸。
$B = A_2 \times \sin\theta = 32.7$ 英寸
$\theta = \arcsin(32.7$英寸$/37.5$英寸$) \approx 60.6°$

图 7-2-5　球杆长度、握把末端到地面的高度与杆颈角的关系

三、球杆长度与杆身硬度的关系

对于同一支球杆（杆头、握把不变的情况下），当杆身被加长时，球杆的打感会变软；反之，当球杆被裁短时，球杆的打感会变硬。在组装球杆时，从前端（细端）或者末端裁切杆身都会导致杆身硬度增加，但从前端裁切相对于从末端裁切（裁切相同的长度）硬度增加得更为明显。对于加长和裁短球杆，建议在改变球杆长度前后使用球杆振频仪器来测试并记录球杆的 CPM 值。

四、球杆长度对挥杆重量及球杆总重量的影响

球杆长度每增加 0.5 英寸，会增加 3 个挥杆重量。假设球杆原挥杆重量为 D0，长度增加 0.5 英寸，则挥杆重量将增加到 D3。同理，球杆长度裁短 0.5 英寸，会减少 3 个挥杆重量。如果只是改变杆身长度，伴随着球杆长度的增加，球杆总重量也会增加，只是增加的总重量较小。

一般情况下，增加球杆长度并保持球杆的挥杆重量不变，通常采取增加握把重量的方式。例如球杆加长 0.5 英寸，要保持球杆挥杆重量不变就需要增加约 15 克的握把重量，可以更换更重的握把或者在杆身末端加配重。这样会导致球杆总重量随之增加，增加的重量包括握把端的配重重量和杆身加长部分的重量。

如果要减小球杆长度并保持球杆的挥杆重量不变的话，有两种方式，即增加杆头重量或者减少握把重量。例如球杆长度减少 0.5 英寸，会减少 3 个挥杆重量，要保持挥杆重量不变的话，则需要增加约 6 克的杆头重量，或减少约 15 克的握把重量。如果增加杆头重量，一般会在杆头上贴铅片或者重新安装球杆时在杆颈位置加配重；减少握把重量则需要更换更轻的握把，这样球杆的总重量也会变轻。

以上保持球杆挥杆重量的方法，都应考虑在不同位置增加或减少重量对杆身硬度的影响。增加杆头重量会导致球杆的 CPM 值变小，也就是球杆动态硬度降低；握把重量增加对球杆 CPM 值无影响。

五、球杆长度对击球稳定性的影响

举一个极端的例子（图 7-2-6，参考拉尔夫·莫尔特比的《高尔夫球杆量身定制及性能》一书）：假定我们有两支木杆，一支长度是 24 英寸，另一支长度是 72 英寸。首先，我们使用 24 英寸长的一号木杆，用这支较短的球杆击球时，击中杆面甜蜜区的概率会更大，球也会飞得相对较直，但击球距离会短很多，因为较短的一号木杆杆头速度较慢，球手击球时会感觉比较扎实，这球杆可以被初学者很好地使用。现在，让我们取出一支 72 英寸长的一号木杆（假设有这么长的一号木杆）来进行尝试，这将导致挥杆变得困难，并且更难击中杆面甜蜜区。举这样极端的例子至少可以说明一点，即球杆越长越难挥动，并降低了球手对球杆的控制力，击球时难以击中杆面甜蜜区。

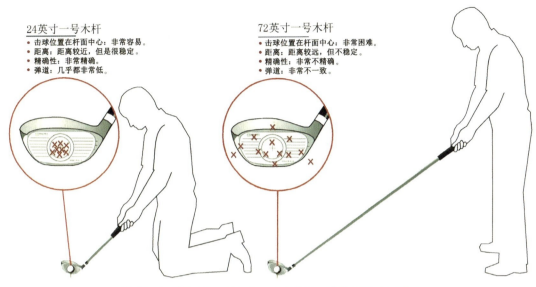

24英寸一号木杆
- 击球位置在杆面中心：非常容易。
- 距离：距离较近，但是很稳定。
- 精确性：非常精确。
- 弹道：几乎都非常低。

72英寸一号木杆
- 击球位置在杆面中心：非常困难。
- 距离：距离较远，但不稳定。
- 精确性：非常不精确。
- 弹道：非常不一致。

图 7-2-6　不同长度一号木杆对击球稳定性的影响（极端的例子）

下杆过程中，杆身会产生弯曲，为了更好地分析杆身弯曲的特点及影响，我们将杆身弯曲分解到两个平面——额状面和矢状面上（图 7-2-7），与静止的球杆相比，弯曲后的球杆变短了，而且越长的球杆弯曲的程度越大，长度的改变也就越多。

拉尔夫·莫尔特比曾在某品牌球杆的杆身上进行量化测试。他使用一支 43 英寸的钢杆身一号木杆和一支 39 英寸的 2 号铁杆进行试验。实验结果表明：击球时，一号木杆大约变短 1/4 英寸，2 号铁杆大约变短 3/16 英寸。

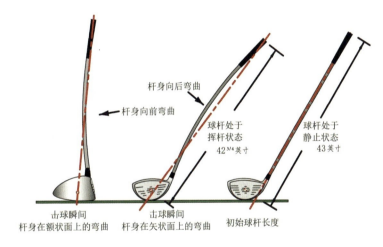
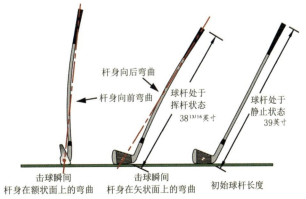

图 7-2-7　击球瞬间球杆长度的变化及影响

现在的一号木杆均使用碳素纤维杆身，且长度大多在 45 英寸以上，击球瞬间弯曲程度会更大，大约为 5/16 ~ 3/8 英寸，所以在改变球杆长度时，要考虑球杆在挥杆过程中的弯曲变化。当然，这样的弯曲对着地角的影响会更大，球杆加长，杆身变软，击球瞬间的弯曲幅度会增加，着地角会变大；同样，球杆裁短，杆身变硬，击球瞬间的弯曲会变小。

六、球杆长度与击球距离的关系

先来思考两个问题：

（1）球杆长度增加一定会增加击球距离吗？

（2）由球杆长度与杆头速度的关系我们得知，在其他条件不变的情况下，一定的范围内，球杆越长杆头速度越快，那么，杆头速度增加了，击球距离就一定增加吗？

上面两个问题的答案都是"不一定"。杆头速度的增加并不能确保击球时球速的增加，这还取决于杆面的击球位置、动态杆面倾角等因素。假设同一支球杆，以相同的杆头速度、相同的动态杆面倾角及轨迹击球，但用杆面的不同位置击到球，这同样会对球的初速度、旋转及方向产生不同的影响。

球杆越长，挥杆半径就越大，击球时的杆头速度就可以更快。杆头速度越快，球就有可能被打得更远（如果能准确地击中甜蜜区的话）。这一分析在理论上是正确的，但有一个问题，球杆越长就越难控制，导致球手击中杆头甜蜜区的概率降低，最终影响击球距离和稳定性。所以用增加球杆长度来达到增加击球距离的目标是有前提的，即能更加有效地击中甜蜜区。"击球更远"也许意味着离目标区域更远！球杆不必一味去追求长度以达到增加击球距离的目的，因为很多情况下方向的稳定性比距离更加重要，而且短一些的球杆相对容易击中甜蜜区，这样反而不会造成距离的损失。因此，球杆长度的选择一定要建立在稳定击球的基础上。

图 7-2-8 表示一号木杆和铁杆（长铁）的杆面击球位置对击球距离的影响，偏离杆面甜蜜点的击球会导致距离的缩短。以一号木杆为例，杆头以 100mph 的速度击球（图 7-2-9），如果甜蜜点击球落点距离是 240 码，那么球击在了偏离甜蜜点靠近跟部 1/2 英寸时，距离将减少至 228 码，靠近趾部 1/2 英寸时，距离将减少至 210 码，靠近跟部相比于靠近趾部距离减少得较少。偏离甜蜜点击球不仅损失了距离，也使球产生更多的侧旋而导致更偏的飞行方向，并给球手带来不扎实的击球反馈。原因是任何偏离甜蜜点的击球，都会导致击球阶段杆头扭转，齿轮效应使球产生更多侧旋。

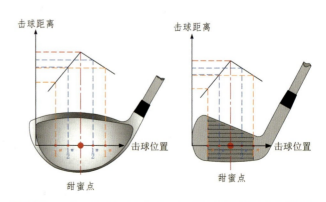

图 7-2-8 一号木杆及铁杆（长铁）的杆面击球位置对击球距离的影响

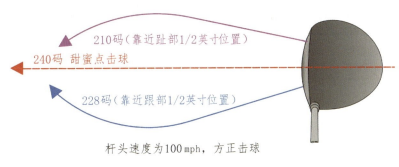

210码（靠近趾部1/2英寸位置）

240码 甜蜜点击球

228码（靠近跟部1/2英寸位置）

杆头速度为100 mph，方正击球

图 7-2-9　一号木杆杆面不同位置击球对距离的影响

　　偏离甜蜜点的击球，杆头转动的多少受杆头重心垂直轴和杆颈中心轴转动惯量大小的影响。转动惯量较大则出球方向更稳定，击球距离的损失更小；转动惯量较小则方向的偏差更大，击球距离损失也更多。现在设计的大杆头一号木杆（460立方厘米），都有着有最高的转动惯量和较大的甜蜜区，这有助于减少偏离甜蜜区击球时杆头的扭转对距离和方向的影响。

　　这就是说，球杆长度增加导致的杆头速度变快不一定会使击球的距离增加，重点是杆面的击球位置一定要在甜蜜区，这样才更加准确有效地提高出球速度，进而增加击球距离。

　　为了降低偏离甜蜜区击球对距离的影响，可以采用杆面不同厚度的设计，在甜蜜区杆面较厚，非甜蜜的杆面较薄，这样既可以增加甜蜜的耐久性，又可以增加非甜蜜区的击球距离（图7-2-10）。也有的杆面将甜蜜区设计得较薄（图7-2-11），这样可以提高甜蜜区的反弹系数。

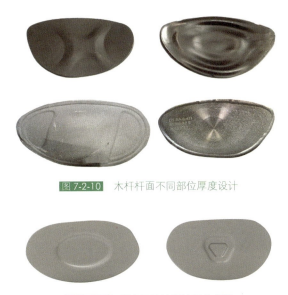

图 7-2-10　木杆杆面不同部位厚度设计

图 7-2-11　甜蜜区设计得较薄的杆面

第三节　球杆长度的定制

难度系数：★★★★

一、球杆长度定制要考虑的因素

　　有关球杆长度的定制也是比较有争议的话题。目前市场上常见品牌的球杆长度都是根据某一地区的平均身高而设定的，为了适合最为广泛的大众需要，这当然也包括杆头重量等参数的设定。这就把球杆长度的定制限定在一个特定的范围之内，因为可选择的杆头重量规格较少。

　　球杆长度定制首先考虑的是身高或者手腕到地面的距离吗？这个问题是目前比较有争议的话题之一，这里我们明确一点：对于特别高的球手，比如中国的篮球运动员姚明，这是必须要考虑的；对于相对较矮的青少年球手，这也是需要重点考虑的。但对于普通身高的成年球手，比如身高175±8厘米的球手，在定制球杆，尤其是铁杆组球杆的长度时，我们考虑的是杆头、杆身、握把的整体搭配，球杆长度一般参考品牌杆身建议的安装长度，再定制合适的杆颈角度。

　　比较合理舒适的髋关节前倾角度更有利于球手挥杆时的转体发力，所以比较高的球手需要用特制加长的球杆，如适合姚明使用的一号木杆就需要用两支一号木杆的杆身来加长，但这是特例，市场上也没有针对这样特殊身高而设计的杆头（更大更轻的杆头）、杆身（更长更硬的杆身）和握把（更粗大的握把），这些都需要特制。

　　比较矮的青少年球手需要用比较短的球杆，杆头较轻、杆身较轻较软、握把也较细较轻才更适合他们使用。

　　身高169～183厘米的成年男性球手，在定制球杆长度时，最好参考杆身品牌商建议的安装长度确定铁杆组的长度，它们基本差异不大，着重在着地角定制上，而这一人群所用球杆的长度差异比较大的应是木杆和推杆（图7-3-1）。

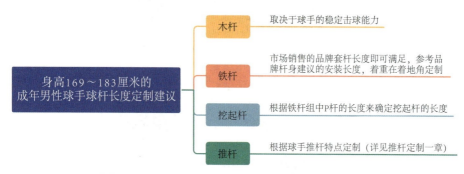

图 7-3-1　身高169~183厘米的成年男性球手球杆长度定制建议

二、木杆长度定制

木杆长度的定制，尤其是一号木杆长度的定制主要取决于球手的稳定击球能力，这种能力主要表现在以下两个方面：第一，击中或者接近杆面中心位置击球的能力是通过球手的运动能力、技能水平、球杆长度以及杆身的综合表现来实现的。第二，将球击向目标方向的能力，主要是通过球手的技能水平以及球杆整体搭配来进行控制的。这意味着球手想要控制球杆击球位置和击球路径，并得到理想的击球距离与方向，需要有较好的运动能力和技能水平。

一号木杆长度定制举例：两位身高差异较大的球手，其中一位比较高，例如为185厘米，但使用一号木杆击球非常不稳定，难以扎实地用杆面甜蜜点击球，击球方向也不稳定；另外一位比较矮，例如165厘米，但他是一名单差点球手，能扎实地用杆面甜蜜点击球，有稳定的击球方向。在这种情况下，我们可能需要尝试为这位较高的球手裁短球杆，比如从裁掉0.5英寸开始尝试，以便其获得较扎实的击球和稳定的击球方向；尝试为较矮但能扎实击球的球手加长一号木杆，以便增加杆头速度使其获得更远的击球距离。当然，这需要综合考虑原球杆长度及杆头重量等。对于击球稳定性的测试与评估，我们通常选用贴杆面贴纸的方式来进行试打，以获得比较满意的击球距离、击球方向和弹道。

一号木杆长度的定制还与杆头重量相关。如果杆头较轻（如现在市场上常见的高反弹一号木杆杆头），球杆长度可以设定得长一些；如果杆头较重，球杆长度要设定得短一些。原因是较轻的一号木杆杆头一般适合挥杆速度较慢者，球杆长度较长有利于提高杆头速度，增加击球距离。

三、身高及手腕到地面距离与球杆长度设定

身高及手腕到地面距离的测量方法（图7-3-2）：球手两脚开立与肩同宽，抬头挺胸，双手掌心向内自然下垂于身体两侧，测量其身高及手腕到地面的距离，手腕到地面距离为站立时手腕部第一横纹到地面的距离。

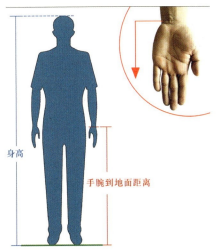

图7-3-2　身高及手腕到地面距离的测量方法

铁杆球杆长度定制可参考表 7-3。

表 7-3　铁杆球杆长度定制参考建议表

手腕到地面距离	身高对应的球杆长度和杆颈角增减值						
	151～155 cm	156～160 cm	161～168 cm	169～183 cm	184～191 cm	192～196 cm	197～201 cm
65～69 cm	-1 1/2 in :-1°	-1 in :-2°	-1/2 in:-3°	STD:-4°	—	—	—
70～74 cm	-1 1/2 in : 0°	-1 in :-1°	-1/2 in:-2°	STD:-3°	+1/2 in:-4°	—	—
75～79 cm	-1 1/2 in :+1°	-1 in:0°	-1/2 in:-1°	STD:-2°	+1/2 in:-3°	+1 in:-4°	—
80～84 cm	-1 1/2 in :+2°	-1 in :+1°	-1/2 in:0°	STD:-1°	+1/2 in:-2°	+1 in:-3°	+1 1/2 in:-4°
85～89 cm	-1 1/2 in :+3°	-1 in :+2°	-1/2 in:+1°	STD	+1/2 in:-1°	+1 in:-2°	+1 1/2 in:-3°
90～94 cm	-1 1/2 in :+4°	-1 in :+3°	-1/2 in:+2°	STD:+1°	+1/2 in:0°	+1 in:-1°	+1 1/2 in:-2°
95～99 cm	-1 1/2 in	-1 in :+4°	-1/2 in:+3°	STD:+2°	+1/2 in:+1°	+1 in:0°	+1 1/2 in:-1°
100～104 cm	—	-1 in	-1/2 in:+4°	STD:+3°	+1/2 in:+2°	+1 in:+1°	+1 1/2 in:0°
105～109 cm	—	—	-1/2 in	STD:+4°	+1/2 in:+3°	+1 in:+2°	+1 1/2 in:+1°

注：①表中具体的建议值，冒号左侧为球杆增加或减少的长度，单位为英寸；冒号右侧为减少或增加的杆颈角度数。增加对应的英文为"Upright"，也就是向上调节角度；减少对应的英文为"Flat"，也就是向下调节角度。②STD 表示标准球杆长度，球杆的长度及角度都没有标准，这里设定一个基准作为参考，即 7 号铁杆的长度（37.25 英寸）和杆颈角（62°）作为基准，更为准确的定制还需要在球杆长度一定的情况下通过着地角的动态测试来确定。③本表仅作为球杆长度定制的参考基准表。

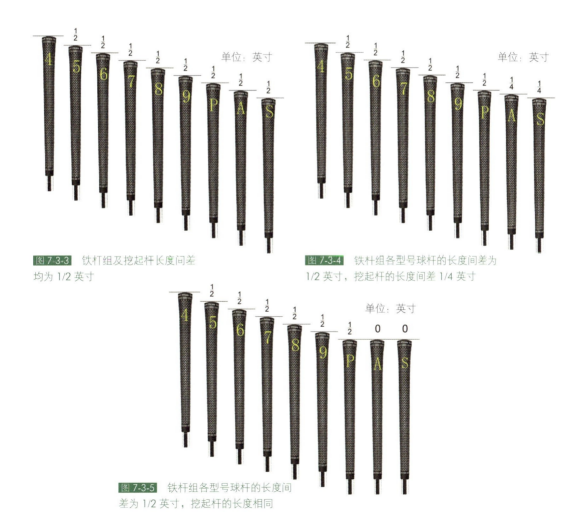

四、铁杆组长度间差及挖起杆长度间差设定

一套铁杆组被设计成不同的长度、重量、杆面倾角和杆颈角，主要是为了打出不同的距离。铁杆组各型号球杆杆面倾角间差大多为 3° ~ 4°，球杆长度的间差为 1/2 英寸，4° 的杆面倾角间差相当于 6 ~ 9 码的落点距离差异，同时，1/2 英寸的球杆长度间差也相当于 2 ~ 3 码的落点距离差异。两者加起来，每支球杆之间就有 8 ~ 12 码的距离间差。实际上，对于大多数的球手来说，距离间差大约是 10 码。每一位高尔夫球手都应该知道铁杆组中每支铁杆能够较稳定地打出的准确落点距离，这不仅仅有助于确定合适的挖起杆的长度和杆面倾角，更有助于确定铁木杆及球道木杆从什么击球距离开始配置。

一般铁杆组各型号球杆之间的长度间差大多是 1/2 英寸，现在也有品牌将 9 号杆和 P 杆之间的长度间差设置为 1/4 英寸。而挖起杆的长度间差一般有三种设定：1/2 英寸间差、1/4 英寸间差、无间差（图 7-3-3 至图 7-3-5）。

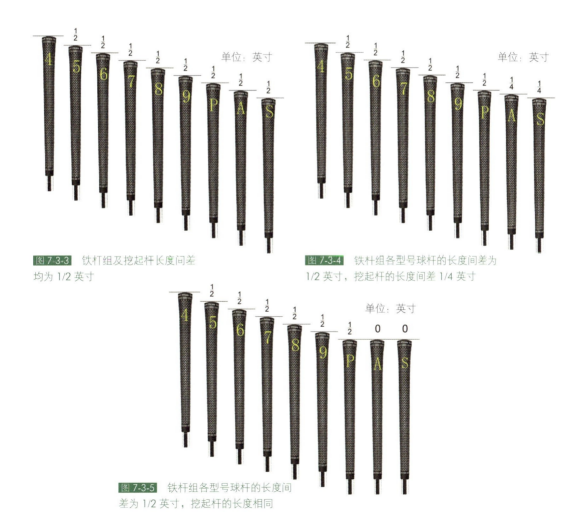

图 7-3-3 铁杆组及挖起杆长度间差均为 1/2 英寸

图 7-3-4 铁杆组各型号球杆的长度间差为 1/2 英寸，挖起杆的长度间差 1/4 英寸

图 7-3-5 铁杆组各型号球杆的长度间差为 1/2 英寸，挖起杆的长度相同

很多球手的挖起杆会有不同的品牌，而不同的品牌制造商有着不同的挖起杆长度设置，并且大多数单独的角度挖起杆都提供不同球杆长度的选择。这里提供一点建议，如果挖起杆杆面倾角间差比较大，比如 P 杆的杆面倾角是 44°，下一支挖起杆的杆面倾角是 52°，两支球杆的杆面倾角相差了 8°，就建议二者的长度间差为 0 或者 1/4 英寸，而不是 1/2 英寸，这样的长度可以补足由于杆面倾角间差太大而造成距离间差过大的问题。当然最好是在中间增加一支杆面倾角是 48° 的挖起杆。有些品牌的 9 号杆和 P 杆的长度间差也可能设置为 1/4 英寸，不一定都是 1/2 英寸。

在确定挖起杆长度时还需要考虑的一个重要参数是挥杆重量，要确保挖起杆的挥杆重量在合理的范围之内，这是需要与挖起杆的球杆长度一起考虑的重要参数。

五、等长铁杆及参数设定

美国职业球员布莱森·德尚博（Bryson DeChambeau）曾使用相同长度的铁杆在比赛中夺冠，这使等长铁杆风靡一时。此选手选择使用相同长度球杆是为了使挥杆变得简单，在球杆长度一样的情况下，所有球杆都可以采用同样的挥杆动作，挥杆轨迹也基本相同，通过不同的球杆杆头参数设置（只是杆面倾角不同），来达到不同的击球距离。

不同的球杆长度会使挥杆时的站位及挥杆平面等均有所不同（图 7-3-6），球位也会有所不同，这会使挥杆动作变得

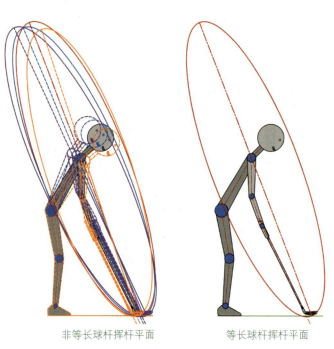

非等长球杆挥杆平面　　　　等长球杆挥杆平面

图 7-3-6　非等长球杆及等长球杆挥杆平面示意图

复杂，而同样长度的球杆，只需要一个挥杆动作，挥杆平面和球位都相同，理论上使挥杆变得简单，训练变得高效，从挥杆动作一致性这个角度考虑，等长球杆是合理的。但从实际效果来看，大多数球手无法仅通过杆面倾角的不同来达到想要的距离间差，尤其是使用长铁杆（如 4 号、5 号铁杆），在长度设定较短的情况下，很难打出理想的距离，因为杆面倾角较小的情况下，想打出较远的距离，就需要更快的杆头速度，而球杆长一些有利于提高杆头速度。从这个角度考虑，等长球杆的设置又是不合理的。

THEORY AND PRACTICE OF
GOLF CLUB FITTING

布莱森·德尚博夺冠时使用的球杆，球杆长度均为 37.5 英寸（图 7-3-7），除了杆面倾角不同以外，球杆其他参数均相同。表 7-4 是一套等长铁杆组及挖起杆的参数设置，其中，铁杆组及挖起杆除了杆面倾角及杆面后移量有所不同以外，其他参数全部相同，包括杆头重量及球杆总重量，杆面倾角间差 3°～5°，球杆号数越大杆面倾角间差越大，杆面后移量随着球杆号数的增大而变小。

图 7-3-7　布莱森·德尚博夺冠时使用的等长球杆

表 7-4　某品牌一套等长铁杆组及挖起杆参数设置

球杆型号	杆面倾角	杆颈角	杆面后移量	碳素纤维杆身长度	钢杆身长度	碳素纤维杆身挥杆重量	钢杆身挥杆重量
#4	20°	62.5°	5.5°	37.25 in	37.25 in	D0	D1
#5	23°	62.5°	5.1°	37.25 in	37.25 in	D0	D1
#6	26°	62.5°	4.6°	37.25 in	37.25 in	D0	D1
#7	30°	62.5°	4.1°	37.25 in	37.25 in	D0	D1
#8	35°	62.5°	3.8°	37.25 in	37.25 in	D0	D1
#9	40°	62.5°	3.6°	37.25 in	37.25 in	D0	D1
PW	45°	62.5°	3.2°	37.25 in	37.25 in	D0	D1
GW	50°	62.5°	1.0°	37.25 in	37.25 in	D0	D1
SW	55°	62.5°	0.7°	37.25 in	37.25 in	D0	D1

第四节 球杆长度的测量方法及差异

难度系数：★★★

一、原始球杆长度的测量方法以及存在的问题

原始球杆长度的测量方法是测量从握把帽末端到底部弧线与杆头跟部交叉点的长度（图7-4-1），这样的测量方法起点和止点均存在问题。我们看杆头底部的止点测量位置，因为杆头底部有弧度，这样的测量位置受弧度半径的影响较大，弧度半径越小，测得的球杆长度越短（图7-4-2）。

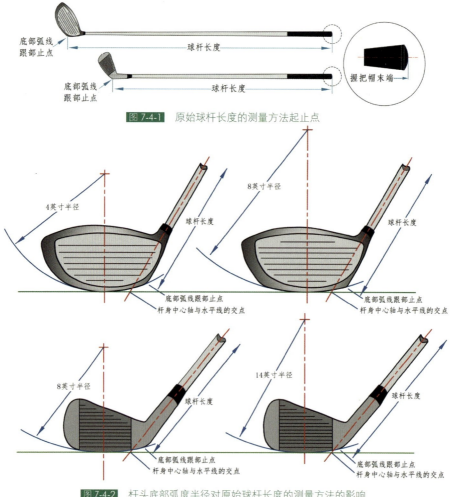

图 7-4-1 原始球杆长度的测量方法起止点

图 7-4-2 杆头底部弧度半径对原始球杆长度的测量方法的影响

握把末端的测量位置是握把帽的最末端。目前常见的握把帽有两种：一种为平面型，另一种为圆弧型。圆弧型握把帽凸出的部分对握杆毫无影响，所以，现在球杆长度测量中握把末端的测量位置都选择在握把帽的最大直径边缘处，因为从这以下才是有效的握杆部分，所以这是较为合理的（图7-4-3）。

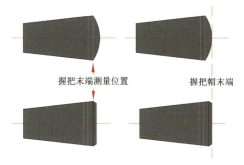

握把末端测量位置　　握把帽末端

图 7-4-3 球杆长度测量中握把末端的测量位置

二、目前市场上常见的两类球杆长度测量尺及长度测量差异

如图7-4-4所示，所测量的木杆及铁杆的"球杆长度A"，会比"球杆长度B"短1/8 ~ 1/4英寸，推杆会因为跟部形状的不同而差别更大。我们称"球杆长度B"为"实际球杆长度"，这一长度也更符合实际打球时感觉到的球杆长度。

"球杆长度A"：当球杆以设计的杆颈角放置时，杆头的杆面中心线底部着地，从球杆底部水平地面开始，沿着跟部到握把帽外径最大的边缘处的长度。

"球杆长度B"：当球杆以设计的杆颈角放置时，杆头的杆面中心线底部着地，从杆身中心轴与地面交叉点开始，沿着杆身中心轴到握把帽最大直径边缘处的长度。此长度被称为"实际或真实的使用长度"（Actual or real playing length）。

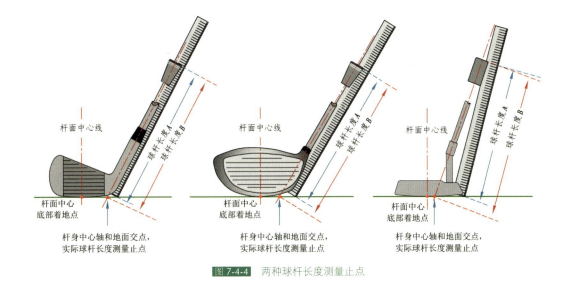

图 7-4-4 两种球杆长度测量止点

（一）常见的"球杆长度 A"型测量尺

简易滑块式球杆长度测量尺（图 7-4-5）是以握把末端为起点，通过杆头底部的滑块位置来确定球杆长度的。测量尺上用于放置杆头底部的挡板为固定的 60° 角，故其缺点是球杆的杆颈角与 60° 相差越大，测得的球杆长度与实际的球杆长度差异越大。还有一个较大的问题是这种测量尺受到球杆杆颈形状的影响，尤其是一些杆头跟部较为突出的一号木杆，测得的球杆长度会较实际的球杆长度短很多。

图 7-4-5 简易滑块式球杆长度测量尺

还有一种球杆长度测量尺（图 7-4-6），其用于放置杆头底部的挡板角度可调节，测量时能与球杆的杆颈角保持一致。这种球杆长度测量尺在测量推杆长度时误差较大。

图 7-4-6 其他"球杆长度 A"型测量尺

用"球杆长度 A"型测量尺测量球杆长度如下（图 7-4-7）。

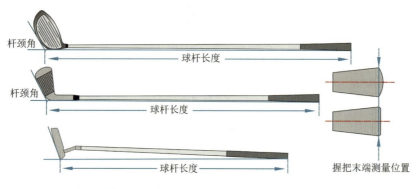

图 7-4-7 用"球杆长度 A"型测量尺测量球杆长度示意图

（二）常见的"球杆长度 B"型测量尺

常用的"球杆长度 B"型测量尺（图 7-4-8）的用于放置杆头底部的挡板角度可分别进行调节，但在实际操作时，在测量木杆及铁杆长度时杆头底部挡板角度均固定在 60° 上，测量推杆时再把角度固定在 72° 或者与推杆杆颈角保持一致。此类测量尺测量球杆长度时不受杆颈底部形状的影响。

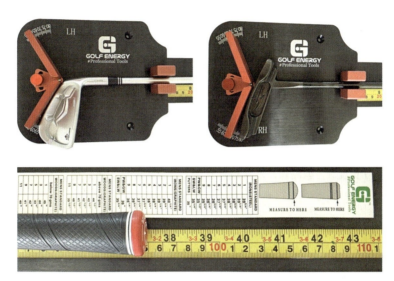

图 7-4-8　常用的"球杆长度 B"型测量尺

还有一款"球杆长度 B"型测量尺（图 7-4-9），其前端凹下去的部分是为了更准确地测量推杆长度而设计的，这是因为推杆杆头跟部大多向后部凸出较大。测量尺的杆身放置处为 V 型槽，并且后半部分也就是握把端可以下压，以便使杆身中心轴与测量尺尽量保持水平。

图 7-4-9　其他"球杆长度 B"型测量尺

用"球杆长度 B"型测量尺测量球杆长度如图 7-4-10 所示。

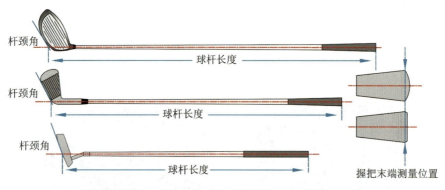

图 7-4-10 用"球杆长度 B"型测量尺测量球杆长度示意图

（三）"球杆长度 A"型测量尺及"球杆长度 B"型测量尺测量长度的差异

"球杆长度 A"型测量尺及"球杆长度 B"型测量尺测量长度的差异如图 7-4-11 所示。

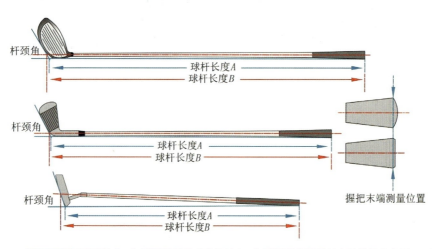

图 7-4-11 "球杆长度 A"型测量尺及"球杆长度 B"型测量尺测量长度的差异示意图

三、R&A 规则对球杆长度的限制及测量方法的要求

R&A 规则规定,球杆的总长度必须至少有18英寸。除推杆外,球杆的总长度不得超过46英寸。

木杆和铁杆的球杆长度测量方式要求:将球杆放置在水平面上,杆底置于与水平面呈60°角的平面上(图7-4-12)。球杆的长度是从两个平面的交点至握把顶端的距离。对于推杆,其长度是从握把顶端沿杆身轴线或其直线延长线至杆底的距离。

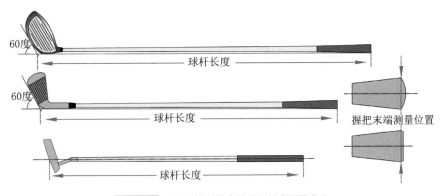

图 7-4-12　R&A 规则规定的球杆长度测量方法

知识拓展

英制长度计量单位及由来

1. 英尺

英尺(Foot)在英文中的本意是"脚"。13世纪初期,英国长度计量混乱,没有统一的标准,这给其国内贸易往来带来了很多麻烦。仅长度计量方面的民事纠纷就使英国王室大为苦恼,他们先后召开了十余次大臣会议商讨此事,反复讨论即始终确定不了一个统一的标准。曾在《大宪章》上签字的英王约翰便愤怒地在地上踩了一脚,然后指着脚印对大臣们庄严地宣布:"There is a foot, let it be the measure from this day forward."(这个脚印,让它永远作为丈量的标准吧!)因为当时英王穿着鞋,所以,1英尺大约是30.48厘米。

2. 英寸

高尔夫球杆长度及口径的计量单位都是英寸（Inch，缩写为 in 或者用 """ 表示）。

"英寸"在荷兰语中的本意是大拇指，1 英寸就是一节大拇指的长度。当然，人的大拇指是长短不一的，你可以测量一下自己的大拇指长度是多少英寸。14 世纪时，英王爱德华二世颁布了"标准合法英寸"。其规定为：从大麦穗中间选择三粒最大的麦粒并依次排成一行的长度就是 1 英寸。从此便有了现在英寸的标准。

英寸尺解读：

我们以 1 英寸为例：1 英寸被分成了 16 等份，一刻线间距为英寸，刻线的长度有所不同，这是为了便于识别，线条越长，表示测量的量程越大。

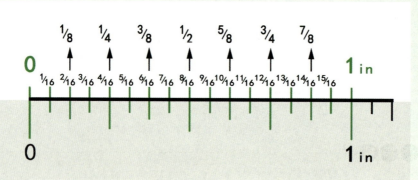

英寸尺图示

第八章 杆面倾角及杆面角定制

第一节 杆面倾角及其设定特点

难度系数：★★★

一、杆面倾角的定义

木杆及铁杆的杆面倾角是指杆头方正放置，面沟线水平，杆头底部弧度最低点着地，杆面所在的平面与杆身中心轴所形成的角度。因为木杆杆面有垂直弧度，所以木杆杆面倾角是以杆面水平中心线为基准的。一号木杆、球道木杆、铁木杆及挖起杆一般都会在杆头底部标识杆面倾角度数（图8-1-1）。

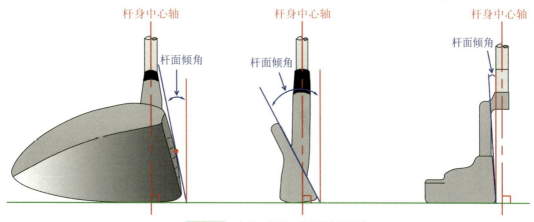

图 8-1-1 木杆、铁杆、推杆的杆面倾角

推杆的杆面倾角的定义与木杆及铁杆的类似，但推杆的杆面倾角在设计时是以靠近杆面的杆头底部所在的平面为基准的（图8-1-2）。

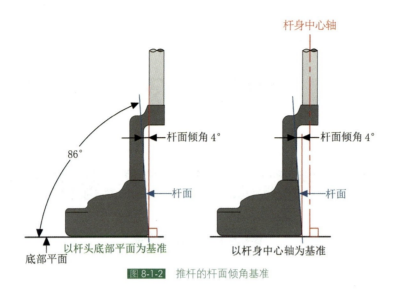

图 8-1-2　推杆的杆面倾角基准

二、木杆的杆面倾角特点

在测量木杆的杆面倾角时，需先在木杆杆面上画出杆面水半中心线，选取杆面垂直方向的中心点（杆面水平中心线和垂直中心线的交点）作为测量木杆杆面倾角的基准点（图 8-1-3）。

因为木杆杆面垂直弧度的存在，使得杆面下方杆面倾角较小，越往上杆面倾角越大，这样的杆面垂直弧度会对击球时的出球角度和后旋量产生重要影响，继而对击球距离产生影响（图 8-1-4）。球手的击球位置越靠近杆面上方，出球角度越大；越靠近杆面下方，出球角度越小（图 8-1-5）。

图 8-1-3　杆面中心点的确定　　　　　图 8-1-4　木杆杆面垂直弧度半径

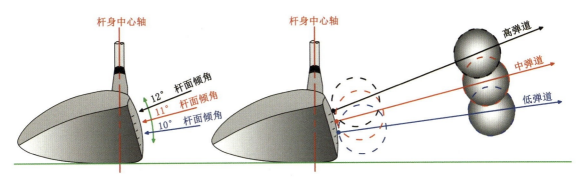

图 8-1-5　杆面垂直弧度对出球角度的影响

三、常见品牌球杆杆面倾角度数设定

从图 8-1-6 可以看到，一组铁杆的杆面倾角随着球杆号数的增大而逐渐增加。目前市面上常见球杆的杆面倾角平均角度设置如下（表 8-1）。

图 8-1-6　铁杆组随着球杆号数的增大杆面倾角逐渐增加

表 8-1　目前市场常见球杆杆面倾角角度设置

木杆型号	男子球杆	女子球杆	铁杆型号	男子球杆	女子球杆
Driver	9°～10.5°	11°～13.5°	#3	21°	—
FW3	15°	16°	#4	24°	—
FW4	17°	18°	#5	27°	26°
FW5	19°	20°	#6	30°	29°
FW7	21°	23°	#7	33°	32°
FW9	25°	26°	#8	37°	36°
U2	17°	—	#9	41°	40°
U3	19°	—	#PW	45°	44°
U4	21°	22°	#AW	52°	49°
U5	23°	25°	#SW	58°	54°
U6	25°	28°	PUTTER	3°～4°	3°～4°
U7	—	31°			

注：表内数据参考目前品牌球具的平均度数，不同品牌、不同型号会有 0.5°～2° 的差别。

四、铁杆的杆面倾角设定发展变化

一般来说，铁杆的杆面倾角越小，击球距离会越远。球具制造商为了让消费者觉得他们的球杆能将球打得比较远，会改变杆面倾角和球杆长度。现在所见到的铁杆都会比过去同样号数的球杆长，杆面倾角也都比过去的杆面倾角小很多。结果球包里的每一支铁杆都较以往至少上升了一号，甚至两号（表8-2、图8-1-7）。

表 8-2 男用铁杆组杆面倾角和球杆长度设定变化

型号	20 世纪 70 年代		20 世纪 90 年代		21 世纪 20 年代	
	杆面倾角	球杆长度	杆面倾角	球杆长度	杆面倾角	球杆长度
#2	20°	38.50 in	19°	39.50 in	—	—
#3	24°	38.00 in	22°	39.00 in	21°	39.25 in
#4	28°	37.50 in	25°	38.50 in	24°	38.75 in
#5	32°	37.00 in	28°	38.00 in	27°	38.25 in
#6	36°	36.50 in	32°	37.50 in	30°	37.75 in
#7	40°	36.00 in	36°	37.00 in	33°	37.25 in
#8	44°	35.75 in	40°	36.50 in	37°	36.75 in
#9	48°	35.50 in	44°	36.00 in	41°	36.25 in
PW	52°	35.00 in	48°	35.50 in	45°	35.75 in

注："—"代表市场上已很少生产该型号的球杆。

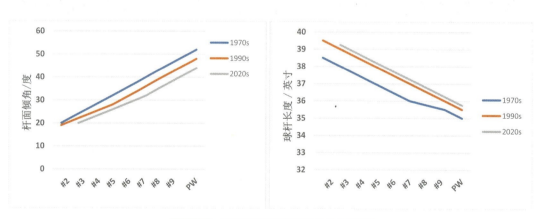

图 8-1-7 铁杆组杆面倾角及球杆长度线形图

如今 2 号铁杆基本消失了，因为杆面倾角太小，只有一些挥杆速度比较快的低差点球手还在使用。

　　铁木杆的出现很好地解决了长铁杆越来越难打的问题，按照现在品牌商设定的铁杆组的杆面倾角度数，在搭配上，建议大多数业余球手的铁杆组配备为从 5 号铁杆开始到挖起杆，再增加 2 支铁木杆、2 支球道木杆，最后是一号木杆。木杆（铁木杆、球道木杆和一号木杆）的实际杆面倾角及球杆长度需要仔细查看，并且评估确定每一支球杆的击球距离，以 5 号铁杆为基准向上和向下做好击球距离的间差设定。目前大部分 P 杆的杆面倾角为 44°，所以在 P 杆和杆面倾角为 52° 的挖起杆之间需要增加一支杆面倾角在 48° 左右的挖起杆来填补距离间差。这对于球手提升成绩是非常重要的。技师可使用"击球距离记录表"记录球手使用每支球杆时稳定的击球距离，然后查看球杆之间的增量，必要的话，针对球杆组做一些调整。

　　为了更好地在铁杆与球道木杆之间搭配铁木杆，我们给出一个可供参考的表格（表 8-3），因为现在铁杆组的杆面倾角差异较大，并且每个人击球距离的差异也较大，尤其是使用长铁杆时，所以如果要准确地进行球杆搭配，一定要进行击球距离的测试。建议一号木杆杆头速度低于 90 mph 的高差点业余球手，将长铁杆由 5 号铁杆换成相应的铁木杆，这样可以有效提高 180 码以上距离的击球稳定性。

表 8-3　铁木杆与铁杆击球距离对应关系参考表

铁木杆杆面倾角	大致铁杆号数
17°～19°	#2
19°～21°	#3
22°～23°	#4
24°～27°	#5
29°～32°	#6
32°+	#7+

第二节 动态杆面倾角及其影响因素

难度系数：★★★★

一、动态杆面倾角定义

前文所述的杆面倾角是静态下测得的角度，是杆头的固有角度参数。动态杆面倾角（Dynamic loft angle）是指击球瞬间杆面与垂直面所成的角度，它是一个动态角度，是击球时影响出球的重要参数，动态杆面倾角在击球阶段会有所改变，尤其是在偏离甜蜜点击球的情况下（图 8-2-1）。

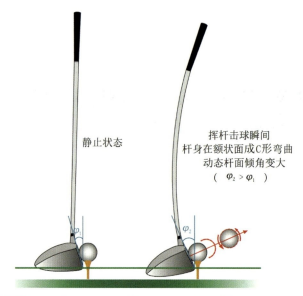

静止状态

挥杆击球瞬间
杆身在额状面成C形弯曲
动态杆面倾角变大
（ $\varphi_2 > \varphi_1$ ）

图 8-2-1 击球瞬间杆身在额状面上的弯曲对动态杆面倾角的影响

二、动态杆面倾角对击球的影响

击球瞬间的动态杆面倾角主要影响出球角度、后旋量和球速，最终影响球飞行的轨迹和距离（图 8-2-2）。合适的动态杆面倾角是使球产生最佳的弹道并获得理想飞行距离的关键因素。在球杆的定制中，木杆杆面倾角的定制主要考虑杆面倾角对出球角度、后旋量的影响，目的是达到最远的击球距离。铁杆组杆面倾角的定制是综合考虑杆面倾角对击球距离的影响，通过各型号球杆杆面倾角的合理搭配达到击球距离上的合理衔接。

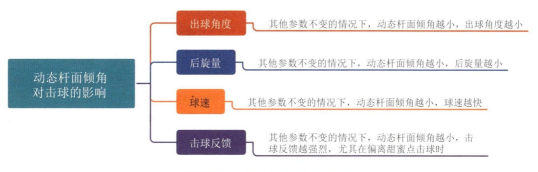

图 8-2-2　动态杆面倾角对击球的影响

　　动态杆面倾角除了影响出球角度、后旋量和球速以外，还会对击球时的反馈产生重要影响。杆面倾角越小，偏离甜蜜点击球时的反馈越强烈，因为杆面倾角越小，击球时球被压缩得越多，这样球对杆头的反作用力就越大（杆面倾角较小的杆头重量轻也是击球反馈强的原因）。同样的杆头速度下，动态杆面倾角越大，击球时球就会被压缩得越少，击球反馈也越小。

　　举例：用 4 号铁杆偏向趾部 1 英寸的位置击球和用 9 号铁杆偏向趾部 1 英寸的位置击球，4号铁杆会感觉更不扎实，击球反馈强烈，并且会损失更多的距离。相比之下，9 号铁杆击球反馈不强烈，并感觉更扎实一些，击球距离的损失也会更小。这是因为在击球时，9 号铁杆动态杆面倾角更大，击球阶段球被压缩得相对较少，出球角度和后旋量都会比较大，击球反馈不明显，当然 9 号铁杆的杆头重量更重也是感觉相对扎实的重要因素。

　　在其他条件相同的情况下，动态杆面倾角越小，击球阶段球被压缩得就会越多，球速也会越快，球的后旋量会越少；击球瞬间动态杆面倾角越大，杆面指向越向上，出球角度也会越大（图8-2-3）。

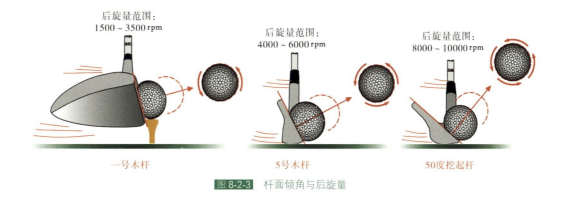

图 8-2-3　杆面倾角与后旋量

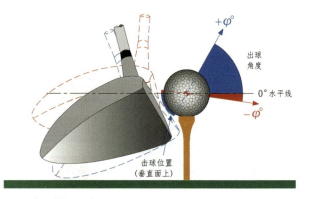

动态杆面倾角越大，杆面在球上的碰撞位置越靠近球的下方，出球角度就越大；相反，动态杆面倾角越小，球上的碰撞位置越靠上，出球角度就越小，甚至是向下（推杆击球的情况下）（图 8-2-4）。

图 8-2-4　垂直面上的动态杆面倾角对击球位置的影响

三、击球瞬间影响动态杆面倾角的因素

击球瞬间影响动态杆面倾角的因素较多（图 8-2-5），但最主要的影响因素就是杆头设定的原始杆面倾角、杆身硬度及杆身折点。

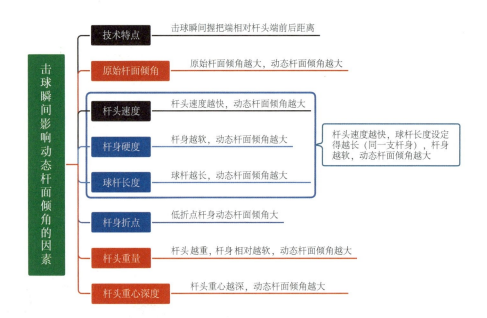

红色表示杆头固有设计参数。

蓝色表示杆身参数，杆身硬度受到球杆长度和杆头重量的影响。

黑色表示主要由运动技术能力影响的因素。

其中，杆头参数、杆身参数、球杆参数都可以通过球杆的定制来改变和调整。

图 8-2-5　击球瞬间影响动态杆面倾角的因素

在以上所有对动态杆面倾角的影响因素中，除了技术特点和原始杆面倾角以外，其他都是通过额状面上杆身的弯曲实现的。击球瞬间，杆身在额状面上的弯曲越大，动态杆面倾角就越大，反之则越小（图 8-2-6）。杆身硬度和杆身折点会对击球瞬间的动态杆面倾角产生影响，而且是较大的影响，因此，这两个也是定制时需要重点考虑的因素，尤其是木杆的定制。

动态杆面倾角 $\varphi_1 < \varphi_2 < \varphi_3$

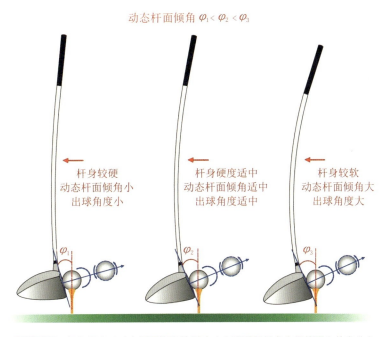

杆身较硬
动态杆面倾角小
出球角度小

杆身硬度适中
动态杆面倾角适中
出球角度适中

杆身较软
动态杆面倾角大
出球角度大

图 8-2-6　杆身硬度对动态杆面倾角的影响（击球瞬间杆身在额状面上的弯曲）

同样的杆身，杆头速度越快，相当于杆身越软。同样的杆身，球杆越短，相当于杆身裁切得越多，杆身动态 CPM 值越大，打感越硬，动态杆面倾角越小。杆头重量越重，例如一号木杆杆头贴铅片或更换较重配重后，球杆动态 CPM 值变小，杆身动态硬度降低，击球瞬间动态杆面倾角变大（图 8-2-7）。

图 8-2-7　击球瞬间不同的杆身弯曲（额状面）程度

杆身折点越低，击球瞬间动态杆面倾角越大，出球角度就越大，球的后旋量也越大（图 8-2-8）。

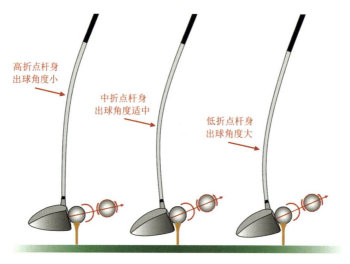

高折点杆身出球角度小

中折点杆身出球角度适中

低折点杆身出球角度大

图 8-2-8 杆身折点位置对动态杆面倾角的影响（击球瞬间杆身在额状面上的弯曲）

下杆过程中，杆头重心位置趋向于与握把端的杆身中心轴成一条直线，所以杆头重心越深，杆身在额状面上的弯曲就越大，动态杆面倾角也越大（图 8-2-9）。

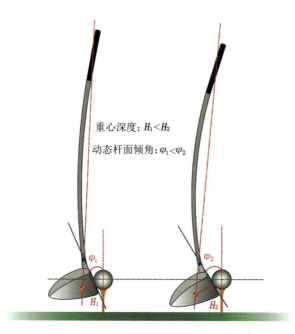

重心深度：$H_1 < H_2$

动态杆面倾角：$\varphi_1 < \varphi_2$

图 8-2-9 杆头重心深度对击球瞬间动态杆面倾角的影响

四、杆面倾角定制建议

（一）一号木杆杆面倾角定制建议

我们以一号木杆为例，一号木杆杆面倾角的定制首先要考虑的因素是杆头速度，其次是在球手击球动作稳定的情况下的杆头击球轨迹（攻击角度），最后是球杆长度和杆身对出球角度、出球方向和后旋量的综合影响，这几个因素共同决定了一号木杆的击球距离。

下面给出根据一号木杆的杆头速度来选择合适的杆面倾角的建议（表8-4），这可作为业余球手的参考。目前市场上常见的一号木杆杆面倾角对大多数挥杆速度较慢的业余球手来说都有些偏小，尤其是挥杆速度较慢的女士。

表8-4　一号木杆杆面倾角选择建议

一号木杆杆头速度	建议一号木杆杆面倾角	适合人群
50±5 mph	15.5 °±1 °	青少年
60±5 mph	14.5 °±1 °	青少年
70±5 mph	13.5 °±1 °	女士、青少年
80±5 mph	12.5 °±1 °	女士
90±5 mph	11.5 °±1 °	男士、女士
100±5 mph	10.5 °±1 °	男士
105 mph 及以上	9.5 °±1 °	男士

在球手使用一号木杆挥杆技术动作较为稳定的情况下进行杆面倾角的定制，就需要综合考虑出球角度和后旋量对击球距离的影响。现在，市场上大部分一号木杆杆头都设计有可调节的杆颈套管，这大大方便了定制和调整。一号木杆杆面倾角的定制要充分考虑杆身的影响，高水平球手定制一号木杆时需要综合考虑其击球时的杆头速度、击球角度、球速、出球角度和后旋量这五个因素。在杆身长度和球杆长度确定后，杆头速度会是一个相对比较稳定的值。在球手的技术动作比较稳定的情况下，击球角度和球速会较为一致。那么影响一号木杆击球距离的主要因素就是出球角度和后旋量，在其他条件不变的情况下，这两个因素主要是由杆面倾角决定的，所以杆面倾角的定制是球杆击球距离最为重要的参数。下面提供一些参数（表8-5），为一号木杆杆面倾角的定制提供参考。

表8-5　一号木杆杆面倾角定制参数

杆头速度	攻击角度	球速	出球角度	旋转量	落点距离	总距离
75 mph	−5 °	104 mph	14.6 °	3270 rpm	143 yd	178 yd
	0 °	107 mph	16.3 °	3120 rpm	154 yd	191 yd
	+5 °	108 mph	19.2 °	2720 rpm	164 yd	199 yd
90 mph	−5 °	129 mph	11.1 °	3690 rpm	191 yd	226 yd
	0 °	131 mph	13.4 °	3090 rpm	203 yd	240 yd
	+5 °	132 mph	16.4 °	2630 rpm	214 yd	250 yd

续表

杆头速度	攻击角度	球速	出球角度	旋转量	落点距离	总距离
	−5°	152 mph	8.7°	3680 rpm	237 yd	269 yd
105 mph	0°	154 mph	11.2°	3040 rpm	251 yd	285 yd
	+5°	155 mph	14.5°	2560 rpm	263 yd	296 yd
	−5°	176 mph	6.1°	3430 rpm	281 yd	315 yd
120 mph	0°	178 mph	9.3°	2890 rpm	296 yd	330 yd
	+5°	179 mph	12.6°	2340 rpm	310 yd	343 yd

注：落点距离是在海平面、无风的情况下使用巡回赛用球计算得出的。

　　"一号木杆杆面倾角定制参数"表使用方法建议：对于使用一号木杆击球比较稳定的高水平球手，杆头速度、杆头轨迹（攻击角度）、球速是比较稳定的挥杆参数，这三个值基本确定后查看对应合适的出球角度，因为杆头原始的杆面倾角是影响出球角度最大的因素。这里需要注意的是，不要试图通过改变球手的挥杆方式来调整击球时球的旋转量，这并不是工坊的技师该做的，我们应查看影响后旋量的因素，再通过调整杆头重心位置（一号木杆杆头可调节的情况下，配重靠近杆面出球角度变低，配重远离杆面出球角度变高）或通过调整杆身硬度及杆身折点来做修正。

　　在球速一定的情况下，合适的后旋量和出球角度使球在空中飞行时产生一个适中的弹道，进而会产生最大的飞行距离。图8-2-10显示，在相同的出球角度、相同球速、不同后旋量的情况下，球的弹道不同。从可打性的角度来看，球杆的击球弹道越低，球杆越难打。杆面倾角的定制除了需要考虑击球距离以外，还需要考虑球手是否可以更加容易和精确地击球，尤其是长铁杆、球道木杆和一号木杆的定制。偏离甜蜜点的击球，弹道偏低，相比有着更高弹道的击球，这会让球手感觉更加不扎实，也会损失更多的距离。

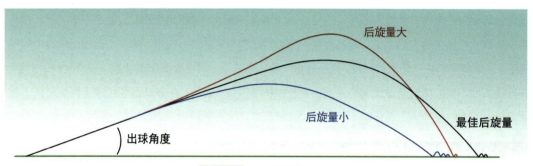

图 8-2-10　后旋量对击球距离的影响

　　在球手挥杆技术动作稳定的情况下，一号木杆定制理想的标准如下：

　　（1）合适的球杆长度及重量搭配，实现更高的甜蜜点命中率；

　　（2）球速、出球角度、后旋量合理搭配，实现最远的击球距离；

　　（3）很好的挥杆感觉，包括重量的感觉、硬度的感觉。

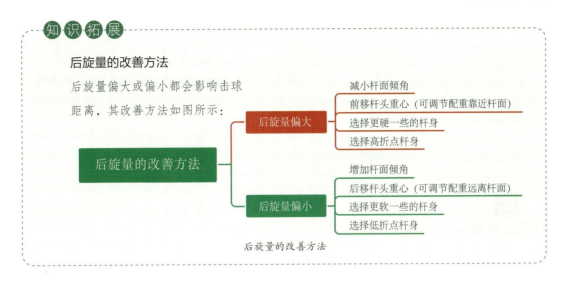

后旋量的改善方法

（二）整套球杆杆面倾角搭配

杆面倾角是影响击球距离最主要的因素，因此在一套球杆的搭配上，杆面倾角是需要重点考虑的参数。一套有着合理的杆面倾角搭配的球杆，能够使球手在距离上有比较准确的把控，是影响成绩的重要因素。

除了一号木杆以外，其他球杆杆面倾角的定制首先要考虑的是击球距离（落点距离及滚动距离），这需要对整套球杆的参数进行测量并进行初步评估。

测量整套球杆参数并记录（图 8-2-11）。这里重点分析影响击球距离的杆面倾角和球杆长度两个

CLUB SPECIFICATION 球杆数据	WOODS			UT		IRONS							WEDGES			PUTTER
	W1	W3	W5			#4	#5	#6	#7	#8	#9	#P				
Head Brand/杆头品牌	Iwaki															
Head Model /杆头型号	XV															
Head Weight/杆头重量	196g															
Loft Angle/杆面倾角	10.5˚															
Lie Angle/杆颈角	58˚															
Shaft Model/杆身型号	FUBUK															
Weight&Flex/杆身重量硬度	50SR															
Grip Model/握把型号	WMCS															
Grip Weight/握把重量	50g															
Grip Size/握把尺寸	Std. ☑ + ___			Std. ☐ + ___		Std. ☐ + ___ - ___							Std. ☐ + ___ - ___			
Club Length/球杆长度	46˚															
组装前杆重量																
Swingweight/挥杆重量																
Total Weight/球杆总重																
CPM/震动频率																

GOLF CLUB FITTING CHART
高尔夫球杆量身定制记录单

日期：___年_月_日

Name 姓名 王X　　Sex: Male ☑男 Female □女　　Birthdate 出生日期：___年_月_日　　Age 年龄：___yrs.　　Hand Golfer RH/LH 惯用手：☑右 □左　　Phone 电话：___
Height 身高：178 cm　　Wrist to Floor 手腕到地面高度：___ cm　　Weight 体重：___ kg　　Palm length 手掌长度：___ in.　　Middle Finger Length 中指长度：___ in.　　Foot Length 脚长：___ 码

Handicap 差点：□0-9 □10-20 □21-30 □31以上 □初学　　Average number 平均打球轮：___次/月　　Hand Grip Strength 左手握力：___kg 右手握力：___kg　　运动伤病：___
Driver Head Speed 一号木杆速度：□M/S □MPH □KM/H　　Carry Distance 150yard 150码落点距离使用___杆　　Swing Rhythm 挥杆节奏：□快 □普通 □慢　　手腕释放：□集中 □均匀 □缓慢

技师建议：一号木杆身重量范围___--___g　　一号木杆身硬度（ ）（ ）　　铁杆杆身材质：□碳素 □钢制　　铁杆杆身重量范围___g

Comment 备注：　　Price 定制金额　　Signature 技师签名

☆1mph=0.447m/s；☆1km/h=0.278m/s；☆1km/h=0.935mph

图 8-2-11　高尔夫球杆量身定制记录单样单

参数，初步判断可能存在的问题，如杆面倾角间差是否合适、球杆长度间差是否合适等。

进行实际的击球距离测量并记录分析（图 8-2-12），看落点距离的间差是否合适。这里重点记录分析落点距离和总距离。以铁杆组落点间差 10 码为依据，铁杆组可以通过调整杆面倾角的方式来达到这样的距离间差。当球手挥杆速度慢或击球不稳定导致长铁杆（如 4 号或者 5 号铁杆）无法达到有效的击球距离时，可将长铁杆替换成铁木杆。

GOLF ENERGY #Professional Tools

球杆量身定制动态数据采集记录分析表

日期：____年__月__日

Name 姓名：	Sex: Male Female 性别：□男 □女	Hand Golfer RH/LH 惯用手 □右 □左	Birthdate 出生日期：__年__月__日	Age 年龄：___yrs.	Height 身高：___cm	Weight 体重：___kg

球杆品牌	球杆号数	Loft Angle 杆面倾角	Shaft Model 杆身型号	Shaft Weight &Flex 杆身重量硬度	Club Length 球身长度	Club Speed 杆头速度	Ball Speed 球速	Smash Factor 击球效率	Carry Distance 落点距离	Total Distance 总距离	Dynacic Loft 动态杆面倾角	Attack Angle 攻击角度	Launch Angle 出球角度	Spin Rate 后旋量	Club Path 杆头路径	Face Anlge 杆面角	Launch Direction 出球方向	Face to Path 杆面角与杆头路径夹角
		°			"				y	y	°	°	°		°	°	°	°
		°			"				y	y	°	°	°		°	°	°	°
		°			"				y	y	°	°	°		°	°	°	°
		°			"				y	y	°	°	°		°	°	°	°
		°			"				y	y	°	°	°		°	°	°	°
		°			"				y	y	°	°	°		°	°	°	°
		°			"				y	y	°	°	°		°	°	°	°
		°			"				y	y	°	°	°		°	°	°	°
		°			"				y	y	°	°	°		°	°	°	°
		°			"				y	y	°	°	°		°	°	°	°
		°			"				y	y	°	°	°		°	°	°	°
		°			"				y	y	°	°	°		°	°	°	°
		°			"				y	y	°	°	°		°	°	°	°

Comment 备注：

图 8-2-12　球杆量身定制动态数据采集记录分析表样表

第三节　杆面角及其影响因素

难度系数：★★★

一、初始杆面角定义及设置特点

　　球杆初始设定的杆面角相对较难定义，这是因为可以通过杆颈中心轴的转动来改变杆面方向，以达到杆面关闭及打开的目的。一般来说，我们认为铁杆及推杆原始设定的杆面角为 0°，只有体积较大的一号木杆会设计关闭一些的杆面（图 8-3-1）。这是因为体积较大的一号木杆杆头重心较深、击球距离较远，下杆过程中杆面难以回正，所以杆面会设计得关闭一些，以避免出球方向偏右，尤其是目前市场上一些防右曲的一号木杆，杆面设计得更为关闭。

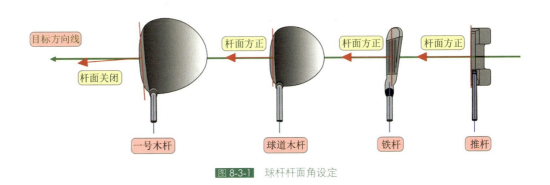

图 8-3-1　球杆杆面角设定

　　在杆面角的初始设定上，有些品牌会标出木杆的杆面角，通常以 "A°+Open" 或 "A°+Close" 的形式标识。目前市场上只有少数品牌的木杆表会标出原始设定的杆面角。

　　目前市场上的木杆大多设计有可调节的套管，不同品牌设计的杆颈套管调节角度都会有所不同，但主要改变的就是三个参数：杆面倾角、着地角和杆面角。一般杆面倾角改变后木杆的杆面角会有所变化。下面我们以某款可以调节杆面倾角、杆面角、杆颈角的一号木杆为例（图 8-3-2），来看杆面倾角和杆面角在设定上的关系。

　　不同品牌的调节套管设计的调节角度及方式会有所差异，具体还需要查看品牌的调节表或通过仪器测量。

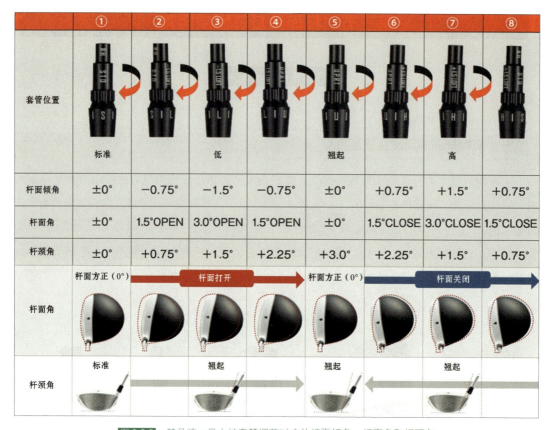

	①	②	③	④	⑤	⑥	⑦	⑧
套管位置	标准		低		翘起		高	
杆面倾角	±0°	−0.75°	−1.5°	−0.75°	±0°	+0.75°	+1.5°	+0.75°
杆面角	±0°	1.5°OPEN	3.0°OPEN	1.5°OPEN	±0°	1.5°CLOSE	3.0°CLOSE	1.5°CLOSE
杆颈角	±0°	+0.75°	+1.5°	+2.25°	+3.0°	+2.25°	+1.5°	+0.75°
杆面角	杆面方正（0°）	杆面打开 →			杆面方正（0°）	杆面关闭 →		
杆颈角	标准		翘起		翘起		翘起	

图 8-3-2　某品牌一号木杆套管调节对应的杆面倾角、杆面角和杆颈角

　　木杆所设置的杆面角会对击球时的出球方向产生影响，准备动作时可通过转动杆身来使杆面关闭一些或打开一些，最终影响出球方向的依然是击球瞬间的杆面角。

二、木杆杆面水平弧度对杆面角的影响

　　由于木杆杆面存在水平弧度，杆面方正是指杆面垂直中心线位置的杆面角为0°，越靠近跟部，杆面越关闭（为负值），越靠近趾部，杆面越打开（为正值）。击球瞬间杆面方正的情况下，击球位置越靠近趾部则出球方向越偏右，杆面击球位置越靠近跟部则出球方向越偏左，这是由杆面的水平弧度造成的（图8-3-3）。

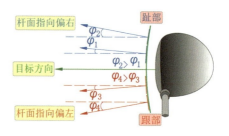

图 8-3-3　杆面的水平弧度对杆面角的影响

三、动态杆面角释义

　　击球瞬间的动态杆面角是指杆面指向在水平面上的投影与目标线所成的角度，指向目标线左侧即为杆面关闭，指向目标方向为杆面方正，指向目标线右侧即为杆面打开（图8-3-4）。具体打开或关闭的程度用度数来表示，即动态杆面角度数。

　　击球瞬间杆头做加速运动，杆身在水平面上呈反 C 形弯曲，这样的弯曲会使杆面关闭（图8-3-5）。一支硬度适中的一号木杆杆身会在击球瞬间让杆面关闭约 1°～ 2°。

　　击球瞬间杆面角度方正，即动态杆面角为 0°；杆面关闭用 L 表示，关闭的度数为负值，例如，击球瞬间杆面关闭 3.2° 的表达方式为"-3.2 °L"；杆面打开用 R 表示，打开的度数为正值，例如，击球瞬间杆面打开 2.5° 的表示方式为 "+2.5 °R"。

　　击球瞬间的动态杆面角对出球方向的影响最大。当然这需要专业的测量仪器来测得，并推算出击球瞬间的动态杆面角及动态杆面倾角等数据参数。

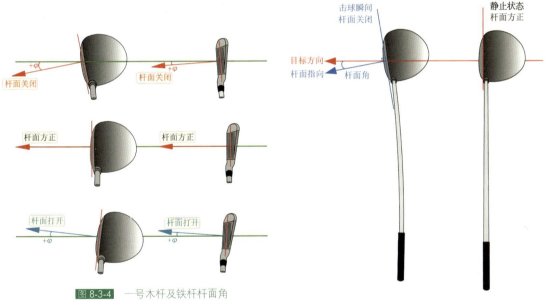

图 8-3-4　一号木杆及铁杆杆面角

图 8-3-5　击球瞬间杆身在水平面上的弯曲使杆面偏向于关闭（杆身越软，杆面关闭越多）

四、动态杆面角对击球的影响

动态杆面角度不同对击球瞬间杆面与球的接触位置，也就是与球在水平面上的碰撞点会有所不同。当杆面关闭时，杆面与球的碰撞点会在目标线的外侧；当杆面打开时，杆面与球的碰撞点会在目标线的内侧（图8-3-6）。

击球瞬间，杆面越关闭，杆面与球的碰撞位置越靠近外侧，出球方向越偏左；相反，杆面越打开，杆面与球的碰撞位置越靠近内侧，出球方向越偏右。

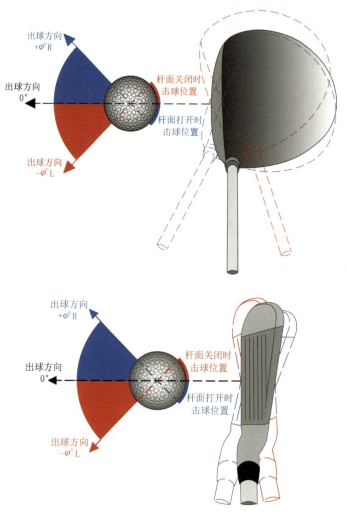

图 8-3-6 水平面上动态杆面角对击球位置及出球方向的影响

五、击球瞬间动态杆面角的影响因素

杆头速度、杆身硬度、杆头重量等都会对击球瞬间杆身的弯曲程度产生影响，进而影响动态杆面角（图 8-3-7）。杆身硬度对击球方向的影响在实际的击球表现中并不特别明显，尤其是对于挥杆动作不稳定的业余球手来说。原因是杆头速度较快的球手在使用较软杆身时，其手腕部的加速度也相对较快，使击球瞬间杆头与手的相对位置发生改变，这对于击球方向的影响更为重要。

在以上影响因素中，杆头重量对击球瞬间杆面角的影响较为复杂。杆头越重，一方面动态杆身硬度越小，杆身在水平面上的弯曲越多，杆面更趋于关闭；另一方面杆身在矢状面上的弯曲越多，动态着地角越大，杆面更趋于开放。杆身在这两个面上的弯曲特点会使杆面角更趋于方正。

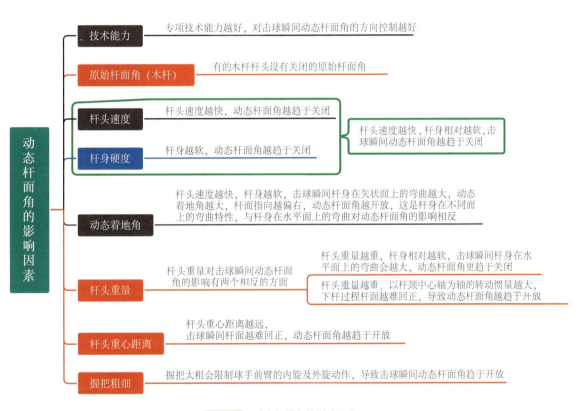

图 8-3-7　动态杆面角的影响因素

第四节　影响动态杆面倾角及杆面角的其他因素

难度系数：★★★★★

一、杆面后移对动态杆面倾角及杆面角的影响

杆面后移量的大小直接影响杆头重心的位置，后移量越大，杆头重心越深（图 8-4-1）。击球瞬间，杆身在额状面上的 C 形弯曲越大，杆头动态杆面倾角就会更大，这使出球角度增加，后旋量增加。在下杆阶段，杆面后移为杆面回正留有更多的时间和空间，使击球瞬间杆身在水平面上的弯曲相对更多，杆面更趋于关闭，减少出球方向偏右和右曲球倾向。

杆面后移量越大，击球准备阶段，球杆在放置时杆面会更趋于关闭，这样更加强化了出球方向偏左的倾向。

有些球具品牌会在球杆参数表中标注杆面后移量，铁杆杆面后移量一般会随着铁杆号数的增加而减少（表 8-6），有些甚至到了挖起杆杆面前缘或突出于杆颈前缘。另外，在铁杆组杆面后移量的设计上，一般针对高差点球手的杆头，杆面后移量会相对较大，针对低差点球手的刀背杆头杆面后移量相对较小。

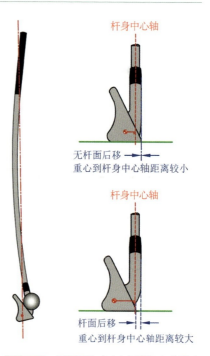

杆身中心轴

无杆面后移
重心到杆身中心轴距离较小

杆身中心轴

杆面后移
重心到杆身中心轴距离较大

图 8-4-1　杆面后移对动态杆面倾角的影响

表 8-6　铁杆组杆头参数举例

型号	杆面倾角	杆颈角	杆面后移量	挥杆重量
#3	19.0°	60.5°	3.9 mm	D2
#4	21.0°	61.0°	3.6 mm	D2
#5	23.5°	61.5°	3.3 mm	D2
#6	26.5°	62.0°	3.0 mm	D2
#7	30.5°	62.5°	2.7 mm	D2
#8	35.0°	63.0°	2.4 mm	D2
#9	40.0°	63.5°	2.1 mm	D2
PW	45.0°	64.0°	1.8 mm	D3
AW	50.0°	64.0°	1.6 mm	D3

P790 铁杆

型号	杆面倾角	杆面角	杆面后移量	挥杆重量
#2	19.0°	60.0°	2.5 mm	D2
#3	21.0°	60.5°	2.3 mm	D2
#4	24.0°	61.0°	2.0 mm	D2
#5	27.0°	61.5°	1.8 mm	D2
#6	30.0°	62.0°	1.5 mm	D2
#7	34.0°	62.5°	1.3 mm	D2
#8	38.0°	63.0°	1.3 mm	D2
#9	42.0°	63.5°	1.3 mm	D2
PW	46.0°	64.0°	1.3 mm	D2
GW	50.0°	64.0°	1.3 mm	D3

MB 铁杆

二、杆面角、杆面倾角及反弹角的关系

这里我们要解释一下杆面指向的定义：杆面指向是一个三维概念，指杆面所指的方向（图 8-4-2）。杆面角是在水平面上的二维角度，杆面倾角是在垂直面上的二维角度。杆面指向也是击球阶段影响杆面与球作用力方向的主要因素，它影响出球角度和出球方向。

杆面指向由两个因素决定：杆面倾角和杆面角。杆面倾角越大，杆面指向越向上；相反，杆面指向就越平。杆面角越关闭，杆面指向越向左（相对于目标方向），相反，杆面指向就越向右。

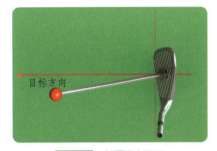

目标方向

图 8-4-2　杆面指向图示

（一）杆面倾角调整对反弹角和杆面后移的影响

当铁杆在角度调整器上被改变杆面倾角的时候，其杆头的一些原始设计的规格参数会发生改变。举例（图 8-4-3）：一支杆面倾角为 27° 的 5 号铁杆，当杆面倾角增加 3° 时，底部反弹角增加 3°，杆面前移；当杆面倾角调小 3° 时，底部反弹角减小 3°，杆面后移。同时，杆头重心位置也会发生改变。当杆面倾角调小 3° 时，底部会出现−3° 的反弹角，这会导致球杆有一个铲地角，向下击球时会出现更多打入地面的趋势。所以，在调整杆面倾角时，需要考虑该球杆原有的底部角度。

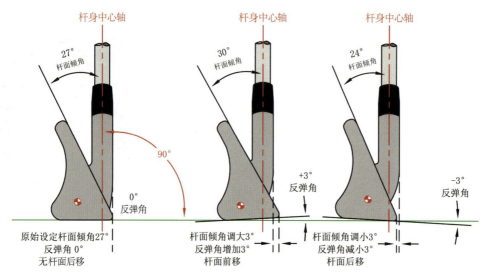

图 8-4-3 杆面倾角调大及调小 3° 对反弹角的影响

铁杆组杆头底部大都设计有一定的反弹角，不同品牌的铁杆及挖起杆杆头底部反弹角度数以及杆面偏移量的设定差异较大，尤其是挖起杆底部形状和反弹角度数的设置，一般有同一杆面倾角的挖起杆会有不同的杆头底部设计以及不同的反弹角度供选择，下面我们就分别举例来看铁杆组和挖起杆的杆面倾角和反弹角度的设置规律。

一般铁杆组杆头底部反弹角度数会随着杆面倾角度数的增加而增加，杆面后移量会随着杆面倾角度数的增加而减少（表 8-7）。

型号	杆面倾角	杆颈角	反弹角	杆面后移量
#3	21.0°	59.5°	2.0°	0.102 in
#4	24.0°	60.0°	2.0°	0.098 in
#5	27.0°	60.5°	2.0°	0.094 in
#6	30.0°	61.0°	3.0°	0.091 in
#7	34.0°	61.5°	3.0°	0.087 in
#8	38.0°	62.0°	4.0°	0.083 in
#9	42.0°	62.5°	5.0°	0.079 in
PW	46.0°	63.0°	6.0°	0.075 in

表 8-7 铁杆组杆头杆面倾角、杆颈角、反弹角和杆面后移量的变化举例

MP18 铁杆

挖起杆底部会有不同的外型设计，反弹角的设置也比较多（表8-8）。

表8-8 某品牌挖起杆杆头参数举例

杆面倾角	杆头底部外形类别	杆颈角	反弹角
48°	F	64°	8°
50°	F	64°	8°
50°	F	64°	12°
52°	F	64°	8°
52°	F	64°	12°
54°	M	64°	8°
54°	S	64°	10°
54°	F	64°	14°
56°	M	64°	8°
56°	S	64°	10°
56°	F	64°	14°
58°	L	64°	4°
60°	L	64°	4°
60°	K	64°	12°

注：S、M、L、D、F、K为杆头底部外形设计的不同标识。

当铁杆的杆面倾角被改变时，对于球手来说，在击球准备姿态下，杆面相对杆颈的位置会出现变化，这是杆面后移量的变化导致的，是击球准备的情况下给球手带来的视觉变化，但影响相对较小，不容易被察觉，尤其是杆面倾角增加或者减小大约1°时。调整杆面倾角带来的第二个改变是对杆头底部反弹角的改变（图8-4-4）。

铁杆及挖起杆调整杆面倾角对杆头重心位置的影响较小。

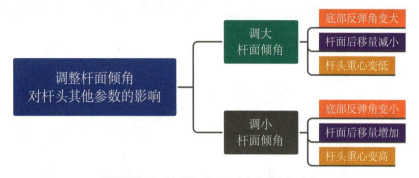

图 8-4-4 调整杆面倾角对杆头其他参数的影响

知识拓展

推杆不建议调整杆面倾角的原因

推杆杆面倾角不仅以杆身中心轴所在的面为基准，还以杆头底部平面为基准，推杆杆面倾角都较小，一般为 3° ~ 6°，杆头底部均为平的，这也为在果岭上摆动推杆提供了保障。如下图，当调整推杆的杆面倾角时，杆身位置不变，杆头底部前缘或者后缘翘起，这会影响正常的推杆，所以推杆的杆面倾角不建议调整，尤其是杆头较大、尾部较长的推杆。

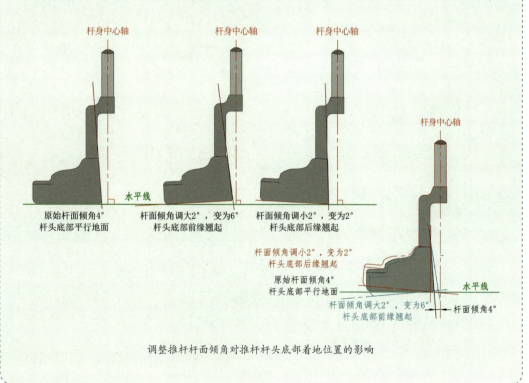

调整推杆杆面倾角对推杆杆头底部着地位置的影响

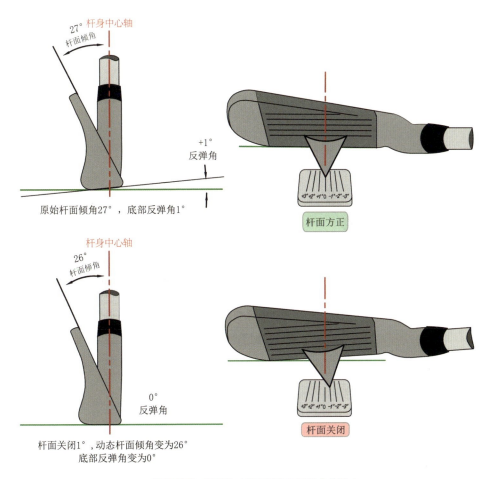

（二）杆面角对反弹角及杆面倾角的影响

习惯性右曲的球手可能会在击球准备时选择轻微地关闭杆面，使出球方向偏向左侧，以弥补习惯性的右曲球路（右手型球手）。当杆面关闭时，杆面倾角减小，同时杆头底部反弹角也会改变。我们以一支杆面倾角为27°、反弹角为1°的5号铁杆为例，当杆面关闭1°时，杆面指向偏向左侧，并且底部反弹角减少至0°，杆面倾角相应也会减小，接近26°（实际杆面倾角大约减少0.9°，图8-4-5）。当一支56°挖起杆杆面打开10°时，实际会增加约6°的杆面倾角。

击球瞬间，当杆面关闭时，球的出球角度会减小，底部反弹角也会减小，进而有打深的趋势。相反，当杆面打开时，出球角度会增加，底部反弹角也会增加，这也是沙坑杆击球时常用的方式，可以使出球角度更高以便将球打出沙坑。

图 8-4-5　杆面角对杆面倾角及反弹角的影响

第九章　杆颈角及着地角定制

第一节　杆颈角与着地角的定义与差别

难度系数：★★★

一、杆颈角

杆颈角是指在杆头方正放置，面沟线水平，杆头底部弧面最低点着地时，杆颈中心轴或杆身中心轴与水平面所成的夹角。杆颈角是杆头设计的重要参数之一，是杆头固有的角度属性。木杆及铁杆的杆颈角均设置在杆头的杆颈处（图 9-1-1），有些推杆的杆颈角是通过杆身前端的弯曲来设定的（图 9-1-2）。

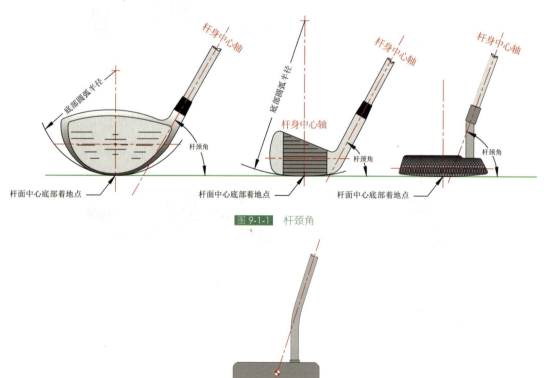

图 9-1-1　杆颈角

图 9-1-2　通过杆身前端的弯曲来设定杆颈角的推杆

二、球杆杆颈角设置规律

球杆越短，球手处于准备姿势时杆头越靠近身体，要保证杆面的方正则需要球杆有更大的杆颈角度来与之适应，所以一组球杆的杆颈角度会随着球杆长度的减小而增大（图 9-1-3）。

市场常见的球杆杆颈角度及球杆长度设定如下（表 9-1、表 9-2）。

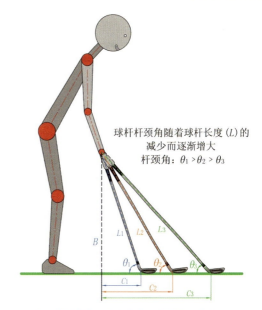

球杆杆颈角随着球杆长度 (L) 的
减少而逐渐增大
杆颈角：$\theta_1 > \theta_2 > \theta_3$

注：球杆越长，C 值越大，杆颈角就越小。

图 9-1-3　球杆长度对杆颈角的影响

表 9-1　市场常见的男士球杆杆颈角及球杆长度设定

木杆型号	杆颈角	球杆长度（碳素纤维杆身）	铁杆及推杆型号	杆颈角	球杆长度（钢杆身）
Driver（9°~10.5°）	58.0°	45.0~46.0 in	#4	60.5°	38.75 in
FW3（15°）	58.0°	43.0 in	#5	61.0°	38.25 in
FW5（18°）	59.0°	42.0 in	#6	61.5°	37.75 in
FW7（21°）	59.5°	41.5 in	#7	62.0°	37.25 in
FW9（25°）	60.0°	41.0 in	#8	62.5°	36.75 in
U2（17°）	59.0°	41.0 in	#9	63.0°	36.25 in
U3（19°）	59.5°	40.5 in	PW	63.5°	35.75 in
U4（21°）	60.0°	40.0 in	AW	64.0°	35.50 in
U5（23°）	60.5°	39.5 in	SW	64.5°	35.25 in
U6（25°）	61.0°	39.0 in	PT	72.0°	34.00 in

注：不同品牌及不同型号的铁杆杆颈角度数都会有所差异，目前杆颈角度数设置一般有两种，一种是 3 号杆至 P 杆杆颈角度数的间差都是 0.5°；另一种是长铁杆杆颈角度数间差为 1°，短铁杆杆颈角度数间差为 0.5°。具体还需要以品牌参数表或实际测量为准。杆颈角的设置一定要和球杆长度共同考虑。

木杆型号	杆颈角	球杆长度（碳素纤维杆身）	铁杆及推杆型号	杆颈角	球杆长度（碳素纤维杆身）
表 9-2 市场常见的女士球杆杆颈角及球杆长度设定					
Driver（11.5°～13.5°）	59.0°	43.5 ～ 44.5 in	#5	61.0°	37.50 in
FW3（16°）	58.0°	42.0 in	#6	61.5°	37.00 in
FW5（18°）	59.0°	41.0 in	#7	62.0°	36.50 in
FW7（23°）	59.5°	40.5 in	#8	62.5°	36.00 in
FW9（26°）	60.0°	40.0 in	#9	63.0°	35.50 in
U4（22°）	60.0°	39.0 in	PW	63.5°	35.00 in
U5（25°）	60.5°	38.5 in	GW	63.5°	34.50 in
U6（28°）	61.0°	38.0 in	SW	63.5°	34.25 in
U7（31°）	61.5°	37.5 in	PT	72.0°	33.00 in

三、着地角的定义及其与杆颈角的区分

目前，国内无论是工坊的技师还是球具品牌商，对杆颈角的称呼都非常多，例如杆颈躺角、躺角、底角、着地角、杆身等，为了能更加准确地分析杆颈角与定制的关系，我们在这里统一使用两个角度概念——杆颈角和着地角。

杆颈角的概念前文已经描述过了，这里重点说一下着地角。着地角分为静态着地角和动态着地角（图 9-1-4）。静态着地角是指在准备姿态时杆颈中心轴与水平面所成的夹角。动态着地角是指击球瞬间，杆颈中心轴与水平面所成的夹角。同一支球杆，动态着地角一般会比静态着地角大。这是由击球瞬间杆身在矢状面上的弯曲造成的。

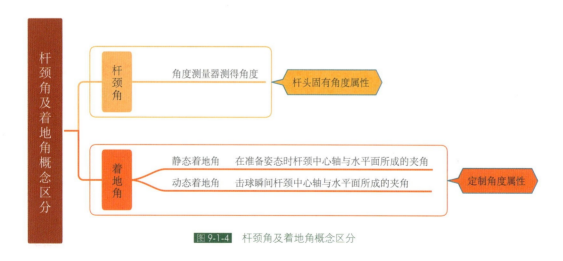

图 9-1-4　杆颈角及着地角概念区分

杆颈角是球杆的固有角度，是杆头出厂时的设定值，不会因为使用者的不同而不同。而着地角则是定制属性，同样一支球杆，杆颈角不变，但使用者不同，静态着地角可能会有所不同。例如，一支 7 号铁杆，球杆长度 37 英寸，杆颈角 62°，一位身高 185 厘米的球手使用，着地角可能是 67°，一位身高 160 厘米的球手使用，着地角可能是 59°，所以需要为球手定制合适的杆颈角，以便使杆颈角与着地角相适应。

同一支球杆，球手较矮，手腕到地面距离较小，则球杆着地角较小（图 9-1-5 左图）；球手较高，手腕到地面距离较大，球杆着地角较大（图 9-1-5 右图）。

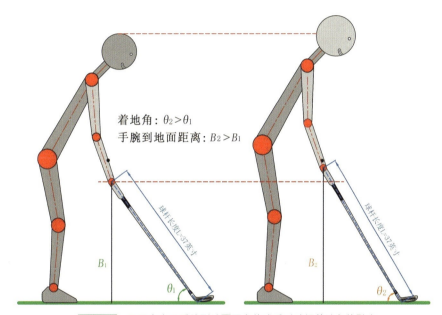

着地角：$\theta_2 > \theta_1$
手腕到地面距离：$B_2 > B_1$

图 9-1-5　不同身高及手腕到地面距离的球手对球杆着地角的影响

着地角定制的目的就是让球杆设定的杆颈角与使用者挥杆时的动态着地角尽量接近，以使杆面指向与目标方向一致。

第二节 着地角对击球的影响及动态着地角的影响因素

难度系数：★★★★

一、着地角对击球的影响

着地角对击球产生的影响，主要是当着地角改变时，会相应地改变杆面指向，而杆面指向决定了杆面角，继而影响出球方向（图9-2-1）。当着地角太大时（杆头跟部翘起），杆面指向偏右，出球方向将偏向右侧；当着地角太小时（杆头趾部翘起），杆面指向偏左，出球方向将偏向左侧。杆面倾角越大，着地角对击球的影响就越大。

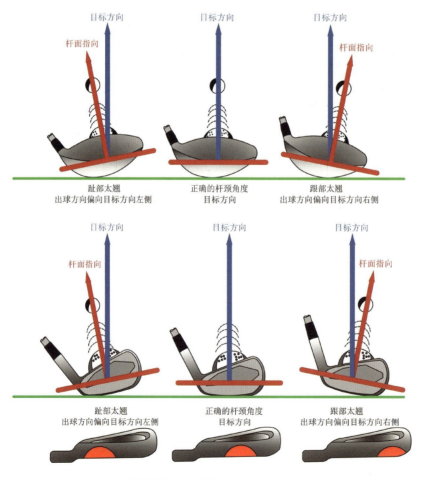

图9-2-1 着地角对出球方向的影响

若着地角度不合适，尽管球手感觉杆面始终瞄向目标方向，但出球方向会偏离目标方向。杆面倾角越大，对出球方向和侧旋量的影响也越大。为了更好地解释着地角对杆面指向的影响，笔者设计了一个"着地角杆面方向指示器"，通过调整指示器上杆头的着地角来看杆面指向与目标线的关系，这样可以直观明确地得知杆面方向（图9-2-2）。

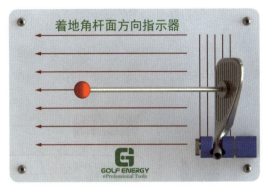

着地角合适，杆面面沟线与地面平行，杆面指向与目标线一致。

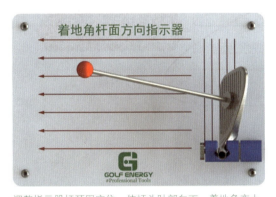

调整指示器杆颈固定位，使杆头趾部向下，着地角变大，可看到杆面指示方向杆偏向右侧，也就是说杆面指向偏向了右侧。

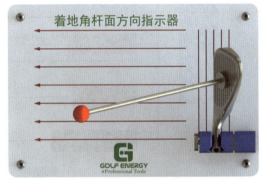

调整指示器杆颈固定位，使杆头趾部翘起，着地角变小，可看到杆面指示方向杆偏向左侧，也就是说杆面指向偏向了左侧。

图 9-2-2　着地角杆面方向指示器

 知识拓展

上、下坡球位击球时着地角对方向的影响

上坡位击球（球高脚低）：上坡球位击球时，球手的身体要更为直立，这样才能确保杆面面沟线与斜坡地面平行，杆面指向方正。从着地角对杆面指向的影响可以知道，相对于水平地面，这样的斜坡会导致杆面指向偏左，继而导致击球方向偏左。

下坡位击球（脚高球低）：下坡球位击球时，球手的膝关节及髋关节需要弯曲及前倾以确保杆面面沟线与斜坡地面平行，杆面指向方正。从着地角对杆面指向的影响可以知道，相对于水平地面，这样的斜坡会导致杆面指向偏右，继而导致击球方向偏右。

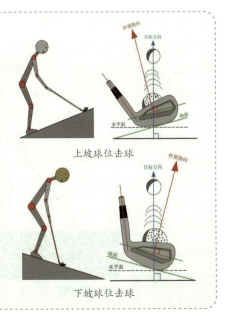

上坡球位击球

下坡球位击球

二、动态着地角的影响因素

在击球瞬间，动态着地角受杆身在矢状面上弯曲程度的影响。杆身在矢状面上的弯曲越大，动态着地角就会越大。动态着地角的影响因素如图 9-2-3 所示。

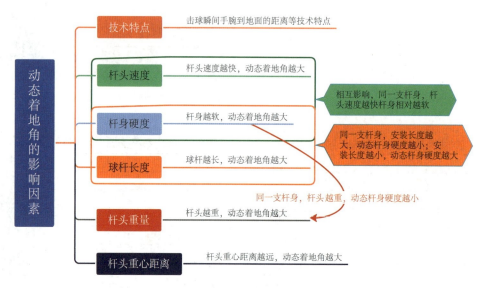

图 9-2-3　动态着地角的影响因素

杆身越软，挥杆击球瞬间杆身在矢状面上的弯曲越大，动态着地角就越大（图 9-2-4）。下杆击球前，由于杆头离心力使杆头重心位置趋向与杆身弯曲在一个轴线上（图 9-2-5），弯曲的程度取决于杆身硬度、杆头速度、球杆长度、杆头重量和杆头重心距离。在一套球杆中，越是短杆，击球瞬间杆身在矢状面上的弯曲程度越小。

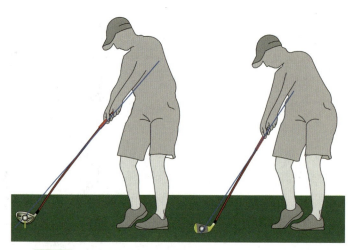

图 9-2-4　击球瞬间杆身在矢状面上的弯曲对杆头着地角的影响

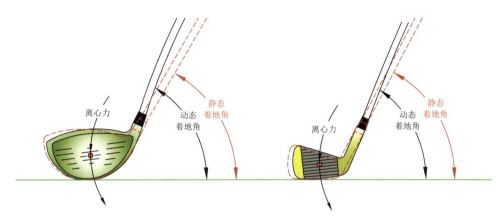

图 9-2-5　杆头离心力对球杆着地角的影响

　　杆头重心距离越远，下杆过程中杆身在矢状面上的弯曲越大，动态着地角就越大。球杆越长，杆头重心距离对动态着地角的影响越大（图 9-2-6）。

　　那么，球杆长度与动态着地角的关系是怎样的呢？在下杆的过程中，长的球杆会比短的球杆产生更多的弯曲。虽然短的球杆杆头更重，但也有更硬的杆身，同时短的球杆杆头速度也会更小。更长的球杆虽然有相对比较轻的杆头，但有更软的杆身和更大的杆头速度，挥杆时会产生更大的离心力，这使动态着地角变大。木杆的变化范围为 1° ~ 3°，铁杆和挖起杆为 0.5° ~ 2.5°。球杆越短，着地角变化越小（图 9-2-7）。

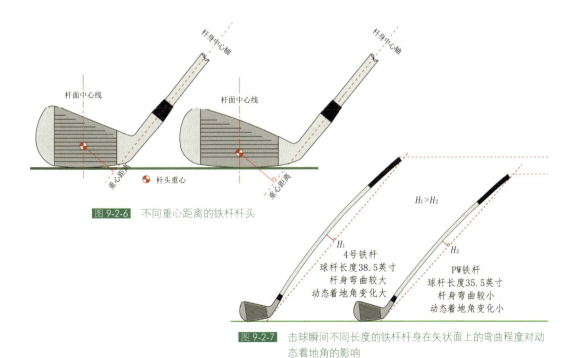

图 9-2-6　不同重心距离的铁杆杆头

图 9-2-7　击球瞬间不同长度的铁杆杆身在矢状面上的弯曲程度对动态着地角的影响

为什么有的球手使用长铁杆习惯性偏右，使用短铁杆习惯性偏左？

在实际的打球过程中，对于技术动作较稳定的球手，如果使用长铁杆击球时出球方向总是偏向右侧，使用短铁杆击球时却习惯性偏向左侧，只有使用中号的铁杆（7号或者8号）时方向是比较直的。这时，我们就要考虑着地角是否合适，并进行着地角的动态测试。

不同品牌铁杆组杆颈角设定举例（球杆长度相同的情况下）								
参考品牌和型号	铁杆型号及相应长度							
	#3	#4	#5	#6	#7	#8	#9	PW
	39.0in	38.5in	38.0in	37.5in	37.0in	36.5in	36.0in	35.5in
PING I200 (PING AWT 2.0)	59.0°	59.8°	60.5°	61.3°	62.0°	62.8°	63.5°	64.1°
HONMA TW727P (N.S.PRO950GH)	59.5°	60.0°	60.5°	61.0°	61.5°	62.0°	62.5°	63.0°
Titleist AP2 (N.S.PRO950GH)	60.0°	61.0°	62.0°	62.5°	63.0°	63.5°	64.0°	64.0°
Srixon Z965 (N.S.PRO950GH)	60.0°	60.5°	61.0°	61.5°	62.0°	62.5°	63.0°	63.5°

以上是以四款不同品牌的铁杆组为例，其球杆长度完全相同，但杆颈角的设定却有所不同，有的品牌杆颈角度数间差是0.5°，有的品牌杆颈角度数间差是1°，有的品牌长铁杆杆颈角度数间差是1°，短铁杆的杆颈角度数间差则是0.5°，都有所不同。而这样的角度设置并非适合所有人，当杆颈角度数不合适时，就会造成习惯性的出球方向偏左或偏右的

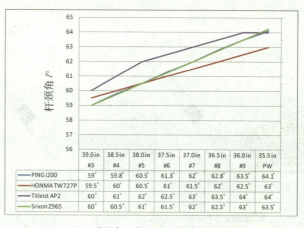

不同品牌铁杆组杆颈角设定举例线性图

问题。在前文中，我们已经详细讲解了着地角对击球方向的影响。铁杆组中的长铁杆在挥杆击球瞬间杆身在矢状面上的弯曲较大，短铁杆杆身的弯曲相对较小，如果球手在动作稳定的情况下，出球方向习惯性偏左或偏右，技师应该先测量并记录球手所有球杆的杆颈角度，然后再进行杆颈角的动态测试，并根据杆头底部着地位置对其进行调整。

三、着地角与杆面倾角和杆面角的关系

以上实例和工具很好地解释了球杆着地角对出球方向的影响，那么着地角对击球方向的影响程度与杆面倾角有什么关系呢？

着地角确定着杆面倾角的定向面，也就是说，当着地角正确时，杆面倾角所在的面与击球方向所在的面是垂直的，这样在击球路径是直的情况下，能够保证球的出球方向与目标方向一致，杆面倾角只影响球的出球角度和后旋量。而当着地角改变时，杆面倾角所在的面与击球方向所在的面形成的角度也发生了改变，不再垂直，杆面指向也发生了改变。着地角变大，杆面指向偏右；着地角变小，杆面指向偏左。杆面倾角越大影响也越大。

如图 9-2-8 所示，为了能更加清楚地说明着地角对杆面指向的影响会随着杆面倾角的变大而变大，我们增加了杆面指向在水平面上的投影。同时，为了解释着地角与杆面倾角所形成的"复合角度"对杆面角的影响，我们把杆头的杆面单独拿出来，这是为了更方便地表达杆面前缘与目标方向的关系，图中梯形的长边为杆头底部前缘，底部前缘始终与目标线垂直。

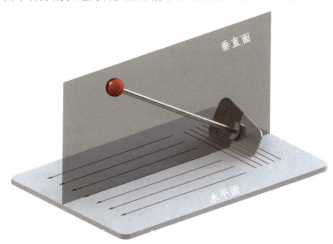

图 9-2-8　杆面指向三维图示

使用 Solid works 软件进行计算可以清楚地看出着地角与杆面角和杆面倾角的关系，即趾部翘起度数越大，杆面角关闭越多（表 9-3）。同时，受杆面倾角的影响，杆面倾角越大，着地角对杆面角的影响越大。

表 9-3　杆面角关闭度数对应表

杆面倾角	趾部翘起度数（着地角变小度数）				
	2°	4°	6°	8°	10°
10°	0.4°	0.7°	1.1°	1.4°	1.8°
30°	1.2°	2.31°	3.5°	4.7°	5.8°
60°	3.5°	7.1°	10.5°	14.1°	17.8°

当杆面倾角为 0° 时，也就是杆面与地面垂直，着地角变小（趾部翘起）或变大（跟部翘起）都不会影响杆面角，也就是说杆面角都为 0°。

当杆面倾角为 10° 时，趾部翘起 8°，杆面角关闭 1.4°；跟部翘起 8° 时，杆面角打开 1.4°。

当杆面倾角为 60° 时，趾部翘起 8°，杆面角关闭 14.1°；跟部翘起 8° 时，杆面角打开 14.1°。

由此可见，杆面倾角越大，着地角对杆面角的影响也越大（图 9-2-9），这也是短铁杆的着地角定制非常重要的原因。

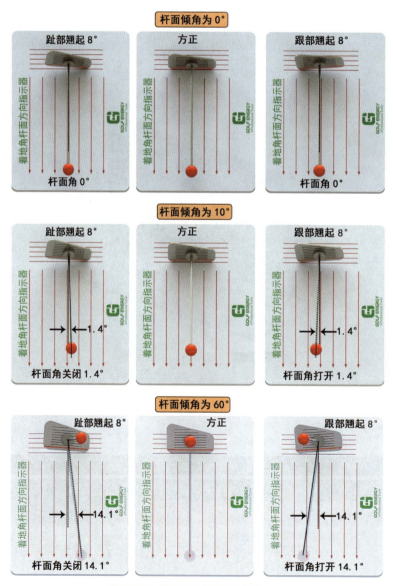

图 9-2-9 着地角对杆面角的影响

第三节　着地角定制方法及流程

难度系数：★★★★

一、铁杆着地角定制方法及流程

着地角定制方法分为动态的打击测试法（图 9-3-1、图 9-3-2）和静态的测量法两种。

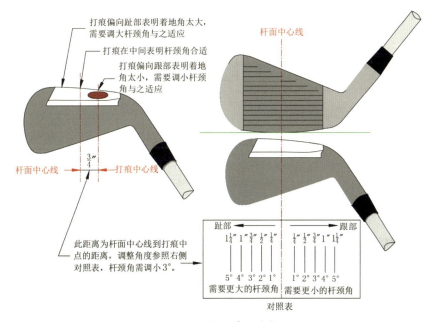

打痕偏向趾部表明着地角太大，需要调大杆颈角与之适应

打痕在中间表明杆颈角合适

打痕偏向跟部表明着地角太小，需要调小杆颈角与之适应

杆面中心线

杆面中心线 ←— 打痕中心线

$\frac{3}{4}''$

此距离为杆面中心线到打痕中点的距离，调整角度参照右侧对照表，杆颈角需调小3°。

趾部 ←				→ 跟部				
$1\frac{1}{4}''$	$1''$	$\frac{3}{4}''$	$\frac{1}{2}''$	$\frac{1}{4}''$	$\frac{1}{4}''$	$\frac{1}{2}''$	$\frac{3}{4}''$	$1''$ $1\frac{1}{4}''$
5°	4°	3°	2°	1°	1°	2°	3°	4° 5°
需要更大的杆颈角					需要更小的杆颈角			

对照表

注："表示英寸。

图 9-3-1　使用动态的打击测试法时杆头底部动态打痕测量位置

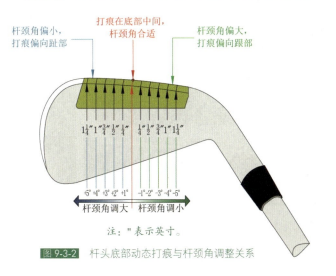

杆颈角偏小，打痕偏向趾部

打痕在底部中间，杆颈角合适

杆颈角偏大，打痕偏向跟部

$1\frac{1}{4}''1''\frac{3}{4}''\frac{1}{2}''\frac{1}{4}''$　$\frac{1}{4}''\frac{1}{2}''\frac{3}{4}''1''1\frac{1}{4}''$

+5° +4° +3° +2° +1°　-1° -2° -3° -4° -5°

杆颈角调大　杆颈角调小

注："表示英寸。

图 9-3-2　杆头底部动态打痕与杆颈角调整关系

（一）动态的打击测试法

动态着地角的测试方法主要是通过挥杆击球测试杆头底部的着地位置来确定球杆的杆颈角是否合适。使用的工具有打击角度测试板及打击测试贴纸（图9-3-3）。打击角度测试板是一种复合材质的胶合板，越薄效果越好，测试的准确性越高。

图9-3-3中的下图为笔者设计的打击测试贴纸，"HEEL"为跟部，"TOE"为趾部，贴纸上已标出不同的打击着地位置与调节角度的关系。

木杆可采用上述的方法进行着地角的定制。一般球道木杆和铁木杆本身的杆颈角都无法进行调整，但现在很多品牌的球道木杆和铁木杆

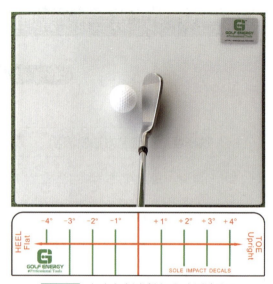

图 9-3-3　打击角度测试板及打击测试贴纸

都推出了可调节杆颈角的套管，可通过套管来调节杆头的杆颈角，找到最适合的杆颈角，但要注意调节杆颈角时其他角度的改变。

动态定制杆颈角流程（以杆头底部打击测试贴纸为例）如下：

①测量杆面中心线并画线，这条线需延伸到杆头底部（图9-3-4）。

图 9-3-4　测量杆面中心线并画线

先画出要测试的所有球杆的杆面中心线。铁杆的杆面中心线是以杆面面沟线的中心为基准的，在杆面上确认杆面中心线，画线并将其延伸到杆头底部。这是为了在杆头底部粘贴打击测试贴纸时，确定其中心线的粘贴位置。

②在杆头底部粘贴打击测试贴纸，将其中心线与杆面底部中心线齐平（图 9-3-5）。

③球手在打击角度测试板上以正常的击球方式来打球（图 9-3-6），打两颗球后底部的打击测试贴纸上会有比较清晰的打痕（图 9-3-7）。技师要让球手放心使用打击角度测试板，告诉球手该测试板足够坚硬，以免给球手造成心理压力。可先让球手试打几次。

④根据打痕中心位置对应的调节角度调整杆颈角。调整前需要先测量并记录球杆原杆面倾角和杆颈角，并确定计划调整的角度。在记录单上记录好上述信息后进行调整。

（二）静态的测量法

静态的测量法与动态的打击测试法相比，前者测量球手在做击球准备姿势时杆头底部的着地位置（图 9-3-8），后者测量球手挥杆击球后留在杆头底部的打痕。

图 9-3-5 在杆头底部粘贴打击测试贴纸（对应好跟部和趾部）

图 9-3-7 打痕

图 9-3-6 在打击角度测试板上击球

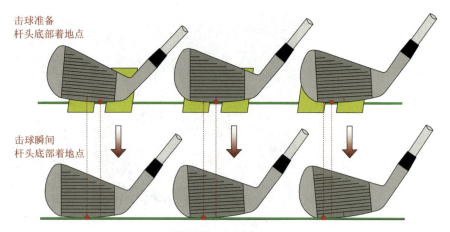

击球准备
杆头底部着地点

击球瞬间
杆头底部着地点

图 9-3-8　静态的测量法

　　静态的测量法要充分考虑击球瞬间杆身在矢状面上的弯曲对着地角的影响，以及球手击球时的手部位置对着地角的影响等因素。因此，球手在做准备姿势时，杆头底部的着地位置会随着球杆长度的增加而更靠近杆头跟部，这是因为球杆越长，击球时杆身在矢状面上的弯曲也会越大。球杆越短，球手在做准备姿态时杆头底部的着地位置就越靠近杆面中心线。

　　静态着地角定制流程如下：

　　①在所有要测试的球杆杆面上画出杆面中心线的位置。

　　②在不同球杆杆面靠近底板位置上做标记（图 9-3-9），如 9 号铁杆是在杆面中心线靠近跟部 3/8 英寸处做标记，以此类推。

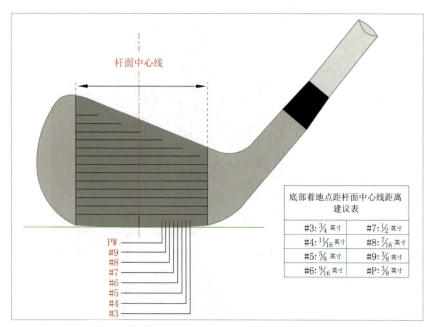

杆面中心线

底部着地点距杆面中心线距离建议表	
#3: $\frac{3}{4}$ 英寸	#7: $\frac{1}{2}$ 英寸
#4: $1\frac{1}{16}$ 英寸	#8: $\frac{7}{16}$ 英寸
#5: $\frac{5}{8}$ 英寸	#9: $\frac{3}{8}$ 英寸
#6: $\frac{9}{16}$ 英寸	#P: $\frac{3}{8}$ 英寸

PW
#9
#8
#7
#6
#5
#4
#3

图 9-3-9　铁杆组底部着地位置与杆面中心线距离图示

球杆越长，击球瞬间杆身在矢状面上的弯曲越大，因此，在静态着地角的定制上也是球杆越长（号数越小）准备姿势下杆头底部的着地位置越靠近跟部。

③让球手用这支球杆做击球准备姿势（要在地板上进行）——可先让球手放松地挥动几次球杆，并最终以一个舒适的位置做击球准备姿势。当球手做好准备姿势时，技师用两张厚度相同的卡片（可用两张名片或两张银行卡）在地面上分别沿着杆头跟部和趾部相互靠拢，直到卡片碰触杆头底部无法靠近为止，然后在两张卡片相隔的杆面中间位置画一条线，此时用的笔的颜色应与上一步做标记线的颜色不同，以明确区分。测量实际着地位置与标记出的此号数球杆底部着地位置的距离（图9-3-10），距离1/4英寸的需要调整1°，距离1/2英寸的需要调整2°，以此类推。如果着地位置更靠近趾部（跟部翘起），就需要调大杆颈角；如果着地位置更靠近跟部（趾部翘起），则需要调小杆颈角。

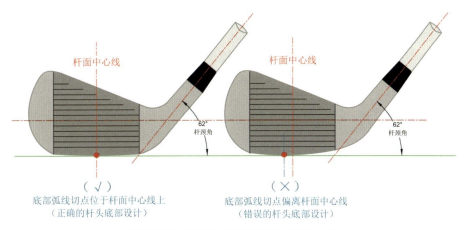

图 9-3-10　正确的和错误的杆头底部设计对比

三、木杆着地角定制建议

（一）一号木杆着地角对击球方向的影响

实际上，一号木杆的着地角对击球方向的影响并非关键因素，原因有以下三点：

①一号木杆杆面倾角较小，这样就减少了着地角对击球方向的影响；

②一号木杆杆面垂直膨出和水平膨出的特点也同样减少了着地角对击球方向的影响；

③一号木杆击球时一般都是架球座击球，这样不涉及杆头底部不同着地位置对击球方向产生的影响。

与铁杆相比，虽然一号木杆着地角对击球方向的影响没有那么大，但依然会影响击球方向、球的旋转量、旋转轴以及击球时的反馈等，所以着地角也是需要考虑的因素，尤其是对身高偏高或偏矮的球手而言。

（二）一号木杆着地角定制要考虑的因素

一号木杆在击球瞬间杆身在矢状面上会产生弯曲，这样的弯曲会使杆头动态着地角变大，这是一号木杆着地角静态定制时需要着重考虑的。因此静态着地角定制时，球手做准备击球姿态时，一号木杆杆头底部着地位置要靠近跟部一些。也就是说，球杆的着地角要小于杆头的杆颈角，这样在挥杆击球瞬间，由于杆身在矢状面上的弯曲，能更有效地保证杆面的方正。

击球瞬间杆身在矢状面上的弯曲，使杆头趾部向下，着地角变大。杆身越软，挥杆速度越快，这样的弯曲就越大。

在球手处于静态准备姿势时，建议让一号木杆杆头底部着地位置在杆面中心线靠近跟部 1/2～1 英寸内（图 9-3-11），可以先从 3/4 英寸的位置开始，根据球杆长度、杆身硬度、挥杆速度等因素进行调整。球杆越长、杆身越软或者球手的挥杆速度越快，杆头底部着地位置需要越靠近跟部。

（三）一号木杆着地角定制方法及流程

因一号木杆是架球座击球的，杆头底部不碰触地面，所以一号木杆的着地角定制无法通过打击测试板或粘贴杆头底部打击测试贴纸的动态的打击测试法进行。下面介绍一种定制一号木杆着地角的静态测试方法：

①在一号木杆头上画出三条线：杆面中心线、距杆面中心线靠近跟部 1 英寸的位置再画出一条平行线，再在两条线中间位置画出一条线（距杆面中心线 1/2 英寸），在 1/2 英寸线和 1 英寸线中间做个标记就是 3/4 英寸（距离杆面中心线）的位置，标记点和线都要延伸到杆头底部（图9-3-12）。

需要注意的是，在静态测试一号木杆底部着地位置时，不能使用两个纸片相互靠拢的方式，因为一号木杆底部形状及弧度差异较大，底部还可能设计一些功能性的调整装置，这都会影响底部与地面接触的位置。技师可以采用正面观察一号木杆杆面最低点的方式，并用笔在杆面上做标记。

图 9-3-11　准备姿态下一号木杆杆头底部着地位置　　图 9-3-12　一号木杆杆头底部着地点与杆面中心线的距离

②在硬质的地面上，让球手拿球杆做击球准备动作，技师从杆面的正前方观察杆面底部的最低着地点，并做标记。

③调整杆颈角，使球手在做击球准备动作时，杆面底部着地点在设定的位置。

我们也可以使用一些能高速摄像的测试设备来对击球瞬间杆头的击球位置及角度进行测试。一号木杆杆颈角无法像铁杆一样在角度调整器上进行调整，但现在市场上一号木杆的杆颈有很多都是通过可调整的套管组装到一起的，可通过套管的旋转来调整杆颈角，这就大大方便了技师的定制工作，其通过有效的测试后直接用扳手进行调整即可。由于每个品牌杆颈套管调整角度的方式各有不同，具体还要参考相应品牌球杆的调整对照表来操作。调整杆颈角的同时，要注意杆面倾角和杆面角的改变对弹道和方向的影响。

第十章　女士及青少年球杆定制

第一节　女士及青少年球杆设计特点及选择

难度系数：★★★★

市场上销售的女士成品球杆主要是针对大多数业余球手的，球杆设计符合大多数初级水平女士的要求，但也会导致一部分女士在市场上买到的成品球杆很不合适，如球杆长度不合适、杆身重量及杆身硬度不合适等。下面我们就针对女士球杆的设计特点加以论述，来帮助女士选到更加适合的球杆。

相较于男士，女士通常力量较小，身材较矮小，所以在杆头、杆身、握把的设计上要考虑女士的特点，对球杆的原有设计加以调整，以适应力量小、挥杆速度慢的大多数女士（表10-1）。女士下场挥杆击球时，不会像男士一样，即使打深也可以较为轻易地打掉一块草皮，这是因为女士挥杆时没有足够的力量做到这一点，所以针对女士的铁杆杆头底部大多设计得比较宽，以便可以顺利地划过草皮，而不是打掉一块草皮。

表 10-1　男士及女士身体素质差异及球杆设计特点

女士相对于男士的身体素质特征	针对女士的球杆设计特点
平均身高较矮	球杆长度较男士的短 1 英寸左右
力量、爆发力等身体素质较弱	杆身更轻、更软，杆头容错性更高，铁杆杆头底部更宽
手掌较小	握把更细、更轻，材质更软

一、女士及青少年球杆杆头的设计特点

（一）女士球杆杆头杆面倾角设计特点

女士木杆杆面倾角相对于成品男士套杆设计得更大，一般女士一号木杆杆面倾角为12°～15°。同样型号的情况下，女士球道木杆杆面倾角会比男士的大 1°～3°；女士铁杆组的杆面倾角与男士的差不多，甚至还要小一些，这是因为女士球杆中长铁杆大多被铁木杆取代。常见的球杆杆面倾角度数设置见表10-2。

木杆型号	男士球杆	女士球杆	铁杆型号	男士球杆	女士球杆
	表 10-2 常见的球杆杆面倾角度数设置				
Driver	9°～10.5°	11°～13.5°	#3	21°	—
FW3	15°	16°	#4	24°	—
FW5	18°	20°	#6	30°	29°
FW7	21°	23°	#7	33°	32°
FW9	25°	26°	#8	37°	36°
U2	17°	—	#9	41°	40°
U3	19°	—	PW	45°	44°
U4	21°	22°	AW	52°	49°
U5	23°	25°	SW	58°	54°
U6	25°	28°	PT	3°～4°	3°～4°
U7	—	31°			

注：表内数据参考目前品牌球具的平均度数，不同品牌、不同型号会有0.5°～2°的差别。

大部分女士及青少年力量较小、挥杆速度较慢，所以大多选择杆面倾角大一些的一号木杆才能更好地将球打到合适的高度。选择的原则是挥杆速度越慢杆面倾角越大，具体建议见表10-3。

一号木杆杆头速度	建议一号木杆杆面倾角	适合人群
	表 10-3 一号木杆杆头速度与杆面倾角选择建议对照表	
50±5 mph	15.5±1°	青少年
60±5mph	14.5±1°	青少年
70±5mph	13.5±1°	女士、青少年
80±5mph	12.5±1°	女士
90±5mph	11.5±1°	男士、女士
100±5mph	10.5±1°	男士
105 mph 以上	9.5±1°	男士

如果女士的挥杆速度太慢，在女士球杆中无法找到有合适杆面倾角的一号木杆，可以从青少年球杆中选择；如果女士的挥杆速度较快，则可以在男士球杆中选择。

（二）女士及青少年铁杆杆头的设计特点

女士及青少年铁杆有更宽的底部及更大的反弹角，因女士挥杆时力量较小，较宽的杆头底部设计使球杆能更容易地划过草皮（图10-1-1）。

图 10-1-1 铁杆杆头宽底部设计，有利于
划过草皮，杆头低重心设计，更易起球

女士及青少年铁杆比成人男士铁杆有更低、更深的重心设计（图 10-1-2、图 10-1-3）。球杆的杆头重心低于 0.70 英寸（球重心高度为 0.84 英寸），更容易将球打起。

二、常见女士球杆长度设置特点

在球杆长度的设置上，女士球杆一般比男士球杆短 1 英寸，一号木杆长度短得更多一些（表 10-4、表 10-5）。这是因为成人套杆考虑的是平均身高，女士平均身高较男士矮，还有就是女士对球杆的控制能力更差，所以在长度设置上也相对较短。

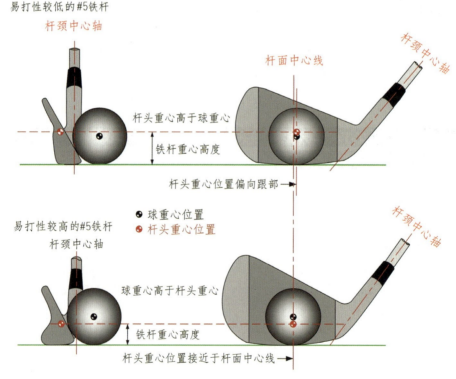

图 10-1-2 不同易打性的 5 号铁杆杆头重心高度与球重心高度对比

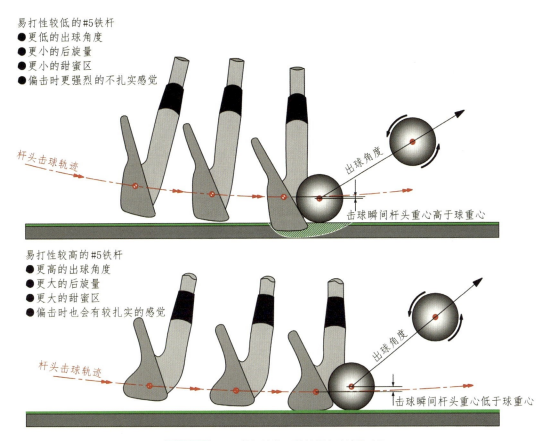

易打性较低的#5铁杆
● 更低的出球角度
● 更小的后旋量
● 更小的甜蜜区
● 偏击时更强烈的不扎实感觉

杆头击球轨迹

出球角度

击球瞬间杆头重心高于球重心

易打性较高的#5铁杆
● 更高的出球角度
● 更大的后旋量
● 更大的甜蜜区
● 偏击时也会有较扎实的感觉

杆头击球轨迹

出球角度

击球瞬间杆头重心低于球重心

图 10-1-3 不同易打性的 5 号铁杆击球效果对比

表 10-4 常见的男士及女士木杆长度

男士木杆长度		女士木杆长度	
木杆型号	木杆长度 （碳素纤维杆身）	木杆型号	木杆长度 （碳素纤维杆身）
Driver（9°～10.5°）	45.50～46.00 in	Driver（11.5°～13.5°）	43.50～44.00 in
FW3（15°）	43.00 in	FW3（17°）	41.50 in
FW5（18°）	42.00 in	FW5（20°）	41.00 in
FW7（21°）	41.50 in	FW7（23°）	40.50 in
FW9（25°）	41.00 in	FW9（26°）	40.00 in
U2（17°）	40.75 in	U4（22°）	39.00 in
U3（19°）	40.50 in	U5（25°）	38.50 in
U4（21°）	40.00 in	U6（28°）	38.00 in

续表

男士木杆长度		女士木杆长度	
木杆型号	木杆长度（碳素纤维杆身）	木杆型号	木杆长度（碳素纤维杆身）
U5（23°）	39.50 in	U7（31°）	37.50 in
U6（25°）	39.00 in		

注：表内数据参考目前市场常见品牌球杆的平均长度，不同品牌或同一品牌的不同型号会有 0.25 ~ 0.5 英寸的差别，木杆长度差异比较大。一般杆头及杆身越重，球杆越短。

表 10-5　常见的男士及女士铁杆及推杆长度

铁杆及推杆型号	男士铁杆及推杆长度		女士铁杆及推杆长度
	平均长度（钢杆身）	平均长度（碳素纤维杆身）	平均长度（碳素纤维杆身）
#4	38.75 in	39.00 in	—
#5	38.25 in	38.50 in	37.50 in
#6	37.75 in	38.00 in	37.00 in
#7	37.25 in	37.50 in	36.50 in
#8	36.75 in	37.00 in	36.00 in
#9	36.25 in	36.50 in	35.50 in
PW	35.75 in	36.00 in	35.00 in
AW	35.50 in	35.75 in	34.50 in
SW	35.25 in	35.50 in	34.50 in
PT	34.00 in	34.00 in	33.00 in

注：同一型号的球杆，女士球杆通常较男士球杆短 1 英寸。间隔一个号数的球杆长度差距为 0.5 英寸。

三、女士及青少年球杆握把的设计特点及选择

女士及青少年的手掌较小、力量较弱，所以对应的球杆相对较轻，杆身也相对较软、较细，与之对应的握把也需要较轻、较细。女士球杆和青少年球杆的握把在色彩搭配上也更为鲜艳亮丽。女士球杆握把的内径规格常见的有 L58 和 L59，青少年球杆握把的内径数据常见的为 J55。

女士球杆握把的型号相对于男士的而言较少，因为女性球手较少，且手掌稍大一些的女士就可以选择男士的握把，因此握把品牌商也只是选择个别几款相对较软材质的型号，将握把的内径和外径做小，重量做轻，以便适合女士使用。

针对青少年群体单独开发的握把更少，因为青少年球杆的差异较大，且青少年球杆品牌都会为自己的球杆设计适合杆身末端外径的握把。此外，青少年单独更换握把并不多见，市场较小，所以很多握把品牌商并没有设计太多针对青少年的握把。

从定制的角度，握把的选择与杆身的选择类似，并不会过多区分特定人群，只需要根据个体差异，如手掌的大小以及球杆的搭配等因素来选择尺寸、重量、硬度等参数合适的握把。女士及青少年握把建议选择较软的材质，这样可以有效降低击球，尤其是偏离甜蜜点击球时的振动反馈，同时可以降低损伤的发生概率。

四、市场上女士球杆存在的问题

一号木杆杆面倾角偏小：很多力量较小的女性球手所使用的一号木杆杆面倾角都偏小，挥杆速度较慢的女性球手通过定制获得具有合适杆面倾角的一号木杆是提高击球距离的有效手段。这主要是因为市场上为力量较弱的女性球手开发的球杆种类偏少。

推杆长度偏长：目前市场上女士推杆的长度一般为 33 英寸，这样的长度设置对很多身高低于165 厘米的女性球手来说太长了，合适的球杆长度对控制距离和控制方向非常重要。

第二节　青少年身体发育特点及球杆定制建议

难度系数：★★★★

一、青少年身体发育特点及规律

了解青少年身体发育特点及规律，对选择和定制球杆具有重要的参考意义，了解此内容对青少年家长及定制球杆的技师而言都非常重要。

青少年正处于生长发育的过程中，如何根据身体发育特点，合理地为其定制球杆，对促进青少年的健康成长，提高其对高尔夫运动的兴趣、延长运动寿命具有深远的意义。

从出生到成人，人的整个生长发育过程具有一定的规律性，尽管受到遗传、内分泌、孕母情况、生活环境、疾病和体育活动等因素的影响而产生年龄、性别间的个体差异和特点，但这种规律性是客观、普遍存在的。人的生长发育是由量变到质变的复杂过程，有连续性和阶段性、不平衡性、个体差异性三大特点。掌握这三个特点对青少年的球杆定制有重要的帮助。

（一）连续性和阶段性

人从儿童至成年的生长发育是不等速的。人一般有两个生长高峰：出生后第一年，体重和身高增长很快，出现第一个生长高峰；第二年以后生长速度逐渐减缓；到了青春期，生长速度又开始加快，出现第二个生长高峰，女孩的身高突增期在 12 岁左右、男孩则在 14 岁左右；90% 以上女孩身高增长最快的年龄为 11 ~ 13 岁，男孩为 13 ~ 15 岁。青春期阶段，女孩的发育侧重体脂的增加，男孩则侧重肌肉的增长，同时男孩下肢生长较快，腿较长。青少年在突增期以后生长发育速度逐渐减缓，到 20 岁左右基本停止。

若青少年在第二个生长高峰期间定制球杆，技师需要对球杆长度和着地角参数及时跟进和调整，以便适应青少年不断增长的身高。另外，虽然青少年在第二个生长高峰期间身高增长较快，但肌肉力量增加却较慢，为其选择杆身重量及杆身硬度时要特别注意这一点。

（二）不平衡性

人的身体各系统发育是不平衡的，各系统的发育先后、快慢各有不同。神经系统发育较早，人在第一次生长高峰期，头部是先最发育的，而后是躯干、下肢；在第二次生长高峰期的生长发育过程则与第一次恰好相反，先发育的是下肢，其次是躯干，而头部的发育不明显。身体各部位发育结束的时间：足约为 16 岁，下肢约为 20 岁，手掌约为 15 岁，上肢约为 20 岁，躯干约为 21 岁。

握把的粗细在青少年 15 岁之前需要及时做出调整，以便适应其手掌的不断增长。

（三）个体差异性

青少年的生长发育虽然按一定规律发展，但是在一定范围内受遗传、环境的影响，存在相当大的个体差异，每个人生长的轨迹不会完全相同。所以判断青少年的生长发育状况时，必须考虑个体不同影响因素，才能比较正确地做出评价。同年龄段的青少年，身高差异非常大，腿长及臂长差异也非常大，需要根据个体差异定制与之匹配的球杆。

二、青少年运动系统、神经系统发育特点及球杆定制注意事项

青少年运动系统、神经系统发育特点及球杆定制注意事项如下（表 10-6）。

表 10-6　青少年运动系统、神经系统发育特点与球杆定制注意事项

系统名称	发育特点	球杆定制注意事项
运动系统	（1）骨骼：弹性好，硬度小，不易骨折，但易弯曲或变形。骨骼随着年龄的增长，无机盐增多，韧性减少，稳固性增强。 青少年的脊柱生理弯曲较成年人小，缓冲作用较差。 （2）肌肉：肌肉重量轻，肌纤维较细，肌力弱，耐力差，易疲劳，但恢复较成人快。 肌肉发育特点：肌肉的生长落后于骨骼，主要是纵向增长；肌肉的发育不平衡、不均匀，表层大肌群、屈肌发育较早，小肌群、伸肌发育较迟，上肢肌早于下肢肌，导致青少年做动作不够精确和协调。 （3）关节：青少年的关节面软骨较厚，关节囊和关节内外的韧带较松弛，柔韧性好，但稳固性较差，运动中若用力不当，易发生关节的损伤或脱位。	（1）由于高尔夫挥杆动作是非对称性的单侧转体运动，长期单侧练习很容易造成左右侧肌力的不平衡，对脊柱的发育及生理弯曲造成不利影响。因此在日常的训练过程中要注意身体左右两侧的均衡发展，尤其是对侧肢体的锻炼。所以一定要建议青少年定制一支与其挥杆方向反向的球杆，并进行相关的练习，以利于双侧肌力及协调能力的平衡发展。 （2）由于青少年肌力较弱，所以在定制球杆时，球杆总含重量、杆头、杆身、握把的重量都需要相对较轻，尤其注意要选择较软的杆身。即使青少年的身高已经超过 170 厘米，但由于其肌肉并没有发育成熟，所以在杆身重量和硬度的选择上也要偏轻、偏软。 （3）由于青少年的关节特点，如果球杆过重、过硬，会使青少年挥杆时过度发力，容易造成关节的损伤。所以建议青少年使用较轻、较软的球杆，以提高击球稳定性，并提示青少年避免过度发力打球。
神经系统	（1）青少年的大脑重量已经接近成人的大脑重量，5～6 岁时发育速度最快，并迅速接近成年人水平。 （2）此阶段的青少年，大脑的兴奋过程占优势，表现为活泼好动，注意力不集中，动作准确性差。	由于青少年动作的准确性不高，所以在球杆长度以及在杆头的选择上都需要特别注意。球杆长度不宜过长，以便于更好地控制；需要选择容错性高的杆头，尤其是铁杆，优先选择凹背杆头，以利于成绩的提高和信心的增强。

三、青少年球杆量身定制参数汇总及建议总结

青少年球杆量身定制参数汇总如图 10-2-1 所示。

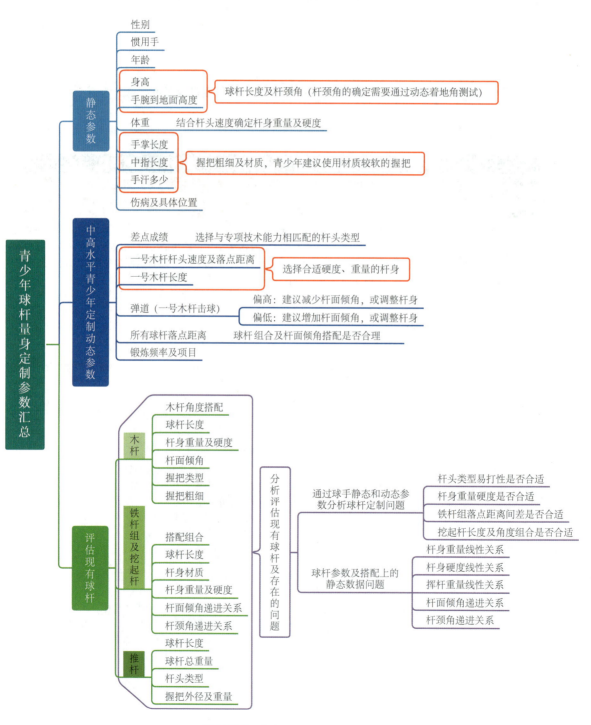

图 10-2-1　青少年球杆量身定制参数汇总

（一）杆头类型及重量的选择

青少年要选择容错性较高的杆头，尤其是铁杆，首选凹背杆头，最好是锻造式的，这样可以方便调节杆颈角度。青少年球杆杆头重量是比较难准确把握的参数。青少年大都力量较弱，尤其是身高低于 140 厘米的青少年，力量更弱，如果杆头太重，他们无法有力地挥动以获得更快的杆头速度，在上下杆时也更为费力，还容易造成损伤。但如果杆头太轻也会存在问题，青少年所使用的球与成人一样，如果杆头过轻会使击球变得很不扎实，击球的反馈也会比较强烈，并且会损失很多距离。所以，青少年球杆杆头重量的定制需要在这两个方面找到一个平衡，既能较容易地挥动，又能较扎实地击球。在球杆长度确定的情况下，使用一款轻量的杆头，用贴铅片或更换配重（可更换配重杆头）的方式来定制合适的杆头重量（同时需要兼顾杆身和握把的重量）。

（二）杆面倾角

为青少年定制球杆应选择在一定范围内更大的杆面倾角，尤其针对力量较弱的球手。杆面倾角越小就需要越快的杆头速度，并且球对杆头在水平面上的作用力就更大，击球的反馈也更强，轻量且较软的碳素纤维杆身能更好地吸收震动。

（三）杆身重量及硬度选择

相比于成人球杆杆身重量和硬度，青少年要使用更轻、更软的杆身，这有利于其轻松挥动球杆。另外，低折点的杆身有更高的出球角度，并且击球尤其在偏离甜蜜点击球时反馈不强烈，所以也是为青少年定制球杆时需要关注的。

市场上提供给青少年定制的较软杆身并不多。因为市场价格较低，初级套杆所搭配的杆身大多不是纯碳素纤维杆身，而是碳素纤维和玻璃纤维混合的杆身，不仅硬、重量重，杆身扭矩还很大，这不利于中高水平的青少年提高成绩。

1. 青少年球杆杆身重量及材质的选择建议

目前市场上青少年成品套杆因为价格控制等原因，使用的原材料相对较差，导致很多杆身偏重，所以针对中高水平的青少年就需要单独定制球杆，以便能更好地提高成绩。对身高在160厘米以内、挥杆速度较慢的青少年而言，杆身及杆头的易打性搭配尤为重要。

在依照球手体重来选择一号木杆的杆身重量方面，建议杆身重量的克重数字不超过体重的千克值数字（体重大于45千克者）。体重较轻的青少年，身高相对较矮，力量也会较弱，所以除了球杆整体需要轻量化，也需要更为柔软的杆身，杆头以及握把的重量也都需要轻量化，以利于提高杆头速度，增加击球距离。表 10-7 仅仅是杆身重量的参考建议，具体重量还需要与杆身的硬度及杆头的重量相匹配。

表 10-7　根据青少年球手体重选择一号木杆杆身重量参考

青少年球手体重	一号木杆杆身重量选择范围	铁杆杆身重量选择范围及材质
小于等于 40 kg	小于 45 g	小于 55 g（碳素纤维）
41 ～ 50 kg	35 ～ 50 g	45 ～ 60 g（碳素纤维）
51 ～ 60 kg	40 ～ 55 g	50 ～ 75 g（碳素纤维、钢）
61 ～ 70 kg	45 ～ 60 g	65 ～ 85 g（碳素纤维、钢）
71 ～ 80 kg	50 ～ 65 g	75 ～ 95 g（碳素纤维、钢）
81 ～ 90 kg	55 ～ 70 g	85 ～ 105 g（钢、碳素纤维）
大于 90 kg	60 ～ 75 g	95 ～ 115 g（钢、碳素纤维）

注：球手体重与杆身重量的关系是随着体重的减轻所用球杆杆身重量也减轻，但杆身重量减轻的幅度不同，目前市场上最为常见的轻的一号木杆杆身重量为 40 多克，也有 30 多克的一号木杆杆身，但价格较高。杆身重量的选择要与杆头速度一并考虑。以上杆身重量为裁切后重量。

　　不建议青少年根据一号木杆杆头速度来选择杆身重量，这是因为青少年所使用的一号木杆长度较短，杆头速度较慢，无法参照成人的杆头速度与杆身重量的选择建议表，球杆长度太长，而青少年力量较弱，则无法有效挥动。

2. 青少年杆身硬度的选择

　　对青少年尤其是力量较弱的青少年而言，杆身选择余地并不大。市场上的青少年成品套杆杆身多使用玻璃纤维，或在碳纤维中加入玻璃纤维，导致杆身既重又硬，杆身扭矩也很大，挥杆速度快一些的青少年使用这样的杆身稳定性会很差，所以在为青少年选择球杆时要特别注意。为青少年选择球杆杆身硬度时可参照下表（表 10-8）。

表 10-8　青少年挥杆速度与杆身硬度建议对照表

一号木杆杆头速度	一号木杆落点距离	150 码落点距离所用球杆	建议杆身硬度及材质
小于等于 60 mph	小于 140 yd	—	J
61 ～ 70 mph	140 ～ 170 yd	4 号铁杆或相应号数的铁木杆	L
71 ～ 80 mph	170 ～ 190 yd	5 号铁杆	A
81 ～ 90 mph	190 ～ 220 yd	6 号铁杆	R
91 ～ 100 mph	220 ～ 245 yd	7 号铁杆	SR
101 ～ 110 mph	245 ～ 270 yd	8 号铁杆	S
大于 110 mph	270 yd 以上	9 号铁杆	X

注意事项：①参照此表时，因为青少年的一号木杆长度较短，杆头速度相对较低。所以，此表的应用需要技师有足够的经验并区别对待。②挥杆速度很慢的青少年可能用什么杆都打不到 150 码的落点距离，同时身高较矮者所用球杆长度也会比较短，这样的青少年就选择最软的杆身。③一号木杆杆头速度低于 70 mph 的青少年建议使用杆面倾角较大的一号木杆，6 号以上铁杆均用铁木杆替代。

（四）握把材质、重量及外径粗细

青少年肌力较差，关节软骨还处于发育阶段，并且所用杆头越轻，击球时的震动反馈越强烈，所以握把也要选择较软的材质，以减少击球时的震动反馈，避免受伤。青少年定制球杆的握把也需要更为轻量，这是为了降低球杆的总重量。握把的粗细与青少年球手的手掌大小相搭配即可。

（五）球杆长度及杆颈角

青少年身高差异非常大，而决定球杆长度的首要因素是身高（表10-9）。球杆长度确定后再根据长度及手腕到地面距离确定合适的杆颈角，这可以通过动态着地角测试来确定。目前市场上所售的青少年套杆大多是铸造杆头，无法调节或仅能小角度调节杆颈角度，所以在定制球杆长度之前要先判断杆颈角度是否可调节。

表 10-9　青少年球杆定制参数建议表

身高范围	一号木杆或最长木杆、铁木杆			7 号铁杆		推杆		球杆搭配型号建议	杆身硬度选择范围
	平均长度	长度范围	杆面倾角范围	平均长度	长度范围	平均长度	长度范围		
121~125 cm	36 in	35.5~36.5 in	26°~22°	32 in	31.5~32.5 in	28 in	27.5~28.5 in	UT、#7~PW、SW、PT	J、L
126~130 cm	37 in	36.5~37.5 in	26°~22°	32.5 in	32~33 in	28.5 in	28~29 in	Driver、UT、#6~PW、SW、PT	J、L
131~135 cm	38 in	37.5~38.5 in	24°~20°	33 in	32.5~33.5 in	29 in	28.5~29.5 in	Driver、UT、#6~PW、SW、PT	J、L
136~140 cm	39 in	38.5~39.5 in	22°~18°	33.5 in	33~34 in	29.5 in	29~30 in	Driver、FW7、UT、#5~PW、SW	J、L
141~145 cm	40 in	39.5~40.5 in	20°~16°	34 in	33.5~34.5 in	30 in	29.5~30.5 in	Driver、FW7、UT、#5~PW、SW	J、L、R
146~150 cm	41 in	40.5~41.5 in	18°~14°	34.5 in	34~35 in	30.5 in	30~31 in	Driver、FW5、FW7、UT、#5~PW、SW	L、R、SR
151~155 cm	42 in	41.5~42.5 in	16°~13°	35 in	34.5~35.5 in	31 in	30.5~31.5 in	Driver、FW5、FW7、UT、#5~PW、SW	L、R、SR
156~160 cm	43 in	42.5~43.5 in	14°~12°	35.5 in	35~36 in	31.5 in	31~32 in	Driver、FW5、FW7、UT、#5~PW、SW	L、R、SR、S
161~165 cm	44 in	43.5~44.5 in	13.5°~10.5°	36 in	35.5~36.5 in	32 in	31.5~32.5 in	成人球杆搭配	L、R、SR、S
166~170 cm	45 in	44.5~45.5 in	11.5°~9.5°	36.5 in	36~37 in	32.5 in	32~33 in	成人球杆搭配	R、SR、S
170cm 以上	45.5 in	45~46 in	10.5°~9.0°	37 in	36.5~37.5 in	33 in	32.5~33.5 in	成人球杆搭配	R、SR、S、X

注意事项：①身高较高的青少年球杆长度建议比成人的短一些，因为青少年处于身体发育期，肌肉的生长发育落后于骨骼，动作的控制能力还没有发育完善，所以建议用较短一些的球杆。②表中对身高低于145厘米的青少年所建议的一号木杆杆面倾角范围可能不是标准一号木杆的范围，因为市场上没有这么大度数的一号木杆杆头，可能是球道木杆或者是铁木杆的范围。

（六） 青少年套杆球杆搭配数量组合

5岁以下的儿童建议有两支球杆就够了，一支较大杆面倾角（34° ～ 40°）的轻量铁杆，一支轻量推杆。这一阶段主要是提高孩子的兴趣。而稍大一些的孩子，在培养兴趣阶段，选择长度合适的轻量球杆能够让孩子较容易地挥动。当孩子开始有规律地进行专项训练时，就需要定制几支合适的球杆，至少在球杆长度、着地角、杆身重量和杆身硬度上要合适，这有利于加快技术动作的掌握并避免对发育中的他们造成伤害。

青少年套杆中搭配的球杆数量主要根据其击球水平而定。对于有规律地参与高尔夫球运动的青少年，建议根据身高确定球杆数量及搭配，同时建议配置一支反手的球杆，并且在练习的过程中要有意识地加强反方向的击球及转体训练，以利于青少年发育过程中身体左右侧肌肉力量的平衡。

四、中国儿童青少年身高及体重发育等级划分标准

2018 年，中国国家卫生健康委员会发布的《7 岁～18 岁儿童青少年身高发育等级评价》可以说是青少年身高体重对照表（图10-2-2），它将青少年的身高发育水平分成5个等级：身高< -2SD 为下等；身高 ≥ -2SD 且 < -1SD 为中下等；身高 ≥ -1SD 且 ≤ +1SD 为中等；身高 > +1SD 且 ≤ +2SD 为中上等；身高 > +2SD 为上等。根据图 11-2-2 进行对比，即可清晰地了解青少年的发育情况。青少年高尔夫球杆开发设计人员及技师也可将此表作为不同年龄阶段身高与球杆长度关系的对照表。

男生身高发育等级划分标准

单位：厘米

年龄/ 岁	–2SD	–1SD	中位数	+1SD	+2SD
7	113.51	119.49	125.48	131.47	137.46
8	118.35	124.53	130.72	136.90	143.08
9	122.74	129.27	135.81	142.35	148.88
10	126.79	133.77	140.76	147.75	154.74
11	130.39	138.20	146.01	153.82	161.64
12	134.48	143.33	152.18	161.03	169.89
13	143.01	151.60	160.19	168.78	177.38
14	150.22	157.93	165.63	173.34	181.05
15	155.25	162.14	169.02	175.91	182.79
16	157.72	164.15	170.58	177.01	183.44
17	158.76	165.07	171.39	177.70	184.01
18	158.81	165.12	171.42	177.73	184.03

女生身高发育等级划分标准

单位：厘米

年龄/岁	−2SD	−1SD	中位数	+1SD	+2SD
7	112.29	118.21	124.13	130.05	135.97
8	116.83	123.09	129.34	135.59	141.84
9	121.31	128.11	134.91	141.71	148.51
10	126.38	133.78	141.18	148.57	155.97
11	132.09	139.72	147.36	154.99	162.63
12	138.11	145.26	152.41	159.56	166.71
13	143.75	149.91	156.07	162.23	168.39
14	146.18	151.98	157.78	163.58	169.38
15	147.02	152.74	158.47	164.19	169.91
16	147.59	153.26	158.93	164.60	170.27
17	147.82	153.50	159.18	164.86	170.54
18	148.54	154.28	160.01	165.74	171.48

注：参照《7 岁~18 岁儿童青少年身高发育等级评价》的附录 A 编制。

图 10-2-2　7 岁 ~ 18 岁儿童青少年身高发育等级划分标准

第十一章　推杆定制

第一节　推杆定制的重要性及与木杆、铁杆定制的差异

难度系数：★★★★

一、推杆定制的重要性

在一场高尔夫比赛中，不同类别的球杆在击球次数上所占的比重会有所不同。打完一场 18 洞比赛，球包中使用次数最多的球杆就是推杆，也是唯一的每洞都必须要使用的球杆。一场比赛中，推杆杆数会占到总杆数的 35% ~ 40%，甚至更高。以一个长度 7200 码左右、带有深草障碍区以及沙坑的 18 洞球场为例，一位差点 7 ~ 12 的球手使用球杆次数的平均百分比统计如下（图 11-1-1）。

从图中可以看出，该球手的推杆使用所占百分比最高，为 35% ~ 40%。可见，推杆的好坏很大程度上决定了成绩的好坏。当然，要降低推杆的使用比例，挖起杆也非常重要，因为挖起杆的好坏也是影响推杆使用次数的重要因素。

决定球手推杆技能水平发挥的两项重要技能是距离控制和方向控制，这两项技能是保证在果岭上准确入洞的必备条件。影响距离控制和方向控制的球杆参数如图 11-1-2 所示。当然，推杆的这两项使用技能需要球手花费大量的时间进行训练，最终拥有很好的肌肉控制能力，并且还需要掌握和学习不同的果岭速度以及坡度等外界因素对球速和方向的影响，球手只有控制好推击时的力量与方向，才能在果岭上有优秀的表现。

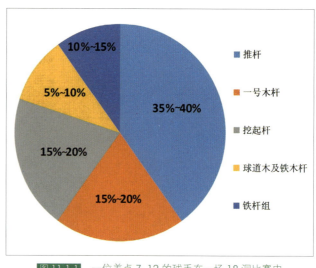

图 11-1-1　一位差点 7~12 的球手在一场 18 洞比赛中不同类别球杆所占的使用比例

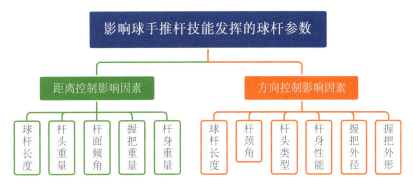

图 11-1-2　影响球手推杆技能发挥的球杆参数

距离控制（Distance control）
指使用推杆击球时对到达目标推击位置的力度控制能力，推击的距离主要受到推击时杆头速度等因素的影响。

方向控制（Directional control）
指使用推杆击球时对杆面方向、杆头击球路径以及杆面击球位置的控制能力，也就是对球初始方向的控制能力。

下面我们将影响推杆击球距离和方向的两个因素进行总结（图11-1-3）。

这里需要着重说明的是，为了达到更好的距离控制和方向控制，推杆长度需要与球手的身高、臂长及推杆技术特点相适应。合适的着地角能更好地稳定出球方向，适当的杆面倾角能得到合理的滑动和滚动距离，并且球杆总重量和挥杆重量需要在合适的范围内来保证准确的推击感觉，最终达到最合适的距离以及方向控制。

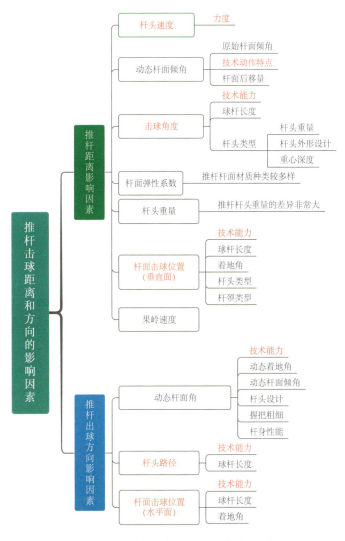

图 11-1-3　推杆击球距离和方向的影响因素

还有一点不能被忽视的是推杆的杆头类型。不同类型的杆头设计，会使杆头的容错性产生较大差异，高容错性的杆头可在一定程度上弥补高尔夫球手技术能力的不足，提高推杆距离控制和方向控制的稳定性，尤其是在偏离甜蜜点击球的情况下。

二、推杆定制与木杆及铁杆定制的差异

球杆长度：相较于其他球杆而言，不同球手之间推杆长度的差异较大，不仅因为球手身高或手腕到地面距离的差异，也因为推杆动作姿态的差异较大。由于每位球手髋关节和膝关节弯曲的角度差异很大，所以推杆并不会像木杆及铁杆一样有个合理的长度范围。

球杆总重量和挥杆重量：因为推杆不需要大力挥动和更快的杆头速度，并且推杆的外形及材质多样，使得推杆的杆头重量差异很大，轻的推杆杆头不到300克，重的超过500克。因为推杆长度及杆头、杆身、握把的重量差异都非常大，所以推杆挥杆重量的差异也非常大。

握把尺寸及重量：推杆握把尺寸和重量相比于挥杆握把而言差别同样非常大。在外径尺寸上，细的推杆握把不到1英寸，粗的接近2英寸。重量上，最轻的PU材质推杆握把不到50克，最重的橡胶材质推杆握把接近200克。

杆身类别：木杆及铁杆杆身轴线都是直的，而推杆的杆身有直型和曲颈型两种，曲颈型杆身前端还会有不同方向的弯曲角度。

杆面倾角：对于木杆和铁杆而言，推杆的杆面倾角非常小，一般为3°～4°。杆面倾角主要影响出球角度和后旋量，从而影响球的滚动和滑动的距离，最终影响推击的距离控制和方向控制。

杆头设计：推杆的杆头外形设计多种多样，主要表现在杆头外形、材质，杆面材质，杆颈类型，杆面后移量等多个方面，杆头大小差异非常大，使推杆在容错性等方面差别较大。另外，推杆杆颈的类型也较为多样，不同的杆颈类型使杆头杆面后移量及瞄球的视线有所不同。

由以上几点可以看出，推杆相对于木杆和铁杆而言更为复杂，不仅表现在推杆杆头的材质及外观设计上，也表现在整支推杆的参数搭配上，所以弄清楚推杆参数对推杆的定制而言非常重要。

第二节　推杆定制要考虑的因素

难度系数：★★★★

推杆定制要综合考虑推击时球杆参数对距离和方向的影响，以便达到最理想的距离控制和方向控制，有效提高推击的准确性（图 11-2-1）。

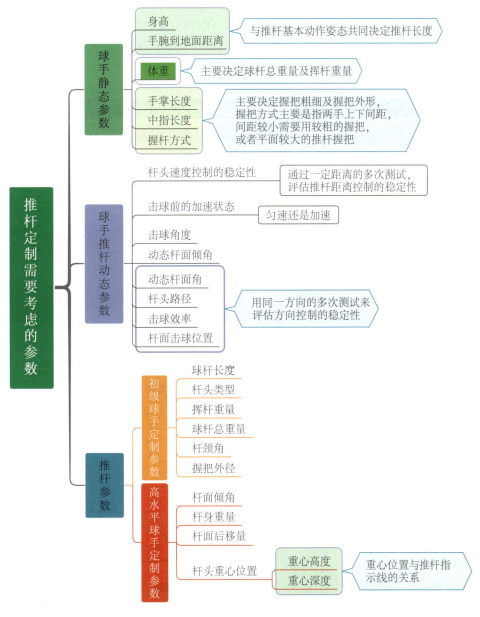

图 11-2-1　推杆定制需要考虑的参数

一、推杆长度及其定制

（一）推杆长度的重要性

推杆的选择与定制首先要考虑的因素就是长度。长度对于推杆击球的稳定性是非常重要的。推杆长度的不同会导致球手的站位和推击动作的差异，因此，推杆长度直接影响推杆的距离控制和方向控制。目前市场常见的推杆长度范围为 33 ～ 36 英寸，大部分男士的推杆长度为 33 ～ 35 英寸，女士常见的推杆长度为 32 ～ 34 英寸（表 11-1）。对于大多数业余球手而言，这样的推杆长度都有些过长，尤其是对于女性球手。美国男子职业高尔夫球巡回赛上常用的推杆平均长度为 32.5 ～ 33 英寸，且仍然有变短的趋势。因钟摆式推杆击球方式的稳定性受推杆长度的影响非常大，较长的推杆无法稳定地控制距离和方向，因此，使用超长的推杆时要想完成稳定的推击，需要在身体上找到一个支点。但自 2016 年起，高尔夫规则已禁止推杆时球杆在身体上有固定支点。

表 11-1　球手身高对应推杆长度建议表

性别	身高范围	建议推杆长度范围
男士	165 ～ 174 cm	31 ～ 34 in
	175 ～ 184 cm	32 ～ 35 in
	185 ～ 193 cm	33 ～ 36 in
女士	145 ～ 159 cm	29 ～ 32 in
	160 ～ 169 cm	30 ～ 33 in
	170 ～ 180 cm	31 ～ 34 in

注：①此表格仅用于推杆长度选择的参考。为了更加精确，技师需要针对球手进行测试。②如球手背部及腰部有伤病等，可能需要更长的推杆。

一般来说，球杆长度越长，越难控制，击中甜蜜区的概率越低。推杆也一样，推杆长度越长，对距离和方向的控制能力越低，相反，推杆长度越短，击球越容易接近杆面的甜蜜点。但并不是越短越好，因为人体在运动时，关节角度需要处于合适的范围内才能做出流畅和稳定的动作，关节角度太大或太小都会影响肌肉对动作的控制及动作幅度。同时，杆面的击球范围受技术水平的影响，技能水平越高击球区域越小，击球点越集中，击球动作及动态杆面倾角等参数的一致性越高（图 11-2-2）。

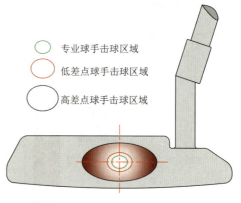

○ 专业球手击球区域
○ 低差点球手击球区域
○ 高差点球手击球区域

图 11-2-2　不同水平的球手推杆杆面击球范围比较

（二）推杆长度的定制

使用推杆的动作姿态以及握杆方式相对于其他球杆而言是最具个性特征的，技术动作差别也较大。推杆动作虽然没有统一的标准，但有些基本的动作是大家都比较认同的。推杆动作是在下肢及核心保持稳定的情况下，以脊柱为轴，上肢做钟摆运动，并且在推击的过程中尽量减少手腕部的动作。

推杆长度的定制需要球手在一个"相对合理"的推杆准备姿态下进行。这里我们介绍一种用于推杆定制的动作规范（图11-2-3，并不是标准）：两脚分开与肩同宽或稍宽（或球手习惯的宽度），膝关节微屈，屈髋，双臂下垂，肘关节微屈，左眼在球的正上方或稍微在球的前方，双眼的连线与目标击球线平行。保持上肢和肩关节所成的角度及头高度位置不变，以脊柱为轴转动肩关节，同时，保持膝关节及髋关节角度不变。

这里需要注意的是膝关节、髋关节及肘关节弯曲的角度并没有一个标准，每个人的技术动作都存在差异。在关节弯曲角度对技术动作的影响上，髋关节在一定的弯曲角度内，前倾的角度越大，上肢在以脊柱为轴的转动过程中，下肢可以更加稳定。

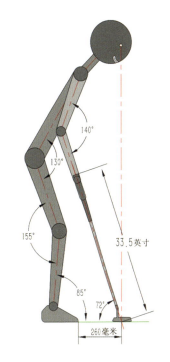

图 11-2-3　推杆长度定制动作规范

这里可以通过推杆定制镜面板来确定球手头部、眼睛以及肩部的位置，并且有效保证推杆动作姿态的可重复性（图11-2-4）。

图 11-2-4　推杆定制球位

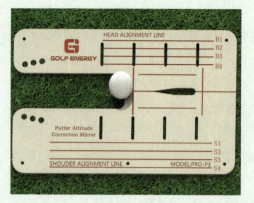

推杆定制镜面板

推杆定制镜面板厚 2.5 毫米，较薄的厚度可有效减少球杆放置高度对击球的影响（越厚影响越大），板面上设置有球定位槽、杆面瞄准线、头部定位线（H1、H2、H3、H4）和肩部定位线（S1、S2、S3、S4），可有效确定球位、杆头位置以及头部及双肩的位置。此板可用于推杆定制，也可用于日常的推杆动作训练。

推杆定制镜面板

球杆长度定制需要考虑的因素是球手的身高、臂长和挥杆动作习惯（髋关节、膝关节弯曲角度以及手的相对位置）。一支推杆，太长或太短，都会影响推杆的距离和方向控制。

推杆太长：球手的站位远离球位，眼睛的投影在球的内侧，推杆时容易造成杆头趾部翘起。为了适应较长的推杆，球手的肘部不得不更加靠近身体，这样会限制上肢的转动。

推杆太短：球手的站位接近球位，眼睛的投影偏向球外侧。为了适应较短的推杆，球手须将身体弯曲得更大，这样的好处是髋关节前倾更多，限制了髋关节的旋转，下肢更加稳定，但也限制了脊柱的旋转及推杆动作的流畅性。

（三）推杆长度的测量

推杆实际使用时真实的长度是沿着杆身中心轴从杆头底部到握把末端的长度（图 11-2-5）。

用测量尺测量推杆长度时，要将杆头底部固定板角度调节到 72°，再测量真实的推杆长度（详见第七章）。

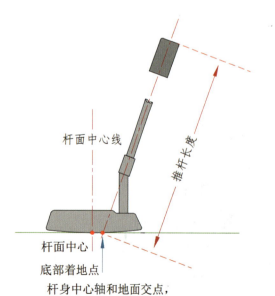

杆面中心线

推杆长度

杆面中心

底部着地点

杆身中心轴和地面交点，
实际球杆长度测量起始点

图 11-2-5　推杆长度起止点

二、推杆杆颈角度及其定制

（一）推杆杆颈角

目前市场上常见的推杆杆颈角为 68° ～ 78°，以
72° 和 70° 两个度数最为常见（图 11-2-6）。着地角主
要影响方向控制，通过前文所述着地角的相关内容我们
已经了解到着地角对杆面指向的影响，因为推杆的杆面
倾角比较小，大多是 3° 或 4°，所以着地角对杆面角的
影响不大，但因为推杆都是用于短距离推击的，要求方
向必须精准，即使出球方向偏差很小球也无法入洞，并
且球都是在果岭上滚动，推击时一点的偏差都可能在滚
动的过程中被加强，导致无法入洞。

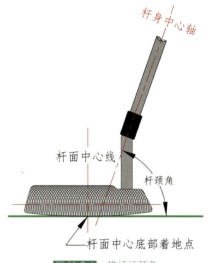

图 11-2-6　推杆杆颈角

推杆着地角改变对击球的影响

图中使用的是推杆杆面方向指示器。一支杆面倾角 4° 的推杆跟部翘起 10° 及趾部
翘起 10°，观察其杆面指向，可以看出，即使都在杆头甜蜜点位置击球，当着地角太小（杆
头趾部翘起）时，杆面角关闭，击球的初始方向偏向左侧；当着地角太大（杆头跟部翘起）
时，杆面角打开，击球的初始方向偏向右侧。

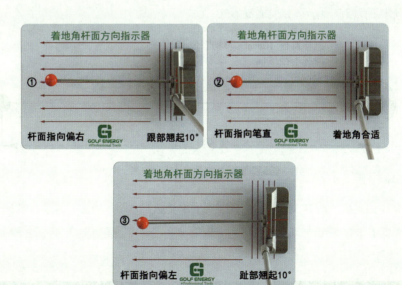

推杆着地角改变对击球的影响

下面是通过 Solid works 软件模拟计算出的角度。推杆杆面倾角设定为 4°，当杆头趾部翘起 1°～10° 时，杆面角关闭的角度如下（表 11-2）。

趾部翘起度数	杆面角关闭度数	10 码推侧偏距离
1°	0.07°	—
2°	0.14°	—
3°	0.21°	—
4°	0.28°	—
5°	0.35°	0.06 yd
6°	0.42°	—
7°	0.49°	—
8°	0.56°	—
9°	0.63°	—
10°	0.70°	0.12 yd

表 11-2　杆面角关闭的角度

着地角的定制需要在推杆长度确定后进行，可以使用推杆定制器在推杆定制镜面板上进行。让球手保持推杆准备姿势，调整推杆定制器的杆颈角度，使杆头底部中心位置位于最下方，以此来确定适合的杆颈角度。

着地角对出球方向的影响受到杆面倾角的影响，杆面倾角越大影响越大，杆面倾角越小影响越小（详见第九章）。

如图 11-2-7 所示，球洞半径为 54 毫米，A 表示要推击的距离，假设推击均为直线，那么推击的出球方向水平角度需要小于 β 才能进洞。

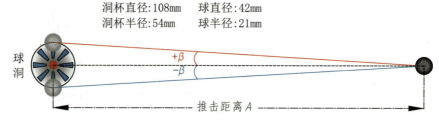

图 11-2-7　推击进洞角度模拟图

推杆距离 A 值越大，β 角度越小，也就是当假设杆头击球路径为直的时候，推杆杆面角偏离的度数大于角度 β 时，推击后球将无法入洞。根据正切定理，不同距离推击进洞杆面角度数汇总如下（表 11-3）。

表 11-3　不同距离推击进洞杆面角度数汇总表

推击距离	1 码	2 码	4 码	6 码	8 码	10 码
β 角度	≤ 3.38°	≤ 1.69°	≤ 0.85°	≤ 1.13°	≤ 0.56°	≤ 0.34°

三、推杆杆面倾角及其定制

推杆杆面倾角的定义与木杆及铁杆的类似，但推杆的杆面倾角在设计时是以靠近杆面的杆头底部所在的平面为基准，因为有些推杆杆头上的杆颈是垂直于杆头顶部平面的，杆颈角及杆面倾角是通过杆身的弯曲实现的。所以推杆的杆面倾角设定有两个基准：一个是杆头底部平面（图11-2-8①），另一个是杆身中心轴（图11-2-8②）。推杆杆面倾角常见的三种测量方法如图11-2-9至图11-2-11所示。

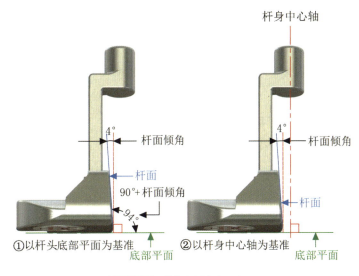

图 11-2-8　推杆杆面倾角示意图

图 11-2-9　推杆角度测量调整器是将杆面置于垂直固定板上，然后测量杆身倾斜的角度以确定杆面倾角，也就是以杆身中心轴为基准测量杆面

图 11-2-10　角度测量器测量的原理与推杆角度测量调整器的原理相同，只是将杆身置于垂直面上，然后通过测量杆面倾斜的角度来确定杆面倾角

图 11-2-11　推杆杆面倾角测量板是以杆头底部平面为基准测量杆面倾角的

目前市场上常见的推杆杆面倾角为 1.5° ~ 6°，以 3° 和 4° 最为常见。推杆杆面倾角对距离控制和方向控制均产生影响，但对距离控制的影响更大。

推杆杆面倾角是推杆定制需要考虑的重要参数，尤其是对于推杆动作稳定的球手，但并没有引起足够重视。主要原因一是没有专业的测试设备来测量推杆时的杆面倾角；二是推杆杆面倾角无法进行有效的调整，市场上可选择的余地不多；三是球场果岭速度差异较大，一般经验是较慢的果岭需要较大的杆面倾角，较快的果岭需要较小的杆面倾角。

（一）推杆动态杆面倾角的影响因素

推杆动态杆面倾角的影响因素与木杆及铁杆动态杆面倾角的影响因素类似，但因为推杆在击球瞬间杆身弯曲变形较小，推杆的杆身一般都比较重，大多在 100 克以上，而且推杆击球时也不会大幅度挥动，所以推杆杆身在击球瞬间的弯曲对杆面倾角的影响较小，同样杆头重心深度对动态杆面倾角的影响也比较小。

所以在推杆击球瞬间，球杆动态杆面倾角的大小主要受杆头原始设定杆面倾角大小的影响，同时还受击球瞬间握把端与杆头相对位置的影响，也就是受推杆技术特点的影响，击球瞬间握把端相对于杆头越靠近击球方向，动态杆面倾角越小，相反，握把端相对于杆头越靠后，动态杆面倾角越大。杆面后移量对动态杆面倾角的影响同样是通过击球瞬间握把端与杆头杆面相对位置而产生的。

推杆的杆身在安装时建议先测量杆身脊椎线，并将杆身脊椎线安装在推杆的 9 点钟方向（图 11-2-12），这样可以尽量减少推杆下杆阶段杆身的弯曲，将杆身对动态杆面倾角的影响降到最低，这样可以减少下杆阶段杆身的弯曲，提高推击稳定性。

图 11-2-12　推杆杆头及杆身组装时间点位

（二）推杆动态杆面倾角对击球的影响

推杆动态杆面倾角对击球的影响与木杆和铁杆一样，都是影响出球角度和球的后旋量，同时，出球角度和后旋量还受到杆头击球轨迹以及杆头重心高度和深度的影响。

1. 推杆动态杆面倾角与出球角度

推杆动态杆面倾角越大，推击时杆面与球的撞击位置越靠近球的下方，动态杆面倾角越小，撞击位置越靠近球水平中心线上方（图 11-2-13）。

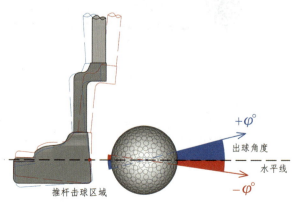

图 11-2-13　推杆动态杆面倾角及击球位置与出球角度

2. 推杆动态杆面倾角对击球的影响

下面以杆面中心方正击球为例，探讨推杆动态杆面倾角对击球产生的影响。

动态杆面倾角偏大（图11-2-14①）：击球位置在球水平中心线下方，造成球的出球角度过大，并伴随更多的后旋量（杆头速度越快，后旋量越多），球飞离草坪面较多，这导致其落地后反弹大，并产生多次弹跳，在整个运动过程中，球重心相对于地面的起伏较大，造成滑动距离偏长，距离控制和方向控制降低。球在草坪上的多次反弹将对球的距离和运动方向产生更多的影响。

动态杆面倾角偏小（图11-2-14②）：击球位置偏球水平中心线上方，出球角度小，甚至是负值，球无后旋，甚至产生前旋，球直接撞向地面并反弹，产生较大和较多次的弹跳。球的滑动距离较短，很快进入纯滚动阶段，这将导致地面反弹对球的速度和方向都产生较大的影响，进而影响距离控制和方向控制。

合适的动态杆面倾角：击球位置适中，合适的出球角度使球在果岭上不产生或仅产生轻微的弹跳或反弹，球贴着草坪产生合适的滑动距离和滚动距离，距离控制和方向控制最佳（图11-2-14③）。

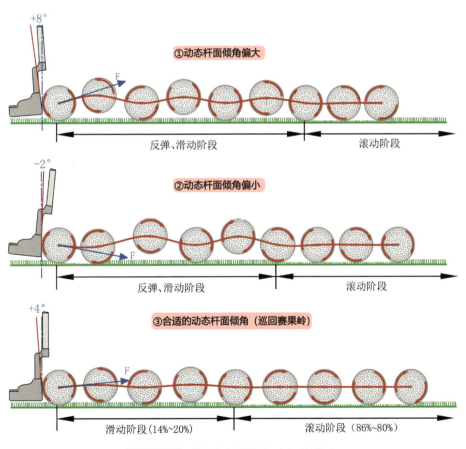

图11-2-14　推杆动态杆面倾角对击球的影响

　　锦标赛级果岭球与地面的距离约为 0.2 ~ 0.5 英寸（图 11-2-15）。当球静止在果岭上时，由于球的重力，果岭草被球下压一定深度，推击时，杆面倾角使球以向上的角度和一定的旋转飞出。研究表明，在锦标赛级别的果岭上，推杆以 3° ~ 4.5° 的动态杆面倾角击球是比较理想的，击球后，球将以接近草顶部的高度飞出，大约被提升 0.05 ~ 0.1 英寸的高度，沿着果岭草表面平稳运动，实现最好的距离控制和方向控制。

　　合适的推杆杆面倾角，就锦标赛级果岭草高度而言，在 4° 左右，击球后球滑动距离和滚动距离都在合适的范围之内，且反弹最小；如果击球时动态杆面倾角小于 3°，推球时球的出球角度将不足以使球飞出"下沉区域"，并会产生一定的反弹。反弹越大，球的滚动距离就越短。推杆时球与地面产生的反弹是肉眼很难看到的，需要专业的高速摄像的设备才能观察到。

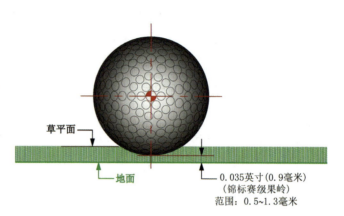

图 11-2-15　锦标赛级果岭置球高度

知 识 拓 展

滑动与纯滚动

　　球被击出后，沿着草平面先滑动（Skid）一段距离（约占总距离的 14% ~ 20%），然后进入纯滚动（Roll）阶段（约占总距离的 80% ~ 86%）。在整个运动过程中球沿着果岭的坡度起伏，球重心相对于地面的起伏很小。

　　滑动阶段特点：球完全转动一圈的位移距离大于球周长。

　　纯滚动阶段特点：球完全转动一圈的位移距离与球的周长相等，这个数值是 5.277 英寸。也就是说，球移动 5.277 英寸时正好滚动了一圈。

　　滑动阶段相对于纯滚动阶段，球与草之间产生更多的摩擦，加速度减小的程度较大。

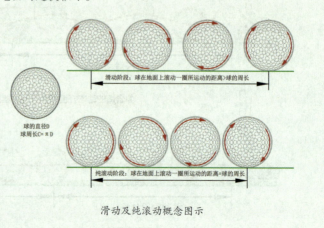

滑动及纯滚动概念图示

当球杆的动态杆面倾角为 0° 时，杆头方正水平击球，力指向球心（中心），击球点在杆头重心和球重心的连线上，球会水平飞出，并不会产生旋转。推杆杆头在击球阶段没有产生使球旋转的力，但因为使用推杆时，球一直在果岭上，球和草坪之间有比较大的摩擦力，所以这种情况下球会先在草坪上滑动一段距离后逐渐变成纯滚动。

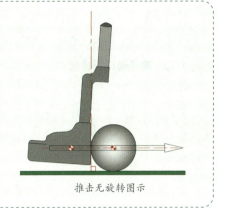

推击无旋转图示

四、推杆总重量和挥杆重量及其定制

（一）推杆总重量

推杆总重量由杆头重量、杆身重量和握把重量三部分组成。三者重量的分配比例决定了推杆的挥杆重量。

推杆杆头重量差异较大，目前市场上常见的推杆杆头重量大多为 260 ~ 350 克，这主要是为长度为 33 ~ 35 英寸的推杆设定的杆头重量，这样的重量和长度设定对大多数球手来说会有比较好的重量感觉。目前杆头设计的趋势是提供更多的扩展功能，推杆杆头上设置可更换的配重，配重块的重量选择也更加多样，这就为球手提供了更多的选择和定制的空间，并且还可以通过杆头上的两个配重的改变来调节杆头的重心位置和重心角度，以达到改变击球特性的目的。

合适的杆头重量和总重量会给球手带来更为一致的推杆重量感觉和平衡感觉，如果重量太轻会使距离控制的一致性变差，也影响方向控制的准确性。杆头较重的推杆对短距离推击的方向控制有所帮助，可以减少短距离推击时手腕等部位的多余动作，但会影响长距离推击时的距离控制。所以很多时候球杆参数的改变对球手来说是相互矛盾的，技师只能权衡球手现有的水平和状态，以达到最好的结果。

推杆的重量感觉和平衡感觉主要取决于以下几个方面：球杆总重量、挥杆重量、握把粗细、推杆长度（图 11-2-16）。

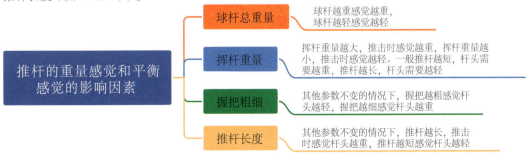

图 11-2-16 推杆的重量感觉和平衡感觉的影响因素

杆头重量的选择和定制需要综合考虑推杆长度以及握把的粗细，一般推杆长度越短越需要重一些的杆头，握把越粗，也越需要重的杆头。

（二）推杆的挥杆重量

推杆的挥杆重量对推杆的距离控制和方向控制都会产生影响。推击时，球手需要杆头有足够的重量感觉以获得适当的推杆感觉和平衡感觉。挥杆重量太小，会降低对距离和方向的控制能力；挥杆重量太大，会降低对长距离推击的控制能力。因为使用推杆时做的是小幅度的钟摆动作，所以推杆的挥杆重量并没有总重量带给球手的感觉明显。对于大多数球手而言，推杆的挥杆重量的范围是C8到D8，也有一些挥杆重量较大的推杆（挥杆重量达到"E"）被较多的球手使用，重一些的推杆的方向控制能力比轻的推杆好。

有些品牌设计了较重的推杆杆头和较重的杆身，目的是为了提高推杆击球方向的稳定性，当球手进行推击的时候，较重的推杆使上下杆变得缓慢，并消除一些手腕部不自主的多余动作，提高了推击的方向控制能力。但很多时候定制是一种权衡，重的推杆有利有弊，它可以有效提高短距离推击时的准确性，但会降低长距离推击时对距离的控制能力。

五、推杆握把及其定制

推杆握把定制需要考虑的因素有材质、外径、外形、重量和长度（图11-2-17，详见第四章）。

图11-2-17 推杆握把定制参数

六、推杆杆头设计参数对容错性的影响

（一）推杆杆头重心位置及其测量

使用杆头重心位置测量器测量推杆杆头的重心位置，在杆头底部确定杆头重心深度，在杆面位置确定重心高度，这样重心深度和重心高度的交汇点就是杆头的重心位置（图11-2-18）。推杆杆头重心位置最好位于通过杆面中心的垂直面上，也就是在推杆击球指示线所在的垂直面上，这样可以确保在杆面指示线的方向上击球时不产生侧旋，以保证最好的方向性。

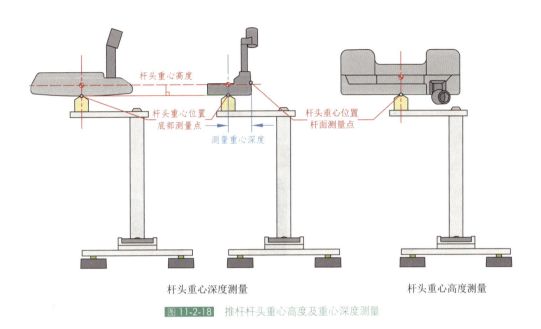

杆头重心深度测量　　　　　　杆头重心高度测量

图 11-2-18　推杆杆头重心高度及重心深度测量

（二）推杆杆头重量分配与转动惯量 *

1.影响推杆杆头转动惯量的因素

影响推杆杆头转动惯量的因素主要有杆头重量、杆头重量的分配、杆头击球时的转轴位置（图11-2-19）。

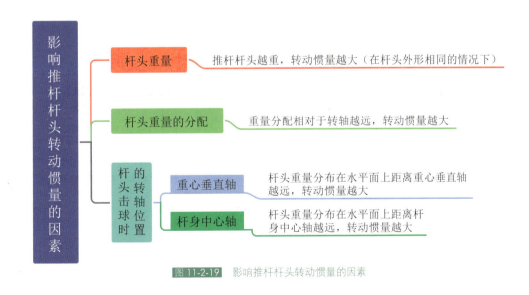

图 11-2-19　影响推杆杆头转动惯量的因素

---

*：转动惯量的相关知识将在第十二章详细讲解。

因为推杆所用材质较多，在外形相同的情况下，总重量越大，转动惯量越大。例如同样的外形，不锈钢材质的推杆会比铝合金材质的重很多，转动惯量也会比较大（图11-2-20，图示数据均通过Solid works软件计算得出）。

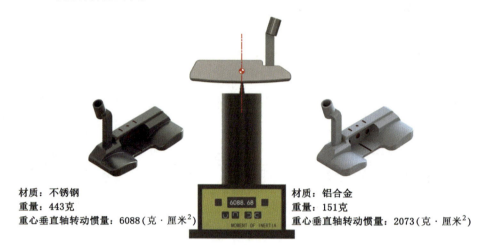

材质：不锈钢
重量：443克
重心垂直轴转动惯量：6088（克·厘米²）

材质：铝合金
重量：151克
重心垂直轴转动惯量：2073（克·厘米²）

图 11-2-20　推杆不同重量与重心垂直轴转动惯量

一般推杆杆头重心位置会在杆面中心附近，杆头重量的分配越远离杆面中心，水平面上围绕杆头重心垂直轴转动的转动惯量就越大（图11-2-21）。

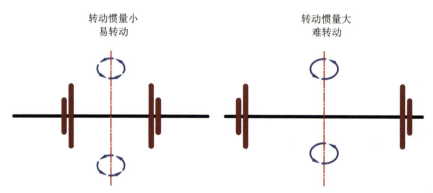

转动惯量小
易转动

转动惯量大
难转动

注：总重量相同的情况下，两侧的配重片离转动中心轴越远，转动惯量越大，越难转动。
图 11-2-21　杠铃片和转轴的距离与转动惯量的关系

2. 杆头转动惯量大小对球侧旋量的影响

推杆杆头在击球时主要在水平面上围绕杆头重心垂直轴和杆身中心轴两个轴转动（图11-2-22）。因为推杆击球时，杆面垂直面上的击球位置不会偏离太多，而且推击的力量相对较小，所以推杆绕杆头重心水平轴的转动惯量对击球时球后旋量的影响较小。

推杆杆头转动惯量越大，偏离甜蜜点击球时，水平面上的齿轮效应越小，球产生的侧旋就越少，球的方向和距离的稳定性越高，也就是杆头容错性越高；相反，杆头的转动惯量越小，偏离甜蜜点击球时，球产生的侧旋就越多，偏离目标方向也越多（图11-2-23）。

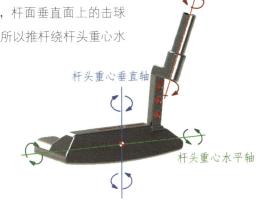

图 11-2-22　杆头重心轴及杆身中心轴

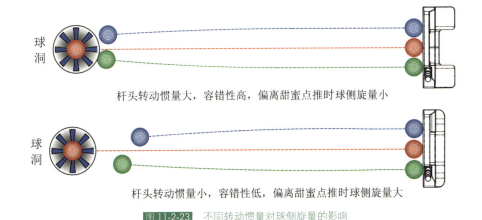

杆头转动惯量大，容错性高，偏离甜蜜点推时球侧旋量小

杆头转动惯量小，容错性低，偏离甜蜜点推时球侧旋量大

图 11-2-23　不同转动惯量对球侧旋量的影响

3. 推杆杆颈位置及类型对转动惯量的影响

推杆的杆颈种类非常多，不仅杆头上设计的杆颈类型较多，连接杆颈的杆身前端弯曲类型也较多，有的杆颈较短，有的较长（图11-2-24）。杆颈的长短会对整个杆头的重心位置产生影响，同时杆颈或杆身前端不同的弯曲方向和角度会对杆面后移量、重心距离以及重心角度等产生影响（图11-2-25）。

图 11-2-24　种类繁多的推杆杆颈类型

　　杆头的杆颈越短，杆颈部分的重量越小，对杆头重心位置的影响越小；相反，杆颈越长，重量越大，对杆头重心影响越大。在推杆杆头的设计上，为了确保整个杆头重心位置接近杆面中心线，有时会在杆头趾部设计更多的重量或在杆头跟部减少重量来平衡重心位置，以确保重心位置接近杆面中心线。

　　杆颈在杆头上位置的不同会使杆身中心轴相对于重心位置的距离不同（图 11-2-26），会导致绕杆身中心轴转动的转动惯量不同。杆头重心距离越小，以杆身中心轴为轴转动的转动惯量越小；相反，重心距离越大，以杆身中心轴为轴转动的转动惯量越大。

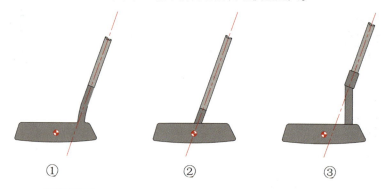

① 　　　　　　　② 　　　　　　　③

图 11-2-26　杆头重心在杆面的投影与杆身中心轴的相对位置关系

七、杆面平衡推杆及其特点举例

　　将推杆放置于杆头重心角度测量器上（图 11-2-27），静止时，杆面水平，杆头重心角度为 90°。这类推杆称为杆面平衡推杆（图 11-2-28）。此类推杆的特点是杆头重心位置与杆身直线部分的中轴线在同一面上，此面与杆面垂直。

图 11-2-27　杆头重心角度测量器　　　　图 11-2-28　杆面平衡推杆（左一）与不同重心角度推杆

此类推杆有不同的杆颈类型（图11-2-29），有杆头颈部接近于杆头中心的直插式，而更多的设计类型为杆颈位于杆头跟部，通过杆身前端弯曲来使杆身上端直线部分的中轴线与杆头重心位置在同一平面。

如图11-2-30所示，此类推杆最大的优点如下：因为推杆动作更多的是杆头在推击方向垂直面上的摆动，这样的杆头设计使得上下杆时，杆头重力相对杆身中心轴产生的力矩最小，继而扭矩最小，使杆面产生扭转的力最小，上下杆的一致性感觉也较好。但缺点是杆头重心围绕杆颈中心轴的转动惯量小，所以当偏离甜蜜点击球时，杆头以杆身中心轴为轴的扭转也会相对较多，水平面上的齿轮效应较大，使球产生的侧旋较多，容错性

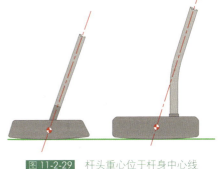

图 11-2-29　杆头重心位于杆身中心线

相对较低。这只是在假设杆头外形相同、杆颈位置不同、重心角度不同的情况下进行的比较，具体杆头的容错性还需要考虑杆头整体的转动惯量，因为杆头在击球时不仅只有绕杆身中心轴的一个方面的转动惯量，还有绕重心垂直轴的转动惯量，需要综合考虑。

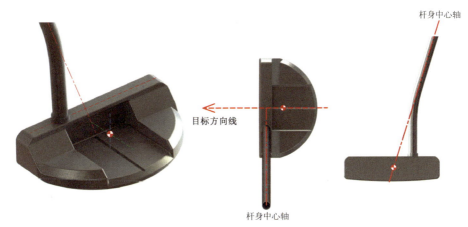

图 11-2-30　杆面平衡推杆杆头重心位置相对目标线

知识拓展

推杆规则限制

推杆是杆面倾角不超过 10° 且被设计为主要在果岭上使用的球杆。

1.推杆杆头尺寸

当杆头位于正常的击球准备状态时，它的尺寸必须符合下列要求：

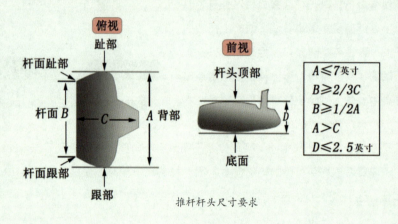

推杆杆头尺寸要求

①跟部至趾部的距离（A）大于杆面至背面的距离（C）；

②杆头跟部至杆头趾部的距离（A）小于等于 7 英寸；

③从杆面跟部至杆面趾部的距离（B）大于等于从杆面至杆头背面距离（C）的 2/3；

④从杆面跟部到杆面趾部的距离（B）大于等于从杆头跟部到趾部距离（A）的 1/2；

⑤从底面到杆头顶部的距离（D）（包括任何允许的形状）小于等于 2.5 英寸。

2.推杆杆身

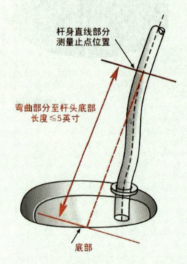

从握把顶端至杆底上方不超过 5 英寸的部分必须是直的，这个 5 英寸的测量位置是从杆身直线状态终止的位置沿杆身直线部分的中轴线至杆头底部。

弯曲部分的长度就是用球杆长度的测量值减去杆身直线部分的长度。有的推杆是杆身前端弯曲的，杆颈角度在杆身上；有的推杆杆身是直的，杆颈角度的弯曲在杆头颈部。R&A 的规则不仅限制了杆身弯曲的部分，而且限制了杆头，当然涉及这一规则的只有推杆，推杆的杆颈不能过长，以免超过了规则的限制。

推杆杆身部分要求

3. 推杆杆身与杆头的连接

杆身必须在球杆跟部直接或通过一个普通的颈部或杆颈套与杆头相连。从颈部或杆颈套的顶端至杆头底部的长度不得超过 5 英寸，这个长度是从颈部或杆颈套的顶端沿着杆身中心轴或顺着其任何弯曲的部分进行测量的。推杆的杆身、颈部或接座可以固定在杆头上的任何一点。

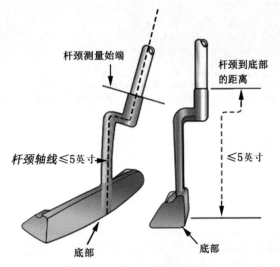

推杆杆身与杆头的连接要求

当球杆处于正常击球准备位置时，杆身必须处于以下校准状态：

杆身直线部分在通过杆头趾部与跟部的垂直平面上的投影与垂直线夹角至少为 10°（作者注释：指推杆的杆颈角不能大于 80°）。如果球杆的总体设计能够使球手在垂直或几乎垂直的位置有效使用该球杆，可能会要求杆身在这个平面内与垂直线夹角达 25°。

杆身中心轴在预期打球线的垂直平面上的投影与垂直线的夹角，向前不得超过 20°，向后不得超过 10°。

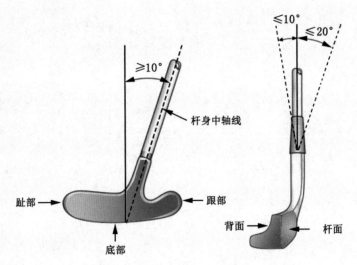

推杆杆身的校准状态

第三篇

挥杆及高尔夫球飞行力学研究

第十二章　转动惯量及其影响

转动惯量是理解球杆长度、挥杆重量和球杆总重量对挥杆影响的基础，懂得了转动惯量，才能更好地理解球杆长度、挥杆重量和球杆总重量对挥杆的影响。

建议带着下面的问题学习本章内容。

问题一：转动惯量的影响因素有哪些？

问题二：在球杆长度及球杆总重量一致的情况下，为什么球杆挥杆重量越小越容易挥动？

问题三：在球杆总重量一致的情况下，为什么球杆越短越容易挥动？

第一节　转动惯量的概念及影响因素

难度系数：★★★★

转动惯量（Moment of inertia，简写为"MOI"）是刚体绕轴转动时惯性的度量，国际单位为"千克·米^2"（实操中通常换算为"克·厘米^2"或"克·英寸^2"）。形状规则的匀质刚体，其转动惯量可直接用公式计算得到。对于一个质点，转动惯量 $I = mr^2$，其中 m 是其质量，r 是质点到转轴的距离。而对于不规则刚体或非均质刚体的转动惯量，如高尔夫球杆、高尔夫球杆杆头等，需要通过仪器来测定。

转动惯量是描述物体动力特性的重要物理参数，是用来判断一个物体在受到力矩作用时，绕旋转轴转动的数值，其量值取决于物体质量、质量对轴的分布和转轴位置（图 12-1-1）。物体的质量越大，转动惯量越大，质量的分布相对于轴的距离越远，转动惯量也越大，而与刚体旋转轴的转动状态（如角速度的大小）无关。

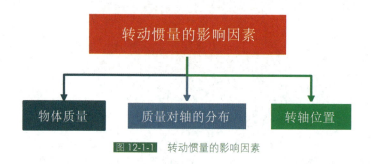

图 12-1-1　转动惯量的影响因素

物体的转动惯量越大，驱使物体做旋转运动所需的力就越大，也就是说，物体的转动惯量越大，它就越不易发生转动；相反，物体的转动惯量越小，驱使物体做旋转运动所需的力就越小，物体也越容易发生转动。

因此，物体的转动惯量越大转动起来越费力，转动惯量越小转动起来越省力。此原理同样可应用在高尔夫挥杆上，用以解释球杆转动惯量如何影响挥杆和击球。

知 识 拓 展

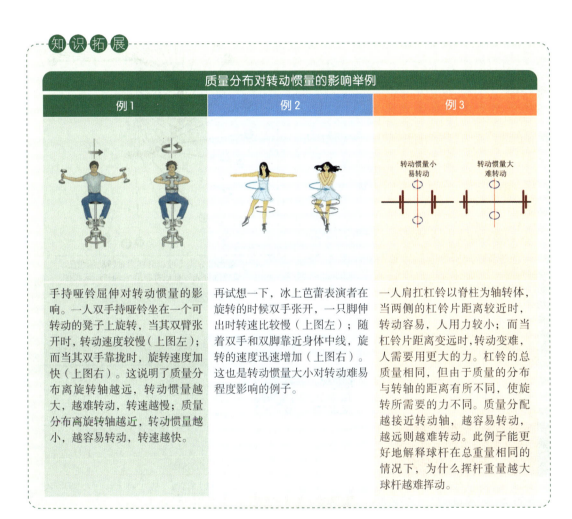

质量分布对转动惯量的影响举例

例1	例2	例3

手持哑铃屈伸对转动惯量的影响。一人双手持哑铃坐在一个可转动的凳子上旋转，当其双臂张开时，转动速度较慢（上图左）；而当其双手靠拢时，旋转速度加快（上图右）。这说明了质量分布离旋转轴越远，转动惯量越大，越难转动，转速越慢；质量分布离旋转轴越近，转动惯量越小，越容易转动，转速越快。

再试想一下，冰上芭蕾表演者在旋转的时候双手张开，一只脚伸出时转速比较慢（上图左）；随着双手和双脚靠近身体中线，旋转的速度迅速增加（上图右）。这也是转动惯量大小对转动难易程度影响的例子。

一人肩扛杠铃以脊柱为轴转体，当两侧的杠铃片距离较近时，转动容易，人用力较小；而当杠铃片距离变远时，转动变难，人需要用更大的力。杠铃的总质量相同，但由于质量的分布与转轴的距离有所不同，使旋转所需要的力不同。质量分配越接近转动轴，越容易转动，越远则越难转动。此例子能更好地解释球杆在总重量相同的情况下，为什么挥杆重量越大球杆越难挥动。

第二节　挥杆和击球阶段的转动惯量及其影响因素

> 难度系数：★★★★

高尔夫挥杆动作可简单描述为球手手持球杆绕脊柱做单侧转动的鞭打动作。在下杆过程中，球手的上肢和球杆可以看作以脊柱为轴转动，手腕部的释放阶段可看作球杆围绕握把端转动（图 12-2-1）。

在下杆过程中，杆头围绕杆颈中心轴有转动，击球阶段杆头围绕重心和杆颈中心轴均有转动。由此可见，下杆及击球过程的动作可分解出多个不同位置的旋转轴，不同轴线上的转动惯量均会对下杆的击球发力及击球效果产生影响。下面我们以下杆及击球过程中不同的旋转轴为基准，分析不同旋转轴上转动惯量的影响因素以及对击球产生的影响（图 12-2-2）。

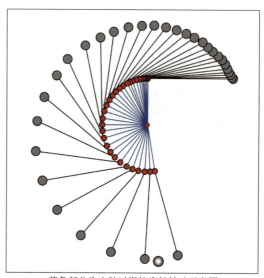

蓝色部分为上肢以脊柱为轴转动示意图
黑色部分为球杆以握把端为轴转动示意图

图 12-2-1　下杆过程中产生的转动

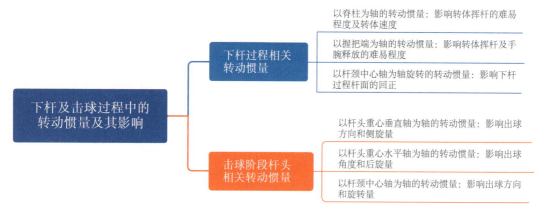

图 12-2-2　下杆及击球过程中的转动惯量及其影响

挥杆过程中球杆的转动惯量影响球手以脊柱为轴转体挥动球杆的难易程度。在下杆过程中，杆头围绕杆颈轴旋转的转动惯量影响杆面的回正；击球阶段，围绕杆头重心及杆颈中心轴旋转的转动惯量影响方向、弹道及球的旋转等。

一、下杆过程中以脊柱为轴和以握把端为轴的转动惯量

在整个挥杆过程中，球手身体的转动可以看作以脊柱为轴的转动，那么以脊柱为轴的转动惯量会受到球手手臂及球杆的影响。球手手臂越长、手腕部距离旋转轴越远，转动惯量越大，转动起来越费力；球杆越长、越重、重量分配越靠近杆头（挥杆重量越大），转动惯量越大，越难转动。

难于挥动是指使杆头达到一定的杆头速度需要耗费更多的体力，但难于挥动并不代表杆头速度就慢，相反，手臂长、球杆长，在一定范围内有利于杆头速度的增加（详见第七章）。

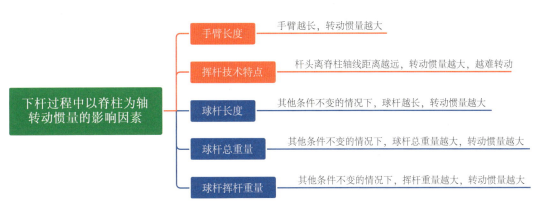

图 12-2-3　下杆过程中以脊柱为轴转动惯量的影响因素

（一）挥杆技术特点对转动惯量的影响

从前文我们可以得出，当物体旋转时离旋转轴越近，转动惯量越小，越容易转动；离旋转轴越远，转动惯量越大，越不容易转动。

下杆过程中手腕释放有两种不同方式。

第一种方式：手腕释放前杆头滞后，球手的上肢先绕脊柱旋转，然后球杆再以握把端为轴转动，这是"手腕集中释放"的挥杆方式（图12-2-4）。这样的发力方式使下杆过程中手腕释放前球杆重心离脊柱始终较近，释放阶段杆头重心与手腕的距离也较近，这样两个转动阶段转动惯量都较小，有利于转体发力，能有效提高杆头速度。

图 12-2-4　下杆过程中手腕集中释放

第二种方式：我们称之为"手腕缓慢释放"的挥杆方式（图12-2-5）。相对于"手腕集中释放"的挥杆方式，此种挥杆方式上杆时腕关节"立腕"较少，右肘关节屈得也较少，这样使得球杆重心在下杆的过程中始终远离脊柱，以脊柱为轴的转动惯量较大，不容易转动，也不容易提高杆头速度。这种挥杆方式使杆身变形较少，适合较轻的杆身。

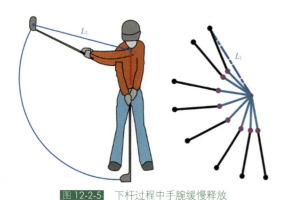

图 12-2-5　下杆过程中手腕缓慢释放

（二）球杆转动惯量对挥杆的影响

挥杆可以看作球手手持球杆围绕脊柱做旋转运动。整支球杆转动惯量的大小会影响挥杆时身体转动的难易程度，球杆的转动惯量越大，转体挥动球杆时需要的力量就会越大，越难于挥动；相反，球杆的转动惯量越小，转体挥杆时需要的力量就越小，越容易挥动（参见本章第一节知识拓展）。

球杆总重量相同的情况下，球杆越长，转动惯量越大，越难于挥动；球杆总重量和球杆长度相同的情况下，球杆的质量分布越靠近杆头，也就是挥杆重量越大，转动惯量就越大，越难于挥动。相反，球杆越短，总重量越小，挥杆重量越小，整支球杆的转动惯量就越小，挥动时需要的力量也越小，越容易挥动（图 12-2-6）。这也是球杆越长总重量要越小、球杆越短总重量要越大的原因。一套球杆中，最长的一号木杆总重量最大，才能有利于挥出最快的杆头速度，较短的挖起杆总重量大一些才能有更精准的方向。

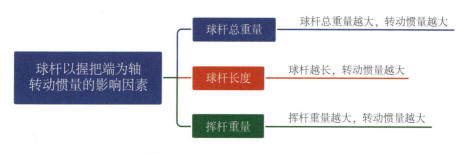

图 12-2-6　球杆以握把端为轴转动惯量的影响因素

二、下杆过程中以杆颈中心轴为轴的转动惯量

下杆过程中以杆颈中心轴为轴的转动惯量是指下杆到击球瞬间，杆头围绕杆颈中心轴旋转的难易程度（图 12-2-7）。在击球挥杆过程中，球手身体的力量通过杆身传递至杆头，上杆至顶点的过程中杆面逐渐打开，开始下杆时杆头由于惯性会相对滞后，并使杆身产生弯曲和扭转，下杆到击球瞬间杆面慢慢回正，杆面回正的速度和角度取决于杆头以杆颈中心轴为轴的转动惯量及杆身的性能，主要影响击球瞬间杆面的角度，最终影响出球方向。

木杆杆头体积越大，以杆头重心垂直轴和水平轴为轴的转动惯量就越大，杆头的容错性也越高，但这也会导致杆头重心距离较大。重心距离越大，即杆头重心离杆颈中心轴越远，杆头重心以杆颈中心轴为轴的转动惯量就越大，在下杆击球时会产生更大的抗力，使杆头在击球瞬

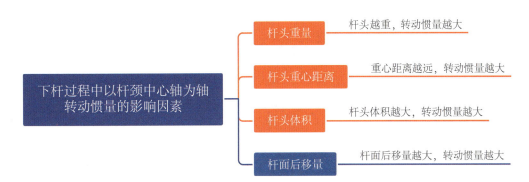

图 12-2-7　下杆过程中以杆颈中心轴为轴转动惯量的影响因素

间难以回正，杆面开放，导致击球偏右，所以体积较大的一号木杆杆面角都会设计得偏于关闭，这是为了确保击球前杆面能有效回正。

铁杆杆头则主要由杆面长度及杆面后移量影响杆头重心距离。重心距离越大，下杆至击球前杆面越难回正，当杆头趾部加重时，重心距离也会变大，以杆颈中心轴为轴旋转的转动惯量也随之变大。

三、击球阶段的转动惯量及其对击球的影响

击球阶段，杆头受到球的反作用力作用，会产生一定的扭转，尤其是在偏离甜蜜点击球的情况下，偏离越大杆头产生的扭转也会越大，杆头抵抗扭转的能力将直接影响击球方向和击球距离的稳定性。击球阶段杆头旋转轴的位置会随着杆面击球位置的不同而有所不同。这里为了便于分析杆头对击球的影响，将杆头的旋转轴分解成三个：重心垂直轴、重心水平轴和杆颈中心轴（图12-2-8、图12-2-9）。

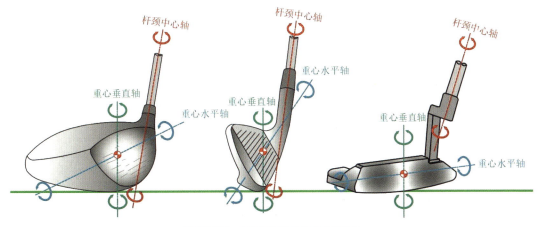

图 12-2-8　击球瞬间杆头的三个旋转轴

图 12-2-9 击球阶段杆头旋转轴对击球的影响

（一）击球阶段以杆头重心为轴的转动惯量

杆头的重心轴可分为两个轴：一个是重心水平轴，另一个是重心垂直轴。

1. 杆头的重心水平轴

杆头的重心水平轴是指垂直于垂直面并通过杆头重心的轴。杆头绕重心水平轴在垂直面上的转动主要影响球的后旋量，进而影响球的弹道高低。

杆头绕重心水平轴的转动惯量是用来衡量杆头是否容易绕着水平轴转动的数值。杆头绕重心水平轴的转动惯量越大，杆头越能抵抗扭转，所以，在击球阶段因球的反作用力而造成的动态杆面倾角增加或减少的程度就越小，球的起飞角度及后旋量就越稳定。

当以杆面上半部或下半部击中球时，在击球阶段动态杆面倾角会因为受到球的反作用力的作用而增加或减少（图 12-2-10）。例如，当击球位置靠近杆面下部时，杆头绕重心水平轴做顺时针方向转动，动态杆面倾角变小产生的齿轮效应增大了球的后旋量；反之，当击球位置靠近杆面上部时，将使杆头绕重心水平轴做逆时针方向的转动，动态杆面倾角变大产生的齿轮效应减小了球的后旋量。

齿轮效应使球后旋量增大   齿轮效应使球后旋量减小

图 12-2-10 击球阶段垂直面上杆头在重心水平轴上的齿轮效应

在杆头的设计上，如果把杆头的重量更多地分配到杆头的跟部、趾部以及底部，将更多地增加杆头绕重心垂直轴的转动惯量，增大杆头的甜蜜区，即使没有准确击球，出球方向也会相对更加稳定。杆头体积越大，杆头周边重量的分配距离杆头重心越远，转动惯量也会越大（图 12-2-11）。除了击球方向与弹道稳定性外，转动惯量大的杆头，在击球阶段所损失的能量相对较少，击球距离也会更加稳定。

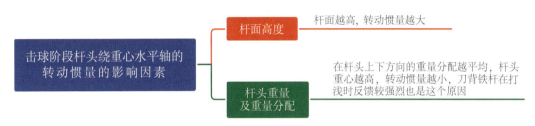

图 12-2-11　击球阶段杆头绕重心水平轴的转动惯量的影响因素

2. 杆头的重心垂直轴

杆头的重心垂直轴是指垂直于水平面并通过杆头重心的轴。杆头绕重心垂直轴在水平面上的转动主要影响击球时球的侧旋量，最终影响球的飞行路径。

当击球位置靠近杆头跟部时，球在杆头跟部的作用力使杆头在水平面上做逆时针转动，杆面有关闭的趋势，导致出球方向偏左，并产生齿轮效应，增加球的右旋量；当击球位置靠近杆头趾部时，球对杆头的作用力使杆头在水平面上绕重心垂直轴做顺时针的转动，杆面有开放的趋势，导致出球方向偏右，并增加球的左旋量（图 12-2-12）。

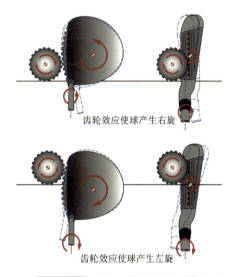

图 12-2-12　击球阶段水杆头在平面上绕重心垂直轴转动产生的齿轮效应

杆头在水平面上绕重心垂直轴的转动惯量将直接影响偏击时的飞径路径的稳定。当在水平面上的转动惯量较大时，杆头较难绕重心垂直轴转动，偏击所导致的齿轮效应相对较小，球的侧旋量也较少，球的飞行路径就较为稳定。当然，杆头在偏击时转动的幅度也会受到杆身强度的影响，尤其是杆身前端的硬度和杆身扭矩。杆身前端越硬，杆身扭矩越小，则转动的幅度也越小，球的飞行路径就越稳定，尤其是对挥杆速度快的球手来说。击球阶段杆头重心垂直轴转动惯量的影响因素如图 12-2-13。

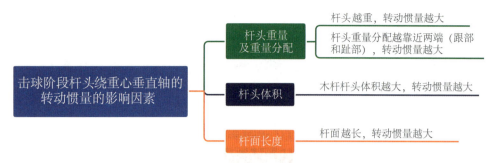

图 12-2-13　击球阶段杆头绕重心垂直轴的转动惯量的影响因素

（二）击球阶段以杆颈中心轴为轴的转动惯量

击球阶段杆头绕杆颈中心轴的转动惯量与下杆过程中杆头绕杆颈中心轴的转动惯量有所不同，下杆过程中杆头围绕杆颈中心轴产生的扭转是由杆头的惯性导致的，而击球阶段杆头绕杆颈中心轴产生的扭转是由球的反作用力导致的，并且这两个阶段杆头绕旋转轴转动的方向也有所不同。下杆过程的后期阶段，也就是击球前的瞬间是杆头绕杆颈中心轴做逆时针旋转（下杆初期是顺时针），而击球阶段由于球对杆面的反作用力，杆头绕杆颈中心轴做顺时针旋转，其难易程度主要受杆头绕杆颈中心轴的转动惯量及杆身硬度和杆身扭矩（尤其是杆身前端）的影响（图12-2-14）。在杆身一定的情况下，杆头绕杆颈中心轴的转动惯量越大，就越能抵抗击球时杆头的扭转，击球方向及击球距离就越稳定。

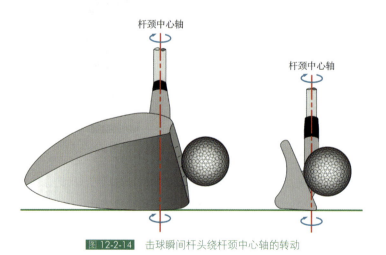

图 12-2-14　击球瞬间杆头绕杆颈中心轴的转动

击球阶段杆头绕杆颈中心轴的转动惯量受到杆头重量和杆头重心距离的影响（图12-2-15）。

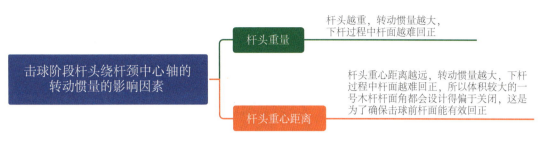

图 12-2-15 击球阶段杆头绕杆颈中心轴的转动惯量的影响因素

四、总结

学习杆头转动惯量的知识是为了更好地理解和设计杆头重量的分配，以提高杆头的转动惯量，继而提升击球方向和弹道的稳定性。杆头重量更多地分配在周边，如杆头跟部和趾部，杆头绕重心垂直轴的转动惯量越大，击球方向的稳定性就越高。杆头重量更多地分配在杆头底部及尾部，杆头绕重心水平轴的转动惯量越大，出球角度的稳定性就越高（图 12-2-16）。

图 12-2-16 铁杆杆头重心垂直转动惯量由低到高（从左至右）的外形设计（杆头重量相同）

在球杆的设计上，较大的杆头加之跟部、趾部重量合理分配能产生更大的甜蜜区，杆头的容错性就更高。转动惯量大的球杆，在击球阶段所损失的能量较少，击球距离更加稳定（图 12-2-17）。

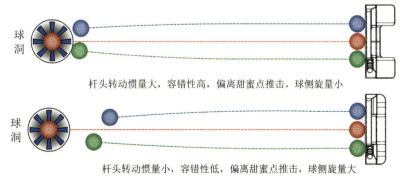

图 12-2-17 转动惯量不同的推杆对击球稳定性的影响

　　需要注意的是，击球阶段杆头转动的三个轴并不是孤立存在的，而杆头受到球的反作用力产生的扭转程度不仅受到转动惯量的影响，而且很大程度上受到杆身性能的影响。

　　以杆头材质为304不锈钢的推杆为例，杆头本体重量均为259克（图12-2-18①）。一款用长配重，重量为287克（图12-2-18②）；另一款用的两个配重之和也为287克（图12-2-18③）。在杆头总重量相同的情况下，重量分配越靠近杆面中心线，杆头重心垂直轴的转动惯量越小，容错性越低，相反，杆头重量分配越靠近两侧（跟部和趾部），杆头重心垂直轴的转动惯量越大，容错性就越高。

推杆重量：本体重量259克　　推杆重量：287克　　　　推杆重量：287克
　　　　　　　　　　　　　　（本体重量259克+配重28克）　（本体重量259克+配重28克）

转动惯量：1975（克·厘米²）　转动惯量：2067（克·厘米²）　转动惯量：2455（克·厘米²）

注：1. 转动惯量是基于重心垂直轴的转动惯量。
　　2. 图示数据均通过Solidworks软件计算得出。

图 12-2-18　配重块的放置位置对杆头转动惯量的影响

　　推杆杆头击球时的旋转轴主要是重心垂直轴和杆身中心轴（图12-2-19）。因为推杆在击球时，杆面垂直面上的击球位置不会偏离太多，而且推击的力量相对较小，所以推杆杆头绕重心水平轴的转动惯量对击球时球的后旋量的影响较小。

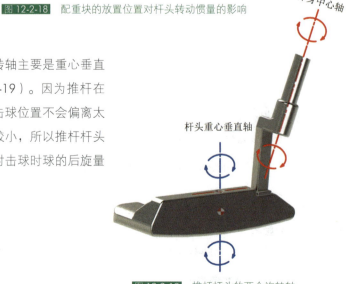

图 12-2-19　推杆杆头的两个旋转轴

当偏离甜蜜点击球时，推杆杆头转动惯量越大，水平面上的齿轮效应越小，球产生的侧旋越少，击球方向的稳定性就越高，即杆头容错性高（图 12-2-20）。

图 12-2-20　转动惯量由低到高（从左至右）的推杆外形设计

第三节　转动惯量与球杆搭配的关系

难度系数：★★★★★

一、转动惯量与杆头重量搭配的关系

在 20 世纪初期（1900—1920 年），技师已经使用转动惯量的公式 $I=mr^2$ 来为专业球手匹配球杆了。公式中，m 代表杆头重量，r 代表球杆长度。

当时的球杆是木质杆身，握把是皮革缠绕的。所以，一旦确定了球杆长度以及杆身硬度，除了杆头重量就没有多少可以改变的重量了。没有公式会包含杆身或者握把重量，因为当时的握把和杆身重量基本是固定的。由转动惯量的公式我们得知，如果杆身以及握把上的改变可以被忽略，那么，通过这个公式就可以确定影响转动惯量的因素是球杆长度和杆头重量。当时还没有挥重秤，这个词都没有被发明出来（挥重秤是 1920 年被发明出来的，详见第六章）。

下面举个例子，来解释为什么现在的铁杆组杆头重量的增量约为 7 克，即铁杆组从 4 号杆到 P 杆，每支杆的杆头重量逐级增加约 7 克。

假设铁杆组所用的握把及杆身重量相同，当时一支 5 号铁杆的长度一般为 37.5 英寸，杆头重量为 255 克。如果球杆长度增加 1/2 英寸，即 38 英寸（4 号铁杆的长度），并且要保持球杆转动惯量不变，杆头重量应为多少呢？

由转动惯量公式 $I=mr^2$ 可知，5 号杆的转动惯量 $I=255×37.5^2=358593.75$（克·英寸²）。

4 号杆长度为 38 英寸，要使转动惯量与 5 号杆相同，即 358593.75（克·英寸²），杆头重量 $W=358593.75÷38^2≈248$（克），即杆头重量减少 7 克（255 克 −248 克）。

所以，铁杆组的球杆长度每增加或减少 1/2 英寸，杆头重量将会减少或增加 7 克，以匹配出合理的转动惯量。这也是现在品牌商生产铁杆杆头遵循的重量间差。

二、转动惯量与球杆组合搭配的关系

下面这幅高速频闪照片（图 12-3-1）是由美国麻省理工学院的哈罗德·艾顿博士拍摄的，捕捉鲍比·琼斯挥杆时大约每 0.007 秒时球杆的位置。可用三个阶段描述下杆过程中手腕释放的过程：

红色部分，击球前大约 70 毫秒，手臂与球杆成锐角。这是手腕释放的起点。

绿色部分，击球前大约 20 毫秒，手臂与球杆成钝角，逐渐释放。

蓝色部分，击球这一时刻，这是非常好的击球位置，近乎完全释放。

手腕力量释放的过程（图 12-3-2）就是球杆围绕握把端的转动过程。根据力学原理，这样的

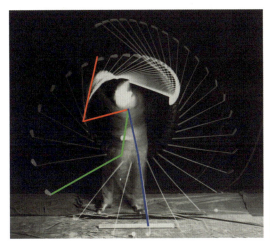

图 12-3-1　鲍比·琼斯在 1940 年使用
一号木杆挥杆时的高速频闪照片

图 12-3-2　下杆击球过程中手腕释放图示

旋转只能通过在球杆上施加一个扭矩来实现。产生这个扭矩的力来自两个方面：

①球杆围绕握把端旋转的离心力。

②球手的手和前臂肌肉收缩，通过腕关节这一枢纽施加的旋转的力。

下杆释放的过程中，抵抗这种扭转，也就是阻止球杆转动的是球杆的转动惯量。所以，如果我们假定球手有着完全相同的挥杆动作，相同的发力顺序及节奏，就可以匹配相同转动惯量的球杆，使球手挥杆时的感觉也完全一致。但这是理想主义，挥杆动作和发力不可能一致的原因有以下几个方面：

①高尔夫球手不可能对所有的球杆使用同样的挥杆动作。

②不同的球杆长度不同，球位不同，挥杆平面也不同。

③球手使用不同的球杆时膝关节弯曲角度、髋关节前倾角度等均不同，这不仅改变了以脊柱为轴的转动惯量，也使上肢转动发出的力量不同。

④根据击球距离的不同，球手的主观意识上发力的大小和动作幅度都会有所不同。

由以上四方面可以得出，用转动惯量的一致性来搭配整套球杆不是合理的方式，而且根据转动惯量搭配球杆会使球杆的组装变得非常烦琐，同时球杆长度设置也可能变得混乱。用挥杆重量和球杆总重量搭配球杆组的方式是本书推荐的方式，这样搭配出来的球杆的转动惯量也不会相差太多。

第四节　转动惯量的表达与测量

难度系数：★★★★★

在实际操作中，转动惯量的常用单位为"oz·in²（盎司·英寸²）"，或者是"g·cm²（克·厘米²）""g·in²（克·英寸²）"。R&A规则对转动惯量的限制如下（表10-1）。

转动惯量类别	oz·in²	g·cm²
杆头重心垂直轴	≤ 13.1	≤ 2400
杆头重心水平轴	≤ 21.9	≤ 4000
杆颈中心轴	≤ 23.3	≤ 4250

表 10-1　R&A 规则对转动惯量的限制上限

转动惯量可使用专业的仪器测定（图 12-4-1、图 12-4-2）。

图 12-4-1　测量杆头重心及杆颈中心轴转动惯量的仪器

图 12-4-2　测量整支球杆转动惯量的仪器

第十三章 击球阶段动态参数及力学分析

本章内容为击球过程很多球杆定制参数影响因素的分析，是前面多个章节内容的串联。

为了更好地分析击球过程中球杆及球的受力变化情况及影响因素，我们需要先明确几个概念，这几个概念在绪论中已经提到过，在此做更为详细的分析。

杆头击球的过程分为三个阶段：击球瞬间、击球阶段和出球瞬间（图 13-0-1）。

击球瞬间	◀━━━━━━ 击球阶段 ━━━━━━▶	出球瞬间
击球瞬间：指杆头杆面碰触到球的瞬间；击球瞬间球是静止的，受到重力和地面（或者球座）的支撑力作用。	**击球阶段**：指从杆头杆面接触到球的瞬间开始，一直到球弹离杆面的瞬间为止的这一时间阶段，也可称为碰撞阶段。这一阶段杆面和球接触的时间极其短暂，大约只有不到 0.5 毫秒，但击球作用力峰值却可达 4000 磅（约 1814 千克）。球的动能都是从这个阶段杆面对球所施加的力获得的。	**出球瞬间**：指球弹离杆面的瞬间；出球瞬间球获得了一定的速度和旋转，并以一定的角度和方向飞出。

图 13-0-1 杆头击球的过程

第一节 击球瞬间杆头动态参数及影响因素总结

难度系数：★★★★

击球瞬间会对击球效果产生重要影响的参数包括杆头速度、动态杆面倾角、动态杆面角和杆面击球位置（图 13-1-1）。虽然击球瞬间只是杆头接触球的一瞬间，之所以用动态来表示杆面倾角和杆面角，是为了区分静态测得的球杆固有角度，这会有较大的差异。击球位置是指击球瞬间杆面与球的碰撞位置，这涉及杆面的位置和球的位置，用杆面的不同位置击球会有不同的击球效果，尤其是木杆。

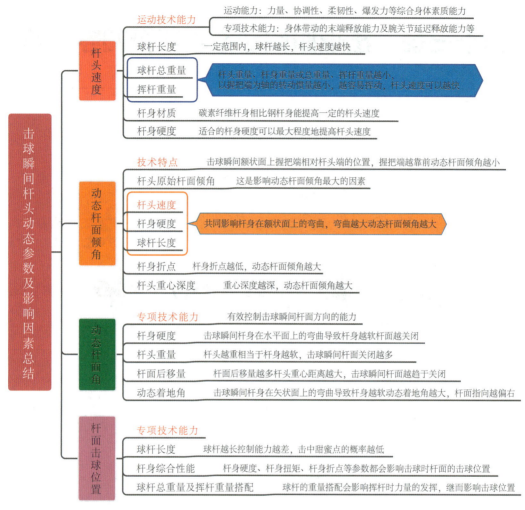

图 13-1-1　击球瞬间杆头动态参数及影响因素总结

一、杆头速度的影响因素

杆头速度（Club speed）表示杆头在击球瞬间的运动速度。杆头速度主要影响球速，是决定球速最重要的因素。一般杆头速度每增加 1 mph，击球距离大约增加 3 码。杆头速度主要受以下因素的影响。

运动能力：杆头速度最主要的影响因素是球手的运动能力，运动能力主要指力量、柔韧性、协调性、爆发力等身体综合素质。高尔夫专项技术能力指身体带动上肢做鞭打动作并能有效控制球杆击球的能力，这也是身体综合素质的体现，但经过专项技术能力的训练，可以有效提高杆头速度。

球杆长度：在一定范围内，球杆越长，杆头速度越快（详见第七章）。

球杆总重量及挥杆重量：球杆总重量和挥杆重量对杆头速度的影响可以通过转动惯量的概念来理解。球杆总重量或挥杆重量越大，球手做转体挥杆时，以脊柱为轴的球杆转动惯量越大，就越难挥动，这也是一号木杆加长的同时杆头重量也需要变轻的原因。

杆身材质及硬度：相比于钢杆身，碳素纤维杆身弹性更好，可一定程度地提高杆头速度。碳素纤维杆身还可以做得更轻量化，有利于力量较弱的球手挥动。合适的杆身硬度可以在击球瞬间达到最快的杆头速度。

平均杆头速度参考如表 13-1。

表13-1 平均杆头速度参考

球杆类别	美国男子职业高尔夫球巡回赛（PGA）	美国女子职业高尔夫球巡回赛（LPGA）
一号木杆	113 mph	94 mph
6 号铁杆	92 mph	78 mph

二、动态杆面倾角的影响因素

动态杆面倾角是指击球瞬间杆面与垂直面所成的角度，是一个动态角度。动态杆面倾角在击球阶段会发生变化，尤其是在偏离甜蜜点击球的情况下（详见第八章）。平均动态杆面倾角参考如表 13-2。

表13-2 平均动态杆面倾角参考

球杆类别	美国男子职业高尔夫球巡回赛（PGA）	美国女子职业高尔夫球巡回赛（LPGA）
一号木杆	12.8°	15.5°
6 号铁杆	20.2°	23.6°

（一）杆头速度、杆身硬度、球杆长度与动态杆面倾角

杆头速度、杆身硬度和球杆长度对动态杆面倾角的影响是相同的。同样一支杆身，杆头速度越快相当于杆身越软，同样参数设定的球杆，越长的杆身也会相对越软，击球瞬间杆身在额状面上的弯曲越大，动态杆面倾角就越大（图 13-1-2）。

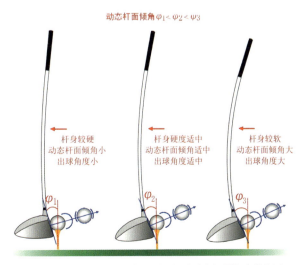

图 13-1-2　杆身硬度对击球瞬间杆头动态杆面倾角的影响

（二）杆身折点对动态杆面倾角的影响

杆身折点越低，靠近杆头端杆身弯曲越大，动态杆面倾角越大（图13-1-3）。

（三）杆头重心深度对动态杆面倾角的影响

下杆过程中，由于离心力的作用，杆头重心位置趋于与握把端的杆身中心轴成一条直线，所以重心越深，杆身在额状面上的弯曲越大，动态杆面倾角就越大，出球角度也越大（图13-1-4）。

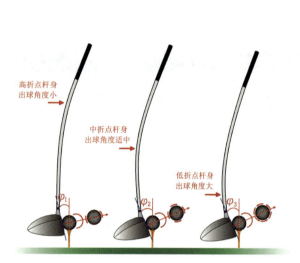

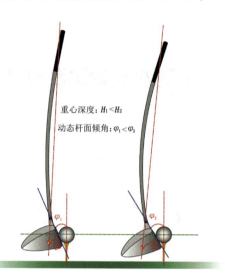

图 13-1-3　杆身折点对击球瞬间动态杆面倾角的影响

图 13-1-4　一号木杆杆头重心深度对动态杆面倾角的影响

三、动态杆面角的影响因素

动态杆面角是指击球瞬间杆面指向在水平面上的投影与目标线所成的角度。与目标线平行即为方正，动态杆面角为0°；指向目标线右侧即为开放，用 R 表示；指向目标线左侧即为关闭，用 L 表示。具体打开或关闭的程度用度数来表示，即动态杆面角度数。动态杆面角主要影响出球方向。动态杆面角越关闭，出球方向越偏左；动态杆面角越开放，出球方向越偏右（图13-1-5）。

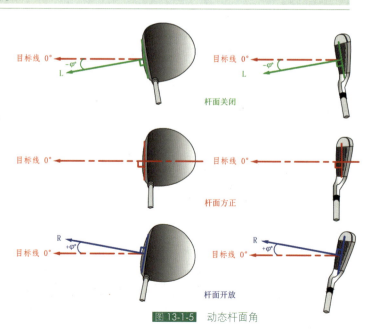

图 13-1-5　动态杆面角

击球瞬间杆头做加速运动，杆身在水平面上呈反C形弯曲。这样的弯曲会使杆面偏向关闭，杆身越软，弯曲越大，杆面关闭的程度就越大（图13-1-6）。

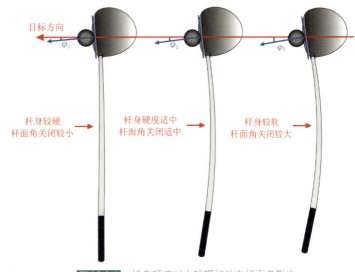

图 13-1-6 杆身硬度对击球瞬间动态杆面角影响

挥杆速度、杆身硬度、球杆长度、杆头重量等都会对击球瞬间杆身的弯曲程度产生影响。杆身硬度对击球方向的影响在实际的击球表现中并不会特别明显，尤其是挥杆动作不稳定的业余选手，原因是杆头速度较快的球手在使用较软杆身时，手腕部的加速度也相对较快，使得击球瞬间杆头与手的相对位置发生改变，这对击球方向的影响更为重要。

着地角对击球的影响主要是当着地角改变时，会相应地改变杆面指向，而杆面指向决定动态杆面角，继而影响出球方向、出球角度。着地角太大时（杆头跟部翘起），杆面指向偏右，出球方向将偏向右侧；着地角太小时（杆头趾部翘起），杆面指向偏左，出球方向将偏向左侧。而且杆面倾角越大，着地角对击球的影响也会越大（图13-1-7）。

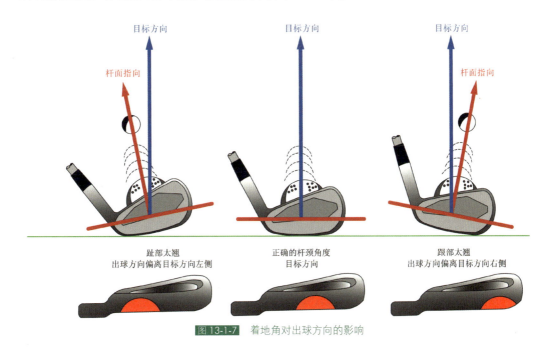

图 13-1-7 着地角对出球方向的影响

四、杆面击球位置的影响因素

首先，杆面击球位置受到专业技术能力的影响；其次，球杆长度、球杆重量及杆身重量、硬度等参数都会影响球手挥杆击球时对球杆的控制。也就是说，以上能影响挥杆过程中杆身弯曲变形量的因素都会影响击球位置。因此，笔者将杆面打击测试贴纸设计成坐标象限的形式，该贴纸分为 A、B、C、D 四个象限，并且在每个象限内细分三个区域（图 13-1-8），表示距离甜蜜点的位置和距离。

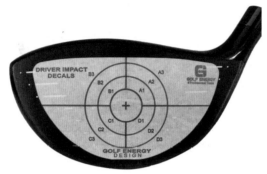

图 13-1-8   木杆杆面不同的击球区域
（杆面打击测试贴纸）

第二节　击球阶段杆头及球的运动力学分析

难度系数：★★★★★

一、击球阶段杆头运动方向分析

为了能更为清楚地分析杆头在击球阶段的运动情况，我们将击球阶段杆头的运动方向在水平面和垂直面上分别做出分析。

杆头在水平面上的运动统称为运动路径，在垂直面上的运动统称为运动轨迹。击球阶段虽然只有不到 0.5 毫秒的时间，但球的所有飞行要素都是在这个瞬间获得的。击球阶段以外，杆头的任何运动都不会对球产生影响，无论上杆、下杆是什么样的技术动作，只要击球阶段杆头的运动是合理的，都可以打出好球。球杆量身定制的目的就是为了使球杆符合球手的挥杆特点，使其能在击球阶段有最好的表现。

本书中，为了更为准确地对球杆及击球进行分析，对很多用语做了更为准确的定义和规范，以便读者更为准确地理解和区分。

路径和轨迹这两个词是本书中经常提到的概念。现将路径定义为水平面上的运动，包括杆头的击球路径和球的飞行路径两种；将轨迹定义为垂直面上的运动，包括杆头的击球轨迹和球的弹道两种（图 13-2-1）。

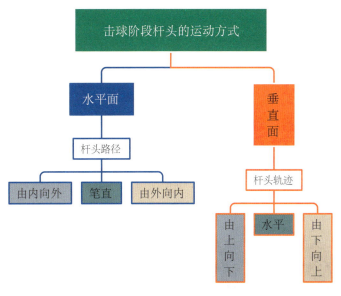

图 13-2-1　击球阶段杆头的运动方式

（一）杆头路径

杆头路径是指击球瞬间以球所在的位置为基准点，到出球瞬间杆头在水平面上的运动方式。击球路径共有三种：由内向外（In side out）、笔直（Square）、由外向内（Out side in）（图13-2-2）。

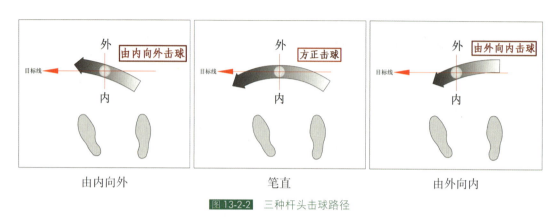

由内向外　　　　　　　　　笔直　　　　　　　　　由外向内

图13-2-2　三种杆头击球路径

杆头击球路径对球产生的影响都是在击球阶段极短的距离（10毫米以内）和极短的时间内（0.5毫秒）产生的，所以这里的由内向外、笔直、由外向内，都是指这个距离和时间内杆头的运动方式，这里我们着重说笔直，也就是英文常说的"Inside square inside"，很多技术书籍翻译为"由内向内"，这是指杆头在下杆阶段整体的运动路径，而仅在击球阶段杆头的实际路径是平行于目标线的直线，这样的击球路径是打出无侧旋的直球最理想的方式。击球路径主要影响球的侧旋量及出球方向。

（二）杆头轨迹

杆头轨迹是指击球瞬间以球所在的位置为基准点，到出球瞬间杆头在垂直面上的运动轨迹。击球轨迹有三种：由上向下、由下向上和水平（图13-2-3）。这里的上下、水平都是相对于球的初始位置而言的。由上向下的击球主要是一号木杆架球座击球的特征，由下向上主要是铁杆的杆头轨迹，水平击球主要是推杆的杆头轨迹。

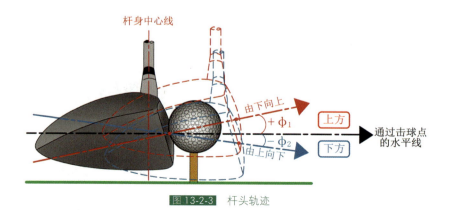

图13-2-3　杆头轨迹

击球轨迹一般用攻击角度来表示，由下向上为正值角度，由上向下为负值角度，与水平线平行则为0°。攻击角度主要影响球的后旋量和出球角度。击球阶段杆头轨迹决定了高尔夫球飞行的路径和轨迹，而杆头轨迹的控制能力主要受球手技术能力的影响，球杆整体搭配以及杆身性能与球手的匹配程度也会影响击球时球手对杆头轨迹的控制。

平均攻击角度参考见表13-3。

表13-3　平均攻击角度参考		
球杆类别	美国男子职业高尔夫球巡回赛（PGA）	美国女子职业高尔夫球巡回赛（LPGA）
一号木杆	-1.0°	+3.0°
7号铁杆	-4.3°	-2.3°

二、击球阶段高尔夫球及杆头受力分析

我们把击球阶段再细分出两个阶段（图13-2-4）：压缩阶段和反弹阶段。

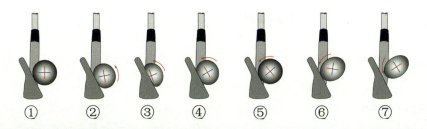

① ② ③ ④ ⑤ ⑥ ⑦

第一阶段——压缩阶段：①杆面碰撞到球→②球被压缩变形并开始旋转→③球被压缩到最大

第二阶段——反弹阶段：④球开始反弹→⑤弹离杆面→⑥⑦旋转飞出

第一阶段是从杆面碰撞到球开始，到球受力变形，直到球的质心相对杆面的运动速度为0，这一阶段的能量转化主要是杆头的动能部分转化为球弹性变形的弹性势能。另有一部分被摩擦力损耗掉，摩擦会产生热量。球的材料在受压变形过程中分子间的摩擦消耗，转变成热量，也就是内能。再有极小的一部分被杆面和周围空气消耗，比如听到的杆头击球的声音就是空气的波动，其能量就是来自杆头的动能。

第二阶段从球的质心相对杆面的运动速度为0的那一刻开始，球弹性变形的弹性势能开始释放，这一阶段的能量转化主要是球弹性势能转化成球的动能，另外还有极小的一部分是球在舒张变形过程中，分子间的摩擦力消耗的，这部分变形的能量转变成热量。不是所有作用力都会消耗能量，但摩擦力一定会消耗能量，并将其转变成内能，这其中包括物体之间接触界面上的摩擦力以及物体内部分子之间的摩擦力等。

图13-2-4　击球阶段球的压缩过程

击球瞬间杆面与球产生碰撞，高速运动的杆头撞击静止的球，杆头给球施加一个作用力——碰撞力，同时杆头也会因为球的惯性而受到一个反作用力，这两个力大小相同、方向相反。由于杆面倾角的存在，最初球沿着杆面向上滑动，因为在杆面和球之间没有足够的摩擦力。随着杆头继续向前运动，球开始被压缩，并由于摩擦力增加和力矩的作用使球沿着杆面由滑动逐渐变成完

全的滚动，同时球沿着杆面指向和杆头路径开始加速运动，最终飞离杆面。

（一）击球阶段球的受力分析

在击球阶段，高尔夫球受到四个力的共同作用：碰撞力、摩擦力、重力、空气阻力（图13-2-5）。在此阶段，空气阻力和球自身重力相比于杆头作用力非常微小，可以忽略不计，所以在击球阶段的分析上，我们不考虑这两个力的作用。但在高尔夫球的飞行阶段这两个力却非常重要，后面一章会加以详述。

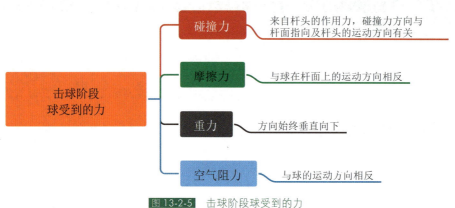

图 13-2-5　击球阶段球受到的力

碰撞力(Impact force) 运动中的杆头与静止的球相互碰撞时，球的动量增加，杆头的动量减少。其他条件相同的情况下，杆头速度越快动量越大，球的初速度就越快。

摩擦力（Friction）：阻碍物体相对运动（或相对运动趋势）的力叫作摩擦力。击球阶段摩擦力的方向与高尔夫球在杆面上的运动方向或相对运动趋势相反。摩擦力的大小与杆面的粗糙程度和碰撞力的大小有关。碰撞力越大，接触面越粗糙，摩擦力就越大。

在击球的情况相同时，杆面的摩擦系数越大，球的倒旋就越大，越易停球。这也是R&A会对面沟线边缘的弧度加以限制的原因。

有关击球阶段摩擦力的两个重点总结：

*摩擦力与作用力合力的方向决定了出球方向。

*摩擦力的方向就是球的旋转方向，决定了球的旋转轴。

击球阶段力的传递过程是非常复杂的，为了便于分析碰撞力对球产生的影响，我们将碰撞力分解为垂直面上的力和水平面上的力来分别进行分析（图13-2-6、图13-2-7），这样更容易理解力对出球速度、出球角度、出球方向、旋转量和旋转轴的影响及其程度。

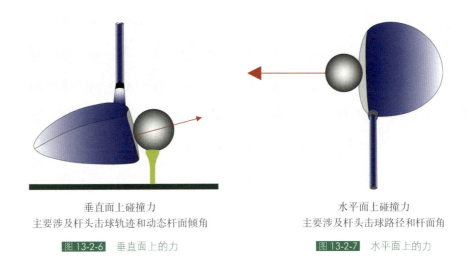

垂直面上碰撞力
主要涉及杆头击球轨迹和动态杆面倾角

水平面上碰撞力
主要涉及杆头击球路径和杆面角

图 13-2-6　垂直面上的力　　　　　　　图 13-2-7　水平面上的力

1. 击球阶段垂直面上球的受力分析

击球阶段高尔夫球垂直面上的受力决定了出球角度和后旋量，最终影响球的弹道。杆头和球不变的情况下，影响垂直面上碰撞力大小和方向的因素是杆头速度、动态杆面倾角、杆头轨迹和击球位置。

在不考虑球的重力和空气阻力的情况下，击球阶段球受碰撞力和摩擦力的作用，我们在垂直面上对这两个力进行分析，看这两个力是如何对出球角度和后旋量产生影响的。

下面，我们用一个例子来说明为什么杆面倾角越大旋转量就越大，攻击角度是如何影响球后旋量和出球角度的。

先来看第一幅图（图 13-2-8），两支不同杆面倾角的球杆，图①中动态杆面倾角为 10°，图②中动态杆面倾角为 50°。假设杆头轨迹均为水平，攻击角度均为 0°。碰撞力在垂直面上的两个分力为 F_1 和 F_2。F_1 是杆面与球的接触点通过球重心的分力，并且垂直于杆面；F_2 是杆面方向的分力。攻击角度为 0° 的情况下，分力 F_2 的方向均为水平。由图 13-2-8 可以看出，杆面倾角

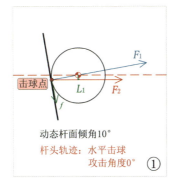

动态杆面倾角10°
杆头轨迹：水平击球
攻击角度0°　①

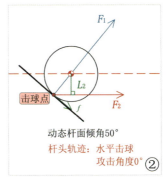

动态杆面倾角50°
杆头轨迹：水平击球
攻击角度0°　②

图 13-2-8　不同动态杆面倾角对后旋量影响

越大，击球时杆面与球的碰撞点越靠近球的下方，分力 F_2 对球产生的力臂 L 就会越大，图中力臂 $L_2 > L_1$，在同样作用力的情况下使球产生的旋转量就会越多，这就是杆面倾角越大球的后旋量就越大的原因。

f 是球与杆面产生的摩擦力，f 的方向始终与球的运动趋势相反，击球阶段因为杆面倾角的存在，球的运动趋势是沿着杆面向上的，所以接触面上球的 f 的方向是沿着杆面向下的。

第二幅图（图 13-2-9）表示动态杆面倾角均为 10° 的情况下，不同的击球角度对球产生的影响。杆面与球的碰撞点是相同的，但分力 F_2 的方向有所不同，由左到右分力 F_2 的方向逐渐向上。这样会使出球角度逐渐变大，但力臂 L 逐渐变小，也就是 F_1 和 F_2 之间的夹角变小，这使得球的后旋量逐渐减少。

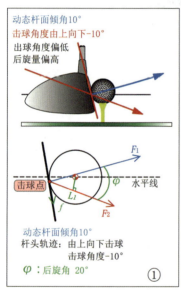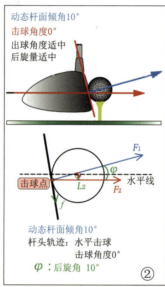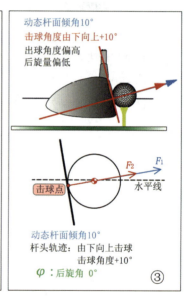

图 13-2-9　垂直面上，杆头轨迹（击球角度）对击球的影响

F_1、F_2 和 f 的合力决定了出球角度和后旋量。动态杆面倾角较小时，f 在击球阶段的影响相对较小，但随着杆面倾角的增加，f 的影响会逐渐增大，因为杆面倾角越大，击球阶段球沿着杆面向上的运动趋势会明显增加。所以 F_1 和 F_2 之间的夹角越大，球的后旋量就越大，但会有一个极值，也就是说当夹角达到某一个值时会有最大的后旋量，当夹角再增加时，后旋量反而会减少，但这个角度会比较大，我们现有常用的球杆比较难达到，也没有看到相关的研究文献，所以本书在接下来的内容上，会统一用夹角越大后旋量越大的结论。下面我们例两个极端的例子（图 13-2-10）。

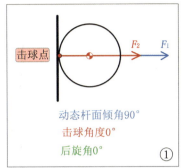 

①表示动态杆面倾角为 90°（这种情况不可能发生）、击球角度也为 0° 的情况，相当于杆面从球下方穿过，只有摩擦力起作用，球不会被击出，但会产生后旋，后旋量只是摩擦力导致的，这个后旋量也不会太大。

②表示动态杆面为 0°、击球角度为 0° 的情况，没有力矩，无摩擦力，所以出球角度为 0°，无后旋。

举两个极端的例子是为了说明两点：第一，随着杆面倾角的增加，摩擦力所起的作用逐渐增加；第二，随着动态杆面倾角的增加，后旋量也逐渐增加，但到了一个极值后（力矩与摩擦力共同作用），后旋量会逐渐变小。

图 13-2-10　球杆轨迹（击球角度）对击球影响的极端举例

2. 击球阶段水平面上球的受力分析

击球阶段，水平面上球的受力情况决定了球的出球方向和侧旋量，最终影响球的飞行路径。影响水平面上碰撞力大小和方向的因素是杆面角、杆头路径和摩擦力。

同样在不考虑击球阶段球所受的重力和空气阻力的前提下，将碰撞力和摩擦力在水平面上进行分解，看这两个力是如何对出球方向和侧旋量产生影响的。

水平面上力的分析是理解高尔夫球九种飞行路径的基础。

碰撞力在水平面上可分解为两个分力：F_1 和 F_2。

①分力 F_1 是通过球心的分力，该分力与杆面垂直。

②分力 F_2 是在杆头路径上的分力。

水平面上不同杆面角度在不同杆头路径下的受力情况如图 13-2-11、图 13-2-12 所示（图 13-2-12 中各小图左上角圆圈中的数字与图 13-2-13 所示击球后球的九种飞行路径部分对应）。

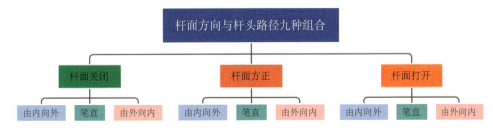

图 13-2-11　杆面方向与杆头路径九种组合

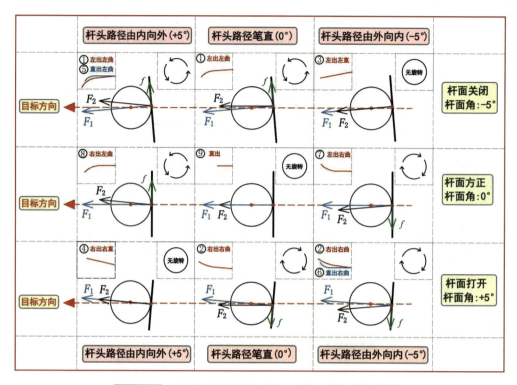

图 13-2-12 水平面上不同杆面角度在不同杆头路径下的受力情况

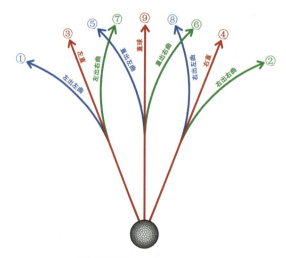

图 13-2-13 球的九种飞行路径

知 识 拓 展

力矩（Moment of force）是指作用力使物体绕着转动轴或支点转动的趋向。力矩的单位是牛顿·米，计算公式为 $M=L \times F$。其中 L 是从转动轴到着力点的距离，F 是力。高尔夫球为球形，击球阶段的力矩使球绕着球心旋转。

水平面上的出球方向主要由 F_1 和 F_2 的合力决定，受杆面角方向的影响最大，也就是 F_1 的方向。杆面倾角越小，F_1 对出球方向的影响越大。

球的旋转方向就是球重心到 F_2 力矩方向，F_2 的方向与 F_1 的重合则无侧旋（图13-2-14②），F_2 在 F_1 的左侧（下方）则产生右旋球（图13-2-14①），F_2 在 F_1 的右侧（上方）则产生左旋球（图13-2-14③④）。球的侧旋量主要受到分力 F_1 和 F_2 夹角的影响，夹角越大，球的侧旋量就会越大。挥杆采集设备上都有一个数据"Face to path"，它是指这两个力之间的夹角，这里统称侧旋角。也就是 F_2 与球重心轴的力臂 L 越大，侧旋量就越大。图13-2-14④中的力臂 L_2 大于图13-2-14③中的力臂 L_1，所以图13-2-14④中球的侧旋量大于图13-2-14③中球的侧旋量。

如图13-2-14所示，杆头速度相同，击球瞬间杆面均为方正，即杆面角均为0°：

图13-2-14①中，杆头路径上的分力 F_2 由外向内5°，F_2 位于 F_1 左侧，产生右旋球，出球方向偏左。

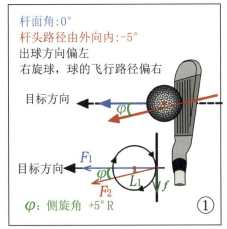
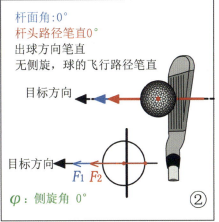
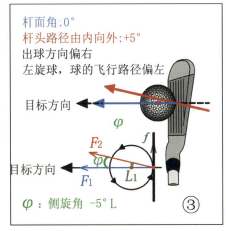
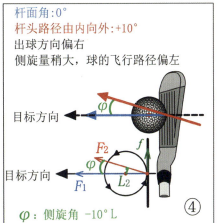

图13-2-14 杆头路径对出球方向及侧旋方向的影响

图 13-2-14 ②中，杆头路径笔直，F_1 和 F_2 重合，F_2 与球重心不产生力矩，则球无侧旋，出球方向笔直。

图 13-2-14 ③中，杆头路径上的分力 F_2 由内向外 5°，F_2 位于 F_1 右侧，通过球重心的力臂 L_1，使球产生左旋，出球方向偏右。

图 13-2-14 ④中，杆头路径上的分力 F_2 由内向外 10°，F_2 位于 F_1 右侧，通过球重心的力臂 L_2，使球产生左旋，出球方向偏右，$L_2 > L_1$，所以，在杆头速度相同的情况，图 13-2-14 ④产生的侧旋量最大。

由上面的分析我们可以得出击球不产生侧旋要满足两个条件：

①杆面角与杆头路径相同，如杆面角为 0°，杆头路径为直，即也为 0°，见图 13-2-13 ⑨。再比如杆面关闭 5°，杆头路径由外向内 5°；或杆面开放 5°，杆头路径由内向外 5°。即杆面的方向与杆头路径的方向相同且角度相同。即碰撞力在水平面上的两个分力 F_1 和 F_2 重合在一条线上。使球产生旋转的力臂为 0。

②杆头重心和球重心都在杆头路径所在的垂直面上，即摩擦力在水平面上的分力 f 为 0。球在水平面上与杆面没有相对的运动趋势，即在击球阶段杆头在重心的垂直轴上不产生扭转，杆面角在击球瞬间和出球瞬间没有变化。

（二）击球阶段杆头受力及参数变化

1.击球阶段杆头受到的力

球杆杆头在击球阶段主要受到球的反作用力、摩擦力和地面阻力的作用，相比于反作用力，摩擦力对杆头的作用可以忽略不计。所以，杆头在击球时主要受到球的反作用力的作用，反作用力的大小受到杆头速度、动态杆面倾角和球的重量的影响（图 13-2-15）。

图 13-2-15 击球阶段杆头受力分析

2. 杆头所受球的反作用力大小的影响因素

击球阶段杆头受到球的反作用力，杆头速度迅速降低，动态杆面倾角和杆面角也会发生一定的变化，尤其是偏离甜蜜点击球时，动态杆面倾角、杆面角的变化会更为明显，杆头在这一阶段的表现是杆头容错性及杆身性能的综合反映（图 13-2-16）。

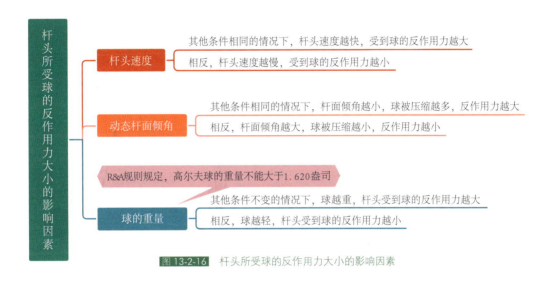

图 13-2-16　杆头所受球的反作用力大小的影响因素

3. 出球瞬间杆头参数变化

杆头的动态杆面倾角和杆面角在出球瞬间与击球瞬间相比也会发生变化，变化的幅度主要受杆面击球位置及杆头转动惯量的影响。击球位置越靠近甜蜜点，杆头角度参数变化的幅度越小；杆头转动惯量越大，偏离甜蜜点击球时杆头角度参数的变化幅度越小，出球方向和球的弹道的稳定性也越高。同时，杆身的性能也会对杆头速度以及杆头角度等参数的变化产生重要影响，即击球阶段杆头围绕杆颈中心轴转动的大小受到杆身硬度的影响（图 13-2-17）。杆身前端越软，偏离甜蜜点击球时杆头角度产生的变化幅度就越大，相反，变化就越小。

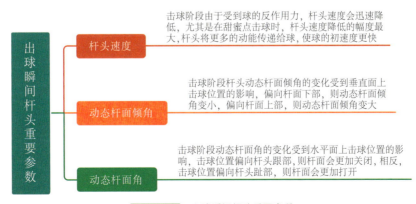

图 13-2-17　出球瞬间杆头重要参数

一般情况下，杆身前端设计得越软，越容易起球，打感也会越软，适合挥杆速度较慢者，但挥杆速度较快者却不适合使用低折点杆身，原因是动态杆面倾角过大导致出球角度和后旋量偏大，影响飞行距离。此外，在击球阶段，杆头由于受到高尔夫球反作用力的作用，杆身前端太软会使杆头在击球阶段动态参数的变化较大，尤其是在偏离甜蜜点击球的情况下，影响杆头动态参数的稳定，并影响杆头的加速度，杆头速度越快影响越大。

击球阶段，杆头由于受到球的反作用力作用，最终使杆身的弯曲产生变化，而杆身首先受到反作用力冲击的位置就是靠近杆头的前端，尤其是在偏离甜蜜点（如靠近跟部或趾部）击球的情况下，杆头以杆颈中心轴为轴的转动会更多，影响出球方向的稳定性，并增加球的侧旋量，使球偏离目标方向更多（图13-2-18）。

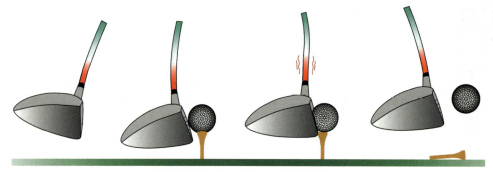

图 13-2-18　击球阶段杆身前端受力效果

第三节　出球瞬间高尔夫球重要参数及影响因素

难度系数：★★★★★

高尔夫球出球瞬间五个重要参数：球速、出球方向、出球角度、旋转量和旋转轴。

这五个参数决定了高尔夫球最终的落点位置，也就是球的飞行方向和距离，这里我们将这五个参数统称为"出球五要素"。本书中所有有关球杆定制的参数，最后的效果评价都是围绕着这五个要素来展开的。

高尔夫球出球五要素及影响因素的总结性思维导图（图 13-3-1）中，红色字体是主要由运动技术能力决定的因素，黑色字体是由球具等决定的因素。

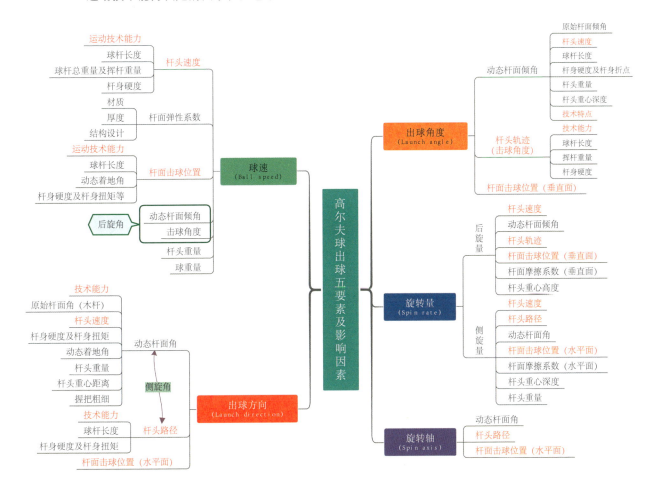

图 13-3-1　高尔夫球出球五要素及影响因素

一、球速的影响

球速是指出球瞬间球的运动速度。球速受到多种因素的影响，具体如图 13-3-2 所示。

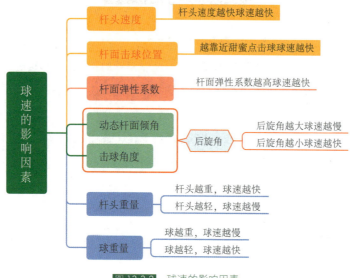

图 13-3-2 球速的影响因素

（一）球速计算公式

下面我们用一个参考公式来看对球速产生影响的因素：

$$v_1 = v_2 \times \frac{1 + \text{COR}}{1 + \dfrac{m}{M}} \times \cos(\text{Spin loft}) \times (1 - 0.14 \times \text{miss})$$

v_1：球速。

v_2：杆头速度。

COR：反弹系数。对于现在的木杆而言，COR 基本上是 0.83，这是因为规则要求不能高于 0.83。当然，制造商可以生产出更高反弹系数的球杆。

m：球的质量。R&A 规则规定，高尔夫球的重量不能大于 1.62 盎司。一个较轻的高尔夫球可能有更大的初始球速，但它的惯性小，在飞行过程中球速降低得较快，不利于获得最远的飞行距离，重一些的球飞得更远，尤其对于挥杆速度较快者来说。球的制造商很久以前就知道这些，所以规则会对球的最大质量加以限制。

M：杆头质量。现在的一号木杆杆头重量，大多为 190 ～ 200 克。

Spin loft：动态杆面倾角与攻击角度的夹角，这里统称为后旋角。该夹角越小，击球阶段球被压缩得越大，球速越快，后旋量越小。相反，该夹角越大，球被压缩得越小，旋转量会越大，球速会越慢。

miss：表示杆面击球点到甜蜜点的距离。这个数据可以追溯到 1990 年，当时的木杆很小，也是木质的，今天的木杆杆头有更大的转动惯量，所以这个因素影响较小。

以上计算公式中，假设后旋角和击球位置相同，只考虑杆头重量和杆面的 COR 对球速的影响，举例计算如下。

① 假设一号木杆杆头重量为 198 克、COR 是 0.80、球的重量为 46 克、杆头速度为 100mph 的情况下，计算球速为：

$$v_1 = \frac{v_2 \times (1+COR)}{1+\dfrac{m}{M}} = \frac{100 \times (1+0.8)}{1+\dfrac{46}{198}} \approx 146.07 \,(\text{mph})$$

② 当杆头重量变为 202 克，其他条件不变的情况下算得球速为：

$$v_1 = \frac{v_2 \times (1+COR)}{1+\dfrac{m}{M}} = \frac{100 \times (1+0.8)}{1+\dfrac{46}{202}} \approx 146.61 \,(\text{mph})$$

③ 当一号木杆杆头重量为 198 克、球的重量为 46 克、杆头速度为 100mph、COR 变为 0.81 时，计算球速为：

$$v_1 = \frac{v_2 \times (1+COR)}{1+\dfrac{m}{M}} = \frac{100 \times (1+0.81)}{1+\dfrac{46}{198}} \approx 146.88 \,(\text{mph})$$

其他条件不变（杆头速度及杆的动态参数相同），一号木杆杆头重量每加重 4 克，球速约增加约 0.5 mph，但如果 COR 值增加 0.01，球速会增加约 0.8 mph。由此可见，COR 对球速的影响更为显著。

目前的 R&A 规则对 COR 有限制。杆头速度一定的情况下，COR 越大，球速越快，尤其是一号木杆，COR 是影响击球距离较为重要的因素。COR 代表了能量的转化效率，COR 越高，代表能量的损失越小，效率越高，反之则效率越低。

在杆头速度一定的情况下，杆头越重球速越快。但问题是杆头越重就越难挥动，所以实际情况是，一号木杆杆头重量越来越轻，但长度越来越长，这样可以有效增加挥杆时的杆头速度。但杆头速度快并不代表球速就会快，还需要击中甜蜜点（平均球速参见表13-4）。

表13-4　平均球速参考

球杆类别	美国男子职业高尔夫巡回赛（PGA）	美国女子职业高尔夫巡回赛（LPGA）
一号木杆	167 mph	140 mph
7 号铁杆	120 mph	104 mph

注：数据参考 Trackmangolf 官方网站。

（二）动态杆面倾角与球速之间的关系

在杆头速度相同的情况下，杆面倾角越小，击球阶段高尔夫球被压缩得就越多，则出球速度越快，出球角度和后旋量就越小，击球反馈也越强烈；击球瞬间动态杆面倾角越大，击球阶段球被压缩得就越少，则出球速度越慢，出球角度和后旋量就越大，击球反馈也越不强烈，扎实感就越好。

也可以说，在击球阶段，杆头速度一定的情况下，动态杆面倾角和杆头轨迹（攻击角度）之间的夹角越小，球被压缩得越多，球速就越快，球的后旋量就越少；相反，一定范围内，当动态杆面倾角和杆头轨迹之间的夹角越大，球被压缩得越少，球速就越慢，球的后旋量就越大（图13-3-3）。这里为什么要说"一定范围内"呢？主要是因为当夹角达到一定角度时，后旋量会达到最大值，当夹角再增大时，后旋量反而会逐渐减少。但这个最大值用我们现有的杆面倾角为58°及以内的球杆难以达到，所以这里可以说其他条件不变的情况下，动态杆面倾角越大，出球角度就越大，后旋量也越大（图13-3-4）。

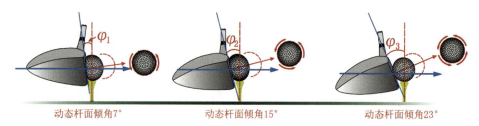

动态杆面倾角7°　　　　　　动态杆面倾角15°　　　　　　动态杆面倾角23°

图13-3-3　动态杆面倾角对球被压缩程度及后旋量的影响（杆头击球角度均为0°）

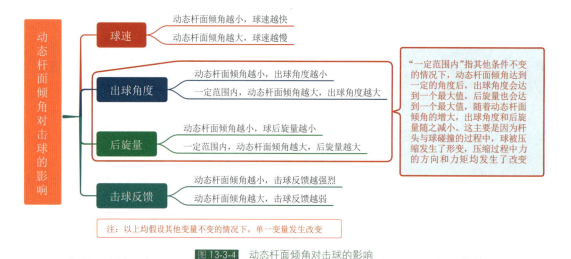

图13-3-4　动态杆面倾角对击球的影响

（三）杆面击球位置对球速的影响

击球位置会对击球效果产生重要影响，会影响球的所有飞行要素：球速、出球角度、出球方向、后旋量和侧旋量，一号木杆的影响最大。其他条件参数相同的情况下，越靠近甜蜜点击球，球速就越快（图13-3-5）。

偏离杆面甜蜜点的击球会导致球速的降低。靠近趾部击球和靠近跟部击球对球速降低的程度有所不同，靠近跟部击球相对于靠近趾部击球，球速降低的幅度会小一些。以一号木杆为例，以100 mph的杆头速度击球，假设在甜蜜点击球的落点距离是240码，如果球击在了偏离杆头甜蜜

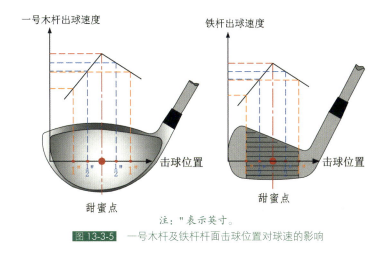

一号木杆出球速度

铁杆出球速度

击球位置

击球位置

甜蜜点

甜蜜点

注："表示英寸。

图 13-3-5　一号木杆及铁杆杆面击球位置对球速的影响

点靠近跟部1/2英寸处，落点距离减少至228码，如果球击在偏离甜蜜点靠近趾部1/2英寸位置处，落点距离减少至210码，可见，靠近跟部相比于靠近趾部落点距离减少得较少（图13-3-6）。偏离甜蜜点击球不仅损失了距离，还会使球产生更多的侧旋，导致更偏的方向，并给球手带来不扎实的击球反馈。其原因是任何偏离甜蜜点的击球，都会导致杆头的旋转，损失能量。

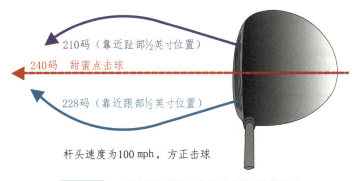

210码（靠近趾部½英寸位置）

240码　甜蜜点击球

228码（靠近跟部½英寸位置）

杆头速度为100 mph，方正击球

图 13-3-6　一号木杆杆面不同位置对击球距离的影响

　　偏离甜蜜点的击球，杆头转动的多少受杆头重心垂直轴、水平轴和杆颈中心轴转动惯量大小的影响，转动惯量大则出球方向更加稳定。现在设计的大杆头（460立方厘米）一号木杆，都有着较高的转动惯量和较大的甜蜜区，这有助于减少偏离甜蜜点击球时杆头的旋转对落点距离和方向的影响。为了降低偏离甜蜜区击球对球速的影响，有些杆头品牌商设计不同厚度的杆面，如甜蜜区的杆面较厚，非甜蜜区的杆面较薄，这样既可以增加甜蜜区的耐久性，又可以增加非甜蜜区击球的出球速度。

二、出球方向及其影响因素

　　出球方向是指出球瞬间球在水平面上飞出的方向，其以目标线为基准，用左、中、右表示球的初始方向，用度数来表示偏离目标线的程度。

测试设备软件里也有用水平发射角度（Horizontal launch angle）来表示出球方向的，单位为°。向左侧为 L，用负值度数表示；向右侧为 R，用正值度数表示。

出球方向受动态杆面角、杆头路径、杆面击球位置（水平面）、杆头重心深度、杆头重量及杆头重心距离的影响（图 13-3-7）。其中，击球瞬间动态杆面角和击球阶段杆头路径的影响较大。同样都是定义在水平面上的两个参数，杆面角是在水平面上杆面指向与目标线所成的角度，杆头路径是击球阶段杆头在水平面上的运动方向。

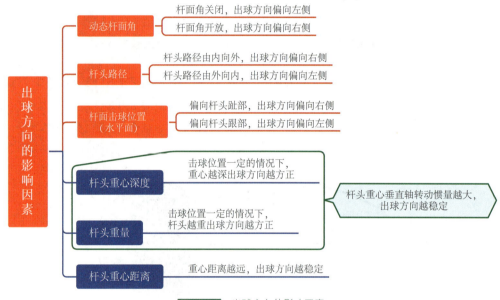

图 13-3-7　出球方向的影响因素

（一）动态杆面角对出球方向的影响

击球瞬间杆面越关闭，杆面在球上的碰撞位置越偏向球的外侧，出球方向越偏左；相反，杆面越打开，杆面在球上的碰撞位置越偏向球的内侧，出球方向越偏右（图 13-3-8）。

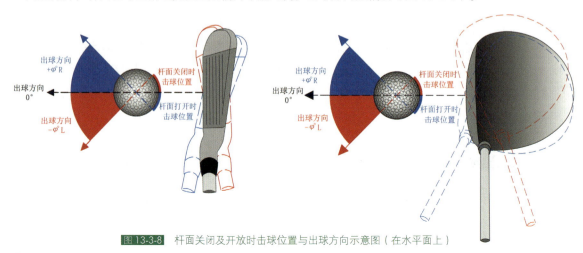

图 13-3-8　杆面关闭及开放时击球位置与出球方向示意图（在水平面上）

（二）杆头路径对出球方向的影响

杆头路径对出球方向的影响主要指在水平面上，击球阶段杆头在路径上的分力 F_2 与杆面角上的分力 F_1 的合力方向决定了出球方向（图 13-3-9）。

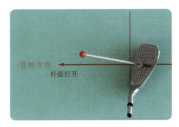

图 13-3-9 杆头路径对出球方向的影响

（三）木杆杆面击球位置对出球方向的影响

在水平面上，木杆杆面水平弧度的存在，使木杆杆面不同位置的杆面角度会有所不同。靠近杆面跟部，杆面角偏向关闭，出球方向偏向左侧；靠近杆面趾部，杆面角偏向打开，出球方向偏向右侧（图 13-3-10）。

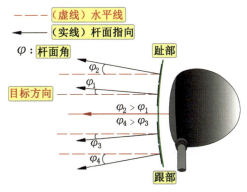

图 13-3-10 木杆杆面击球位置对出球方向的影响

三、出球角度及其影响因素

出球角度是指球起飞时的初速度方向与水平面所成的角度，以度数表示。向上为正值，向下为负值，单位为°。出球角度受动态杆面倾角、杆头轨迹（击球角度）、杆面击球位置（垂直面）及杆头重心高度的影响（图 13-3-11）。

（一）动态杆面倾角对出球角度的影响

动态杆面倾角越大，出球角度就越大。动态杆面倾角受到多种因素的影响，其中杆头速度、球杆长度以及杆身硬度是共同作用的。同样一支球杆，杆头速度越快，相应的杆身显得越软，杆身弯曲变形的幅度越大，动态杆面倾角也越大。挥杆技术特征主要指击球瞬间手与杆头的相对位置不同造成动态杆面倾角的不同。

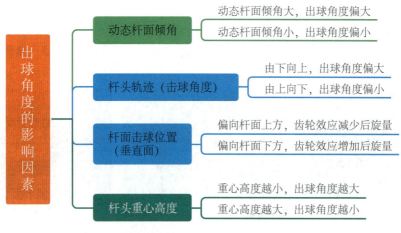

图 13-3-11　出球角度的影响因素

动态杆面倾角越大，杆面在球上的碰撞位置就越靠近球的下方，出球角度就越大，相反，动态杆面倾角越小，杆面在球上的碰撞位置越靠上，出球角度就越小，甚至是向下（推杆击球的情况下）（图 13-3-12）。

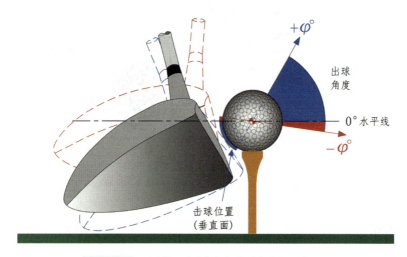

图 13-3-12　垂直面上动态杆面倾角对击球位置的影响

击球瞬间，杆头的动态杆面倾角越大，杆面指向越向上，出球角度就越大（图 13-3-13）。

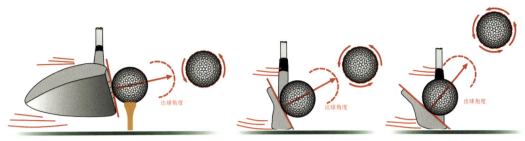

图 13-3-13　杆面倾角与出球角度的关系

（二）杆头轨迹对出球角度的影响

击球阶段，在动态杆面倾角一定的情况下，杆头轨迹越向上（击球角度越大），出球角度越大；杆头轨迹越向下（击球角度越小），出球角度越小。

原理分析如下（图 13-3-14），F_1 为击球阶段由击球点通过球重心的分力，F_2 为通过击球点在杆头轨迹线上的分力。F_1 方向（动态杆面倾角）一定的情况下，F_2 越向上，出球角度越大。F_1 和 F_2 的夹角越大，后旋量就越大。

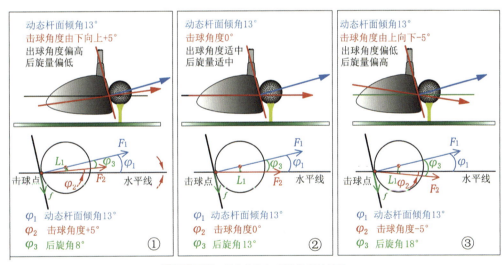

图 13-3-14　杆头轨迹与出球角度的关系

（三）木杆杆面垂直弧度对出球角度的影响

木杆杆面垂直弧度的存在，使杆面下方的杆面倾角较小，越往上杆面倾角越大，这样的杆面垂直弧度会对击球时的出球角度产生影响。越靠近杆面上方击球，出球角度越大；越靠近杆面下方击球，出球角度越小（平均出球角度参见表 13-5）。

表 13-5　平均出球角度参考（巡回赛平均值）		
球杆类别	**美国男子职业高尔夫巡回赛（PGA）**	**美国女子职业高尔夫巡回赛（LPGA）**
一号木杆	10.9°	13.2°
7 号铁杆	16.3°	19.0°

（四）杆头重心位置对出球角度的影响

1. 杆头重心深度对出球角度的影响

杆头重心越深，击球瞬间杆身在额状面上的 C 形弯曲越大，动态杆面倾角也越大，最终增大出球角度和后旋量（图 13-3-15）。

目前市场上很多一号木杆头底部都设计有可调节的配重或可滑动的配重滑块，通过配重重量或滑块的位置来调节重心的深度，以达到改变出球角度的目的。

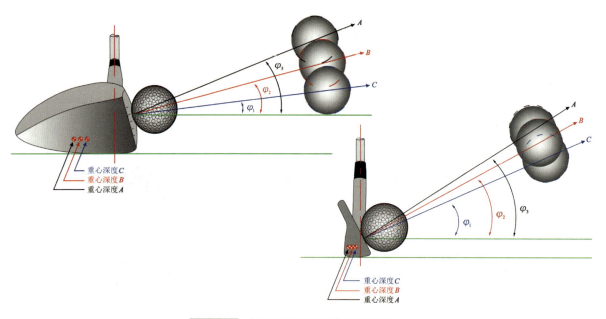

图 13-3-15　杆头重心深度对出球角度的影响

2. 杆头重心高度对出球角度的影响

在其他因素不变的情况下，杆头重心越低击球瞬间杆身的 C 形弯曲越多，动态杆面倾角也越大，最终增大出球角度和后旋量（图 13-3-16）。

杆头重心位置对出球角度的影响不仅是因为重心位置影响了动态杆面倾角，即使在动态杆面倾角相同的情况下，不同杆头重心位置的球杆也会因为击球位置及相对球重心位置的力矩不同而对击球效果产生不同的影响，重心位置越低，出球角度越大，后旋量越大。

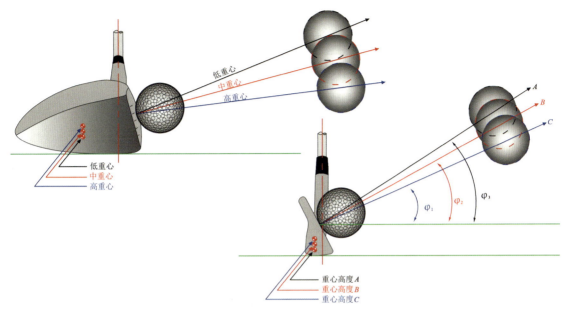

图 13-3-16 杆头重心高度对出球角度的影响

四、旋转量及其影响因素

旋转量是指球围绕旋转轴的旋转速度，计量单位为转速/分，英文简写为"rpm"（Revolutions per minute）。为了便于分析球的飞行路径和飞行轨迹，将旋转量分解为后旋量和侧旋量（图 13-3-17）。后旋量的大小影响球的飞行高度，也就是球的弹道高低。侧旋又分为左旋和右旋，左旋时，球在飞行路径上会偏向左侧；右旋时，球的飞行路径会偏向右侧。侧旋量越大，在飞行的过程中偏转也会越大。

（一）后旋量及其影响因素

1. 动态杆面倾角及杆头轨迹对后旋量的影响

动态杆面倾角与杆头击球角度的夹角（图 13-3-18）：测试仪器上这个角度接近于动态杆面角和攻击角度之间的夹角，详见本章中有关"击球阶段垂直面上球的受力分析"中的分力 F_1 和分力 F_2 之间的夹角。此夹角的角度越小，球的后旋量就会越小。随着夹角的增大，后旋量逐渐增大，当达到一定的值后，后旋量会有一个最大值（其他条件不变的情况下），之后随着夹角的继续增大，后旋量逐渐减小，但这个极值比较大，也没有找到明确的文献说明此极值角度。用我们现有常见的 58° 球杆难以做到，所以这里我们可以说这个夹角越大，后旋量就越大。

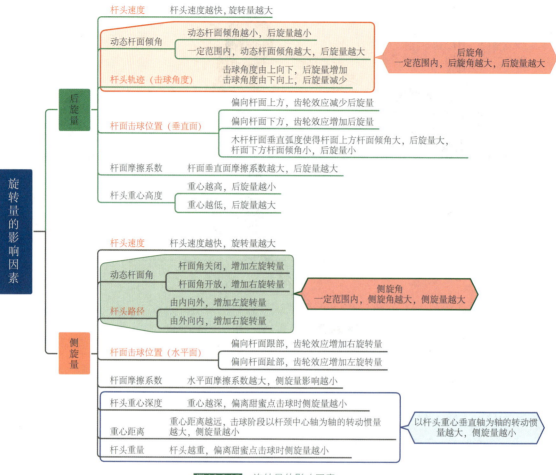

图 13-3-17　旋转量的影响因素

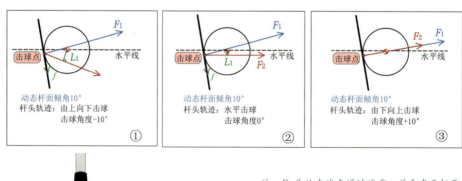

注：F_1 为从击球点通过球重心并垂直于杆面的分力，其与水平面之间的夹角即为动态杆面倾角，动态杆面倾角越大，F_1 方向就越向上。F_2 为杆头轨迹上的分力。f 为摩擦力。

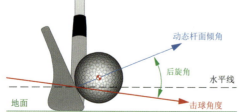

图 13-3-18　动态杆面倾角、出球角度及其夹角效果图

2. 垂直面上杆面击球位置对后旋量的影响

根据垂直面上的齿轮效应（图13-3-19），当击球位置靠近杆面底部时，在击球阶段动态杆面倾角会逐渐变小；当击球瞬间球靠近杆面上部时，击球阶段杆面倾角会逐渐变大。变大和变小的程度受杆头重心深度和重心距离（转动惯量）的影响，以及杆身尤其是杆身前端硬度和杆身扭矩的影响。垂直面上的齿轮效应受杆头速度的影响较大，杆头速度越快，影响越大。当然，齿轮效应对球后旋量的影响只是一方面，例如，击球位置偏上时，齿轮效应的影响是使球的后旋量减小，但因为杆头的重心位置在球的下方，这会增加球的出球角度。

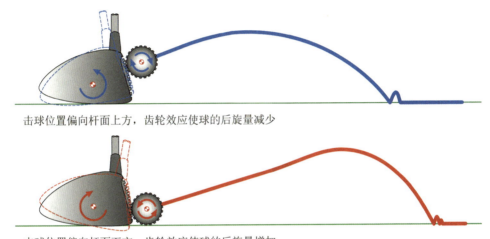

击球位置偏向杆面上方，齿轮效应使球的后旋量减少

击球位置偏向杆面下方，齿轮效应使球的后旋量增加

图 13-3-19　垂直面上的齿轮效应

（二）侧旋量及其影响因素

1. 杆面角与杆头路径的夹角对侧旋量的影响

杆面角与杆头路径的夹角（Face to path）：详见"动态杆面角对出球方向的影响"中的分力 F_1 和分力 F_2 之间的夹角。在杆头速度一定的情况下，此夹角越大，球的侧旋量就越大。

2. 杆面击球位置对侧旋量的影响

由于水平面上的齿轮效应，当杆头跟部击球时，由于受到球的反作用力的作用，在击球阶段杆面会迅速关闭，使球产生更多的右旋；当杆头趾部击球时，击球阶段杆面会迅速打开，使球产生更多的左旋（图13-3-20）。关闭和打开的程度受杆头速度、转动惯量，杆身前端硬度及杆身扭矩

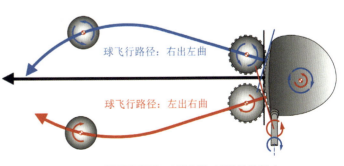

球飞行路径：右出左曲

球飞行路径：左出右曲

图 13-3-20　击球位置对侧旋量的影响

的影响。此外，击球位置偏向趾部时的齿轮效应要高于击球位置偏向跟部时的齿轮效应。

五、旋转轴及其影响因素

旋转轴（Spin axis）是指球旋转所围绕的通过球重心的轴，其受杆头路径、动态杆面角和杆面击球位置（水平面）的影响（图 13-3-21）。

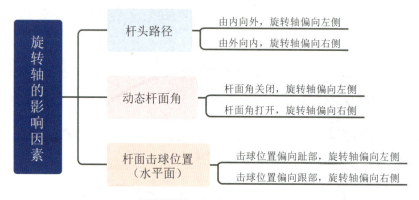

旋转轴的影响因素

旋转轴的影响因素	杆头路径	由内向外，旋转轴偏向左侧
		由外向内，旋转轴偏向右侧
	动态杆面角	杆面角关闭，旋转轴偏向左侧
		杆面角打开，旋转轴偏向右侧
	杆面击球位置（水平面）	击球位置偏向趾部，旋转轴偏向左侧
		击球位置偏向跟部，旋转轴偏向右侧

图 13-3-21　旋转轴的影响因素

如果球只有后旋无侧旋的话，旋转轴垂直于目标线所在的垂直面（图 13-3-22 ②），即飞行路径笔直；旋转轴偏向左侧，球的飞行路径也偏向左侧（图 13-3-22 ①），即产生左曲球；旋转轴偏向右侧，球的飞行路径也偏向右侧（图 13-3-22 ③），即产生右曲球。

测试仪器在表示旋转轴时，用偏左或偏右的度数来表示旋转轴偏转的方向和程度。如果旋转轴与目标线所在的面垂直，即只有后旋无侧旋时，旋转轴为 0°，表示为"0°"；如果偏向左侧，例如偏向左侧 4.3°，表示为"−4.3 °L"；如果旋转轴偏向右侧，例如旋转轴偏向右侧 2.3°，则表示为"+2.3 °R"。

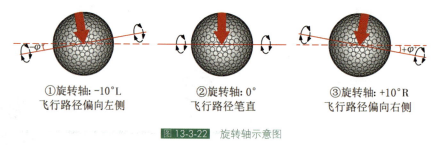

①旋转轴: −10°L　　　②旋转轴: 0°　　　③旋转轴: +10°R
飞行路径偏向左侧　　　飞行路径笔直　　　飞行路径偏向右侧

图 13-3-22　旋转轴示意图

第十四章 高尔夫球飞行阶段力学分析

第一节 高尔夫球飞行过程受力分析

难度系数：★★★★

高尔夫球在空中飞行的过程中共受到三个力的作用：重力、空气阻力及由于高尔夫球旋转所产生的马格纳斯力（图14-1-1）。下面就高尔夫球飞行过程中受到的这三个力来展开分析（图14-1-2），以便于全面深入理解高尔夫球的飞行路径（九种）和弹道。

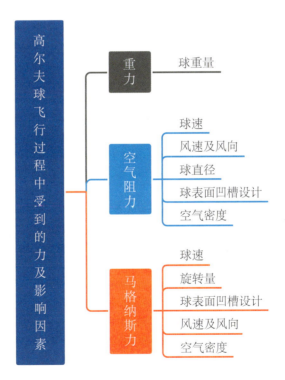

图 14-1-1 高尔夫球飞行过程中受到的力及影响因素

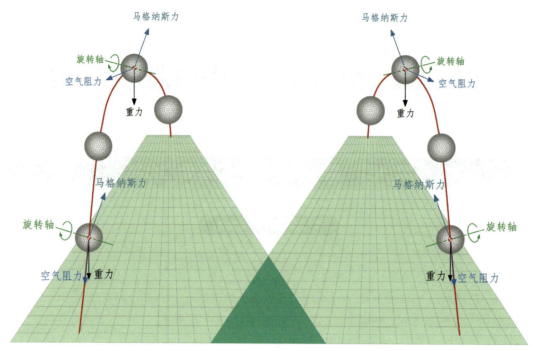

图 14-1-2 高尔夫球飞行过程中受力示意图

建议带着下面的问题学习本节内容：

问题一：为什么表面有凹槽的高尔夫球会比表面平滑的球飞得更远？

问题二：为什么高尔夫球在飞行的过程中会产生偏转？

问题三：为什么高尔夫球的后旋量越大弹道越高？

一、重力对高尔夫球飞行的影响

高尔夫球在飞行过程受到的重力大小是恒定的，并且方向始终向下。质量越大，重力就会越大。重力的大小会影响球飞行的时间和飞行的轨迹，并最终影响飞行距离。

物体受到的重力大小跟物体的质量（重量）成正比，计算公式是：$G=mg$。g 为重力加速度，大小约为 9.8 米/秒^2，表示质量 1 千克的物体受到的重力为 9.8 牛。高尔夫球的重量约为 0.046 千克，受到的重力 $G=0.046×9.8=0.4508$（牛）。

R&A 规则对高尔夫球重量有最高值的限制：高尔夫球重量不能大于 1.620 盎司。

二、空气阻力对高尔夫球飞行的影响

空气阻力的方向始终与球运动的方向相反，并且受到球速、风速及方向、球直径（直径决定球的横截面积，也就是迎风面积）、球表面凹槽设计及空气密度的影响。在飞行过程中，空气阻力使球速降低。

空气阻力的计算公式：$F= 1/2\ C\rho sv^2$

式中：C 为空气阻力系数，该值通常是实验值，和物体的特征面积（迎风面积）、物体光滑程度有关；ρ 为空气密度，特殊条件下需实地监测；s 为物体迎风面积；v 为物体与空气的相对运动速度。

知识拓展

高尔夫球表面凹槽对飞行距离的影响

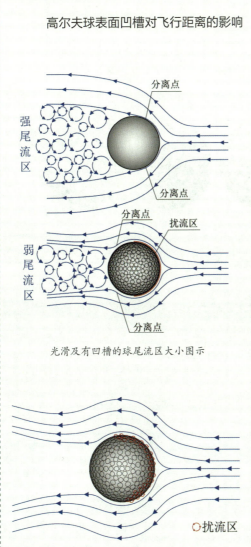

光滑及有凹槽的球尾流区大小图示

有凹槽的球迎风面扰流区图示

两个直径、重量相同的球，一个表面布满凹槽（Dimples），另一个表面平滑，在空中高速飞行时，表面布满凹槽的球受到的空气阻力较小，表面平滑的球反而阻力较大。

原因是球在空气中快速飞行时，空气与球表面会产生分离点并在球体后方产生尾流区。表面平滑的球分离点靠近飞行面的前侧，而表面布满凹槽的球在飞行时，气体与球体的分离点靠近飞行面的尾端，这使得表面有凹槽的球尾流区更小，根据伯努利方程，压差小受到的阻力相对就小，从而使表面带有凹槽的球飞行的距离更远。

同时，布满凹槽的球体表面会产生一层薄薄的扰流区。扰流区的存在使球的迎风表面空气阻力更小。

这两个原因使表面有凹槽的球受到的空气阻力更小，所以可以飞得更高、更远。

不同品牌及型号的高尔夫球表面凹槽的深度、大小、形状及分布都会有所不同，这些因素都会影响球在飞行过程中受到的空气阻力和马格纳斯力，继而对球飞行的路径、轨迹和距离产生较大影响。凹槽的形状多为圆形，也有六角形等。大多数高尔夫球表面设计有 300 ～ 500 个凹槽。

老式高尔夫球的表面纹理形状设计

对于橡胶内核球，品牌商一直在进行各种试验并加以改进。随着科技的进步，空气动力学及抛物弹道的研究也更为科学。研究发现，球表面的小凸起会使侧旋球偏转得更加严重，而凹槽能有效降低空气阻力。于是，现代的高尔夫球以表面凹槽代替了小凸起，这样不仅可以保证高尔夫球具有良好的空气动力学特性，而且具有更高的精准性。

不同品牌的高尔夫球的表面设计

球速越快空气阻力越大，即球速与风速的相对速度越大，空气阻力越大。球的横截面积就是飞行时的迎风面积，其直径越大，迎风面积越大，空气阻力也越大。空气阻力还受到空气密度的影响，空气密度越低，阻力就越小，比如高海拔地区，由于空气比较稀薄，空气密度会比较小，同等条件下球会比在平原地区飞得更远一些。

R&A 规则对高尔夫球直径有最小值的限制：高尔夫球的直径不能小于 1.680 英寸。

三、马格纳斯力对高尔夫球飞行的影响

马格纳斯力（Magnus force）源于流体速度影响压强的伯努利方程。

高尔夫球在空中飞行时，球的旋转会改变球两侧气体的流动速度，旋转方向与气流同向的一侧气流速度快，而另一侧则气流速度慢，根据伯努利方程，气流速度慢的一侧压强大，气流速度快的一侧压强小，这样在飞行过程中球的旋转轴两侧就产生了压强差，进而产生了马格纳斯力。转速越快马格纳斯力会越明显，这就是旋转的高尔夫球在飞行过程中会产生路径弯曲的原因。

伯努利方程

伯努利方程是被称为"流体力学之父"的丹尼尔·伯努利提出的，指在一个流体系统中，比如气流、水流中，流速小压强就大，流速大压强就小。

举例1：飞机机翼的设计

这个压力差产生的力量是巨大的，空气能够托起沉重的飞机，就是利用了伯努利方程。飞机机翼横截面的形状上下不对称，机翼的上表面是流畅的曲面，下表面则是平面。这样在前进的过程

丹尼尔·伯努利
（1700—1782）

中，机翼上表面的气流速度大于下表面的气流速度，由伯努利方程可知，机翼上方空气流速快，压强小，下方的空气流速慢，压强大。这样在机翼上下两侧就产生了向上的升力。飞机被这巨大的压力差"托起"。

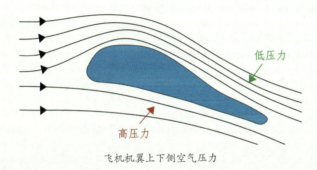

飞机机翼上下侧空气压力

举例2：拿两张纸向中间吹起

将两张纸靠近，间距约10厘米，向两张纸中间吹气，纸不但不会被吹得分开，反而会相互靠拢。原因是两张纸中间的空气被吹得流速更快，而两张纸外面的空气流速慢，空气流速快压强就小，流速慢压强就大，所以两张纸被"压"得相互靠近。

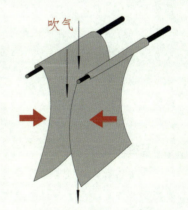

两张纸中间气流快、压强小

举例3：地铁黄色安全线

等地铁的时候都要求站在黄色安全线以外。地铁列车高速行驶通过时，人与地铁之间的空气流速加快，压强变小，而人背后的空气压强没有变，这样人的前后就形成了强大的压力差，这种压力差可以把站在黄色安全线内的人推向地铁列车，造成伤害。

马格纳斯效应

马格纳斯效应是流体力学中的一种现象，是德国科学家H.G.马格纳斯于1852年发现的，故而得名。

当一个旋转物体的旋转角速度矢量与物体飞行速度矢量不重合时，在与旋转角速度矢量和平动速度矢量组成的平面相垂直的方向上将产生一个横向力。在这个横向力的作用下物体飞行轨迹发生偏转的现象称为"马格纳斯效应"。旋转物体之所以能在横向上产生力的作用，是由于物体旋转会带动周围流体的旋转，这使物体一侧的流体速度增加，而另一侧流体的速度减小。根据伯努利方程，流体速度加快将导致压强减小，流体速度减慢将导致压强增大，这样就导致旋转物体横向的压力差，并产生横向力。同时因为横向力与物体运动的方向相垂直，所以这个力主要改变物体的飞行速度方向。

H.G. 马格纳斯
（1802—1870）

体育项目中有很多这种现象，如高尔夫、足球、排球、网球及乒乓球等项目中出现的侧旋球和弧圈球的运动轨迹，它们之所以有那么大的弧度，是因为马格纳斯效应。

举例：足球飞行过程中的"香蕉球"

这种足球的运动路线是弧形的，类似香蕉的形状，因此以"香蕉球"命名。

香蕉球为什么会在飞行中拐弯？同样可以用马格纳斯效应来解释。踢"香蕉球"时，运动员的触球位置稍稍偏向球的一侧，使球产生侧旋。这时，一方面，空气迎着球向后流动；另一方面，由于空气与球之间的摩擦，球周围的空气也被带着一起旋转。这样，球一侧空气的流动速度加快，而另一侧空气的流动速度减慢。气流速度慢的一侧压强较大，气流速度快的一侧压强较小，产生了马格纳斯效应，使球的飞行路径产生弯曲。

所以，踢出香蕉球的秘诀主要在于球的旋转，球旋转得越快，两侧的压强差越大，球的飞行弧线就越明显。

马格纳斯力的方向

马格纳斯力的方向始终垂直于旋转轴和运动方向形成的面。对于马格纳斯力的方向可以用一种简单的右手判定法：伸出右手，食指向前代表球的运动方向，拇指垂直于食指方向，剩余三指弯曲代表球体旋转方向，此时掌心方向就是马格纳斯力的方向，也就是球的偏转方向。

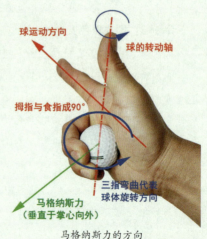

球运动方向
球的转动轴
拇指与食指成90°
三指弯曲代表球体旋转方向
马格纳斯力
（垂直于掌心向外）

马格纳斯力的方向

旋转的球和无旋转的球飞行轨迹不同，这是由球周围的空气流动情况不同造成的（图14-1-3）。不旋转的球上方和下方气流流速相同，飞行方向的两侧不产生压强差。有后旋的球，球旋转时会带动周围的空气一起旋转，致使球上方空气的流速加快、压强小，下方的流速减慢、压强大，进而产生向上的马格纳斯力，使球的弹道变高。

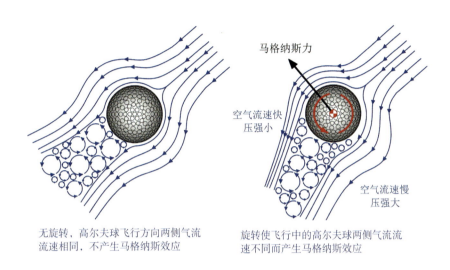

图 14-1-3　无旋转及旋转的球受力方向

知 识 拓 展

关于高尔夫球的规则限制

重量：高尔夫球的重量不能大于 1.620 盎司。

大小：高尔夫球的直径不能小于 1.680 英寸。

球体的对称性：高尔夫球不得被设计、制造或有意更改为具有不同于球体对称性的特性。

第二节 高尔夫球弹道及其影响因素

难度系数：★★★★

建议带着下面的问题学习本节内容：

问题一：一套球杆中短杆的击球高度比一号木杆高吗？

问题二：为什么有些球飞到最高点后会急速下落？

问题三：为什么有些球会有"二次起飞"？

问题四：为什么有些球"见高不见远"？

高尔夫球弹道又称飞行轨迹，指高尔夫球在垂直面上的运动轨迹（图 14-2-1）。弹道是垂直面上球的运动情况，不考虑方向以及偏离目标线的距离。弹道受球速、出球角度、后旋量、风速及风向（空气阻力）、球表面凹槽设计等因素的影响（图 14-2-2）。

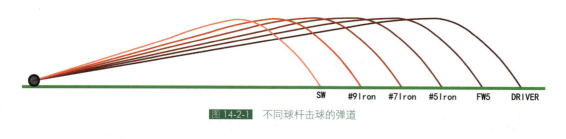

图 14-2-1 不同球杆击球的弹道

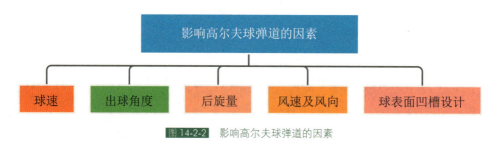

图 14-2-2 影响高尔夫球弹道的因素

风速及风向主要是指气流与球飞行方向的相对速度，相对速度越快阻力越大，相对速度越慢阻力越小，风速及风向同样也会加强或减弱马格纳斯效应，进而影响球的弹道。球手需要认识风速及风向对球飞行路径和弹道的影响以制定击球策略。在风速较快时用调整出球方向或降低出球角度及减小球的旋转量来减弱风对球飞行的影响。风速及风向对球飞行的影响是打球时技战术方面的内容。

在不考虑空气阻力的情况下，球速、出球角度和后旋量决定了球在空中飞行的时间以及落点距离。这三个因素要合理搭配才能产生最远的飞行距离，球速主要受到杆头速度的影响，一般动作稳定的球手杆头速度是比较稳定的，也就是球速一定的情况下，影响击球距离的因素就是出球角度和后旋量的合理搭配（图 14-2-3），这也是一号木杆定制时需要着重考虑的因素，下面会加以详述。

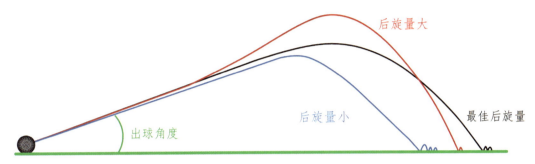

图 14-2-3　在球速、出球角度相同的情况下不同后旋量的高尔夫球的弹道

你会相信你的一号木杆和 P 杆击球高度基本一样吗？事实上，大多数选手的整套球杆的击球最高高度都不会相差太多，下面是美国男子职业高尔夫球巡回赛（PGA）的平均统计数据（表14-1），查看每支球杆的最高高度，相差都不大，高度差多为 1～5 码。美国女子职业高尔夫球巡回赛（LPGA）的统计数据也是如此（表 14-2），只是整体高度没那么高。

表 14-1　美国男子职业高尔夫球巡回赛（PGA）平均击球数据

球杆型号	参数								
	杆头速度	击球角度	球速	击球效率	出球角度	旋转量	最高高度	落地角度	落点距离
Driver	113 mph	-1.3°	167 mph	1.48	10.9°	2686 rpm	32 yd	38°	275 yd
3-wood	107 mph	-2.9°	158 mph	1.48	9.2°	3655 rpm	30 yd	43°	243 yd
5-wood	103 mph	-3.3°	152 mph	1.47	9.4°	4350 rpm	31 yd	47°	230 yd
Hybrid15°～18°	100 mph	-3.5°	146 mph	1.46	10.2°	4437 rpm	29 yd	47°	225 yd
#3	98 mph	-3.1°	142 mph	1.45	10.4°	4630 rpm	27 yd	46°	212 yd
#4	96 mph	-3.4°	137 mph	1.43	11.0°	4836 rpm	28 yd	48°	203 yd
#5	94 mph	-3.7°	132 mph	1.41	12.1°	5361 rpm	31 yd	49°	194 yd
#6	92 mph	-4.1°	127 mph	1.38	14.1°	6231 rpm	30 yd	50°	183 yd
#7	90 mph	-4.3°	120 mph	1.33	16.3°	7097 rpm	32 yd	50°	172 yd
#8	87 mph	-4.5°	115 mph	1.32	18.1°	7998 rpm	31 yd	50°	160 yd
#9	85 mph	-4.7°	109 mph	1.28	20.4°	8647 rpm	30 yd	51°	148 yd
PW	83 mph	-5.0°	102 mph	1.23	24.2°	9304 rpm	29 yd	52°	136 yd

球杆型号	参数								
	杆头速度	击球角度	球速	击球效率	出球角度	旋转量	最高高度	落地角度	落点距离
Driver	94 mph	3.0°	140 mph	1.48	13.2°	2611 rpm	25 yd	37°	218 yd
3-wood	90 mph	-0.9°	132 mph	1.48	11.2°	2704 rpm	23 yd	39°	195 yd
5-wood	88 mph	-1.8°	128 mph	1.47	12.1°	4501 rpm	26 yd	43°	185 yd
7-wood	85 mph	-3.0°	123 mph	1.46	12.7°	4693 rpm	25 yd	46°	174 yd
#3	80 mph	-1.7°	116 mph	1.45	14.3°	4801 rpm	24 yd	43°	169 yd
#5	79 mph	-1.9°	112 mph	1.43	14.8°	5081 rpm	23 yd	45°	161 yd
#6	78 mph	-2.3°	109 mph	1.41	17.1°	5943 rpm	25 yd	46°	152 yd
#7	76 mph	-2.3°	104 mph	1.38	19.0°	6699 rpm	26 yd	47°	141 yd
#8	74 mph	-3.1°	100 mph	1.33	20.8°	7494 rpm	25 yd	47°	130 yd
#9	72 mph	-3.1°	93 mph	1.32	23.9°	7589 rpm	26 yd	47°	119 yd
PW	70 mph	-2.8°	86 mph	1.28	25.7°	8403 rpm	23 yd	48°	107 yd

表14-2　美国女子职业高尔夫球巡回赛（LPGA）平均击球数据

　　通常弹道高度与观察视觉有关，如表14-1中，一号木杆和短铁杆击球的最高高度差不多，但出球角度差异比较大。短铁杆出球角度大，后旋量大，球在比较短的时间和近距离内爬升到较高的高度，一号木杆则出球角度小、后旋量小，但球速快，在比较远的距离爬升到较高的高度，所以看起来会比较低。

　　下面为一号木杆（蓝色）、5号铁杆（红色）、9号铁杆（黑色）的击球弹道（图14-2-4），由此也可以看出，不同球杆击球的最高高度几乎相同（依据表14-1绘制）。

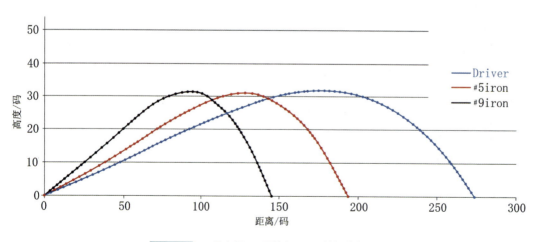

图14-2-4　一号木杆、5号铁杆、9号铁杆的击球弹道

　　高尔夫球弹道与距离的关系，在不考虑其他外界因素的情况下，高尔夫球的落点距离与球速、出球角度和后旋量有直接的关系。在其他条件不变的情况下，球速越快距离越远。出球角度、后旋量需要有一个合理的组合才能确保在一定的球速下达到最远的飞行距离。

　　举例一：球速为 165 mph，出球角度为 10°，不同后旋量的球的弹道和距离的不同（图 14-2-5）。

　　表 14-3 显示了在球速一定的情况下（均为 124 mph）不同的出球角度和后旋量对飞行距离的影响。

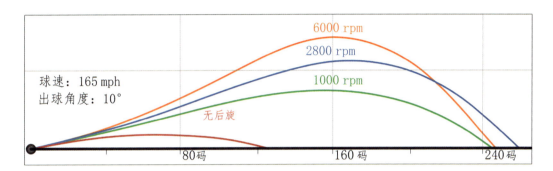

红色轨迹为没有后旋的情况，球的弹道最低，距离最近。

绿色轨迹表示后旋量为 1000 rpm（1000 rpm 对很多选手来说是非常低的后旋量）的球的弹道。

蓝色轨迹表示后旋量为 2800 rpm 的球的弹道，随着旋转时的增加，距离也在增加，可以达到最远的飞行距离（适用于 165 mph 的球速和 10° 的出球角度）。

黄色轨迹表示后旋量为 6000 rpm 的球的弹道，随着球后旋量的增加，弹道也随之升高，但飞行距离却与 1000 rpm 的球差不多。这是由于球在飞行过程中马格纳斯效应太强，使得球的弹道过高，缩短了飞行的距离。

图 14-2-5　球速为 165 mph、出球角度为 10° 的情况下，不同后旋量的球的弹道

表 14-3　出球角度与后旋量对击球距离的影响参照表

后旋量	出球角度									
	8°	10°	12°	14°	16°	18°	20°	22°	24°	26°
5500 rpm	193 yd	195 yd	196 yd	196 yd	195 yd	194 yd	192 yd	190 yd	187 yd	183 yd
5000 rpm	193 yd	195 yd	197 yd	197 yd	197 yd	196 yd	194 yd	192 yd	189 yd	185 yd
4500 rpm	192 yd	195 yd	197 yd	198 yd	198 yd	197 yd	196 yd	194 yd	191 yd	188 yd
4000 rpm	191 yd	195 yd	197 yd	199 yd	199 yd	199 yd	198 yd	196 yd	193 yd	190 yd
3500 rpm	190 yd	194 yd	197 yd	199 yd	200 yd	200 yd	199 yd	198 yd	195 yd	193 yd
3000 rpm	187 yd	192 yd	196 yd	198 yd	200 yd	200 yd	200 yd	199 yd	197 yd	195 yd
2500 rpm	183 yd	189 yd	194 yd	197 yd	199 yd	200 yd	201 yd	200 yd	199 yd	197 yd
2000 rpm	178 yd	185 yd	190 yd	195 yd	197 yd	199 yd	200 yd	200 yd	200 yd	198 yd
1500 rpm	170 yd	179 yd	185 yd	190 yd	194 yd	197 yd	199 yd	199 yd	200 yd	199 yd
1000 rpm	159 yd	168 yd	177 yd	183 yd	188 yd	192 yd	195 yd	197 yd	198 yd	198 yd

注：设定球速为 124 mph，杆头速度约为 85 mph。

第三节　高尔夫球飞行路径及其影响因素

难度系数：★★★★

一、高尔夫球飞行路径的定义及影响因素

　　高尔夫球飞行路径是指高尔夫球在水平面上的运动路径。先以目标方向线为基准，根据球的出球方向分为左、中、右三种，然后再以球的出球方向为基准，根据球飞行过程中偏转的方向又可分为左、直、右三种，这样共有九种飞行路径。球在飞行过程中产生的偏转是由于杆头击球时使球产生了侧旋，侧旋产生的马格纳斯效应使球的飞行路径产生弯曲。

　　高尔夫球飞行路径主要受到六个因素的影响：球速、出球方向、出球角度、侧旋量、风速及风向和球表面凹槽设计（图14-3-1）。

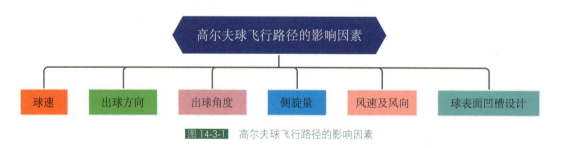

图 14-3-1　高尔夫球飞行路径的影响因素

　　风速及风向会加强马格纳斯效应，加大球飞行路径的偏转。球手需要认识风速及风向对球飞行路径和弹道的影响以制定击球策略。在风速较大时用调整出球方向或降低出球角度等来减弱风对球飞行的影响。

　　出球方向是飞行路径的初始方向，旋转轴决定了球最终会向哪个方向偏转，球速、出球角度、旋转量和风速及风向决定了球可以飞行多远，偏离目标方向多远。

二、高尔夫球飞行路径的分类及影响因素

　　杆面角和杆头路径共同影响着出球方向，影响的比值介于8:2和6:4之间，杆面倾角越大杆头路径对出球方向的影响越大。也就是说，一号木杆的出球方向所受影响约有80%来自杆面角，约有20%来自杆头路径。挖起杆的出球方向所受影响约有60%来自杆面角，约有40%来自杆头路径。

　　换一种理解方式：出球方向主要受到杆面角的影响，杆面角对出球方向的影响约占60%～80%，杆面角对出球方向的影响会随着杆面倾角的增大而逐渐变小。杆头路径对出球方向的

影响约占 20% ～ 40%，杆头路径对出球方向的影响会随着杆面倾角的增大而逐渐增大。也就是说，一号木杆的杆面角对出球方向的影响最大，越到短铁杆其影响越小。杆头路径对出球方向的影响会随着杆面倾角的增大而变大。

球在飞行过程中路径的弯曲方向是由旋转轴决定的，并受到风向的影响，在不考虑风的情况下，球只有后旋时，球的飞行路径才不产生弯曲。也就是九种飞行路径中的③⑨④三种（参见本页"知识拓展"内容），球会沿着出球方向飞出直线。而当旋转轴不与出球方向垂直时，球在飞行过程中产生偏转，继而飞行路径产生弯曲。旋转轴偏向右侧，球的飞行路径将向右侧偏转，即产生右曲球；旋转轴偏向左侧，球的飞行路径将向左侧偏转，即产生左曲球。这是由球旋转产生的马格纳斯效应导致的。风速及风向会在球的飞行过程中加强或减弱马格纳斯效应，继而影响飞行路径偏转的大小。

九种飞行路径及分类

九种飞行路径名称（按图中左、中、右顺序）：

①左出左曲（Pull Hook or Pull Draw）。

③左直（Pull）。

⑦左出右曲（Pull Slice or Pull Fade）。

⑤直出左曲（Hook or Straight Draw）。

⑨直球（Straight）。

⑥直出右曲（Slice or Straight Fade）。

⑧右出左曲（Push Hook or Push Draw）。

④右直（Push）。

②右出右曲（Push Slice or Push Fade）。

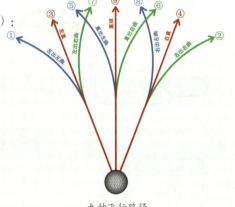

九种飞行路径

根据出球方向分类，即以目标线为基准，根据球飞出时的初始方向，可分为左、中、右三种：

左（①③⑦）：出球方向在目标方向左侧。

中（⑤⑨⑥）：出球方向为目标方向。

右（⑧④②）：出球方向在目标方向右侧。

根据球的飞行路径的弯曲方向分类，即根据球在空中飞行后半段的偏转方向，可分为左、直、右三种：

左（①⑤⑧）：球在飞行过程中偏向出球方向左侧。

直（③⑨④）：球沿着出球方向线直飞无偏转。

右（⑦⑥②）：球在飞行过程中偏向出球方向右侧。

第四节　击球距离影响因素总结——以一号木杆为例

难度系数：★★★★

在影响一号木杆击球距离的因素中（图14-4-1），有些因素是在一次比赛或打球过程中不可改变的，如空气阻力，但在实际击球过程中，需要考虑风速及风向对球飞行过程中的阻力和马格纳斯效应的影响，并制定相应的击球策略。如在顶风时降低出球角度，以降低空气阻力对球飞行高度的影响等。

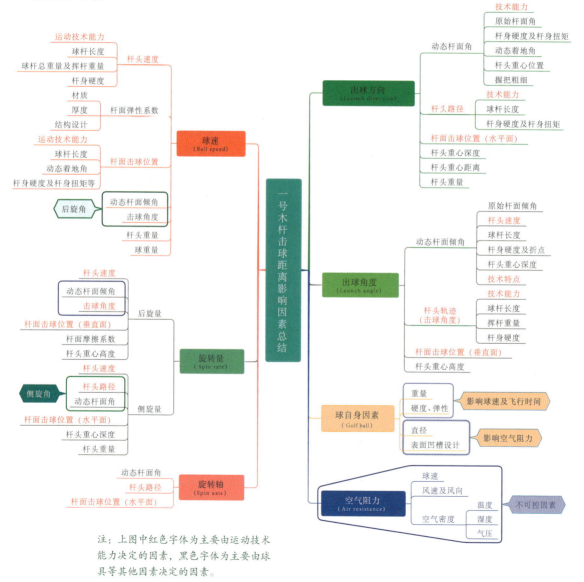

注：上图中红色字体为主要由运动技术能力决定的因素，黑色字体为主要由球具等其他因素决定的因素。

图14-4-1　一号木杆击球距离影响因素总结

　　高尔夫球的硬度及表面凹槽设计会对其飞行的距离和稳定性产生影响。品牌商会通过大量的科研及风洞试验设计出空气动力学性能越来越好的高尔夫球。

　　"高尔夫出球五要素"，即球速、出球角度、出球方向、旋转量和旋转轴都会对一号木杆的击球距离产生影响。这些因素在之前都有详细的解释，这里需要读者区分哪些是球杆的因素，哪些是球手自身的因素。球杆的因素可以通过改变球杆做进一步优化调整，以达到更远的击球距离或能够更稳定地击球。一号木杆杆头速度与落点距离对照参考如下（图14-4-2）。

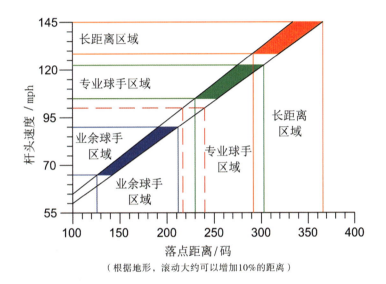

（根据地形，滚动大约可以增加10%的距离）

图 14-4-2　一号木杆杆头速度和落点距离对照参考

第四篇
球杆维修调整实操

第十五章　高尔夫工坊简介

第一节　高尔夫工坊历史简介

难度系数：★★★

工坊是指从事手工业生产的场所，有较浓厚的文化意味。高尔夫工坊（Golf workshop）一词，源于古代工匠手工打造高尔夫球杆的场所，后延伸到高尔夫球杆维修定制领域（图15-1-1）。

古代的高尔夫球杆是在工坊间里直接制造高尔夫球杆的杆头、杆身、握把，最后再组装出一支球杆，而现在我们所说的高尔夫工坊的基本功能是球杆的维修与定制，杆头、杆身、握把的生产早已由分工明确的不同工厂来完成。工坊的技师也不是自己制造球杆，而是为不同类型的球手选择搭配适合的球杆组件，并完成组装和调试。

图 15-1-1　早期制杆工匠的工作场所

早期的球杆主要凭借技师的经验来纯手工打造和维修。18世纪和19世纪的工匠在高尔夫球杆制造历史中具有举足轻重的影响，这些早期的工匠并非一开始就是职业制杆者，而是由一些木匠组成的"杂牌军"，他们大多是子承父业，这种家族性的事业通常与个别的球场来往密切。很多制杆工匠同时也是当时数一数二的高尔夫高手，比较有名的如威力·帕克（Willie Park），他曾夺得1860年英国公开赛的冠军，其制造的球杆也颇受欢迎（图15-1-2），同时期还有传奇的老汤姆·莫里斯（图15-1-3、图15-1-4）等。

图 15-1-2　威力·帕克制造的球杆，杆头背部还刻有生产者的名字

图 15-1-3　老汤姆·莫里斯（1821—1908）

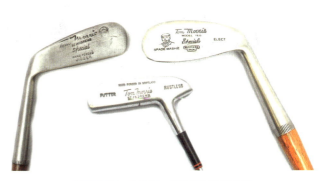

图 15-1-4　老汤姆·莫里斯制作的球杆

知识拓展

　　莫里斯父子在 19 世纪后期是高尔夫界当之无愧的领军人物。老汤姆·莫里斯曾 4 次赢得英国公开赛冠军，最后一次赢得比赛时他已经年满 46 岁。至今为止，他仍然保持着英国公开赛历史上冠军年龄最大的记录，并在 1976 年入选世界高尔夫名人堂。24 岁便英年早逝的小汤姆·莫里斯虽然生命短暂，但高尔夫战绩却不逊于老汤姆，他曾 4 次赢得英国公开赛，并且第一次获得冠军时仅 17 岁，也是目前为止英国公开赛最年轻冠军的记录保持者。老汤姆·莫里斯曾在 R&A 工作多年，他制作球杆的技术与球技一样出众，专门负责俱乐部会员球杆的维修，在这方面，他的名声远近皆知，老汤姆制作的球杆不但在英国受欢迎，很多也出口到欧洲、亚洲以及美国。老汤姆·莫里斯不仅是球杆制造设计师，也是有名的球场设计师，他在苏格兰崎岖的海岸边亲手设计了 30 余座球场，较为被后世推崇的包括卡诺斯蒂冠军球场和普雷斯特维克球场等。

1951 年，球杆制造者在检查木杆杆头

1888 年，老汤姆·莫里斯（一排右三）和他的球杆制作工匠们的合影

1950 年，在圣安德鲁斯的"汤姆·莫里斯工作室"里，工匠在给高尔夫球杆安装杆身

　　詹姆斯·斯皮特尔（James Spittal）曾是一名职业高尔夫球手，后来成为苏格兰圣安德鲁斯的"汤姆·莫里斯工作室"的高尔夫球杆技师。在这里，他检查木质高尔夫球杆后，用砂纸打磨。

　　早期工匠所制的球杆都属长鼻子（Long-nosed）木质球杆，这种球杆在 1880 年前非常盛行，直到机器制造球杆出现以前，球杆的每一个细部都由工匠手工制造。为制造一支球杆，工匠必须先将一块木头刻成杆头的形状，杆头上留有承接口以便塞进杆身。制杆工具其实就是一般木匠常用的工具，如锯子、锤子、锉刀、螺丝钉和刨刀等（图 15-1-5）。

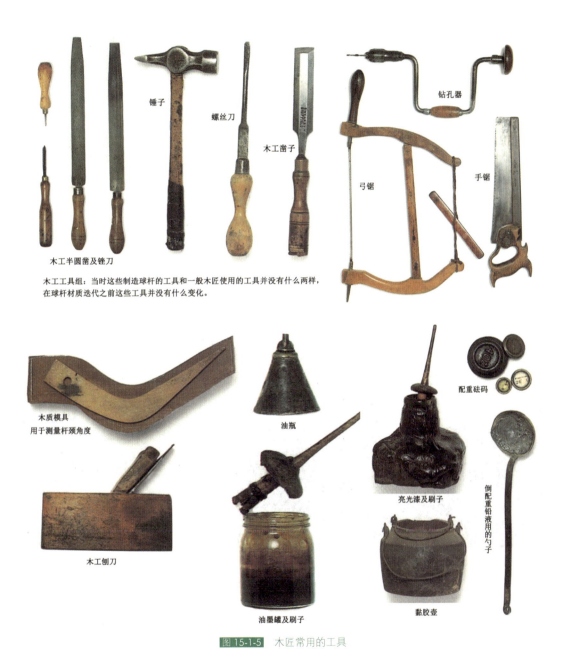

锤子

螺丝刀

木工凿子

钻孔器

弓锯

手锯

木工半圆凿及锉刀

木工工具组：当时这些制造球杆的工具和一般木匠使用的工具并没有什么两样，在球杆材质迭代之前这些工具并没有什么变化。

木质模具
用于测量杆颈角度

油瓶

配重砝码

亮光漆及刷子

倒配重铅液用的勺子

木工刨刀

油墨罐及刷子

黏胶壶

图 15-1-5　木匠常用的工具

　　另外，工匠还会在制作杆头时用勺子溶解铅块，再将铅液倒入杆头背面的孔中，以增加杆头的重量，提高球杆的易打性。球杆制造者也会将自己的名字刻在成品杆上，让人知道该球杆的制造者。

20 世纪六七十年代，在美国出现了初级的量身定制服务，有些人根据巡回赛职业球手自身的身体特征来为其调整球杆，使他们的球杆更加适合他们的身体特征和挥杆特点。很多调整过球杆的职业球手在巡回赛中取得了不错的成绩，有越来越多的人开始认识到球杆量身定制的重要性。从那时起，球杆量身定制服务便开始在美国发展和流行起来。到目前为止，量身定制高尔夫球杆已经有 50 多年的历史了。在高尔夫球杆设计开发较好的日本，从事高尔夫球杆量身定制与维修服务的技师与球手一样有很高的地位。因此，擅长推杆制造或精于铁杆杆头锻造（图 15-1-6）与打磨，进而自创品牌的大师也层出不穷。

图 15-1-6　手工锻造铁杆杆头

发展到今天，高尔夫工坊拥有了先进的检测仪器，更精准的采集分析设备，能够为球手提供更合理的建议、更细致入微的球杆量身定制服务。高尔夫球杆的定制与维修也不再局限于固定的场所，球具品牌商都纷纷购买自己的流动式工坊服务车（图 15-1-7），技师可以在比赛现场为自家品牌的签约球手提供及时的球杆量身定制与维修调整服务。

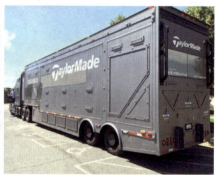

图 15-1-7　职业赛事现场，停车场停满了各球具品牌的工坊服务车

在中国，高尔夫工坊的起步较晚，但发展速度非常快。21 世纪初，国内刚刚开始有高尔夫工坊，主要的服务项目是握把更换及简单的断杆维修。2006 年，中国有了第一辆高尔夫工坊车，主要服务于国内高尔夫职业赛事，通过工坊车在大型赛事现场的服务，越来越多的国内职业球员认识到了球杆量身定制和维修的重要性。量身定制的理念也被越来越多的球手所了解和认识。高尔夫球杆量身定制和维修服务也成为高尔夫练习场和球具专卖店必备的服务项目。

第二节 现代高尔夫工坊的功能与技师职业规范

难度系数：★★★

一、现代高尔夫工坊功能定位

由于现代科技的进步，生产过程的细化与分工，高尔夫球杆的设计与制造早已不在工坊内完成。目前我们所说的高尔夫工坊大都开设在高尔夫练习场或球场内，主要作为专卖店或品牌球具的增值及售后服务项目，功能主要是球杆的维修组装、调整、诊断及量身定制（图15-2-1）。

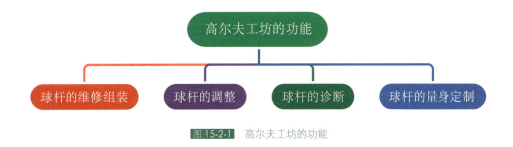

图 15-2-1 高尔夫工坊的功能

（一）球杆的维修组装

球杆的维修组装是工坊首先具备的功能，球杆的维修组装项目主要包括握把更换、杆身更换、断杆处理、球杆加长截短、杆头异音处理等。

（二）球杆的调整

球杆的调整包括球杆长度的调整、球杆挥杆重量的调整以及角度的调整等。角度的调整主要指杆面倾角和杆颈角的测量及调整。

（三）球杆的诊断

球杆的诊断即包括整套球杆的搭配是否合理，也包含单支球杆的组合是否合理。其中整套球杆的搭配包括球杆组合搭配、杆身重量及杆身硬度搭配、挥杆重量的搭配等是否合理，如整套球杆在球杆总重量的搭配上是逐渐增加的，在杆身硬度上的搭配是逐渐升高的等。单支球杆的组合包括杆头、杆身、握把在重量及挥杆重量上的搭配是否合理等。

（四）球杆的量身定制

通常工坊的技师在进行球杆定制时，先要与球手进行细致的沟通，测量并记录一些静态及动态的数据，了解该球手当下的挥杆击球情况及想要解决的问题。除了测量球手的基本身体素质外，还需要球手进行多次试打，利用专业测试仪器记录打击数据，这其中包括用仪器测试球手的挥杆速度、击球时杆面的运动轨迹、球的旋转及弹道等详细数据，然后试打若干支由技师初步挑选的试打杆，评估打球的效果，最终定制适合的球杆。

在高尔夫运动项目发展较为成熟的国家，许多职业球手都与工坊和技师建立了密切的合作关系。在每次比赛前后，他们都会与技师沟通，及时解决比赛中出现的球杆方面的问题。欧美国家悠久的高尔夫历史让那里的工坊发展得较完善，工坊在这些成熟的市场里都是球具销售的配套服务，在较好的球场、练习场、球具专卖店，工坊早已成为必备的配套服务项目。

二、高尔夫工坊功能分区

根据现代高尔夫工坊的功能，可以将工坊分为五个相对独立的功能区域：球杆维修组装测试区、挥杆数据采集分析区、推杆数据采集分析区、茶歇区、产品展示区（图 15-2-2、图 15-2-3）。

图 15-2-2　高尔夫工坊分区示意图

图 15-2-3　高尔夫工坊功能布局分区效果图

球杆维修组装测试区：主要用于球杆的维修组装、调整以及球杆参数的测定等，是工坊的主要功能区域。球杆维修组装测试区又可根据球杆维修组装的操作流程细分为七个分区——握把更换区、球杆拆分清理区、组配杆区、静止待干区、打磨区、角度测量调整区、球杆参数测定区（图15-2-4）。根据情况不同，其分区布局也有所差异（图15-2-5至图15-2-7）。每个功能分区都有相应的工坊设备及耗材，功能分区能更好地对操作流程进行细化和标准化，尤其是高尔夫专业院校的教学，工坊操作的分区教学，有利于分阶段、分组教学，便于更快速地掌握设备的操作以及球杆维修组装流程等。

挥杆数据采集分析区：挥杆数据的采集主要通过专业的设备及软件，包括雷达测试设备，如Flight Scope、Track Man等；高速摄像设备，如GC2等；以及目前市场上很多能对击球数据进行采集的模拟器。通过数据采集对球手的击球效果进行分析评价，最终使其选择到合适的球杆。

推杆数据采集分析区：主要通过高速摄像设备对球手推杆击球阶段的数据进行高帧率的抓拍采集，再通过专业的分析软件进行分析，判断推击的效果。

茶歇区：茶歇区是工坊的技师及销售人员与客户沟通聊天的区域，主要包括茶桌、茶具等设施。

产品展示区：产品展示区是工坊对外经营销售产品重要的展示区域，主要包括杆头、杆身、握把及其他相关配件的展示。

图15-2-4　球杆维修组装测试区分区示意图

图 15-2-5 球杆维修组装测试区效果图

图 15-2-6 高尔夫专业院校教师演示型工坊实训室布局效果图

图 15-2-7 高尔夫专业院校学生实操型工坊实训室布局效果图

三、工坊操作间主要功能分区操作规范与注意事项

（一）握把更换区

操作流程：拆除原有握把—清理杆身—测量杆身末端外径—固定球杆—粘贴胶纸—安装握把—校正—清洁握把杆身（图 15-2-8）。

注意事项：

①注意握把割刀使用时的人身安全。

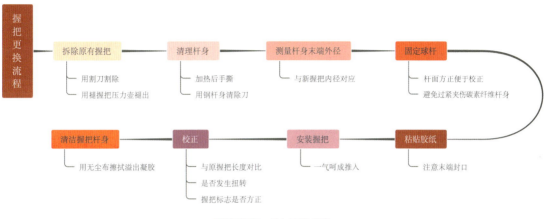

图 15-2-8　握把更换流程

②严禁烟火（枪水易燃）。

③握把是否安装到底。

④握把是否扭曲及长度是否发生变化。

（二）球杆拆分区

操作流程：去除胶环—固定球杆—均匀加热杆颈—扭动扳手分离杆头杆身—清理杆颈内凝胶—清理杆身前端凝胶（图 15-2-9）。

注意事项：

①给碳素纤维杆身去除胶环时避免伤到杆身。

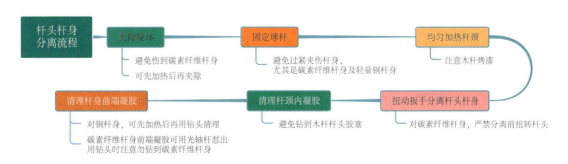

图 15-2-9　杆头杆身拆分流程

②避免过紧夹伤杆身。

③注意杆头材质，避免高温损坏杆头。

④注意木杆杆头烤漆，避免长时间加热损坏烤漆。

⑤禁止未分离前扭转杆头，以免损坏碳素纤维杆身。

（三）球杆清理区

杆头清理流程：选择与杆颈内径相匹配的刀具—固定手电钻—清理杆头。

杆身清理流程：清理杆身前端外部凝胶—选择与杆身内径相匹配的刀具—固定手电钻—清理杆身内部凝胶。

注意事项：

①注意杆颈与钻头保持平行，避免扭转，避免损伤杆身，尤其是碳素纤维杆身。

②清理木杆杆头、杆颈时，需要使用前端是平头的铣刀，避免损坏胶塞。

（四）组配杆区

操作流程：选择好球杆组装配件（杆头、杆身、握把、胶环、配重）—清理杆颈及打磨杆身前端—确定球杆组装长度—裁切杆身—确定挥杆重量并添加合适的配重—调 AB 胶—安装胶环—粘合配重及杆头杆身—称量挥杆重量—校正杆身品牌标识位置—擦掉溢出的 AB 胶—放置待干。

注意事项：

①注意 AB 胶调配比例及操作时间。

②注意杆身装入杆颈的深度，避免过浅，尤其是胶环比较紧的时候。

③注意杆颈内配重对球杆长度的影响。

（五）角度测量及调整区

操作流程：在调整器上固定好球杆—测量球杆原有角度（杆面倾角及杆颈角）并做好记录—分析确定调整的角度并记录—调整角度。

注意事项：

①需要确定杆头材质是否可调。

②固定球杆时注意面沟线与调整器矫正线的平行。

③注意杆颈的保护，避免夹伤杆颈。

④调整时避免力量过大、过猛折断杆颈。

⑤调节某一角度时注意其他角度的变化。

五、高尔夫工坊常用设备及耗材简介

高尔夫工坊常用设备及耗材见表 15-1。

表 15-1　高尔夫工坊常用设备及耗材		
区域名称	**常用设备及测量工具**	**常用耗材**
握把更换区	握把换装台、校正尺、握把割刀、褪握把压力壶、挥重秤、握把杆身口径测量板、手掌尺寸测量板、电子秤、胶纸分离器、握把扩张器、胶纸清除刀、剪刀	双面胶纸、加厚胶纸、枪水、无尘布等
球杆拆分区和球杆清理区	杆头杆身分离器、热风枪、小火枪、斜口钳、针嘴钳、胶环破坏器、手电钻、钻台、杆头专用扩孔夹具	钻头、平头铰刀、锉刀、不锈钢刷、钢丝棉、铣刀、杆颈清理刷等
组配杆区	球杆长度量尺、挥重秤、杆身切割机、胶环及钢杆身打磨机、杆身口径测量板、胶环深度打入器等	AB 胶、配重钉、胶环、玻璃砂、铁砂、铅粉、六爪铜片、加长棒、天那水等
打磨区	杆头底部打磨一体机、抛光一体机	千叶轮、丝瓜轮、抛光棉轮、抛光硬蜡等
角度测量及调整区	角度测量器、铁杆角度测量调整器、推杆角度测量调整器、反弹角测量器等	杆头底部打击测试贴纸、打击角度测试板
球杆参数测量	球杆 CPM 值测量器、杆身硬度公斤值测量器、悬垂式杆身硬度测量器、杆身脊线测量器、杆身折点测量器、杆头重心位置测量器、球杆重心角度测量器、杆身扭矩测量器、多点硬度测量器、球杆转动惯量测量器、杆头转动惯量测量器	
击球数据测量设备	雷达测试设备和高速摄像设备（如 Flight Scope、Track ManGC2 等）	木杆打击面测试贴纸、铁杆打击面测试贴纸、推杆打击面测试贴纸、

（一）握把更换常用设备及耗材简介

常用设备：握把换装台、校正尺、握把割刀、褪握把压力壶、挥重秤、握把杆身口径测量板、手掌尺寸测量板、电子秤、胶纸分离器等。

耗材：双面胶纸、加厚胶纸、枪水、无尘布等。

★**危险品**：枪水，又叫"枪油、喷枪油"，挥发性极强，易燃易爆，主要在更换握把时使用，也可用于擦拭溢出的胶剂。

（二）杆身更换常用设备及耗材简介

常用设备：杆头杆身分离器、球杆长度量尺、挥重秤、杆身切割机、热风枪、小火枪、手电钻、钻台、胶环及钢杆身打磨机等。

握把更换可以使用的溶剂

更换握把时，因为有双面胶纸，橡胶握把本身也有粘性，溶剂的作用是使握把可以更加容易地装到贴有双面胶纸的杆身上。握把更换时可以使用的溶剂有枪水、汽油、煤油等，具体差异如下。

汽油和煤油主要是起到润滑的作用，便于握把滑入，但汽油和煤油味道过大，且易燃，挥发较慢，一般握把安装后都要在通风的地方放置至少几个小时，所以在此并不建议使用汽油和煤油。

枪水用于安装握把的原理与煤油和汽油不同。枪水在握把的安装过程中并不是起到润滑的作用，而是由于枪水挥发性极强，会在双面胶纸和握把之间产生一个空气层，从而可以使握把顺利通过双面胶纸装入，当枪水挥发完后使握把粘到双面胶纸上，起到保持稳定的作用，一般常温情况下用枪水安装完握把后 10～20 分钟就可以使用，温度越高、通风越好，枪水挥发得越快。

配件类：胶环破坏器、胶环深度打入器、针嘴钳、斜口钳、天那水安全瓶等。

耗材：钻头、铣刀、杆颈清理刷、AB 胶（环氧树脂）、配重钉（铅钉或铜钉）、胶环、玻璃砂、铅粉、六爪铜片、加长棒、天那水等。工坊常用钻头规格尺寸见表 15-2。

表 15-2　工坊常用钻头规格尺寸

种类	适用位置	适用位置规格尺寸	钻头规格尺寸
一号木杆杆颈用钻头	一号木杆杆颈内径	0.335 in	8.5 mm
球道木杆杆颈用钻头	球道木杆杆颈内径	0.350 in	8.9 mm
铁杆杆颈用钻头	锥形口	0.355 in	9.0 mm
	平行口	0.370 in	9.4 mm
钢杆身用钻头	前端内径		7 mm 或 6 mm
碳素纤维杆身用钻头	前端内径		5 mm 或 4 mm 加长 5 mm 或 4 mm

注：铁木杆杆颈内径规格尺寸有的为 0.355 英寸，有的为 0.370 英寸。碳素纤维杆身前端内径较细，尤其是重量较重的碳素纤维杆身，有时在安装球杆时 AB 胶渗入较多，所以需要加长的钻头才能清理干净。

平头铰刀

平头铰刀主要用于清理杆头杆颈内残留的 AB 胶，平头的好处是在清理杆颈内凝胶时不会破坏木杆杆颈内的垫片，避免碎屑掉入杆头内部。平头铰刀的规格主要为 0.335 英寸、0.350 英寸、0.355 英寸和 0.370 英寸四种。

胶环

胶环也称"胶套"，主要为塑胶材质，颜色较多样，有的也装饰有金属边，某些高端球杆的胶环还会采用 24K 金边做装饰。胶环的作用可以总结为两点：

有金属边的胶环

首先是美观，因杆头颈部外径较杆身粗，胶环作为杆头颈部与杆身连接部位的过度配件，使杆头与杆身的过度更为顺畅。目前市场上有各种颜色和式样的胶环供选择，用以搭配不同的杆身杆头。其次是具有保护杆身的作用，作为杆头与杆身连接位置的一个缓冲部件，胶环可以增加杆身前端与杆颈的密合度，减少钢制杆身与杆颈连接处生锈断裂的可能。

选择胶环要考虑的因素：

（1）胶环的款式、颜色与杆头、杆身颜色的搭配。

（2）胶环的规格尺寸。尺寸包括胶环的长度、内径和外径尺寸。

彩色胶环

胶环的内径尺寸要与杆身相匹配，胶环较粗端外径尺寸要与杆颈外径相匹配，或者稍大于杆颈外径。胶环长度要与杆头相搭配，一般木杆杆颈较短、配较短的胶环，挖起杆可以配较长的胶环。

★**危险品**：天那水，主要用于擦拭打磨后的胶环，使胶环光亮如新。天那水又名香蕉水，具有香蕉般的气味，主要成分是二甲苯，挥发性极强，易燃、易爆、有毒，是危险品，对人体皮肤有危害。天那水通过呼吸道和皮肤进入人体，对人体的危害不仅表现在破坏人体的造血机能，而且具有潜在致癌性。皮肤接触后应当立刻用肥皂水清洗。与天那水相比，更换握把用的枪水毒性小很多，环保型的枪水也更为安全，但依然易燃、易爆。

（三）球杆角度测量及调整常用设备及耗材

常用设备：角度测量器、铁杆角度测量调整器、推杆角度测量调整器、反弹角测量器等。

耗材：杆头底部打击测试贴纸、打击角度测试板。

（四）球杆参数测量常用设备

常用设备：杆身硬度测量器、杆身脊线测量器、杆身折点测量器、杆头重心位置测量器、球杆重心角度测量器、杆身扭矩测量器、多点硬度测量器、球杆转动惯量测量器、杆头转动惯量测量器等。

杆身硬度测量器又分静态测量设备和动态（CPM 值）测量设备两种。静态的测量器又分为悬垂式测量和压力公斤值测量两种。

 知识拓展

使用枪水、天那水时的注意事项

（1）使用时严禁有明火，保持室内空气流通，抽气设备必须开启。

（2）最好使用防静电的玻璃按压瓶，可以比较好地控制使用量，并用较厚的无尘布挤压，快速擦拭胶环，避免手指直接接触天那水。最好在使用时戴上手套、口罩等保护装备。

储存枪水、天那水时应注意的事项

（1）远离火源及阳光直射的地方，储存在阴凉及空气流通的地方。

（2）避免接近高热或会引起火花的机械，保持容器密封。

若遇意外时的措施

（1）意外吸入须立即催吐，并尽快送往就近的医院就医。

（2）眼睛接触枪水急救措施如下：先立即用大量清水清洗眼睛，随后立即送往医院就医。

玻璃砂和铅粉在杆身安装中的作用

玻璃砂是一种直径不同的玻璃圆珠，工坊常用的玻璃砂有粗粒、中粒和细粒，使用需要根据杆身外径与杆颈内径的间差，也就是间隙的大小来选择。当间隙较小时，在 AB 胶里掺入适当细粒玻璃砂，可以有效填充杆身与杆颈之间较小的间隙，使杆身与杆颈更为紧密。当杆身与杆颈间隙较大时，可选择在 AB 胶里掺入粗粒玻璃砂，以便有效填充较大缝隙，使杆身和杆头的固定更为紧密。在安装杆身时，选择粗细适宜的玻璃砂的另一个作用是使杆身能更好地位于杆颈中心，因为玻璃砂是圆形玻璃珠，在转动杆身时，可以使玻璃珠较为均匀地分布到杆颈内壁，使杆身更好地居中，避免装歪，尤其是间隙较大时。

铅粉成粉末状，较玻璃砂颗粒更为细小，主要作用是增加重量，在调节挥杆重量时使用，需要增加 0.5～1 个挥杆重量时，一般建议在 AB 胶内加入铅粉，适当增加用胶量，以增加挥杆重量。

六、高尔夫工坊技师职业等级划分及职业精神

（一）高尔夫工坊技师职业的定义

高尔夫工坊技师是指使用设备工具和测试仪器，为高尔夫球手定制装配及维修高尔夫球杆的专业技术人员。

（二）高尔夫工坊技师的职业技能等级

高尔夫工坊技师共设三个等级，分别为初级维修技师、中级维修定制技师、高级测试定制技师（图 5-2-10）。

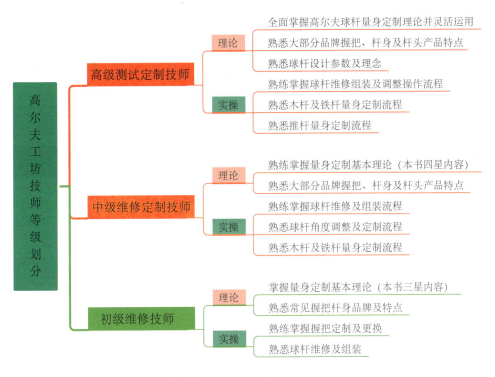

图 15-2-10 高尔夫工坊技师等级划分

（三）高尔夫工坊技师的职业守则

①遵纪守法，爱岗敬业。

②严格执行操作规范和安全操作规程。

③爱护设备及工具，保持工坊间整洁。

④实事求是，在产品功能上不夸大其词。

⑤不断学习提高，用理论武装头脑，指导实践，并在实践的过程中逐步提升。

（四）高尔夫工坊技师的工匠精神

高尔夫工坊技师的工匠精神，是职业道德、职业能力、职业品质的体现，是从业者的一种职业价值取向和行为表现。工匠精神就是追求卓越的创造精神、精益求精的品质精神、用户至上的服务精神。高尔夫工坊技师的工匠精神基本内涵包括敬业、精益、专注、创新等方面的内容。

落在个人层面，高尔夫工坊技师的工匠精神就是一种认真精神、敬业精神。其核心不仅仅是把工作当作养家糊口的工具，而是树立对职业的敬畏、对工作的执着、对产品负责的态度。高尔夫工坊技师作为球手与球杆选择搭配的桥梁，既需要懂得量身定制的基础理论知识，又需要了解不同产品之间的差异。这也就对高尔夫工坊技师的工匠精神提出了更高的要求。

第十六章 握把定制及更换组装流程

第一节 挥杆握把定制及更换组装操作流程

难度系数：★★★

一、挥杆握把定制及更换组装流程

挥杆握把定制及更换组装流程如图 16-1-1 所示。

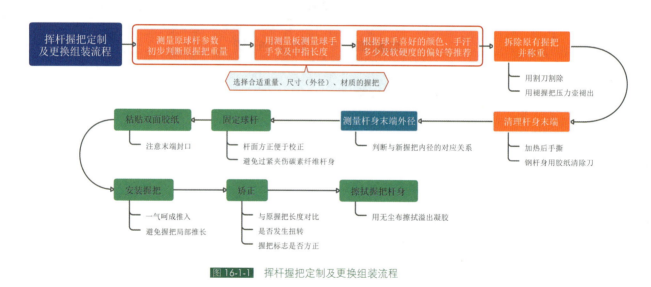

图 16-1-1 挥杆握把定制及更换组装流程

（一）挥杆握把的定制流程

1. 测量原球杆参数

测量原球杆的挥杆重量、握把外径尺寸并详细记录在“握把更换定制记录单”（图 16-1-2）上，作为选择握把款式型号的参考及更换后的对比。

GOLF ENERGY
#Professional Tools

RE-GRIPING FITTING CHART
握把更换定制记录单

日期Date: ____/____/____

客户名称
Customer Name: ____________

电话
Phone: ____________

Glove Size 手套号数: ________

Hand Measurement 手掌尺寸: ________

Middle Finger Measurement 中指尺寸: ________

SPECIFICATION 数据	WOODS & IRONS 挥杆握把 PREVIOUS 原有握把	WOODS & IRONS 挥杆握把 NEW 新握把	PUTTER 推杆握把 PREVIOUS 原有握把	PUTTER 推杆握把 NEW 新握把
SwingWeight /挥重				
Grip Brand /品牌				
Grip Model /型号				
Grip Weight /重量	g	g	g	g
Grip Size /尺寸	+ Std.□ −	+ Std.□ −		
Amoun /数量				
Unit price /单价				
Total up /合计				
备注：				

图 16-1-2　握把更换定制记录单

2. 测量球手手掌及中指长度

使用手掌尺寸测量板测量手掌大小及中指尺寸，首先测量手掌长度，再测量中指长度，以较大尺寸为准，遵循“取大不取小”的原则。比如，测量手掌长度为 $7^{1/2}$ 英寸，对应的建议为标准尺寸，中指长度为 $3^{1/2}$ 英寸，对应的建议为加厚 1/64 英寸，最后安装握把时加厚 1/64 英寸会比较合适。

3. 挑选合适的握把

根据球手的手掌大小及基本确定的握把重量等参数，再根据球手对握把软硬度及防滑性能的要求来综合选择握把。一般建议年长者及青少年使用较软材质的握把。

4. 拆除原有握把并称重

用褪握把压力壶将握把完整褪出或用割刀割除，对未知型号的握把，无法预估该握把的重量，最好先完整褪出原有握把，称其重量后再做挑选。原有握把的重量也要做记录。

5. 清理杆身末端

去除杆身末端原有的双面胶纸，并清洁杆身。有些双面胶粘贴非常牢固，直接撕掉比较困难，可先用热风枪加热后再撕掉（图16-1-3），如果是钢杆身也可以选择用胶纸清除刀清除（图16-1-4），再用枪水擦拭干净。

图 16-1-3　用热风枪均匀加热后再撕掉胶纸　　　　图 16-1-4　用胶纸清除刀清除钢杆身上的胶纸

知识拓展

去除原有握把的方法

1. 使用褪握把压力壶褪掉握把的方法

在球杆夹具上固定球杆，注意调整夹具夹口大小，避免夹得过紧损伤碳素纤维杆身。将针头扎在握把帽下约 1.5 ～ 3 厘米处，要避免针头扎在握把生产的接缝处，以免造成握把开裂，针头先垂直扎入，扎到杆身时再沿着杆身斜向前扎入，一只手（左手）的大拇指抵住握把末端空隙（避免溶剂从空隙处喷出），同时食指压住针头。另一只手缓慢挤压压力壶，当握把内注入的溶剂膨胀至握把前端约 3 厘米处，停止挤压压力壶，开始松动握把，松动握把时避免扭动过大，尤其是较薄的纯橡胶握把，用力过大很容易使握把变形。当握把全部松动时，拔出针头，扭动握把末端，并迅速拔出握把。

固定球杆，将针头扎入握把

挤压压力壶

松动握把

拔出针头，扭动握把末端

拔出握把

2. 用握把割刀割除握把的方法

割除握把的基本姿势：右手横向抓握割刀，刀片刀口向外。左手握住握把端，左侧腋下夹住球杆，右手发力向外、向下割开握把。

如果是碳素纤维杆身，需要先在握把前端割开一个小口，将割开处翻开，刀片与杆身平行放置，左手用力固定好球杆，右手用力向下割开握把，割刀末端要高于杆身平面。注意握把割刀的用力方向，避免向下割伤碳素纤维杆身。此种割除握把的方式要注意右手边及前面不要有人，以免伤到其他人。

割除握把的基本姿势

在握把前端割开一个小口

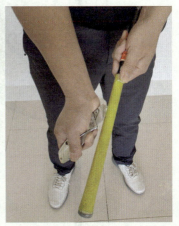
向下割开握把

6. 测量杆身末端外径

有经验的技师看到杆身的品牌和型号基本就能确定杆身的末端外径尺寸，如果无法确定，可以使用杆身末端测量尺或者游标卡尺测量（图 16-1-5），用以搭配合适的握把。对于有些竹节杆身或直管杆身，末端裁切较多会导致安装握把的位置较细，在安装握把前，需要先将下端分段加厚。

（二）挥杆握把组装流程

操作流程：固定球杆—粘贴双面胶纸（需要加厚的情况需先粘贴加厚胶纸再粘贴双面胶纸）—向握把内注入溶剂—胶纸上喷洒溶剂—安装握把—校正—擦拭。

图 16-1-5　杆身末端测量尺上设计的 V 形卡槽可以快速测量杆身末端外径尺寸

在夹具上固定好球杆，夹具夹在握把前方约 10 ~ 15 厘米处，铁杆杆面面沟线与球杆校正尺垂直方向线平行（图 16-1-6），这样在安装握把时，只要保证握把矫正点在正上方即可。木杆杆头因为有水平弧度，所以在固定时，要使木杆底部前缘弧线与校正尺垂直方向线相切（图 16-1-6 中）。但杆头体积为 460 立方厘米的一号木杆杆面一般会设计得关闭一些，所以在固定一号木杆时，杆面需要关闭一些，让杆面垂直中心线所在平面与校正尺垂直方向线平行。

如果是碳素纤维杆身或是轻量钢制杆身，固定时要注意调节夹具夹口的大小，避免夹得太紧而损坏杆身，只要杆身不滑动即可。

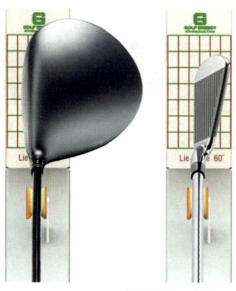

图 16-1-6　固定球杆

1. 粘贴胶纸

根据握把安装所需长度裁切双面胶纸，一般选取与握把同样长度的双面胶纸即可（需拉长握把的根据需要拉长），并将双面胶纸平整地粘贴在杆身上，贴胶纸时需在杆身末端多留出约1厘米，用手掌将双面胶纸先贴上一半，将双面胶纸外层撕下一半后，再将另一半贴上，并撕掉整个双面胶纸外层护纸（图16-1-7）。将多出的部分卷在一起后往杆身内推，用以堵住杆身末端。这样可避免雨水从握把帽孔洞流入杆身造成钢杆身内部生锈。

图 16-1-7　粘贴胶纸

2. 安装握把

向握把内挤入适量溶剂，双手堵住握把两端，上下摇晃握把，使握把内壁均沾附有溶剂，再将溶剂均匀地淋在双面胶纸上，握把口从侧面对准杆身套入，一气呵成，迅速将握把推入杆身，直至握把底部顶到杆身末端（图16-1-8）。

注意事项：正确迅速地直推到底，避免转动，避免杆身中心轴歪掉。

图 16-1-8　安装握把

3. 校正

确认握把长度是否安装正确。溶剂喷洒不够有可能造成握把长度推得不够，或者局部被拉长，因此，安装完后需要迅速拿一支同款握把来对比，以判断装好的握把长度是否与之一致（图 16-1-9），如果不一致，要迅速调整。校正时要确认握把上的几个校正点是否在正上方，并且在一条直线上，避免因左右手用力不均衡而扭转握把，并确认握把纹理线及品牌字母是否方正。

图 16-1-9　校正并对比长度

4. 擦拭

在无尘布上挤适量枪水，擦拭握把前端及末端溢出的凝胶（图 16-1-10）。擦拭时注意避免扭动握把。

①

②

图 16-1-10　擦拭

5. 放置待干

不同溶剂在不同的放置环境中，放置的时间也有所不同。如在常温通风的情况下，枪水放置约 10 ~ 20 分钟（含棉线握把比纯橡胶握把干得快）。一般握把帽空隙处还会有凝胶溢出，最后还需再检查擦拭一遍。

握把安装完成后的合格标准

①握把推到杆身底部。

②握把不产生扭转，校正点在一条直线上。

③握把长度不发生改变（需要拉长的除外）。

④握把及杆身上不残留凝胶。

二、改变挥杆握把安装后外径规格尺寸的方法

握把安装后，将外径变细或变粗的方法如图 16-1-11 所示。

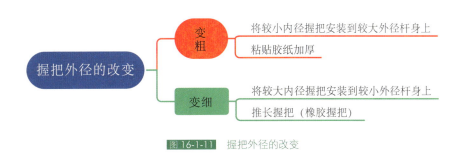

图 16-1-11　握把外径的改变

（一）安装后握把外径变细

1. 方式一：拉长握把

全橡胶握把可以通过安装时拉长来达到减小握把外径的目的，如需变细 1/64 英寸，可将橡胶握把拉长 3/4 英寸。但在安装时要注意均匀地拉长握把，避免只有握把前端被局部拉长。在粘贴双面胶纸时，要注意加长胶纸。此种方法仅限纯橡胶握把使用，并且拉长的范围有限。

2. 方式二：较大内径的握把装到较小外径的杆身上

根据握把内径尺寸与杆身外径尺寸的对应关系来调整安装后握把的外径尺寸（表 16-1）。我们将较大内径（如 M60）的握把装到较小外径（如 0.58 英寸）的杆身上，这样安装后的握把外径尺寸较相对应安装（M60 的握把对应 0.60 英寸外径的杆身）的握把小 0.02 英寸。但这种操作方法要避免握把内径与杆身外径尺寸相差过大，以免造成握把安装不牢固。

表 16-1　较大握把内径与较细杆身末端外径组合关系对照表				
杆身外径尺寸	握把内径尺寸			
	M56	M58	M60	M62
0.56 in（14.2 mm）	标准	外径细 0.02 in	外径细 0.04 in	—
0.58 in（14.7 mm）		标准	外径细 0.02 in	外径细 0.04 in
0.60 in（15.2 mm）			标准	外径细 0.02 in
0.62 in（15.7 mm）				标准

（二）安装后握把外径变粗

1. 方式一：粘贴加厚胶纸

在需要加厚握把时，先要了解你所使用的双面胶纸和加厚胶纸厚度，以及贴胶的方式。目前市场上最常见的双面胶纸厚度为 0.007 英寸（0.17 毫米），粘合握把的一张双面胶纸重约 2.2 克，长度 27 厘米。

计算好加厚胶纸的层数，先在杆身上粘贴好加厚胶纸，加厚胶纸在粘贴时与杆身末端齐平即可，再粘贴双面胶纸，末端预留封住杆身末端的部分，最后安装握把。

通常所用的厚型双面胶纸厚度约为 0.007 英寸，单层加厚胶纸厚度约为 0.004 英寸（图 16-1-12）。

厚型双面胶纸厚度　　　　　　　　　单层加厚胶纸厚度

图 16-1-12　厚型双面胶纸和单层加厚胶纸厚度

由表 16-2 可知，如果需要加厚 1/64 英寸，约需用 2 层加厚胶纸；如需加厚 1/32 英寸，约需 3 层加厚胶纸；加厚 1/16 英寸，约需 6 层加厚胶纸。但一般并不建议使用 5 层以上加厚胶纸，如果手掌较大最好更换加粗的握把。

表 16-2　加厚胶纸层数与外径尺寸变化对应表			
胶纸层数	加厚胶纸厚度	外径尺寸增加	对应关系
1	0.004 in	0.008 in	—
2	0.008 in	0.016 in	1/64 in
3	0.012 in	0.024 in	—
4	0.016 in	0.032 in	1/32 in
5	0.020 in	0.040 in	—
6	0.030 in	0.060 in	1/16 in

2. 方式二：较小内径的握把装到较大外径的杆身上

此方式与握把外径变细的方式相反。同样以标准尺寸握把为例，将较小内径（如 M58）的握把装到较大外径（如 0.60 英寸）的杆身上，这样安装后的握把外径尺寸较相对应安装（M60 的握把对应 0.60 英寸外径的杆身）的握把粗 0.02 英寸（表 16-3）。如果握把过细，安装不方便的话可使用握把扩张器。注意，含棉线的握把较难扩张。

表 16-3　较细握把内径与较粗杆身末端外径组合关系对照表

杆身外径尺寸	握把内径尺寸			
	M56	M58	M60	M62
0.56 in（14.2 mm）	标准			
0.58 in（14.7 mm）	外径增大 0.02 in	标准		
0.60 in（15.2 mm）	外径增大 0.04 in	外径增大 0.02 in	标准	
0.62 in（15.7 mm）	——	外径增大 0.04 in	外径增大 0.02 in	标准

三、握把扩张器的操作流程

握把扩张器的作用主要是协助技师将握把口套住加粗的杆身末端，便于握把装入。

具体操作流程如下：

第一步：固定球杆，粘贴加厚胶纸（图 16-1-13）。选取比握把短一个握把帽（约 5 毫米）或更短的加厚胶纸，粘贴于杆身上，杆身末端不封口，或根据加厚位置的需要，裁切相应长度的加厚胶纸，粘贴到需要加厚的位置。根据所用的加厚胶纸层数粘贴，第二张加厚胶纸要粘贴在第一张的接缝重叠处，以此类推。

图 16-1-13　固定球杆，粘贴加厚胶纸

第二步：粘贴双面胶纸（图 16-1-14）。粘贴握把双面胶纸，选取与握把同样长度的双面胶纸，在杆身末端预留长度，并用其封住杆身末端。

图 16-1-14　粘贴双面胶纸

第三步：喷洒溶剂（图16-1-15）。在握把内挤入溶剂并将溶剂喷洒在胶纸上。

第四步：安装握把（图16-1-16）。将握把口插入扩张器前端，并迅速从扩张器口处插到杆身末端，套入握把前端大约10厘米后，迅速褪出扩张器，并迅速将握把推入装好。

第五步：校正和擦拭。继续推入握把并校正，待溶剂挥发后，将握把及杆身擦拭干净。

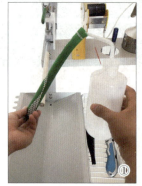

图 16-1-15　喷洒溶剂

图 16-1-16　安装握把

第二节　推杆握把定制及更换组装流程

难度系数：★★★

推杆握把在外形上与挥杆握把有所不同，除了长型 Belly 推杆握把外，推杆握把的横截面大都不是圆形，都至少有一个平面（一般情况下安装推杆握把时平面与杆面设定的推击线平行。平面能帮助球手在推杆时固定手的位置，以便更准确地瞄球。推杆握把相比于挥杆握把更粗一些，这是因为适当粗一些的握把能有效减少球手推杆时手腕的多余动作，也会使球手握杆时更放松，放松的手腕能降低无意识的杆面旋转，提高方向的稳定性。当然，推杆握把也不是越粗越好，过粗的推杆握把会减少杆头的重量感和反馈感，使距离控制降低。所以推杆握把的粗细是选择时最为重要的因素。

一、推杆握把定制的重点参数

推杆握把定制参数主要有材质、外径、外形和重量（图 16-2-1）。

触感主要受握把表面材质和表面纹理设计的影响。推杆握把的材质也经历了从纯皮到橡胶再到 PU 的发展过程。目前推杆握把表面材质使用率最高的是 PU，其次是橡胶，纯皮的推杆握把已经不常见了，这主要是因为纯皮握把的价格较高，制造难度相对较大，重量不好控制，耐用性也不高，所以已经慢慢被市场淘汰。橡胶握把主要是重量无法降低，尤其是较粗的橡胶推杆握把；在触感上，橡胶握把也没有 PU 表面材质握把细腻。

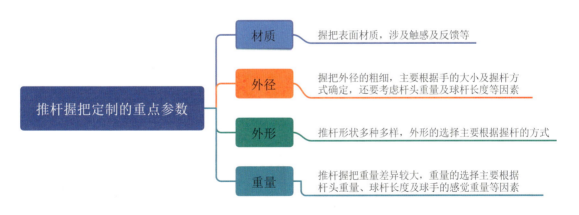

图 16-2-1　推杆握把定制的重点参数

因为推杆握把的粗细、形状、材质差别非常大，所以导致推杆握把的重量差异也非常大，最轻的推杆握把不到 50 克，最重的推杆握把有 200 多克，握把的重量不仅影响球杆的总体重量，还影响球手用推杆击球时对杆头重量的感觉和击球阶段的反馈。

推杆握把选择的注意事项

①较小、较窄的一字形或 L 形推杆不适合太粗的握把。

②市场上的成品推杆对大部分球手而言都有些过长，可以在更换握把时为客户定制推杆长度。

③握杆时两手相对位置越近，选择的握把可以越粗，或者选择平面较大的握把，还要考虑推杆的整体平衡重量。

二、褪掉推杆握把的流程及注意事项

下面我们示范用褪握把压力壶褪掉推杆握把。一般来说，橡胶推杆握把比较容易褪掉，PU 表面材质握把因为有内管，所以褪起来比较困难，尤其是较粗的推杆握把。双层 PU 表面材质握把或纯皮握把需要特别注意，确保将针头一次扎到杆身位置，纯皮推杆握把末端一般都有缝合线，可以选择缝合线的位置扎入内管直到杆身，并且针头要沿着杆身向前多扎入一些，尽量避免将溶剂打入皮质与内管的粘贴层。

在握把换装台上固定好推杆，通过褪握把压力壶来褪掉推杆握把，针扎点选择在握把帽前端 3 厘米左右的位置，横向直接扎到杆身后将针头沿着杆身向前扎入一点既可（图 16-2-2 ①）。左手大拇指压住握把帽孔，食指压住针头，右手迅速挤压压力壶向握把内压入溶剂（图 16-2-2 ②）。

观察握把内打入的溶剂量，右手迅速扭转握把，扭转不动时可继续向握把内打入溶剂，直至将握把全部扭动（图 16-2-2 ③）。拔掉针头，将握把迅速拔出（图 16-2-2 ④）。

①固定握把，把针头扎入握把

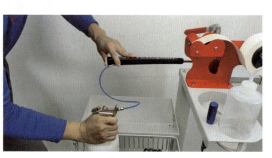
②压入溶液

③扭转握把

④将握把拔出

图 16-2-2　褪掉推杆握把流程

三、推杆握把组装流程

操作流程：固定推杆—确定推杆握把安装深度—粘贴胶纸—向握把内注入溶剂—向胶纸上淋溶剂—安装握把—校正—擦拭。

在握把换装台上固定推杆，推杆方向指示线与校正尺水平线平行（图 16-2-3 ①）。如果推杆上没有方向指示线则确保杆面与校正尺垂直线平行即可。确定推杆安装深度，尤其是握把末端有配重的推杆，配重会占据一定的厚度，如果胶纸粘贴过长，安装完握把后会有一部分胶纸留在外侧，处理起来比较麻烦，所以需要在安装前确定好握把的安装深度，可以用记号笔在前端做好标记，粘贴握把时从标记线向下粘贴（图 16-2-3 ②③）。

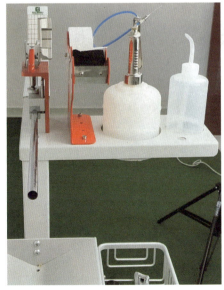
①固定推杆

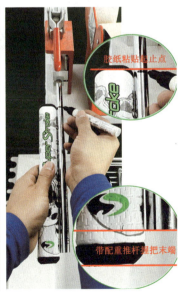
胶纸粘贴起止点
带配重推杆握把末端
②确定推杆握把安装深度

③粘贴胶纸

④向握把内注入溶剂

⑤上下晃动使握把内壁附着溶剂

⑥向胶纸上淋溶剂

⑦装入推杆握把

⑧校正

⑨擦试

图 16-2-3　推杆握把组装流程

一手堵住握把末端孔，向握把内注入溶剂，另一手堵住握把口，并上下晃动握把，使握把内壁均匀地附着溶剂（图16-2-3④⑤）。

向胶纸上淋溶剂，可用右手大拇指堵住上方握把口以控制溶剂流速（图16-2-3⑥）。迅速装入推杆握把（图16-2-3⑦），因为推杆握把大多比挥杆握把粗，且有内管的推杆握把比橡胶握把更硬一些，可采用一只手的大拇指堵住握把末端孔洞的方式，这样就使握把内的空气通过与杆身接触的前端被挤出，更方便安装，也可以防止溶剂从握把末端孔喷出溅到衣服上。

最后，需要校正并擦拭握把。推杆安装完后的校正是比较重要的，因为推杆握把大多有个平面，安装完后要确保这个平面的水平，且推杆握把平面与杆头方向指示线平行，或者握把平面与杆头杆面垂直（图16-2-3⑧）。校正完成后，将握把擦拭干净（图16-2-3⑨）

小 贴 士

　　如果杆身锥度较大，握把安装范围内前端较细，可以先在较细的前端分层次地粘贴几层胶纸，使握把安装的长度范围内前后端粗细较为一致，再粘贴最后一层胶纸安装握把。与挥杆握把胶纸粘贴方式一样，选取与推杆长度一样的胶纸裁切，粘贴时后方预留堵住杆身末端的部分。

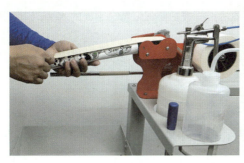

四、确定推杆握把安装深度的方法

　　确定握把推杆安装深度的方法：将杆身细端插入握把，测试杆身安装深度，杆身前端要沿着握把内壁向内推进（图16-2-4）。

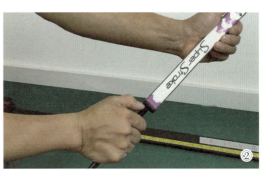

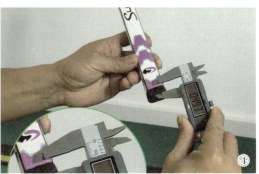

图 16-2-4　确定推杆握把安装深度

五、推杆握把安装注意事项

（1）注意推杆握把口径与杆身末端尺寸的对应关系，市场上常见的推杆握把口径以 M58R 居多，在安装时需要注意推杆杆身的口径，如果推杆杆身的口径较小，需要加粗后再安装。

（2）固定推杆时，推杆杆面要与握把安装校正尺水平线垂直，也就是推杆方向指示线与校正尺水平线平行。

（3）推杆握把安装完成后进行校正时，有平面的推杆握把要保证整个平面的水平，避免扭曲，尤其是较软的橡胶推杆握把。

（4）粘贴胶纸时，如果是末端有配重的推杆握把，需要先确定握把的安装深度，避免胶纸粘贴过长。

（5）有些推杆杆身在裁短后杆身变细的锥度较大，在握把安装范围内靠近杆头端的杆身较细，需要先将较细的部分粘贴胶纸加厚，使在推杆握把的安装范围内的杆身粗细相同后再安装握把。

第十七章　杆头杆身分离流程

第一节　杆头杆身分离所需设备及一般性操作流程

难度系数：★ ★ ★

杆头杆身是通过 AB 胶固定到一起的，杆头杆身分离原理是通过加热杆头杆身连接处（杆颈），使粘连杆头杆身的 AB 胶失效，然后用分离器将杆头杆身分离的。

知 识 拓 展

AB 胶

AB 胶是以环氧树脂为主体制得的胶粘剂（A 胶）和固化剂（B 胶），所以环氧树脂胶是双组份，需二者混合使用。AB 胶主要用于金属与金属、陶瓷与金属、陶瓷与陶瓷等部件的粘接。高尔夫球杆的杆头和杆身都是使用 AB 胶连接的。

AB 胶的耐受温度：一般为 -45 ℃～ +120 ℃。

AB 胶的存放：必须密封保存在阴凉通风处，避免高温或者太阳光直射。

AB 胶混合比例：AB 胶的混合比例较多，常见的有 1:1、2:1、5:4 等，这个比例指体积比，高尔夫球杆的杆头杆身连接用胶大多选用 1:1 比例，这样便于技师的操作。

AB 胶的固化时间：一般 AB 胶标识的固化时间是指可操作的时间，比如 5 分钟型的 AB 胶指常温情况下，配比调匀后操作时间要控制在 5 分钟以内；30 分钟型的 AB 胶指配比调匀后可操作的时间是 30 分钟，超过这个时间胶水就会开始固化。AB 胶大多要在 24 小时以上才能达到固化的最大强度。以上所指的固化时间都是在常温（约25℃）的情况下。温度对 AB 胶固化时间影响较大，温度升高则固化时间缩短，温度降低则固化时间延长，但温度过高会损坏胶水性质，且无法恢复。

一、杆头杆身分离所需设备简介

杆头杆身分离需要的设备包括杆头杆身分离器、热风枪、小火枪、胶环破坏器、斜口钳等（图 17-1-1）。

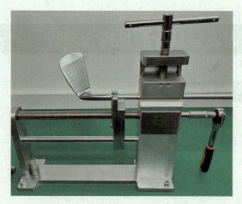

杆头杆身分离器

杆头杆身分离器的使用原理是通过其一侧的夹具将杆身夹紧固定，另一侧的卡片固定杆头颈部，通过转动扳手将固定卡片的滑块向杆身的反方向拉动，最终将杆头杆身分离。使用杆头杆身分离器的好处是分离滑块沿着杆身的延长线直线运动，这样可以保证不损坏杆身，尤其是碳素纤维杆身。碳素纤维杆身在加热后如果产生扭转很容易折断。

胶环破坏器

胶环破坏器主要是去除碳素纤维杆身胶环时使用，比较安全，可避免损坏碳素纤维杆身。胶环破坏器是通过 U 型槽卡在杆身上，再通过杆头杆身分离器将破坏器锋利的斜面压入并切开胶环的。

小火枪

以丁烷气（普通打火机使用气体）为燃烧介质的小火枪最高温度可达 1300℃，可短时间迅速加热杆颈，使 AB 胶失效，所以在使用小火枪加热杆颈时，只可用于铁杆杆头及钢杆身，有烤漆的木杆杆头和碳素纤维杆身均禁止使用小火枪加热。注意要均匀加热杆颈，避免局部长时间加热烧坏铁杆杆颈，使杆颈因高温而变色。

热风枪

工坊使用的热风枪功率一般为 1800～2000 瓦，加热的最高温度可达 600℃，足以使 AB 胶失效。热风枪最好选择可调节温度的款型，这样可在不同的情况下使用。

斜口钳

斜口钳主要用于钢杆身胶环的去除，用于去除碳素纤维杆身胶环时，要避免伤及碳素纤维杆身的烤漆。

图 17-1-1 杆身杆头分离所需设备

二、杆头杆身分离流程

操作流程：去除胶环—固定球杆—加热杆颈—分离杆头杆身—清理杆颈内残留的凝胶。

（一）去除胶环

一手握住杆头，一手用斜口钳夹住约一半胶环（图 17-1-2），也可先用热风枪均匀加热胶环后再使用斜口钳，这样会更容易夹除胶环。分离碳素纤维杆身时要特别小心避免夹伤杆身。

图 17-1-2　用斜口钳去除胶环

（二）固定球杆

在杆头杆身分离器上固定好球杆，避免夹得过紧而损坏杆身，尤其是碳素纤维杆身和超轻钢杆身，杆头趾部朝上，选好卡片口径尺寸，放于颈部后端，转动分离器扳手夹紧卡片，使其固定（图 17-1-3）。

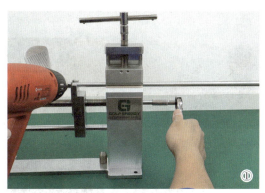

图 17-1-3　固定球杆

（三）加热杆颈，分离杆头杆身

固定好球杆后，用热风枪均匀加热杆颈，并用力转动分离扳手，当杆头和杆身开始松动时即可停止加热，并迅速转动扳手，使杆头和杆身彻底分离（图 17-1-4）。杆头和杆身开始松动时，如果是碳素纤维杆身，要避免通过扭转杆头使其分离，否则容易造成碳素纤维杆身前端的损坏。

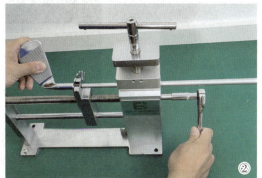

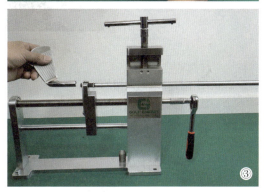

图 17-1-4　分离杆头杆身

（四）清理杆颈内残留的凝胶

需要用到的工具及耗材：手电钻或台钻、钻头、铣刀、铰刀、不锈钢刷、钢丝棉。

1.清理铁杆杆颈内残留的凝胶

杆头取下后，需用手电钻或台钻清理杆颈内残留的凝胶，选取与杆颈口径相吻合的钻头或铣刀，固定在手电钻或台钻上。一只手握紧杆头，另一只手控制电钻转速，清理掉杆颈内的凝胶（图17-1-5）。若杆颈内留有配重，如果是配重铅钉，可直接用钻头轻松打掉，但如果是配重铜钉，用较粗的钻头直接打掉较为困难，可选择先用热风枪对着颈口充分加热后，先用细的钻头，如4毫米钻头，从配重中间的孔洞处打入，一般情况下铜钉会在钻头打入后顺利转出，如果未能转出，可继续增加钻头外径直至将配重转出。

图 17-1-5　选择合适的钻头清理杆颈内残留的凝胶

2.清理木杆杆颈内残留的凝胶

大部分木杆杆颈底部都有一个垫片，有金属垫片也有塑料垫片，用于堵住杆颈内的孔洞，以免在安装杆身时 AB 胶流入杆头内部，所以在清理木杆杆颈内残留的凝胶时需要用平头铰刀，这样可以避免损坏杆颈底部的垫片。但铰刀只能清理杆颈壁上的凝胶，如果杆颈底部有凝胶的话还需要用到铣刀或者钻头。在使用铰刀或钻头时要非常注意，避免电钻转速太快。

木杆杆颈垫片及留孔洞的原因

木杆杆颈垫片一般有 0.335（一号木杆）、
0.350（球道木杆）和 0.370（铁木杆）三种规格。

木杆杆颈留有孔洞的原因：因木杆杆头大

木杆杆颈垫片

多由几个组成部分焊接而成，所以必须留一个气孔，以确保焊接工作的完成，一般木杆杆头的孔洞都在杆颈内，也有一些品牌杆头的孔洞不在杆颈内，而是在杆头跟部，最后用小胶塞塞住。

另外，木杆杆头在焊接完成后需要向杆头内注入一些不干胶，目的是粘住一些掉落的金属粉屑，避免在打球时产生杂音。

杆头杆身分离注意事项

①固定球杆时，避免过紧夹伤杆身，尤其是碳素纤维杆身。

②注意杆头材质，避免高温损坏杆头。

③避免长时间局部加热损坏木杆杆头烤漆。

④碳素纤维杆身在分离时，禁止在未充分分离前扭转杆头，以免损坏碳素纤维杆身。

三、可调节的杆颈套管与杆身分离的方法

目前市场上越来越多的木杆使用可调节的杆颈套管（图 17-1-6），杆头和杆身通过一个合金套管进行连接，再通过螺丝进行锁紧固定。分离这类球杆的杆身，需要先将杆头拆下，用套管与杆头杆身分离器固定，通过加热套管来将套管与杆身分离。

图 17-1-6　常见的杆颈套管类型（杆颈套管对应的螺丝有 M4、M5 和 M6 三种尺寸）

拆掉杆头，在杆颈套管上拧上对应的螺丝，然后将杆身固定在杆头杆身分离器上，再将螺丝帽卡到杆头杆身分离器的螺丝通用卡槽位上（图17-1-7）。

合金套管相对更薄，所以稍稍加热即可轻易与杆身分离（图17-1-8）。注意避免因过热造成铝合金套管表面氧化层脱落，这会影响使用。套管松动后迅速转动棘轮扳手直到套管与杆身完全分离（图17-1-9）。

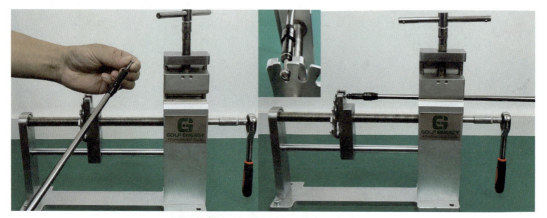

图 17-1-7　将杆身固定在杆头杆身分离器上

图 17-1-8　加热

图 17-1-9　分离套管与杆身

四、推杆杆头杆身分离的方法

推杆杆颈外形较多，尤其是杆身靠近杆头的连接部分，有些推杆杆身是直的，有些推杆杆身是弯曲的（图17-1-10），杆颈部分弯曲的推杆无法在杆头杆身分离器上正常地固定并分离。推杆不会向铁杆那样被用于发力挥杆击球，所以杆头与杆身的连接部分大多较短（0.5～1.0英寸），这使分离推杆杆头杆身也相对更加容易。大部分推杆都可以不使用杆头杆身分离器来分离，推杆大多是较重的钢杆身，可直接用热风枪或小火枪加热杆身和杆头连接部位，然后直接将杆身或杆头扭转分离，但如果是碳素纤维杆身的话就必须通过杆头杆身分离器来分离。近几年很多品牌推出了碳素纤维杆身的推杆，碳素纤维推杆杆身都是直的，都可以使用杆头杆身分离器来分离。

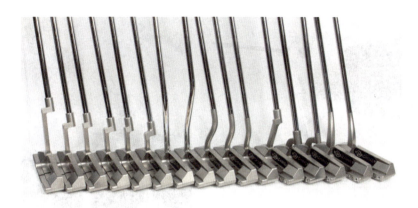

图 17-1-10　不同的推杆杆颈外形

母杆身与子杆身

根据杆身与杆颈连接的方式可将推杆杆身分为母杆身和子杆身。母杆身指杆头杆颈插入杆身内部的杆身，子杆身指杆身插入杆颈孔内的杆身。母杆身前端外径尺寸一般为10毫米，子杆身前端外径尺寸一般为9毫米。

母杆身：杆头杆颈插入杆身内部　　　　　　　子杆身：杆身插入杆颈孔内

分离操作方法如图 17-1-11 所示。

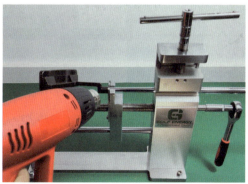

①将推杆固定在杆头杆身分离器上，用卡槽卡住杆颈，用热风枪加热杆头杆身连接处，开始松动时，一手把住杆头，避免掉落磕伤，另一手转动棘轮扳手进行分离。

②钢杆身推杆也可以采用直接加热杆颈后，扭转
杆头杆身使之分离的方式。

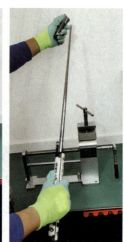

图 17-1-11　推杆杆头杆身分离操作方法

小　贴　士

推杆杆头杆身分离注意事项

　　在分离推杆杆身时，要特别注意推杆杆头及杆面的材质，有些推杆杆头有烤漆则
加热时温度不宜过高，高温容易造成烤漆变色；有些推杆杆面是软性材质的，高温很
容易使杆面变形，一旦杆面受热变形将无法使用，因此，在分离这类推杆杆头杆身时，
一定要避免加热到杆面，尤其是杆头与杆身连接部位非常靠近杆面的推杆更要小心这
一点。

杆头有烤漆的推杆　　　　　　　　　　杆颈非常靠近杆面，且杆面为软性材质的杆头

第二节 特殊材质及特殊情况的处理方法

难度系数：★★★★

一、复合材质杆头杆身分离的方法

很多品牌为了设计出更低重心的杆头，或者能为杆头重量的分布提供更多可能，一号木杆杆头冠部采用轻量的碳素纤维，甚至杆头底部的部分区域也采用轻量的碳素纤维，以达到想要的重量分布特征。而这些碳素纤维与杆头本体所用钛合金是通过特殊的胶水粘合到一起的，对高温的耐受度不高，所以

图 17-2-1 冠部采用碳素纤维的杆头

在分离这类复合式杆头时要特别注意。好在目前新款的杆头一般都采用了可调节的杆颈套管，可直接将杆头拆掉后再进行分离（图 17-2-1）。但一些老款的复合式杆头无可拆卸的套管，这样在分离时就要采用保护杆头的特别方法。

杆颈有长有短，较长的杆颈分离时会比较安全，较短的杆颈杆身插入杆头内部，分离起来危险性更大，为了防止高温使复合材质部分和杆头本体金属部分材质爆开，在分离时需要用湿毛巾包裹杆头顶盖及底部复合材质粘合的部分，再使用热风枪加热杆头杆颈来进行分离。

复合材质杆头杆身分离方法如图 17-2-2 所示。

①将球杆固定在杆头杆身分离器上，先用胶环破坏器去除胶环。

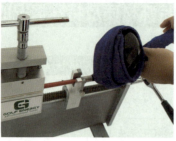

②用湿布包裹杆头复合材质部分，避免加热到杆头复合材质与杆面的粘合处。

③用热风枪吹杆头颈部与杆身连接处，加热的同时转动扳手，当松动时停止加热，一手把住杆头，另一手继续转动扳手，直至杆头杆身分离。

图 17-2-2　复合材质杆头杆身分离的方法

二、钢杆身断杆分离器的使用方法

断杆分离器的作用是将加长丝锥拧入断裂的杆身内部，继而代替杆身固定在杆头杆身分离器上，再加热分离出断杆。

如果球杆杆身在靠近杆头杆颈孔的位置处断裂（图 17-2-3，这也是杆身较为常见的断裂位置），断裂后所剩的杆身就无法使用杆头杆身分离器固定。如果是钢杆身，且断裂的位置偏上，留有钳子可夹住的部分，可先用热风枪加热杆颈，使 AB 胶失效后用钳子夹紧，再用力旋转拔出断杆。最好将杆头固定在台钳上，以免烫伤。如果断裂的部分所剩较短，钳子无法夹住，就需要使用断杆分离器将其拔出。将断杆分离器的丝锥拧入断裂的杆身内部，再使用杆头杆身分离器将断杆拔出（图 17-2-4）。

图 17-2-3　在靠近杆头杆颈孔处断裂

图 17-2-4　断裂部分所剩较短可使用断杆分离器

在加热断杆的杆颈时，严禁将杆颈口对着人，以免杆颈内空气受热膨胀喷出断裂的杆身或凝胶伤人。如果是铁杆，可选用小火枪直接对着断裂的杆身处加热，这样可迅速使 AB 胶失效，然后再用钳子用力旋转拔出杆身。

钢杆身在杆头颈部断裂，如果断裂的杆身内有凝胶或配重时，需要先判断杆身内是否有足够的空间可以拧入丝锥，如果可以拧入则无须处理，如果没有空间则需要先清理杆身内的凝胶或配重。建议先加热再使用钻头打掉杆身内的凝胶或配重。

具体操作流程如下：加热杆颈—选择合适的钻头（一般为 5 毫米或 6 毫米的钻头）—清理杆身内的凝胶—用杆头夹具固定杆头—拧入断杆分离器的丝锥—在杆头杆身分离器上固定—加热杆颈—分离杆头杆身—清理杆颈（图 17-2-5）。

①直接加热杆颈，待 AB 胶失效后将断杆分离器的丝锥拧入断杆内。

②很多时候断杆已经松动，可以直接将断杆拧出。

③如果杆头加热得较热，且手拧断杆不松动，可以将杆头固定在台虎钳上再拧入丝锥。

④去掉棘轮扳手。　⑤在杆头杆身分离器上固定，加热杆头杆颈，分离杆头杆身。

⑥丝锥上的断杆身用钳子反向用力旋转拔出即可。

图 17-2-5　钢杆身断杆分离的方法

三、胶环脱胶处理及完整保留胶环的技巧

（一）胶环脱胶的处理方法

如果球杆的胶环脱离杆颈（图 17-2-6），首先要注意区分是胶环脱胶还是杆头脱胶。判断方法：一手握住杆头，一手握住握把，反方向用力扭转，若无法扭动，即说明是胶环脱胶。

有些品牌的套杆球杆，因为是成批组装而成，安装胶环时并不涂抹 AB 胶，所以在长时间击打后，胶环很容易脱离杆头颈部，一般的处理方法如图 17-2-7 所示。

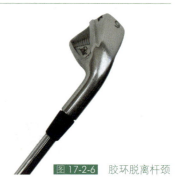

图 17-2-6　胶环脱离杆颈

①用杆头杆身分离器（或握把杆身夹具）的橡胶垫紧紧夹住胶环，扭转杆头使胶环与杆颈分离得更远，一般分离到与该款胶环的长度相似即可。

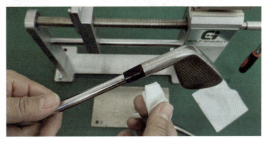

②在胶环与杆颈之间的杆身上涂抹 AB 胶，再用夹具夹紧胶环，用同样的方法转动杆头使胶环靠近杆颈，直至完全贴合，再用湿布擦拭溢出的 AB 胶，放置待干即可。

> 注： · 如果胶环过紧，可先用热风枪微微加热胶环，加热温度控制在 100 ℃ 以内，以免烧坏胶环，旋转球杆均匀加热胶环。如果胶环过热，在夹胶环时会造成胶环变形，所以要控制好加热温度。
> · 若有锈迹可以先用除锈剂擦拭，再用枪水擦掉除锈剂，最后涂抹 AB 胶。

图 17-2-7　胶环脱胶的处理方法

（二）完整保留胶环的方法

如果在球杆组装时，胶环处没有涂抹 AB 胶，胶环一般可完整保留。

1. 钢杆身球杆保留胶环的方法

如果是钢杆身，可以直接加热杆颈，注意避开胶环。加热一段时间后，可以直接用手扭转将杆头和杆身分离，随后清理胶环前端的凝胶，再用杆头杆身分离器的橡胶垫夹住胶环，扭转握把端，胶环即可完整保留。

2. 碳素纤维杆身球杆保留胶环的方法

先用杆头杆身分离器的橡胶垫夹住胶环，或者用更换握把的夹具夹住胶环。用手转动杆头，看胶环是否松动扭转，如果能够转动胶环，可将杆头向反方向拉出，使胶环与杆头和杆颈分开一段距离，这段距离可使分离器的杆颈卡片卡入，以便分离杆头和杆身。将杆头和杆身分离后再褪下胶环，胶环即可完整保留（图 17-2-8）。

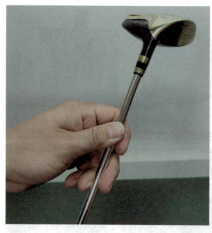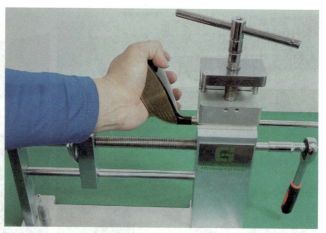

①用杆头杆身分离器的橡胶垫夹住胶环。

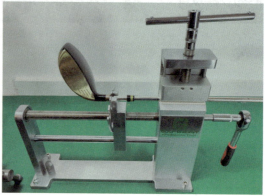

②扭转杆头的同时将杆头与胶环分开一段距离。　③固定球杆并分离杆头和杆身。

图 17-2-8　碳素纤维杆身球杆保留胶环的方法

第十八章　球杆组装操作流程

第一节　一号木杆、铁杆组及推杆组装操作流程

难度系数：★★★

一、一号木杆组装操作流程

这里通过一号木杆的安装流程来了解单支球杆的组装流程，以下是在杆头、杆身、握把以及安装的规格参数确定的情况下进行组装的流程介绍（图18-1-1）。

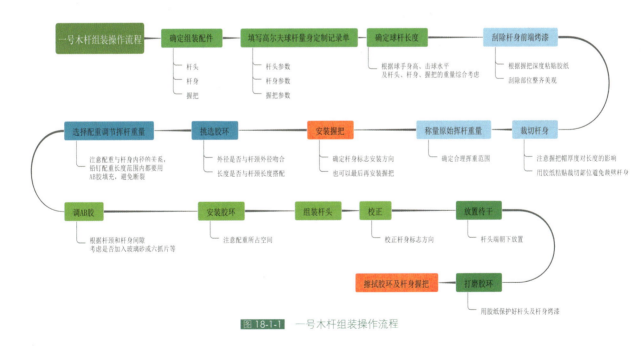

图 18-1-1　一号木杆组装操作流程

（一）确认杆头、杆身、握把及配件规格准确无误

确认杆头颈部内径与杆身前端口径尺寸是否符合、杆身是否可以插到杆颈底部、胶环与杆身及杆颈口径是否匹配、球杆所要安装长度等（图 18-1-2），并填写高尔夫球杆量身定制记录单（图 18-1-3）。

图 18-1-2　需要组装的杆头、杆身、握把及胶环

在记录单上填写需要组装的球杆配件的基本参数后，确定要安装的球杆长度，这里我们设定要安装的一号木杆长度是 46 英寸。

首先称量杆头、杆身及握把的重量（图 18-1-4）。

GOLF CLUB FITTING CHART
高尔夫球杆量身定制记录单

GOLF ENERGY #Professional Tools

日期：＿＿年＿月＿日

Name 姓名：王X	Sex：Male Female 性别：☑男 □女	Birthdate 出生日期：＿＿年＿月＿日	Age 年龄：＿yrs.	Hand Golfer RH/LH 惯用手：☑右 □左	Phone 电话：＿

Height 身高：178 cm　Wrist to Floor 手腕到地面高度：＿cm　Weight 体重：＿kg　Palm length 手掌长度：＿in.　Middle Finger Length 中指长度：＿in.　Foot Length 脚长：＿码

Handicap 差点：□0-9 □10-20 □21-30 □31以上 □初学　Average number 平均打球频率：＿次/月　Hand Grip Strength 左手握力：＿kg　右手握力：＿kg　运动伤痛：＿

Driver Head Speed □M/S □MPH □KM/H　Carry Distance 150yard 150码落点距离使用＿杆　Swing Rhythm 挥杆节奏：□快 □普通 □慢　挥杆释放：□集中 □均匀 □缓慢

一号木杆头速度：＿

技师建议：一号木杆杆身重量范围＿-＿g　一号木杆身硬度（　）（　）　铁杆杆身材质：□碳素 □钢制　铁杆杆身重量范围＿--＿g

CLUB SPECIFICATION 球杆数据	WOODS			UT	IRONS							WEDGES			PUTTER
	W1	W3	W5		#4	#5	#6	#7	#8	#9	#P				
Head Brand/杆头品牌	Iwaki														
Head Model/杆头型号	XV														
Head Weight/杆头重量	196g														
Loft Angle/杆面倾角	10.5°														
Lie Angle/杆底角	58°														
Shaft Model/杆身型号	FUBUK														
Weight&Flex/杆身重量硬度	50SR														
Grip Model/握把型号	WMCS														
Grip Weight/握把重量	50g														
Grip Size/握把尺寸	Std.☑ + ___ - ___			Std.□ + ___ - ___				Std.□ + ___ - ___				Std.□ + ___ - ___			
Club Length/球杆长度	46°														
组装前挥杆重量															
Swingweight/挥杆重量															
Total Weight/球杆总重															
CPM/震动频率															

Comment 备注：

Price 定制金额

Signature 技师签名

☆1mph=0.447m/s；☆1km/h=0.278m/s；☆1km/h=0.935mph

图 18-1-3　高尔夫球杆量身定制记录单（一号木杆）

图 18-1-4　称量杆头、杆身及握把的重量

（二）清理杆颈，刮除碳素纤维杆身前端烤漆

杆颈是为了使杆头与杆身更好地附着 AB 胶，更加稳固。

清理杆颈的方法：可使用与杆颈孔径相吻合的铰刀、不锈钢刷，也可使用较细的铰刀或钻头缠绕钢丝棉后清理杆颈内的凝胶或铁锈（图 18-1-5）。有些杆头的杆颈内会有螺纹丝锥，也是为了能更好地起到与 AB 胶固定的作用。

图 18-1-5　杆颈清理所需耗材

清理木杆杆颈时需要检查杆颈内是否有垫片，一般新的一号木杆杆头会安装有垫片。杆颈清理干净后，将要更换的杆身插入杆颈内。确认杆颈深度，在杆身插入深度位置做标记，用美工刀刮除烤漆（图 18-1-6）。

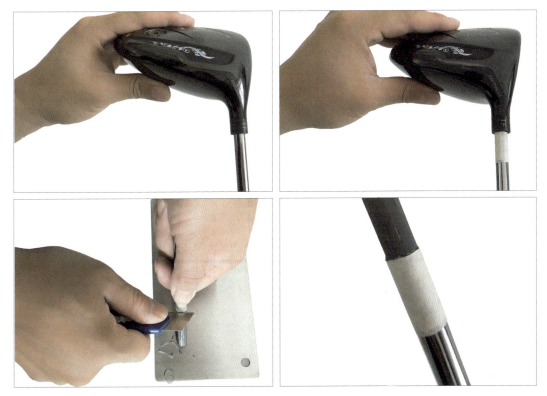

图 18-1-6　刮除碳素纤维杆身前端烤漆

碳素纤维杆身要在刮除烤漆以上部分贴上胶纸，然后用美工刀刮除杆身前端烤漆，这样刮掉的烤漆部分会比较整齐。注意刀片的用力方向，即刀片与杆身垂直向下刮（而不是向下切、削，图18-1-7），刮除烤漆即可，避免伤到杆身碳素纤维。一般一号木杆杆颈深度为 1.25 ~ 1.50 英寸，铁杆杆颈深度大多在 1.2 英寸左右。

钢杆身前端表面用砂纸打磨粗糙，以增加附着力。钢杆身前端打磨深度一般为 1 英寸，打磨时注意均匀转动杆身，转动方向与砂盘旋转方向相反。

图 18-1-7　正确与错误的刮除烤漆时的刀片方向

（三）根据设定的安装长度裁切杆身

将杆身插入杆颈内，量出需要的长度，在需要裁切的位置做记号后裁切，注意预留握把末端的厚度，大约 1/8 英寸，也就是英寸尺上的 2 个刻线长度（16 等分英寸尺，图18-1-8）。如球杆长 46 英寸，那么在裁切杆身时要多裁切 1/8 英寸，这样在安装握把后球杆的长度即为 46 英寸（图18-1-9）。

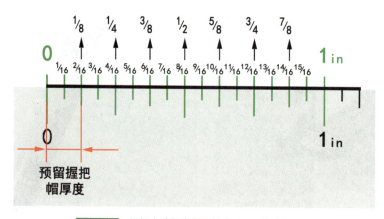

图 18-1-8　握把末端厚度预留长度（1/8 英寸）图示

图 18-1-9　安装后测量杆身长度为（46 英寸）

　　确定需要裁切的位置并粘贴胶纸，碳素纤维杆身要在裁切处粘贴两层胶纸（美纹胶纸或加厚胶纸均可），避免造成碳素纤维杆身切割处细小的劈裂（图 18-1-10）。

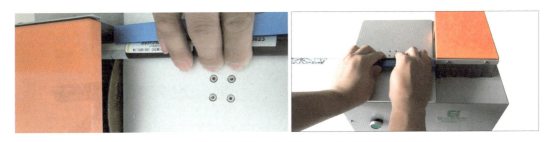

①先将裁切线对准切割片后再启动切割机，匀速向前推动切割杆身。

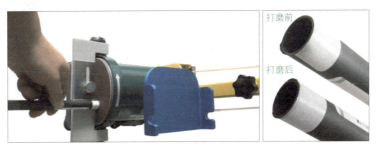

②切割机裁切的碳素纤维杆身一样会有毛边和不整齐的情况，用打磨机将其打磨整齐。

③再次将杆身装入杆头并测量长度，确认无误后进行下一步。

图 18-1-10　裁切杆身

（四）测量并确定安装球杆的原始挥杆重量

选择一支与要安装的球杆握把类似型号的握把，将其剪开，将握把套在杆身末端称量挥杆重量，注意握把套要套到底，要将杆身插到杆颈底部，再测量挥杆重量。若挥杆重量为 C9（图18-1-11），我们需要把挥重做到 D2，还需要增加 3 个挥杆重量。

此时也可以将握把直接安装到杆身上，然后在杆身前端添加配重，这样测量挥杆重量会更加准确。

注意：组装后的球杆挥杆重量是在这个环节确定的。确定裁切好球杆长度后，组装上握把（或者先套上相同重量的握把）初步判断要加多少克的配重。

虽然大多数挥重秤都有一个未安装握把时测量挥重的装置或卡位，但为了在组装时能更加准确地测量球杆的挥杆重量，这里还是建议技师将常用的握把从中间剪开（图18-1-12），用于组装时套在杆身末端称量挥杆重量，这样可以尽量减少误差。

剪开的握把比要安装的握把重约 1.5 克，双面胶纸的重量约 2 克，正好约等于安装完握把后的重量。若安装的球杆需要 D2 的挥杆重量，目前是 C9，就需增加 3 个挥杆重量，一号木杆杆头端约 1.8 克重量影响 1 个挥杆重量（详见第六章），3 个挥杆重量就是 5.4 克，胶环重量约 1.3 克（图18-1-13），需要再增加约 4 克的重量，粘合杆头和杆身的 AB 胶加玻璃砂重量一般在 2 克左右，所以再选择一个 2 克左右的配重即可。这里我们选择用铅钉配重。

选一个碳素纤维杆身铅钉，先称量重量，如果较重可以用斜口钳掐掉部分铅钉，再称量重量（图18-1-14）。最后，铅钉重量 1.92 克。

图 18-1-11　测量球杆的原始挥杆重量

图 18-1-12　剪开备用握把

图 18-1-13　称量胶环重量

①

②

③

图 18-1-14　称量铅钉重量

小 贴 士

用铅钉来增加挥杆重量的注意事项

①铅钉帽会占据一定的空间，使杆身插入杆颈的深度变浅，以而使球杆变长。

②碳素纤维杆身所用铅钉重量建议不超过 6 克，钢杆身所用铅钉重量建议不超过 8 克，且碳素纤维杆身所用铅钉长度不要超过杆身插入杆颈的深度，不然很容易在击打时造成铅钉折断，且较重的铅钉会将杆头重心拉向杆颈，使球杆易打性降低。

③用铅钉来增加配重时，如原始挥杆重量为 D0，要将挥杆重量做到 D2，需要增加约 4 克的重量，建议用 2 克左右的铅钉，其余需要增加的重量用 AB 胶加玻璃砂或铅粉来调节，因为碳素纤维杆身的铅钉较细，内部需要尽量用胶填满，以免击球时铅钉断裂。AB 胶加玻璃砂或铅粉可用于增加 1 ~ 2 克的重量。

★碳素纤维杆身所用铅钉上为什么有个 V 型槽？钢杆身用铅钉为什么中间有个通孔？这都是为了在安装时杆颈内的空气可以通过铅钉上的 V 型槽或中间的通孔排出，以免杆颈内部有空气，导致杆身无法安装到杆颈底部。

（五）调胶

调 AB 胶（主剂与硬化剂）时，两种胶的比例为 1：1，要充分混合调匀（图 18-1-15）。在杆身前端附着少许 AB 胶，再将选用的胶环顶入，用杆头部压推至杆颈底部以致密合，溢出的 AB 胶用湿布擦掉（图 18-1-16）。切记不要硬压，否则有杆身断裂的危险。如果胶环很紧，可用热风枪（低温档）均匀加热，注意加热温度不能太高，避免损坏胶环，且应在距离胶环 10 ~ 15 厘米处加温，并不停转动杆身。

调 AB 胶：挤相同体积的 A 胶和 B 胶，总重量约 2 克，用调胶棒充分调匀。

图 18-1-15　调 AB 胶的方法

图 18-1-16　在杆身上涂抹少量 AB 胶，用于粘合胶环

（六）装入胶环

确定杆身插入杆颈的深度（图 18-1-17），加入铅钉后再测量杆颈插入深度，可以直接用杆头将胶环压到合适的位置，如果胶环较紧，可以使用胶环深度打入器将胶环打到合适的深度。

图 18-1-17　确定杆颈深度

注意：铅钉帽要比杆身前端外径小，不然很容易随着杆身插到杆颈内并卡在杆颈里。铅钉帽大的话可以用打磨一体机将铅钉帽打磨小。

（七）安装杆头杆身

在调好的 AB 胶中加入少许玻璃砂，并迅速调匀，用调胶棒取适量 AB 胶放入杆身前端，将配重放入杆身内（图 18-1-18）。

细玻璃砂可填充杆身与杆颈间较小的间隙，使安装后的杆身不容易发生扭转。杆身插入杆颈后，如果空隙稍大，可在 AB 胶中加入适量粗玻璃砂用来填满间隙，以便更好地固定杆身和杆头。但如果间隙过大，可在杆身前端加上六爪片，以增加密合度和牢固性，但要注意所加材料对挥杆重量的影响。

图 18-1-18　先涂胶再加入配重

之后，用调胶棒取适量 AB 胶涂抹于杆颈内壁和杆身上（图 18-1-19），将杆身插入杆颈内，并转动两圈，这样可以使 AB 胶与杆身和杆颈内壁充分接触。

图 18-1-19　在杆颈内壁和杆身上涂抹 AB 胶后安装

用湿布擦干净溢出的 AB 胶。注意一定要把缝隙擦干净，因为凝固后的 AB 胶比胶环硬，胶环打磨布带不容易将其打磨掉。缝隙的部分可以用指甲压着无尘布转动擦拭（图 18-1-20）。

图 18-1-20　擦拭溢出的 AB 胶

（八）校正、静止待干

校正杆身品牌标识的安装方向。杆身品牌标识的方向没有固定的装法，一般安装在 12 点或者 6 点方向（图 18-1-21）。

校正好后，将球杆放置在静止待干区，待其 AB 胶凝固。球杆要杆头朝下放置，这样可以确保 AB 胶都在杆颈底部凝固。

（九）打磨并擦拭胶环

木杆及碳素纤维杆身在打磨胶环时要特别注意，因为木杆杆颈及碳素纤维杆身都有烤漆，所以在打磨时需要先用胶纸将胶环附近能打磨到的烤漆部分进行粘贴保护后再打磨，以免打磨到烤漆。杆身靠近胶环的地方也要粘贴两层胶纸，以免打磨到杆身烤漆（图 18-1-22）。

图 18-1-21　校正球杆

图 18-1-22　木杆及碳素纤维杆身打磨胶环前先粘贴胶纸进行保护

杆身转动方向要与打磨带相反，要注意避免把胶环磨得过深。根据胶环的大小，打磨带最好一半在杆颈处，一半在胶环处，这样可避免将胶环打磨得过深（图 18-1-23）。缓慢推动杆身固定平台，将胶环靠近杆颈一端的外径，打磨到胶环外径与杆颈外径一致（图 18-1-24）。

擦拭胶环：胶环经过打磨后一般表面都比较粗糙且无光泽，所以需要用试剂擦拭，使粗糙无光的胶环表面光亮如新。一般用于擦拭胶环的试剂有天那水、硝基稀释剂等。天那水及硝基稀释

图 18-1-23　打磨胶环

图 18-1-24　打磨后的
胶环外径与杆颈外径一致

图 18-1-25　擦拭胶环

剂腐蚀性较大，且有毒，所以在擦拭胶环时要保持通风，最好在室外进行，手指尽量不碰触试剂，手指沾有溶剂后要尽快用肥皂水清洗。

　　擦拭胶环的方法：将无尘布折叠多层，按压装有溶剂的安全瓶，无尘布上沾有溶剂后，左手握杆身前端，右手将无尘布按在胶环上，左手迅速转动球杆，完整擦拭一圈后停止（图 18-1-25）。擦拭后的胶环光亮如新。

二、铁杆组组装操作流程

整套铁杆组的组装操作流程与单支球杆的组装基本相同（图18-1-26）。需要特别注意的事项有两个：确定挥杆重量和球杆长度间差。

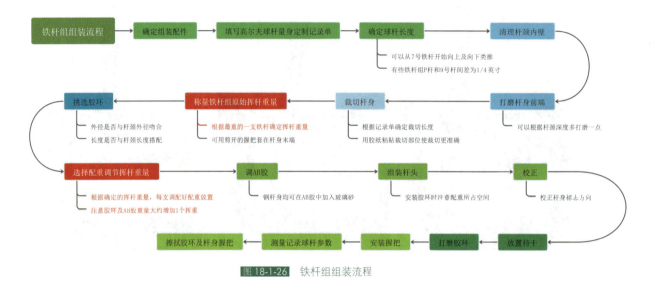

铁杆组组装流程 → **确定组装配件** → **填写高尔夫球杆量身定制记录单** → **确定球杆长度** → **清理杆颈内壁**

确定球杆长度
- 可以从7号铁杆开始向上及向下类推
- 有些铁杆组P杆和9号杆间差为1/4英寸

挑选胶环 ← **称量铁杆组原始挥杆重量** ← **裁切杆身** ← **打磨杆身前端**

挑选胶环
- 外径是否与杆颈外径吻合
- 长度是否与杆颈长度搭配

称量铁杆组原始挥杆重量
- 根据最重的一支铁杆确定挥杆重量
- 可用剪开的握把套在杆身末端

裁切杆身
- 根据记录单确定裁切长度
- 用胶纸粘贴裁切部位使裁切更准确

打磨杆身前端
- 可以根据杆颈深度多打磨一点

选择配重调节挥杆重量 → **调AB胶** → **组装杆头** → **校正**

选择配重调节挥杆重量
- 根据确定的挥杆重量，每支调配好配重放置
- 注意胶环及AB胶重量大约增加1个挥重

调AB胶
- 钢杆身均可在AB胶中加入玻璃砂

组装杆头
- 安装胶环时注意配重所占空间

校正
- 校正杆身标志方向

擦拭胶环及杆身握把 ← **测量记录球杆参数** ← **安装握把** ← **打磨胶环** ← **放置待干**

图 18-1-26　铁杆组组装流程

确定挥杆重量：裁切好杆身后，需要称量整套铁杆组中每支球杆的挥杆重量，再根据挥杆重量最重的一支球杆来最终确定该铁杆组的挥杆重量。

球杆长度间差：铁杆组中每支球杆的长度间差一般为1/2英寸，长度最终确定后要裁切准确并进行检查。

铁杆组组装的具体流程如下：

①确定杆头、杆身、握把、胶环（图18-2-27），填写高尔夫球杆量身定制记录单（图18-1-28），并确定球杆的安装长度。

图 18-1-27　需要组装的铁杆杆头、杆身、握把及胶环

GOLF CLUB FITTING CHART
高尔夫球杆量身定制记录单

日期： 年 月 日

| Name 姓名：王×× | Sex: Male Female 性别：✓男 □女 | Birthdate 出生日期：___年__月__日 | Age 年龄：___yrs. | Hand Golfer RH/LH 惯用手：✓右 □左 | Phone 电话：___ |
| Height 身高：178 cm | Wrist to Floor 手腕到地面高度：___cm | Weight 体重：___kg | Palm length 手掌长度：___in. | Middle Finger Length 中指长度：___in. | Foot Length 脚长：___码 |

| Handicap 差点：□0-9 □10-20 □21-30 □31以上 □初学 | Average number 平均打球频率：___次/月 | Hand Grip Strength 左手握力：___kg 右手握力：___kg | 运动伤病：___ |
| Driver Head Speed □M/S □MPH □KM/H 一号木杆头速度：___ | Carry Distance 150yard 150码落点距离使用：___杆 | Swing Rhythm 挥杆节奏：□快 □普通 □慢 | 手腕释放：□集中 □均匀 □缓慢 |

技师建议：一号木杆身重量范围___-___g 一号木杆身硬度（ ）（ ） 铁杆杆身材质：□碳素 □钢制 铁杆杆身重量范围____-___g

CLUB SPECIFICATION 球杆数据	WOODS			UT		IRONS							WEDGES			PUTTER
	W1	W3	W5			#4	#5	#6	#7	#8	#9	#P				
Head Brand/杆头品牌								iwaki								
Head Model/杆头型号								BARRACUDA								
Head Weight/杆头重量						249g	255g	263g	270g	277g	284g	291g				
Loft Angle/杆面倾角						21°	24°	27°	31°	35°	39°	43°				
Lie Angle/杆颈角	°	°	°			60°	60.5°	61°	61.5°	62°	62.5°	63°				
Shaft Model/杆身型号								N.S.PRO 950R								
Weight&Flex/杆身重量硬度						94g-R	94g-R	94g-R	94g-R	94g-R	94g-R	94g-R				
Grip Model/握把型号								WMCS白蓝								
Grip Weight/握把重量						50g	50g	50g	50g	50g	50g	50g				
Grip Size/握把尺寸	Std. □ +___ -___			Std. □ +___ -___		Std. ✓ +___ -___							Std. □ +___ -___			
Club Length/球杆长度						38.5″	38″	37.5″	37″	36.5″	36″	35.5″				
组装前挥杆重量																
Swingweight/挥杆重量																
Total Weight/球杆总重																
CPM/震动频率																
Comment 备注：										Price 定制金额			Signature 技师签名			

☆1MPH=0.447M/S；☆1KM/H=0.278M/S；☆1KM/H=0.935MPH

图 18-1-28 高尔夫球杆量身定制记录单（铁杆定制）

②清理杆颈内壁。一般新的球杆杆颈内壁都会有锈迹，可以用平头铰刀缠绕钢丝棉打磨干净（图 18-1-29）。

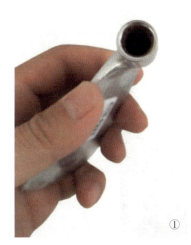

①　　　　②　　　　③

图 18-1-29 清理打磨杆颈

③打磨杆身前端。打磨杆身时可打磨长一点，因为还会有胶环，一般铁杆的钢杆身打磨深度设置在 1.5 英寸即可。在打磨机左侧均匀转动杆身打磨前端（图 18-1-30）。打磨后的杆身与杆头对应好放置于置杆架内（图 18-1-31）。

  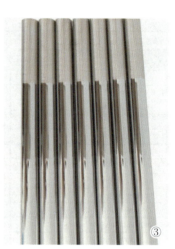

①　　　　　　　　　　②　　　　　　　　　　③

图 18-1-30　打磨钢杆身前端

图 18-1-31　打磨后的杆身与杆头

④裁切杆身（图 18-1-32 ）。

①根据球杆安装长度标记裁切位置。

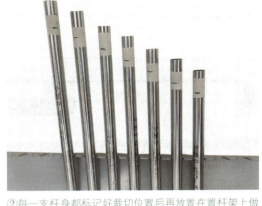

②每一支杆身都标记好裁切位置后再放置在置杆架上做检查，查看要裁切的标记线间隔。

③根据标记好的位置裁切杆身，注意用切割片对准标记线。

打磨前

打磨后

④裁切后杆身上的毛刺可通过打磨机横向打磨平整。这种打磨方式也可用于杆身少量磨短，比如裁切杆身时裁切少了，可通过这种方式将杆身再打磨得短一些。

⑤杆身裁切打磨完，再次对应杆头插好放置在置杆架上，查看杆身长度间差是否正确，并进行最后的长度确认。

图 18-1-32 裁切杆身

⑤确定铁杆组挥杆重量并搭配杆颈配重钉。

测量每一支球杆的原始挥杆重量（图18-1-33），并在高尔夫球杆量身定制记录单上做记录（图18-1-34）。

图 18-1-33　测量球杆的原始挥杆重量

GOLF CLUB FITTING CHART
高尔夫球杆量身定制记录单

日期：＿＿年＿月＿日

GOLF ENERGY #Professional Tools											
Name 姓名：王X	Sex: Male Female 性别：✓男 □女	Birthdate 出生日期：＿＿年＿月＿日	Age 年龄：＿＿yrs.	Hand Golfer RH/LH 惯用手：✓右 □左	Phone 电话：＿＿＿						
Height 身高：178 cm	Wrist to Floor 手腕到地面高度：＿＿cm	Weight 体重：＿＿kg	Palm length 手掌长度：＿＿in.	Middle Finger Length 中指长度：＿＿in.	Foot Length 脚长：＿＿㎝						

Handicap 差点：□0-9 □10-20 □21-30 □31以上 □初学	Average number 平均打球频率：＿＿次/月	Hand Grip Strength 左手握力：＿＿kg　右手握力：＿＿kg	运动伤病：＿＿
Driver Head Speed □M/S □MPH □KM/H 一号木杆头速度：＿＿	Carry Distance 150yard 150码落点距离使用＿＿H	Swing Rhythm 挥杆节奏：□快 □普通 □慢　手腕释放：□集中 □均匀 □纵慢	

技师建议：一号木杆身重量范围＿＿--＿＿g　一号木杆身硬度（ ）（ ）　铁杆杆身材质：□碳素 □钢制　铁杆杆身重量范围＿＿--＿＿g

CLUB SPECIFICATION 球杆数据	WOODS			UT		IRONS							WEDGES			PUTTER
	W1	W3	W5			#4	#5	#6	#7	#8	#9	#P				
Head Brand/杆头品牌						iwaki										
Head Model/杆头型号						BARRACUDA										
Head Weight/杆头重量						249g	255g	263g	270g	277g	284g	291g				
Loft Angle/杆面仰角						21°	24°	27°	31°	35°	39°	43°				
Lie Angle/杆渐角						60°	60.5°	61°	61.5°	62°	62.5°	63°				
Shaft Model/杆身型号						N. S. PRO 950R										
Weight&Flex/杆身重量硬度						94g-R	94g-R	94g-R	94g-R	94g-R	94g-R	94g-R				
Grip Model/握把型号						WMCS白蓝										
Grip Weight/握把重量						50g	50g	50g	50g	50g	50g	50g				
Grip Size/握把尺寸	Std. □ + ＿ - ＿			Std. □ + ＿ - ＿		Std. ✓ + ＿ - ＿							Std. □ + ＿ - ＿			
Club Length/球杆长度						38.5"	38"	37.5"	37"	36.5"	36"	35.5"				
组装前挥杆重量						C8	C9	D0	C9	C9	C9	C8.5				
Swingweight/挥杆重量						D1	D1	D1	D1	D1	D1	D1				
Total Weight/球杆总重																
CPM/震动频率																
Comment 备注：										Price 定制金额			Signature 技师签名			

☆1MPH=0.447M/S；☆1KM/H=0.278M/S；☆1KM/H=0.935MPH

图 18-1-34　记录要组装的铁杆组参数

称量每支球杆的原始挥杆重量，并记录，称量后确定原始挥杆重量中最重的一支为7号杆，挥重为D0，这时我们确定是否将所有球杆挥杆重量做到D1。根据每支球杆的原始挥杆重量确定需要增加的配重重量。球杆组装时，所用的AB胶重量约为2克，可增加1个挥杆重量，所以7

称量原始挥杆重量时的注意事项

①套上剪开的握把时，一定要确保杆身末端顶到握把底部。可以在套上握把后，将握把端向地面用力压两下。

②确保杆身前端插到杆头杆颈孔底部。

③称量选定的胶环重量，握把双面胶纸重量约为2克，与1克胶环重量可以相平衡，对挥杆重量无影响。

号杆无须增加配重。其他球杆增加配重的原则是使原始挥杆重量到D0，然后用AB胶使挥杆重量增加到D1。

根据每支球杆需要增加的重量选择配重并一一对应，再进行调胶和统一安装，这样可以兼顾挥杆重量的精准度和安装效率。

⑥调AB胶并组装球杆。

根据AB胶凝固的时间来确定AB胶的调配量。如果是30分钟以上才开始硬化的AB胶，可一次调配7支铁杆的用量；如果是速干胶（小于10分钟）就需要一次只调配1支或2支的用量。同时，根据杆身和杆颈孔的间隙来决定是否需要加入玻璃砂或铁砂等填充缝隙的物质。组装球杆时，先将配重安装到杆身内，再装入胶环，然后用杆头将胶环压到底端（有时也可先装上胶环再装

配重粗端外径要略小于杆身前端外径，不然配重会插到杆颈孔内无法取出，影响安装效率。

一般铜钉配重会较为规整，外径会做得比杆身前端外径小。但铅钉配重一般都不是特别规整，这时可用砂纸打磨一下铅钉粗端外径，确保其比杆身前端外径略细。

可使用铅钉或铜钉来增加挥杆重量

安装配重时注意AB胶的用量，避免杆身因内侧AB胶过多而增加重量，同时避免过多的AB胶在用杆头压入胶环后使配重留在杆颈内，这样处理起来比较麻烦。

配重，但如果用杆头压胶环到最低端后再安装配重，配重会占杆颈孔内部分空间，导致胶环和杆颈口处留有一定距离，所以在此建议先安装配重、后安装胶环）。

⑦完成安装后称量挥杆重量，校正杆身并将杆身擦拭干净，晾干后安装握把（图18-1-35）。

①每支球杆安装完成后都需要再次称量挥杆重量，如果不合适还需要做微调。

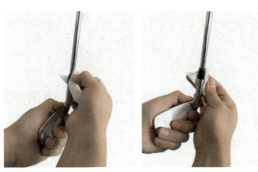

②挥杆重量没问题后，将杆颈处用湿布擦拭干净，校正杆身品牌标识的方向。

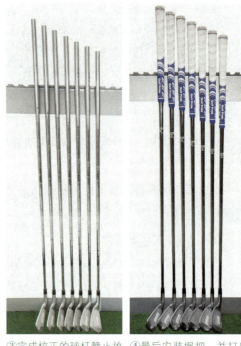

③完成校正的球杆静止放置待干，应杆头向下放置，这样AB胶会流到杆颈最下端凝固。

④最后安装握把，并打磨胶环，一套铁杆组安装完成。

 图18-1-35 称量挥杆重量并安装握把

小贴士

一套铁杆组在AB胶干后，再次称量挥杆重量，与之前相比可能会有少许差异，这时可以通过握把的重量来调节挥杆重量，将最重的一条握把安装在挥杆重量较大的那支球杆上，以此类推，来确保整套球杆挥杆重量的准确。

三、推杆组装操作流程

推杆组装操作流程：确定杆颈深度—打磨杆身前端—清理杆颈—确定杆身脊椎线位置—组装杆头和杆身—根据所需球杆长度裁切杆身—安装握把。

推杆杆身按与杆颈插入的关系分为子杆身和母杆身。子杆身是杆身插入杆头杆颈内部，是一字形推杆比较常见的类型，一般杆身前端外径为9毫米。母杆身是杆颈插入杆身内部，一般杆身前端外径为10毫米，杆身前端内径为9毫米。

子杆身和母杆身在与杆头组装前均需要打磨前端，以便于 AB 胶附着牢固。

因推杆大多没有胶环，所以在安装杆身前，打磨杆身前端时，要特别注意，避免打磨过长。在确定杆身插入杆颈的深度后，在插入部分上端贴上胶纸后再进行打磨。具体操作如下：

①确定杆颈深度（图 18-1-36）。

②打磨杆身前端（图 18-1-37）。

③清理杆颈。一字形推杆杆颈底部为平面，所以清理此类杆颈需要用平头铰刀。选择粗细合适的铰刀，在铰刀上缠绕少许钢丝棉进行清理（图 18-1-38）。

图 18-1-36 确认杆身插入杆颈深度，并粘贴美纹胶纸

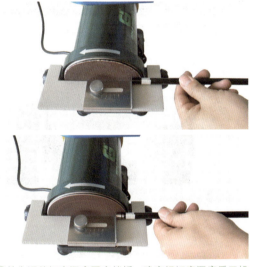

①首先调整打磨深度固定挡板，确定好打磨深度后开机打磨，杆身转动方向与砂盘方向相反，逆时针转动杆身，均匀打磨，避免局部打磨过深。

②打磨后再次确认杆颈打磨深度是否合适。

图 18-1-37 打磨杆身前端

④确定推杆杆身脊椎线位置。建议在安装直管推杆的杆身时先找到杆身的脊椎线再校正安装。杆身脊椎线建议安装在推杆 9 点钟方位，这样可减少推杆击球时杆身在额状面上的弯曲，提高推杆的稳定性。

可使用电子式或手动式杆身脊椎线测量器来确定杆身脊椎线位置。这里我们使用电子式杆身脊线测量器。找到杆身脊椎线后，可在杆

① ②

图 18-1-38 清理杆颈

身末端正上方画标记线（图18-1-39），所画线对侧面为杆身脊椎线。

⑤安装杆头杆身。调AB胶，在AB胶中掺入少量玻璃砂，将AB胶分别涂抹在杆颈内壁和杆身前端。杆身安装进杆颈内，并转动两周使AB胶充分与内壁接触。然后，将溢出的AB胶擦拭干净（图18-1-40）。

校正脊椎线方向，将脊椎线安装在9点钟方向，也就是将测量脊椎线时的标记线安装在3点钟方向（图18-1-41）。校正后如再有AB胶溢出则再次擦拭干净后将球杆放置待干。

可在调胶板上留有一点剩余的AB胶，用于查看AB胶的凝固情况。

图 18-1-39　确定推杆杆身脊椎线位置

①　　　　②　　　　③

图 18-1-40　调AB胶并安装杆头杆身

⑥裁切杆身。待AB胶凝固后，可将杆身裁切到想要的长度，并安装握把（图18-1-42）。在裁切杆身时需要注意使用的推杆握把种类，不同的推杆握把帽厚度不同，尤其是末端带有配重的推杆握把。

图 18-1-41　推杆安装时间点位

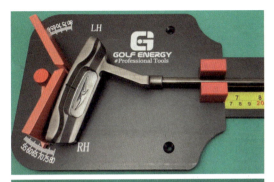

②先在切割机上固定杆身，确保裁切位置与切割片对应，启动切割机，均匀用力向前推动杆身固定板裁切杆身。

①此推杆杆颈角度为72°，将球杆长度量尺前端固定板角度调至72°后放置推杆，测量推杆长度；在此我们要将推杆长度安装为34英寸，预留握把帽厚度后，将杆身裁切到33$^{13/16}$英寸，用笔在裁切位置做标记。

③裁切后的杆身大多会有毛刺，并且因为杆身是锥形，切割机很难将杆身切割整齐，所以需要再打磨一下。

注：将需要打磨的部分横向置在打磨机上，启动机器后，均匀转动杆身，转动两圈即可，要避免因打磨过多而影响长度。打磨后的杆身口均匀且平整。此种方法也可用于少量打磨杆身减少长度。

图 18-1-42　裁切杆身

⑦安装握把（详见第十六章）。

⑧测量推杆参数，并在记录单上记录好推杆的配件参数及组装后的推杆参数。

四、球杆加长及裁短操作流程

（一）加长对球杆参数的影响

球杆的长度被改变，相应的一些重要规格参数也会发生变化。球杆每加长 1/2 英寸，将增加约 3 个挥杆重量，球杆的 CPM 值就会减少。

（二）球杆加长操作流程

球杆加长将对其挥杆重量、球杆总重量、杆身硬度和着地角产生影响（图 18-1-43）。

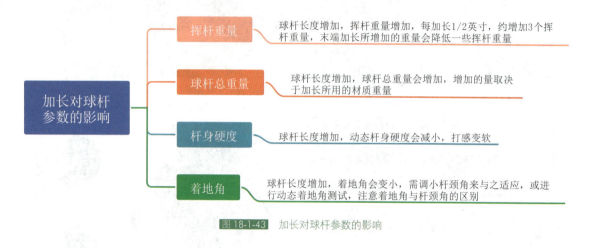

图 18-1-43 加长对球杆参数的影响

①测量并记录原有球杆参数。我们用于举例的球杆原始长度为 37 英寸，挥杆重量为 C9，球杆总重量为 311.8 克（图 18-1-44）。

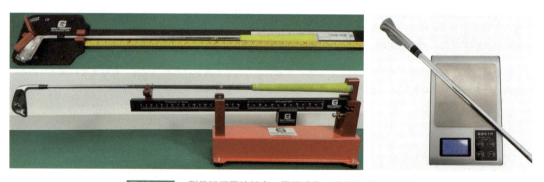

图 18-1-44 测量球杆原始长度、挥杆重量、球杆总重量并记录

②拆除原有握把。用褪握把压力壶将原握把完整褪出。

③测量比对加长棒与杆身对应尺寸。须查看加长棒与杆身末端口径是否对应，若间隙在 1 毫米以内可通过在 AB 胶里加入玻璃砂或铁砂填补，间隙大于 1 毫米则不建议使用此款加长棒。如果加长棒插入端过粗，可用胶环及钢杆身打磨机打磨细后使用（图 18-1-45）。

注：根据加长棒细端长度调整打磨机左侧挡板深度，打磨时要匀速转动加长棒，并不时与杆身比对，避免打磨过细。

  打磨加长棒

拓 展 阅 读

球杆加长棒

  球杆加长主要使用加长棒。加长都是在杆身末端进行的。除推杆外，加长棒的加长范围一般在 3 英寸以内；加长棒的材质一般有钢、碳素纤维、塑料等；加长棒的末端口径一般为 0.6 英寸，插入杆身一端口径有所不同，用于对应不同的杆身内径。

不同材质的加长棒

  ④打磨杆身末端内壁（图 18-1-46）。褪下握把的杆身末端内大多残留有双面胶，较旧的钢杆身还可能有铁锈，为了能使 AB 胶更好地粘合，需要将杆身内侧壁的残留物清理干净并打磨。先用喷有枪水的无尘布将内壁擦拭干净，再用不锈钢刷打磨杆身内壁。

  ⑤安装加长棒。将调好的 AB 胶涂抹在加长棒上并插入杆身末端，转动几圈加长棒以便 AB 胶与杆身末端内壁充分接触，溢出的 AB 胶用湿布擦

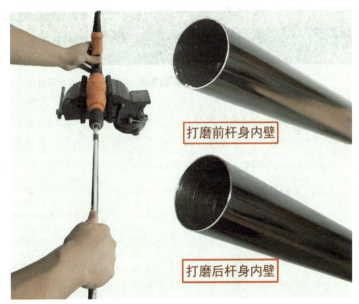

将不锈钢刷装在手电钻上打磨杆身末端内壁，使杆身内壁无锈迹且光滑。

图 18-1-46 打磨杆身末端内壁

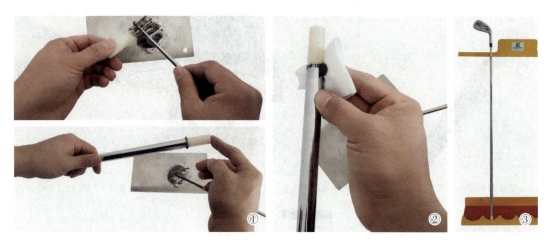

注：只需要在加长棒上涂抹 AB 胶，不要在杆身末端内壁涂抹 AB 胶，避免插入加长棒时将 AB 胶推到杆身内，否则 AB 胶干了后很容易掉到杆身内。

图 18-1-47　安装加长棒

拭干净。若加长棒与杆身末端有少量间隙，可在 AB 胶中加入玻璃砂或铁砂。安装完后将球杆倒置，防止 AB 胶流入杆身（图 18-1-47）。

　　⑥裁切加长棒（图 18-1-48）。

图 18-1-48　根据要安装的长度裁切加长棒

　　⑦安装握把。如果加长棒末端外径较杆身外径细的话，可先在加长位置粘贴较厚的胶纸，以便使加长的部分与杆身外径一致；粗的话可进行打磨后再安装握把。

　　⑧测量加长后球杆参数并记录。

（二）球杆裁短

　　球杆裁短可以在杆身末端或前端进行，无论从杆身前端还是杆身末端裁短都会使杆身的硬度增加，但裁短杆身前端，杆身硬度的增加相对于裁短杆身末端更多。此外，着地角也会随之变大，须调整杆颈角与之适应（图 18-1-49）。

　　一般来说，杆身裁短都会在杆身末端进行，即先褪下握把，裁短所需长度后装上握把即可。要使杆身硬度增加较多，技师可考虑从杆身前端裁短，但要注意杆身前端口径（平行或锥形）裁短后是否与杆头颈部内径相符。

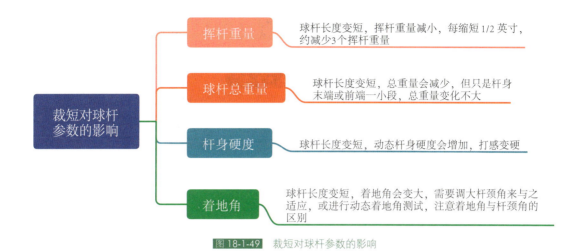

图 18-1-49　裁短对球杆参数的影响

第二节 杆头扩孔及球杆异音的处理方法

难度系数：★★★★

一、杆头颈部扩孔操作流程

（一）杆头扩孔需要用到的工具及配件耗材介绍

杆头扩孔所需设备及耗材包括：台钻、杆头扩孔夹具（图18-2-1）、台钳、钻头或铰刀、钻孔油。

钻头的选择比较重要，选择较好的钻头或铰刀，扩孔就会比较省力。扩孔用钻头可选择高质量的含钴高速钢钻头。钻头的好处是前端是锥形，可以确保在扩孔时均匀地打掉杆颈内壁，避免偏心。钻头与铰刀的区别是钻头扩孔底部是锥形，铰刀可以将底部打成一个平面，除了重量上有点差异外，对球杆的性能并无影响。

不需要将杆头扩孔夹具与钻头工作台固定死，这是因为杆头杆颈大多不是非常规则的圆形，采用活动的台钳固定扩孔夹具可以最大程度地保证扩孔时钻头均匀地扩大杆颈内壁，避免偏心。

杆头扩孔夹具与台钻固定时要确保杆头扩口夹具夹口与钻头同心。

扩孔时可将主轴转速调至最慢（尤其是不锈钢杆头），这样会比较安全，将电机位置的皮带调至最小轮，主轴位置的皮带调至最大轮（图18-2-2）。这样小轮带动大轮转动时，大轮转速最小。

（二）杆颈扩孔的操作流程

测量杆身前端外径尺寸：可使用游标卡尺测量，选择与杆身外径相当或大 0.1 毫米的钻头（图18-2-3）。铁杆扩孔常用的钻头或铰刀的规格是 9.4 毫米、9.5 毫米、9.6 毫米。

图 18-2-1 台钻及杆头扩孔夹具

图 18-2-2 杆头扩孔建议的转速调节方式

①

②

图 18-2-3　测量杆身前端外径尺寸 　　　　　　　　图 18-2-4　测量杆颈深度

　　测量杆颈深度：可使用游标卡尺的深度测量部分（图18-2-4）。

　　固定杆头并钻孔：在杆头扩孔夹具上固定并夹紧杆颈部，杆颈的固定位置以高出杆头扩孔夹具1厘米左右为宜，扩孔前可以先在杆颈内倒入一点扩孔油（图18-2-5）。

　　使用台钻上的深度标尺测量：要打到杆颈底部需要下压的深度。要避免打得过深，也要避免打不到底，并要确保整

①　　　　　②　　　　　③

图 18-2-5　固定杆头并钻孔

套铁杆组杆颈深度一致。一手把住杆头扩孔夹具，另一手控制下压深度，如果因为下压过大导致钻头卡住，就迅速关掉台钻，反向扭转钻头和夹具，将钻头退出后再开机扩孔。

　　清洗杆颈：钻孔结束后需要用枪水彻底清洗杆颈，确保洗净杆颈内的钻孔油，以免 AB 胶粘合不牢固。

二、球杆异音的处理方法

处理球杆异音，要先分析异音产生的部位及原因，再采取相应的处理方法。常见的球杆异音有木杆杆头内异音和杆身内异音。杆身内如果有断裂的配重或 AB 胶，处理起来比较容易，只需把握把褪下后倒出断裂的配重或 AB 胶即可。但需要考虑掉落的配重或 AB 胶对挥杆重量的影响，如果影响较大，就需要重新拆装杆头。

木杆杆头内产生异音的原因：一种情况是杆头内掉落的金属屑造成的，这样的金属屑一般较小，可通过杆颈孔或配重孔倒出，如果无法倒出，可向杆头内注入不干胶将金属屑粘住，即可消除异音。但应注意，放入太多不干胶会增加杆头重量，也会改变击球声音。另一种情况可能是在清理木杆杆颈时，不小心将杆颈孔处的胶塞或铝片钻穿使其落进杆头，这种情况处理起来比较麻烦，先要考虑如何将掉进杆头的异物取出，如果杆头有较大的配重，可以拧下配重，从配重口倒出异物，如果没有较大的配重口就需要考虑从杆颈孔处倒出异物。如果是胶塞掉进杆头内，可将胶塞倒到杆颈口处，用烧红的细铁丝将胶塞烫小后取出，也可以将胶塞倒到杆颈处，用气枪向杆头吹气，然后突然拔出气枪枪头，杆头内气体突然喷出可带出胶塞。如果这样仍然不能将杆头内的异物取出，可以选择向杆头内注入不干胶粘住异物，即可消除异音。向杆头内注入不干胶后，用热风枪吹杆头根颈部，使不干胶流入杆头底部，粘住杆头内异物（图18-2-6）。之后，清理干净杆颈内的不干胶，并用胶塞塞住杆颈口。在注入不干胶的前后要称量杆头重量，避免杆头重量增加太多。

图 18-2-6　向杆头内注入不干胶并加热

第十九章　杆头角度测量及调整流程

第一节　杆面倾角及杆颈角测量方法

难度系数：★★★★

一、木杆杆颈角及杆面倾角测量

与铁杆杆面不同，木杆杆面有水平和垂直弧度，所以在测量木杆杆面倾角时，需要先确定杆面的水平中心线和垂直中心线，杆面倾角的测量位置以这两条线的交叉点为基准。

（一）画出木杆杆面垂直中心线和水平中心线

杆面中心线和中心点确定方法如图 19-1-1 所示。

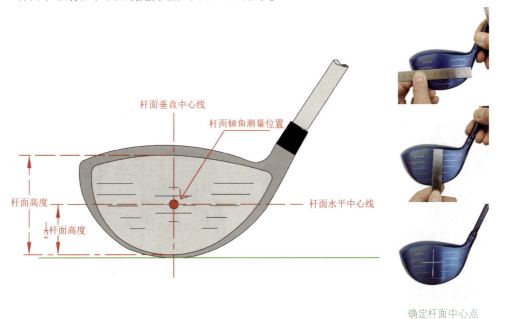

确定杆面中心点

图 19-1-1　杆面中心线和杆面中心点确定

（二）将木杆固定在角度测量器上

将要测量的木杆放在测量器上，杆头底部置于测量器底板上，杆身固定在测量器卡槽处，先不要锁紧，调整杆颈角度旋钮，使杆头面沟线基本平行于杆头底部平面，再将杆身的固定压片拧紧（图19-1-2）。

（三）确定杆面方正及杆头底部着地点

滑动测量器下方滑板，使滑板中心线在杆面中心线正下方，将杆面校准滑块放在杆头前，因为木杆杆面有水平弧度，在确定杆面面沟线是否平行于测量底板时需要用测量滑块一侧的双指针，调整调整器旋钮，直至杆头面沟线平行于双指针，并调整杆面方向直至指针在0°位置（图19-1-3）。

（四）测量杆面倾角

使用角度板测量木杆杆面倾角，测量板最终的测量位置为杆面中心点位置，因为木杆的垂直膨出，杆面越靠近杆头底部杆面倾角越小，越靠近杆头顶部杆面倾角越大（图19-1-4）。

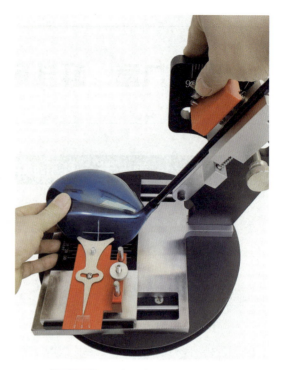

图 19-1-2　将木杆固定在角度测量器上

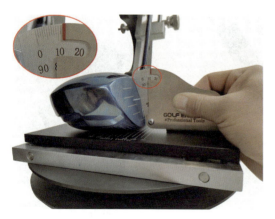

图 19-1-4　测量木杆杆面倾角

图 19-1-3　确定杆面方正

二、铁杆杆面倾角及杆颈角测量方法及流程

（一）确定并画出杆面中心线

使用量尺测量铁杆杆面打击面长度，并标识中心点，沿着中心点画垂直面沟线的杆面中心线（图 19-1-5）。

图 19-1-5　画出杆面中心线

（二）将铁杆固定在角度测量器上

将要测量的铁杆放置在角度测量器上，杆头底部放置于测量器底板上，杆身固定在测量器卡槽处，先不要锁紧，调整杆颈角度旋钮，使杆头面沟线基本平行于底板（图 19-1-6）。

（三）确定杆面方正及杆头底部着地点

滑动下方滑板，使滑板中心线在杆面中心线正下方，将杆面校准滑块放在杆头前，确定杆面面沟线与滑块平行，推动滑块使铁杆杆面与滑块完全吻合，以此来确保杆面的方正，准确无误后锁紧杆身固定位，测量器显示的角度就是杆颈角（图 19-1-7）。

（四）测量铁杆杆面倾角

用杆面倾角测量板，沿着测量器底板中心线卡槽向杆面推动测量板，确保测量板底部完全与卡槽垂直，转动测量板直到紧贴杆面并与杆面中心线重合，测量板显示的角度即为杆面倾角（图 19-1-8）。

图 19-1-6　将铁杆固定在角度测量器上

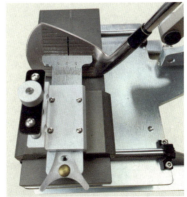
图 19-1-7　测量杆颈角

图 19-1-8　测量杆面倾角

第二节　杆面倾角及杆颈角调整流程

难度系数：★★★★

一、木杆杆面倾角及杆颈角无法调整的原因

传统非可更换杆颈套管类木杆杆颈大多是一个颈管通过焊接的方式与杆头冠部、杆面和底部连接到一起，杆颈大多深入杆头空腔内部，所以在调整木杆杆颈时容易造成焊接位置烤漆的损坏，或者将杆颈孔位调歪，使杆身无法插入。

目前常见的木杆都采用了可调节的套管设计，更加方便了角度的调整和定制，有的品牌木杆可调节杆面倾角和杆颈角，有的可调节杆面角和杆颈角等，具体要参照品牌调整的对应表来进行调节。

二、铁杆杆面倾角及杆颈角调整

（一）铁杆角度测量调整器设计原理

我们以一款铁杆角度测量调整器为例。

此款调整器的设计特点：采用一体化 N 字形固定支架，最大程度地减少误差，也能有效地减少日常调整时给调整器带来的变形误差。该款调整器的杆面倾角的测量范围为 10°～70°，杆颈角的测量范围为 50°～70°。

角度测量原理：以调整器底板为基准水平面，固定杆面的斜面与水平面成 60°，这样杆面倾角的测量板与水平面垂直时显示的度数即为 30°（图 19-2-1）。

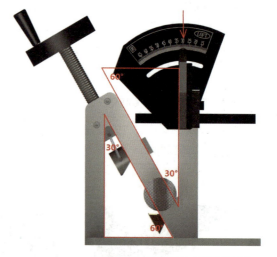

图 19-2-1　杆面倾角度数测量原理

显示杆面倾角度数的固定板垂直于底板，杆颈角测量板固定杆身的位置板与垂直面成 20° 角，杆颈角指针指示 70° 位置（图 19-2-2）。

（二）角度调整基准面

铁杆角度调整涉及杆面倾角和杆颈角两个角度的调整。一般情况下，我们在调整某一种角度时需要尽量保持另外一种角度不变。如在调整杆面倾角时，尽量保持杆颈角不变；在调整杆颈角时，尽量保持杆面倾角不变。这就需了解面的概念，在调整杆面倾角时沿着杆颈角所在的面进行，可以确保杆颈角不变；在调整杆颈角度时沿着杆面倾角所在的面进行，可以确保杆面倾角不变。

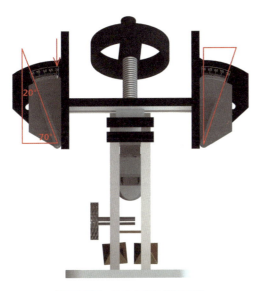

图 19-2-2 杆颈角度数测量原理

杆面倾角所在的基准面：调整杆颈角时要使调整棒处于杆面倾角所在的基准面内，这样可以确保杆面倾角不变。

杆颈角所在的基准面：调整杆面倾角时要使调整棒处于杆颈角所在的基准面内，这样可以确保杆颈角不变。

测量铁杆杆面倾角及杆颈角的步骤如图 19-2-3 所示。

（三）铁杆角度调整棒固定杆颈位置的选择

铁杆及挖起杆杆颈深度一般为 $1^{1/4}$ 寸左右，如果角度调整时使杆身插入杆颈的部分变弯，会使杆身无法插入，如果是与杆身一起调整，也会使杆身前端变弯，所以杆颈调整的位置需要尽量选择杆颈孔位的下面，这样可以尽量减少角度调整对杆身的影响。

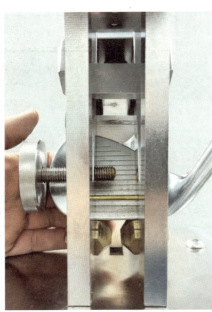

①在铁杆角度调整器上固定球杆，先选定合适的底部固定块高度，确保杆面面沟线与校正线平行。

②测量球杆杆面倾角及杆颈角，注意测量角度时要确保测量固定板与杆身完全贴合。

注：记录单左侧有"球杆长度"一列，球杆长度是调整杆颈角时重要的参考项，如果挖起杆在长度相同的情况下，其杆颈角也可以选择相同的设定。

GOLF ENERGY
#Professional Tools

铁杆及推杆角度定制调整记录单
IRONS AND PUTTER ANGLE FITTING CHART

日期：＿＿／＿＿／＿＿

客户名称：王ＸＸ　　　　电话：1358＊＊＊＊＊＊＊

Club Head Mfg & Model : Irons : iwaki R2

杆头品牌型号：

Putter :

CLUB NO. 球杆号数	LENGTH 球杆长度	杆面倾角 LOFT ANGLE		杆颈角 LIE ANGLE	
		PREVIOUS 原球杆角度	NEW 调整后角度	PREVIOUS 原球杆角度	NEW 调整后角度
#					
#2					
#3					
#4					
#5					
#6					
#7					
#8					
#9					
P					
56°	35.5"	56°	54°	64°	63°
PUTTER					
备注：					

Price 总金额　　　　Signature 签名

￥

③将测量结果记录到铁杆及推杆角度定制调整记录单上。

图 19-2-3　测量铁杆杆面倾角和杆颈角并记录

调整杆颈角时，将调整棒固定在杆面倾角所在的平面上（图19-2-4），顺着杆面倾角所在的平面向上（调大）或向下（调小）调整。调整棒夹住杆颈的位置要尽量靠下，以免调整杆颈角时调弯了杆身，同时也尽量减少杆颈弯曲对杆颈外观造成的影响。

图 19-2-4　调整铁杆杆颈角

调整杆面倾角时，将调整棒固定在杆颈角所在的平面上（图19-2-5），顺着杆颈角所在的平面向上（调小）或向下（调大）调整。调整棒夹住杆颈的位置同样要尽量靠下。

图 19-2-5　调整铁杆杆面倾角

三、推杆杆颈角调整

目前，市场上的推杆角度测量调整器结构基本类似，调整器以底板为水平基准面，固定推杆杆面的固定板与底板垂直。固定时将推杆杆面与固定板贴合，杆身向杆面方向倾斜的角度即杆面倾角，杆身与杆面垂直面所成的角度即杆颈角。

推杆角度调整器角度测量的原理比较简单，因为推杆杆面倾角通常小于10°，杆颈角为60°～80°。测量器一般都有一个与底板垂直的固定板，固定时推杆杆面与此板贴合，以此为基准测量杆身向杆面方向倾斜的角度，这个角度即杆面倾角。杆颈角是在杆头水平放置、杆面顶部平行于底板的情况下测量的杆身角度。

（一）可通过推杆角度调整器调节角度的推杆

这类推杆杆颈角的弯曲不在杆身上，而是在杆头的杆颈上，且杆颈有一定长度，杆身无弯曲，可通过调整棒直接调整杆颈，因为推杆杆头的杆颈一般较细，所以角度调整更省力（图19-2-6）。

图 19-2-6　弯曲在杆颈上且杆颈有一定长度的推杆

（二）无法通过角度调整器调节角度的推杆

无法通过角度调整器调节的推杆有两种。

第一种是推杆杆身虽然无弯曲，直插入杆颈，但杆头颈部非常短，基本都在杆身内，以至于调整棒无法固定杆颈进行调节，所以不建议调整此类推杆杆颈角，最好通过调节球杆长度来达到适合球手使用的目的（图 19-2-7）。

图 19-2-7　杆身无弯曲但杆头颈部非常短的推杆

第二种是推杆杆头颈部非常短，靠近杆头部分的杆身有弯曲，有的有一个弯曲点，有的有两个弯曲点，而且弯曲的角度和方向均有所差异，有些弯曲位置还不在同一个面上（图 19-2-8）。此类杆身有弯曲的推杆不能通过调整棒来调节角度，需要通过一种手动的钢管折弯器来调节杆身弯曲的角度，但这样比较容易造成杆身损坏，并不建议技师调节此类推杆杆身。

图 19-2-8　杆颈短且靠近杆头部分的杆身有弯曲的推杆

（三）推杆杆颈角调整的操作方法

在铁杆角度调整器上固定好推杆，推杆杆面需要与杆面固定板完全贴合，并且杆面上缘与固定板平行，这样测量出的杆面倾角及杆颈角才准确（图 19-2-9）。

建议将推杆调整棒固定在固定杆身的杆颈座处（图 19-2-10），这是因为演示所用推杆的杆颈角也是通过杆颈座与杆颈的连接实现的。这样可以尽量减少角度调整对杆颈座下部直的部分的影响。

调整推杆杆颈角时，调整棒沿着杆面倾角所在的平面向上（调大）或向下（调小）进行调整，这样可以在不改变杆面倾角的情况下调节杆颈角（图 19-2-11）。

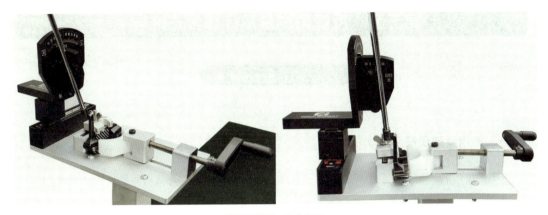

图 19-2-9　固定推杆

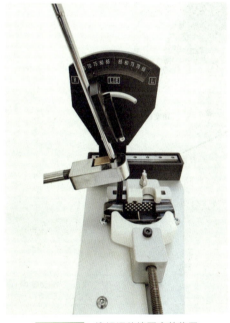

图 19-2-10　推杆调整棒固定的位置

图 19-2-11　调整推杆杆颈角

第三节　反弹角测量及计算公式推导

难度系数：★★★★★

一、常用反弹角量角器功能介绍

反弹角量角器（图19-3-1）可测量杆头底部宽度、厚度，以此可算出杆头反弹角度数。

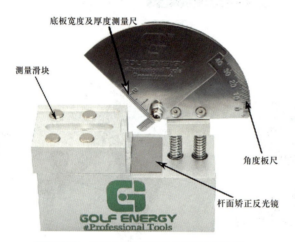

底板宽度及厚度测量尺

测量滑块

角度板尺

杆面矫正反光镜

图19-3-1　目前市场上最常见的反弹角量角器

二、反弹角测量流程

先测量杆面长度，画出杆面中心线并延伸至杆头底部（图19-3-2），以此作为测量反弹角的基准线，因为杆头底板有不同的形状，一般越靠近杆头根部或趾部反弹角越小，所以测量位置以杆面中心线为准，底部最高点处为该杆头的反弹角测量位置。

将杆头放在反弹角量角器上，注意通过反光镜查看面沟线是否与滑块平行（图19-3-3），并使杆头底部中心线（画的线）与测量板在同一平面上。

图19-3-2　画出测量反弹角的基准线（底部中线）

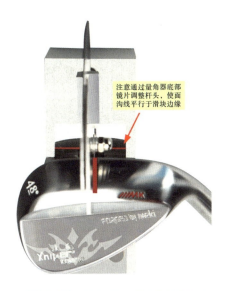

注意通过量角器底部镜片调整杆头，使面沟线平行于滑块边缘

图 19-3-3　将杆头放在反弹角量角器上

向测量板方向推动滑块，下压测量板，测量杆头底板最突出位置的角度度数（图 19-3-4）。最后用杆头杆面倾角度数减去所测得角度度数，所得的度数即该杆头的反弹角度数。

图 19-3-4　测量杆头反弹角

拓展阅读

反弹角度数计算公式

说明：为方便标识角度关系，将杆身中心轴向右侧平行移动，以方便与其他几条线交汇于一点，这不会影响各角度的大小。

A、B、C、D 分别代表以下各角度：

A：杆面倾角；

B：$90°-A$；

C：反弹角；

D：反弹角量角器测得度数。

计算公式如下：

$D=90°-（B+C）$

$$C=90°-D-B$$
$$=90°-D-（90°-A）$$
$$=90°-D-90°+A$$
$$=A-D$$

由此可知，杆面倾角度数减去反弹角量角器测得的度数即反弹角度数。

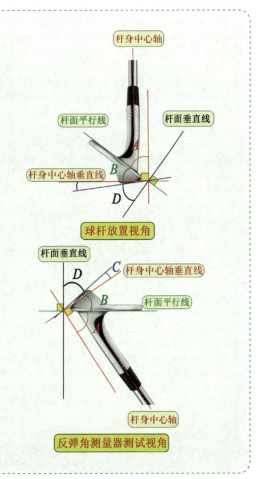

附件

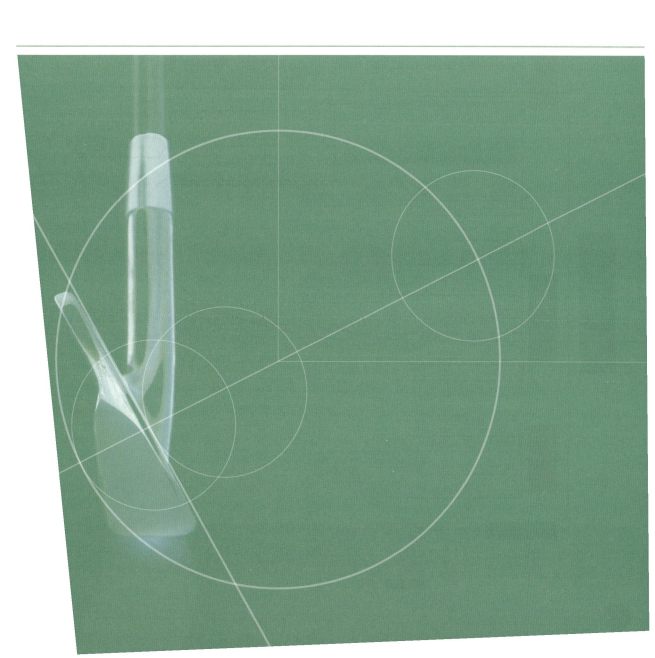

附件 1 专业设备采集数据汇总分析

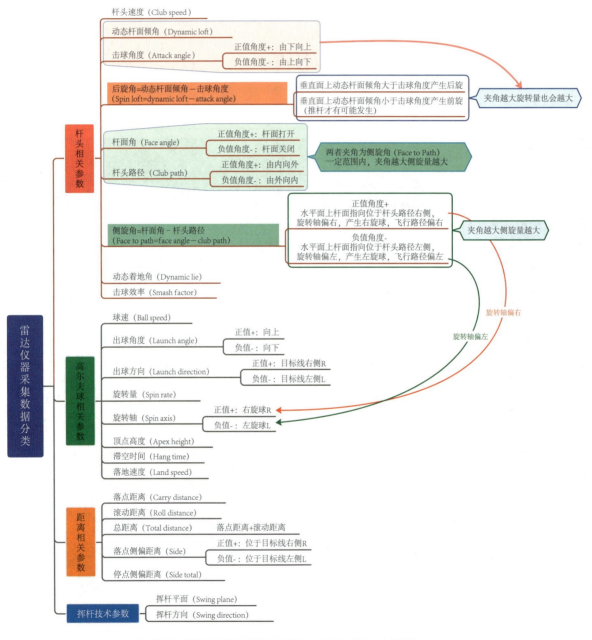

注：括号中的英文为测量设备常用英文，为便于对照，此处保留。

附图 1-1 雷达仪器采集数据分类

一、杆头数据参数

　　击球瞬间，杆头速度、动态杆面倾角、击球角度、后旋角、杆面角、杆头路径、侧旋角、动态着地角和击球效率等杆头参数对球的飞行参数产生影响（附图 1-2）。以下是这些参数的名称、相关定义及影响的汇总，以便技师使用。

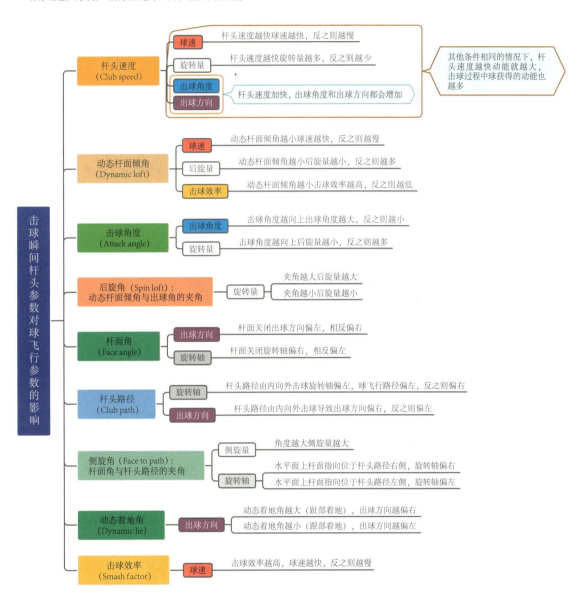

注明：1.假设条件为，以上球杆参数对球的影响因素均是指在其他条件不变的情况下，单一变量的影响因素；
　　　　2.图中"偏左"或"偏右"表示有偏左或偏右的趋势，并不是一定会偏向左或偏向右。

附图 1-2　击球瞬间杆头参数对球飞行参数的影响

（一）杆头速度

杆头速度（Club speed）表示杆头在击球瞬间时的运动速度。单位为 m/s 和 km/h（本书使用 mph）。杆头速度主要影响球速，是决定球速最重要的因素，一般杆头速度每增加 1mph，击球距离增加约 3 码。

（二）动态杆面倾角

动态杆面倾角（Dynamic loft）是指击球瞬间杆面与垂直面所成的角度，是击球时影响出球角度和后旋量的重要参数。

（三）击球角度

击球角度（Attack angle）又称"攻击角度"，有些软件也称其为"垂直下杆角度"（Swing plane vertical），指的是击球阶段杆头在垂直面上的运动方向，即以击球瞬间球所在的位置为基准点，到出球瞬间杆头在垂直面上的运动方向。击球角度有三种：由下向上、由上向下和水平。由下向上为正值角度，由上向下为负值角度，与水平线平行则为 0°。击球角度主要影响后旋量和出球角度。

（四）后旋角

在测试仪器上，后旋角（Spin loft）为动态杆面倾角和击球角度之间的夹角。

后旋角＝动态杆面倾角－击球角度

详见"击球阶段垂直面上高尔夫球受力分析"中的分力 F_1 和分力 F_2 之间的夹角。此角度越大，球的后旋量就会越大。

（五）杆面角

杆面角（Face angle）指杆面指向在水平面上的投影与目标线所成的角度，与目标线平行即为方正；杆面角为 0°，指向目标线右侧即为打开，用 R 表示，为正值度数；指向目标线左侧为关闭，用 L 来表示，为负值度数。杆面角主要影响出球方向。有些软件也将杆面角称为"打击方向"（Strike direction）。

（六）杆头路径

有些软件也将杆头路径（Club path）称为"水平下杆角度"（Swing plane horizontal），指击球瞬间以球所在的位置为基准点，到出球瞬间杆头在水平面上的运动方向。杆头路径共有三种：由内向外、笔直、由外向内。以击球目标线为 0° 基准线，由外向内为正值度数，由内向外为负值度数，与目标线平行则为 0°。

（七）侧旋角

侧旋角（Face to path）指杆面角与杆头路径的夹角，是评价侧旋量和侧旋方向（旋转轴）的数值。

侧旋角＝杆面角－杆头路径

详见"击球阶段水平面上高尔夫球受力分析"中的分力 F_1 和分力 F_2 之间的夹角。杆头速度一定的情况下，此角度越大，球的侧旋量就越大。

（八）动态着地角

动态着地角（Dynamic lie）指击球瞬间杆颈与水平面所成的角度。动态着地角主要影响杆面指向，动态着地角太大（跟部翘起，趾部着地），杆面指向偏右，会导致出球方向偏右；动态着地角太小（跟部着地，趾部翘起），杆面指向偏左，会导致出球方向偏左。

（九）击球效率

"击球效率（Smash factor）= 球速 / 杆头速度"，比值越高代表击球的效率越高，也就是说，在同样的杆头速度下，球速更快。比如，击球时杆头速度是 100 mph，球速是 145 mph，则此次的击球效率为 1.45。

二、高尔夫球飞行数据参数

（一）球速

球速（Ball speed）指出球瞬间球的运动速度，其主要受杆头速度、球质量、杆头质量、动态杆面倾角和击球角度及击球位置的影响。

（二）出球角度

出球角度（Launch angle）又称"垂直发射角"（Vertical launch angle），指球起飞时与水平面所成的角度，以度数表示。出球角度在水平面以上为正值角度，水平面以下为负值角度，向下的负值出球角度一般只有推杆击球时才可能会出现。

（三）出球方向角

出球方向角（Launch direction）又称"水平发射角"（Horizontal launch angle），指在出球瞬间球在水平面上飞出方向与目标线的角度，是以目标线为基准，用度数来表示偏离目标线的程度。左侧为 L，用负值度数表示；右侧为 R，用正值度数表示。

（四）旋转量

旋转量（Spin rate）指球围绕旋转轴的旋转速度，英文简写为"rpm"，为了便于分析球的飞行路径和弹道，将旋转量分解为后旋量和侧旋量，后旋量的大小影响球的飞行高度，也就是球的弹道的高低。侧旋又分为左旋和右旋。左旋时，球的飞行路径会偏向左侧；右旋时，球的飞行路径会偏向右侧。侧旋量越大，球在飞行过程中的偏转也会越大。

（五）旋转轴

旋转轴（Spin axis）指高尔夫球旋转所围绕的通过球中心的轴。如果高尔夫球没有侧旋只有后旋的话，旋转轴垂直于目标线所在的垂直面。旋转轴偏向右侧，球的飞行路径将向右侧偏转，即产生右曲球；旋转轴偏向左侧，球的飞行路径将向左侧偏转，即产生左曲球。

测试仪器在表示旋转轴时，用正负和偏移的度数来表示旋转轴偏转的方向和程度。如果旋转轴与目标线所在的面垂直，即只有后旋无侧旋时，表示为"0.0°"；如果偏向左侧，例如偏向左侧4.3°，表示为"-4.3°L"；如果旋转轴偏向右侧，例如偏向右侧2.3°，则表示为"+2.3°R"。

（六）顶点高度

顶点高度（Apex height）指球飞行阶段最高点到水平地面的距离，单位为码。

（七）滞空时间

滞空时间（Hang time）又称飞行时间（Flight Time），指球从出球瞬间到落地瞬间所用的时间，单位为秒。其影响因素与飞行高度的影响因素相同。

（八）落地角

落地角（Land angle）又称"垂直下降角度"（Vertical descent angle），指高尔夫球落地时运动轨迹与水平面所成的角度。相同后旋量的情况下，落地角越小则滚动距离越长。

三、距离相关参数

（一）落点距离

落地距离（Carry distance）指球从起飞的位置到落地点位置的直线水平距离，单位为码。如果是在室外，雷达类测试设备显示的这个值是实时跟踪球所得的数值，会比较准确。这里介绍一个简单的粗略计算落点距离的公式：落点距离 =2.2× 球速－103（该公式参考自彼得·杜赫斯特所著《完美挥杆的科学》）。

（二）滚动距离

滚动距离（Roll distance）指从球落地点到最后停止运动点之间的距离，单位为码。所有测试设备显示的这一值均为估算值。

（三）总距离

总距离（Total distance）= 飞行距离 + 滚动距离。

（四）落点偏离距离

落点偏离距离（Side）指落点偏离目标线的距离。如果数值为正，则表示球落在目标线右侧；如果数值为负，则表示球落在目标线左侧。单位为英尺。

（五）偏离总距离

偏离总距离（Side total）表示弹跳和滚动后偏离目标线的距离。如果数值为正，则球停在目标线右侧；如果数值为负，则球停在目标线左侧。

附件 2 高尔夫球杆定制常用词中英文对照

A

Accuracy：（击球）精确性。

AVCOG：Actual vertical center of gravity 的缩写，实际垂直面重心。

Address：高尔夫击球准备姿势。

Assembly：装配。将杆头、杆身、握把等组装起来，成为一支完整的球杆。

At impact：击球瞬间。

Attack angle：测试仪器上特指击球角度，又称"攻击角度"，指以球所在的位置为基准点，从击球瞬间到出球瞬间杆头在垂直面上的运动方向。

Axis：轴，轴线。

B

Back spin：后旋，指球杆击球后使球产生的向后旋转。

Belly putter：腹式推杆，长度大约在球手腹部的推杆。日本称此种推杆为"Mid length putter"（中长推杆）；美国则称为"Belly putter"。

Bend point：折点，球杆击球时弯曲度最大的部分。

Blade：刀刃、刀身的意思。L 形推杆也称为"刀刃形（Blade tipe）推杆"，铁杆中不属于凹背的铁杆也可用 Blade 称呼。

Blade iron：刀背铁杆，相对于凹背铁杆而言，也就是杆头背面无凹穴的铁杆，也称为"Muscle back""Conventional type"等，但目前较普遍的称呼为"Blade type"。

Butt：这里特指杆身末端（较粗端），与杆身前端（较细端）相对应。

Big butt：杆身末端靠近握把的部分，此部分较粗，在美国则称为"Fat butt"。

Boron：硼（化学元素）。硼纤维用于制造复合材料，有些品牌在碳素纤维杆身中加入硼，这可以提高杆身的强度。

Bounce angle：反弹角，指挖起杆杆头底部与水平面逆时针方向所成的夹角。

Bounce sole：反弹底部，也称为"Inverted sole"。

Bulge：水平弧度，指木杆杆面的水平突出设计。

C

Carry distance：落点距离，指球从起飞点到落地时的直线距离，也叫飞行距离。

Cambered sole：弧形底部，也称为"Radiused sole"。

Carbon fiber：碳素纤维。

Cast：铸造，杆头的一种工业制造方式。

Cavity back iron：凹背铁杆，背部设计有凹穴的杆头。

Center flex：测量杆身硬度的方法之一。将杆身的两端固定住，测量将杆身中央弯曲到一定程度的压力值。

Center of gravity(CG)：重心，主要指杆头的重心，相关参数有重心深度、重心高度和重心角度。

Close face：杆面关闭。

Club：本书指高尔夫球杆。

Club face：杆面。

Club fitter：球杆技师。

Club fitting：球杆量身定制。

Club head：球杆杆头。

Club length：球杆长度。

Club speed：在测试仪器上使用时特指杆头速度，指击球瞬间的杆头速度。

Club path：杆头路径，指击球瞬间以球所在的位置为基准点，到出球瞬间杆头在水平面上的运动方向。杆头路径有三种：由内向外、笔直、由外向内。

CNC（Computer numerical control）：计算机数字控制机床，是一种由程序控制的自动化机床。

Code grip：棉线握把。将橡胶握把的表层用棉线纵向缠绕，待握把成形之后表面有棉线，这可提高握把的防滑性能。

Conforming club：符合规则的球杆。

COR（Coefficient of restitution）：恢复系数，也称反弹系数。

CT（Characteristic time）：特征时间延迟，单位是微秒（千分之一秒）。

CPM（Cycles per minute）：每分钟振动次数的缩写，指振动频率，是用于评价杆身硬度的动态数值，CMP值越大，表示杆身越硬。

Crown：顶部，指木杆杆头最上方有弧度的区域。

Custom fitting：个性化量身定制系统。该系统让球手可自由选择握把、杆身、杆头的种类及尺寸，依照个人喜好及个人体形等定制个性化球杆。

D

60 Degree：60°（测定法）。高尔夫规则规定测量球杆长度时，杆头底部要置于 60° 的平面上。

Dampening effect：阻尼效应，即减震效应。

Deep face：深杆面，也就是将木杆的杆面制作得厚一些。整体厚度较厚的杆头也称为"Deep face"（深杆面）。金属杆头的杆面即使厚度较厚，也可制作出低重心。

Demo clubs：试打杆，球手试打所用的球杆。

Distribution：分布，指高尔夫球杆杆头的重量分布。

Directional control：方向控制，特指推杆技术动作中对推击方向的把握能力。

Distance control：距离控制，特指推杆技术动作中对推击距离的把握能力。

Dimple：凹槽，指高尔夫球表面设计的凹槽，可减少高尔夫球在飞行中的空气阻力。

Driver：一号木杆，也称开球木杆。

Dynamic loft：动态杆面倾角，指击球瞬间的杆面倾角。

E

Effective loft：有效杆面倾角。

Effective lie：有效杆颈躺角。

Effective bounce：有效反弹角。

F

Face angle：杆面角。

Face to path：测试仪上特指击球瞬间杆面角与杆头路径的夹角。该角度越大，球的侧旋量就越大。

Face grooves：面沟线。

Face progression：杆面偏移，指杆面底部前缘相对于杆颈前缘或杆颈中心轴的偏移距离。

Face balanced putter：杆面平衡推杆，指杆头重心角度为 90° 的推杆，也指杆头重心位置与杆身中心轴在同一平面的推杆。

Fairway wood：球道木杆。

Ferrule：胶环。

Flat sole：杆底较平的铁杆。在以往铁杆杆底较为狭窄的时代经常能够看见此种铁杆，但现今使用此种铁杆的人很少。

Flex：硬度，主要指杆身硬度。挥杆时，杆身产生弯曲的程度称为"杆身硬度"。同样的力量下，杆身弯曲越多说明杆身越软，反之，说明杆身越硬。

Forged：锻造，即在炽热的碳素钢和钛合金等金属圆棒上，用强大的压力打造出杆头形状的制造方法，在欧美国家称为"Forging"。

Forged cavity：锻造凹背，也就是杆头凹背的部分采用锻造制法。因为制作锻造凹背需要相当大的压力，故在以前是较困难的加工方法。

Forward weighting：加前重。

Frequency：振动频率，测定杆身硬度的方法之一。每种物质都有其固有的振动频率，跟振幅的大小并没有一定的关系。测量杆身在 1 分钟之内的振动次数，再用此测量结果计算其硬度。

Frontal axis：额状轴，呈左右方向，与水平面平行，与矢状轴垂直，也称冠状轴。

G

Gear effect：齿轮效应。

Graphite shaft：碳素纤维杆身，即材质主要为碳素纤维的杆身，Griphite 也称"Carbon fibre"（碳素纤维）。

Gravity angle：重心角度，也称"Center of gravity angle"。

Grip：握把。

Grip size：握把尺寸。指握把的内径（Inside diameter of grip）或外径尺寸（Outside diameter of grip）。

Grip core size：握把内径尺寸，也可以用"Inside diameter of grip"，其最常见的尺寸是 0.6 英寸。

Grip cap：握把帽，指握把末端较粗处，厚度大约为 5 毫米。

Groove：沟槽，指铁杆杆面的面沟线沟槽。

H

Handicap：差点，差点指数的简称，衡量高尔夫球手在标准难度球场潜在打球能力的指数。

Head：杆头，本书特指高尔夫球杆杆头。

Head speed：杆头速度。击球瞬间的杆头速度，计量单位有米 / 秒（m/s）和英里 / 时（mile/h）。1 英里 / 时 =0.447 米 / 秒。

Heel：跟部，本书特指杆头跟部，即杆头靠近杆颈的底部位置。

Hollow head iron：杆头内部为中空的铁杆杆头。

Hosel：杆颈，杆头和杆身的接合部分。

Hosel offset：杆颈偏移，指从杆颈（hosel）前端到杆面中央铅片边缘的距离。偏移（offset）程度大的球杆称为"鹅颈杆"。

Hybrid club：混血杆。英文的意思是"具有多种用途的球杆"。这类球杆根据外形设计和功能的不同又可分为木杆型混血杆和铁杆型混血杆。在美国称介于木杆和铁杆之间的混血杆为"Hybrid"，在日本则称为"Utility"，国内也有人称之为"小鸡腿"或"UT杆"。

I

Impact decal：杆面打击测试贴纸。

Inside diameter of grip：握把内径尺寸，也可用"Grip core size"。

Iron club：铁杆。按铁杆的长度和击球距离来分类，铁杆可分为长铁杆（Long iron）、中铁杆（Middle iron）和短铁杆（Short iron）。

Iron sets：铁杆组。市面上所卖的铁杆组一般有 6 ~ 8 支。由于近年来使用 3 号、4 号长铁杆的球手越来越少，用混血杆来代替长铁杆的球手在逐渐增加，因此铁杆组会因球杆搭配方式的不同而有所变化。

J

Jumbo grips：特大型握把，用于表示最大尺寸的挥杆及推杆握把。

K

Kick point：折点，指在挥杆击球时，杆身弯曲最大的位置。

L

Launch angle（Vertical launch angel，垂直发射角度）：在测试仪器上使用时特指出球角度，指出球瞬间，球与水平面所成的角度。

Launch direction（Horizontal launch angle，水平发射角度）：在测试仪器上使用时特指出球方向，是指出球瞬间球在水平面上飞出的方向，以目标线为基准，用"左""右"表示方向。

Leading edge：杆面前缘。杆面和底的界线，也就是杆面的最前缘。

Leather grip：皮质握把。皮质握把通常用在推杆上，较少使用在其他种类的球杆上。

Lie angle：杆颈角，指杆头面沟线平行于地面时，地面和杆身中心轴所成的夹角。

Lob wedge：高抛挖起杆，指杆面倾角为 61° ~ 64° 的挖起杆。

Loft angle：杆面倾角。铁杆杆面倾角是杆面与地面垂直面之间的夹角。要注意木杆杆面倾角与铁杆杆面倾角的不同，因木杆杆面有垂直膨出，在测量杆面倾角时，要以杆面的中心点为基准，测量通过木杆杆面中心点的斜面与地面垂直面之间的夹角。

Long iron：长铁杆。铁杆可分为长、中、短铁杆，长铁杆所击出的球飞行距离较远，目前 1 号、2 号长铁杆已较少被使用，现在的长铁杆通常指 3 号、4 号铁杆。

Long putter：长推杆。长推杆容易产生钟摆作用，使球路稳定，职业球手也经常使用此种推杆。

L-shaped putter：L 形推杆。此种推杆的杆身连结着底部，从正面看就好像英文字母 L 一样，故称为 "L 形推杆"。

Land angle：在测试仪器上使用时特指落地角度（Vertical descent angle，垂直下降角度），指高尔夫球落地时与水平面所成的角度。

M

Materials of shaft：杆身材质。

Metal wood：金属木杆，指用金属材质制作而成的木杆，如钛、不锈钢材质的木杆等。

Middle iron：中铁杆，通常指 5 号、6 号、7 号铁杆。因为近年来球杆厂商为了增加击球距离而把球杆杆面倾角变小，所以也可将 5 号铁杆称为长铁杆。

Midsize grips：中尺寸握把。

Mid length putter：中长推杆。此款推杆的长度约为从地面到球手的腹部，也称为 "Belly putter"。

MOI（moment of inertia）：转动惯量，又称 "惯性矩"，指一个物体围绕一个轴转动时惯性的大小，国际单位为 kg·m²。

N

Neck：杆颈，杆头和杆身连接的部分，即杆头中插入杆身的部位，也称为 "Hosel"。

O

OEM（Original-equipment manufacturing）：代工生产，也称为 "定点生产"，俗称 "代工"。其基本含义为品牌生产者不直接生产产品，而是利用自己掌握的核心技术负责设计和开发新产品，控制销售渠道，具体的加工任务通过合同订购的方式委托同类产品的其他厂家生产，之后将所订产品低价买断，并直接贴上自己的品牌商标。这种委托他人生产的合作方式简称 "OEM"，承接加工任务的制造商被称为 "OEM 厂商"，其生产的产品被称为 "OEM 产品"。

Off-center hit：偏离重心的击球。

Open face：开放的杆面。杆面角较开放的杆面。

Outside diameter of grip：握把外径尺寸。

Oversize grip：大尺寸握把。

Ounce：盎司，重量单位，1 盎司约等于 28.35 克，单位符号为 oz。

P

Parallel tip shaft：平行前端杆身，指杆身前端的口径一致。杆身前端按其是否平行可分为平行前端杆身（Parallel shaft）和锥形前端杆身（Taper shaft）两种。

Pitching wedge（PW）：劈起杆。

PU (Polyurethane)：聚氨酯，一种人造的合成材料，可用于握把或球包的制作材料。

Putter：推杆。

Putter grips：推杆握把。

Pound：磅，英美制重量单位，1 磅 =453.59 克。

R

R&A：圣安德鲁斯皇家古老高尔夫俱乐部。

Raw：就是"生"的意思，指未经电镀的铁杆杆头或未经过热处理的金属，此种材质经常被用于挖起杆。

Rearward center of gravity：向后的重心。

Ribbed grip：背脊线握把。握把后方有一条凸出的脊线。

Roll distance：滚动距离，指从落地点到最后停止点的直线距离。

Rubber grip：橡胶握把。现在几乎所有的球杆都使用橡胶握把。相对于现在的橡胶握把，以前多使用皮革握把（Leather grip）。

Round grip：圆形握把。无背脊线的挥杆握把。

S

Sagittal axis：矢状轴，前后方向，与水平面平行，垂直于额状面的轴。

Sand brust：喷沙法，为了增加球体与球杆表面的磨擦而在铁杆的杆面上喷涂铁粉或树脂粉沫的一种加工方法，也称"Shot brust"。

Sand wedge：沙坑挖起杆，指杆面倾角为 56° ～ 60° 的挖起杆。

Scoop angle：铲地角，杆头底部最低点突出水平面朝上的角度，与反弹角相对应。

Scoreline：面沟线。为了球手击球时能更好地控制击球方向和产生后旋，杆面都设计有面沟线。

Set-makeup：套杆的组合搭配。根据规定，一套球具不得超出 14 支球杆，组合上可自由搭配。

Shaft：杆身。

Shaft flex：杆身硬度。

Shaft frequency：杆身振动频率，即每分钟振动次数，使用频率检测仪测量。将球杆的握把端固定，在杆头端施加一个力，使之上下振动，频率检测仪会记录下球杆的振动次数，振动频率越大，说明杆身越硬，反之，频率越小，杆身硬度越小。其以 CPM 为计量单位。

Shaft performance characteristics：杆身性能参数。

Short iron：短铁杆，通常指 8 号、9 号、P 杆，用于中短距离击球。

Side：在测试仪器上使用时特指落点偏离距离，指高尔夫球落点偏离目标方向线的距离。

Side total：在测试仪器上使用时特指偏离总距离，指高尔夫球停点偏离目标方向线的距离。

Side spin：侧旋，球的侧旋量，侧旋球。

Socket：杆头凹穴处，可插入杆身。

Soft steel：软铁。含碳素 0.15％ ~ 0.28％的碳素钢，正式的名称应该为软钢，但大家都习惯称呼"软铁"。

Sole：杆底，杆头最底部。以往木杆杆底部分的幅度都制作得较宽，而铁杆杆底部分的幅度都制作得较为狭小，现在也有很多铁杆将杆底做得很宽。

Sole angle：杆底角。以杆身中心轴所形成的平面垂直地面为基准，底部与水平面所形成的夹角。杆底后方突出水平面朝上的角度称为"铲地角"，杆底后方突出水平面朝下的角度称为"反弹角"。

Sole radius：底部半径。

Sole width：底部宽度。

Spin rate：旋转速度，指出球瞬间高尔夫球围绕旋转轴转动的速度，单位为转／分，英文简写"rpm"（Revolutions per minute）。

Spin axis：旋转轴，指出球瞬间高尔夫球旋转所围绕的通过球重心的轴。

Spin loft：击球瞬间动态杆面倾角与杆头击球角度之间的夹角。

Spine：脊椎线，特指杆身脊椎线。

Square：杆面方正，本书特指击球瞬间杆面指向目标方向。

Standard：标准的，常缩写为 STD，代表标准的规格和尺寸，常用来表示握把的规格尺寸。

Standard grips：标准尺寸握把。

Steel shaft：钢杆身。

Sweet spot：甜蜜点（击球最佳点）。球手用杆头的某部位击中球时，球手的手会感觉到舒服，我们称此点为"甜蜜点"。

Sweet area：甜蜜区。

Swing weight：挥杆重量。

Swing balance：挥杆平衡，也会用该词表示挥杆重量。

Swing grips：挥杆握把。

T

Tapered tip shaft：锥形前端杆身。

Tee：梯台，指每一栋的开球区域，也指开球时放置球的球座。

Thin face：薄杆面。

Tip：杆身前端，指杆身最细的部分，组装时插入杆头的部分。

Tip diameter：杆身前端外径。在组装时，杆身前端外径尺寸要与杆颈内径尺寸相对应。

Titanium：钛合金，用于制作一号木杆杆头的主要材料。

Toe：杆头部位名称，特指杆头趾部，与杆头跟部相对应。

Torque：杆身扭矩，指杆身对扭转力量的阻抗值，用度数来表示。

Total weight：总重量，指球杆的整体重量。总重量并不代表挥杆重量。

Total distance：总距离，等于飞行距离（Carry distance）与滚动距离（Roll distance）之和。

Trajectory：弹道。

Training grips：训练型握把，特指手型握把，适用于初学者固定握把手型。

U

USGA：美国高尔夫球协会，成立于 1894 年，是美国和墨西哥高尔夫运动的管理机构，也是一个对高尔夫球手进行管理并为高尔夫球手服务的非营利性组织。

Utility club：混血杆，铁木杆。

Undersize grips：小尺寸握把，相比于标准尺寸握把小一些的握把。

V

Vertical face roll：杆面垂直弧度。

Vertical axis: 垂直轴，上下方向，垂直通过水平面的轴。

Volume：体积。

W

Wedge：挖起杆。

Wood club：木杆，可分为一号木杆（Driver）和球道木杆（Fairway wood）。

Y

Yard：码，英制长度计量单位，单位符号为 yd。1 码 =0.9144 米。

附件 3 高尔夫球杆定制常用度量衡对照表

附表 3-1　长度单位换算表

长度单位	公分	公尺	英寸	英尺	码
1 厘米（cm）	1	0.01	0.39370	0.03281	0.01936
1 米（m）	100	1	39.3701	3.28084	1.09361
1 英寸（inch）	2.54	0.0254	1	0.08333	0.02778
1 英尺（feet）	30.48	0.3048	12	1	0.33333
1 码（yard）	91.44	0.9144	36	3	1

注：公分和公尺已基本不使用了。

附表 3-2　重量单位换算表

重量单位	公克	公斤	盎司	英磅
1 克（g）	1	0.001	0.03527	0.00220
1 千克（kg）	1000	1	35.27	2.2205
1 盎司（oz）	28.35	0.0284	1	0.0625
1 磅（pd）	453.6	0.4536	16	1

注：公克已基本不使用了。

附件 4　高尔夫球杆定制参数图表汇总

一、球杆参数相关图表

附表 4-1　木杆（含铁木杆）参数参考汇总表

球杆型号	杆面倾角	杆颈角	杆头重量	杆头体积	球杆长度
DRIVER	8.5°～10.5°	58°	190～200g	460 cm³	45.5～46.25 in
FW3+	13°	58°	208 g	200 cm³	43.25 in
FW3	15°	58°	213 g	190 cm³	43 in
FW4	17°	58.5°	218 g	180 cm³	42.5 in
FW5	19°	59°	223 g	170 cm³	42 in
FW7	21°	59.5°	228 g	160 cm³	41.5 in
FW9	25°	60°	233 g	150 cm³	41 in
U2	17°	59°	215 g	135 cm³	41 in
U3	19°	59.5°	220 g	130 cm³	40.5 in
U4	21°	60°	225 g	125 cm³	40 in
U5	23°	60.5°	230 g	120 cm³	39.5 in
U6	25°	61°	235 g	115 cm³	39 in

　　注：以上木杆杆头参数以男士木杆为例，不同的品牌会有所差异，这里总结常见参数作为参考。一号木杆一般杆头越重球杆越短，杆头越轻球杆越长。不同品牌的球道木杆及铁木杆的同一号数球杆的杆面倾角会有 0.5°～1.5° 的差异，杆颈角会有 0.5°～1° 的差异，长度会有 0.25～1 英寸的差异，杆头重量和杆头体积上则差异较大。

附表 4-2　铁杆杆头参数参考汇总表

铁杆型号	杆面倾角	杆颈角	杆头重量	球杆长度
#3	20°	60°	243 g	39 in
#4	22°	60.5°	250 g	38.5 in

铁杆型号	杆面倾角	杆颈角	杆头重量	球杆长度
#5	24°	61.0°	257 g	38 in
#6	29°	61.5°	264 g	37.5 in
#7	33°	62.0°	271 g	37 in
#8	37°	62.5°	278 g	36.5 in
#9	41°	63.0°	285 g	36 in
PW	45°	63.5°	293 g	35.5 in
AW	50°	64°	300 g	35.5 in
SW	55°	64°	303 g	35.25 in
48°	48°	64°	298 g	35.5 in
50°	50°	64°	298 g	35.5 in
52°	52°	64°	298 g	35.25 in
54°	54°	64°	298 g	35.25 in
56°	56°	64°	303 g	35.25 in
58°	58°	64°	303 g	35 in
60°	60°	64°	303 g	35 in
62°	62°	64°	303 g	35 in

注：以上参数以常见男士钢杆身为例，不同品牌的铁杆组的同一号数球杆的杆面倾角会有1°～2°的差异，杆颈角会有0.5°～1°差异，长度会有0.25～1英寸的差异，杆头重量也会有1～5克的差异。

附表4-3　挖起杆参数参考汇总表

挖起杆型号	杆面倾角	杆颈角	反弹角	杆头重量	球杆长度
48°	48°	64°	6°～10°	298 g	35.75 in
50°	50°	64°	6°～10°	298 g	35.5 in
52°	52°	64°	8°～10°	298 g	35.25 in
54°	54°	64°	8°～10°	298 g	35.25 in
56°	56°	64°	8°～16°	303 g	35.25 in
58°	58°	64°	8°～16°	303 g	35 in
60°	60°	64°	8°～16°	303 g	35 in
62°	62°	64°	8°～16°	303 g	35 in

注：不同品牌的挖起杆的杆颈角度差异不大，长度差异为0.25～0.5英寸，反弹角差异非常大（0°～18°均有设置），杆头重量也会有1～5克的差异。

附表 4-4　男士球杆常见杆颈角及球杆长度设定参考表

木杆型号	杆颈角	球杆长度（碳素纤维杆身）	铁杆型号	杆颈角	球杆长度（钢杆身）
Driver（8.5°～10.5°）	58°	45～46 in	#3	60°	39 in
FW3（15°）	58°	43 in	#4	60.5°	38.5 in
FW4（17°）	58.5°	42.5 in	#5	61°	38 in
FW5（19°）	59°	42 in	#6	61.5°	37.5 in
FW7（21°）	59.5°	41.5 in	#7	62°	37 in
FW9（25°）	60°	41 in	#8	62.5°	36.5 in
U2（17°）	59°	41 in	#9	63°	36 in
U3（19°）	59.5°	40.5 in	PW	63.5°	35.5 in
U4（21°）	60°	40 in	GW	64°	35.5 in
U5（23°）	60.5°	39.5 in	SW	64°	35.25 in
U6（25°）	61°	39 in	60°	64°	35 in

注：不同品牌及不同型号的铁杆的杆颈角会有所差异。目前杆颈角设置一般有两种，一种是从 3 号杆至 P 号杆的杆颈角角度间差都是 0.5°；另一种是长铁杆的杆颈角角度间差为 1°，短铁杆的杆颈角角度间差为 0.5°。具体角度还需要以品牌参数表或实际测量为准。

附表 4-5　女士球杆常见杆颈角及球杆长度设定参考表

木杆型号	杆颈角	球杆长度（碳素纤维杆身）	铁杆型号	杆颈角	球杆长度（钢杆身）
Driver（11.5°～13.5°）	59°	43.5～44.5 in	#5	61°	37 in
FW3（16°）	58°	42 in	#6	61.5°	36.5 in
FW4（18°）	58.5°	41.5 in	#7	62°	36 in
FW5（20°）	59°	41 in	#8	62.5°	35.5 in
FW7（23°）	59.5°	40.5 in	#9	63°	35 in
FW9（26°）	60°	40 in	PW	63.5°	34.5 in
U4（22°）	60°	39 in	AW	63.5°	34.5 in
U5（25°）	60.5°	38.5 in	SW	63.5°	34.25 in
U6（28°）	61°	38 in			
U7（31°）	61.5°	37.5 in			

附表 4-6　一号木杆杆头速度与杆面倾角选择建议对照表

一号木杆头速度	建议一号木杆杆面倾角	适合人群
50 ± 5 mph	15.5 ± 1°	青少年
60 ± 5 mph	14.5 ± 1°	青少年
70 ± 5 mph	13.5 ± 1°	女士、青少年
80 ± 5 mph	12.5 ± 1°	女士
90 ± 5 mph	11.5 ± 1°	男士、女士
100 ± 5 mph	10.5 ± 1°	男士
105 mph 及以上	9.5 ± 1°	男士

附表 4-7　杆身硬度与挥杆重量搭配建议表

杆身硬度	建议挥杆重量范围	平均挥杆重量
L	C3 ~ C9	C6
A	C7 ~ D1	C9
R	C8 ~ D3	D1
S	C9 ~ D4	D2
X	D0 ~ D5	D3

高 尔 夫 球 杆 **C P M** 标 定 线 性 表

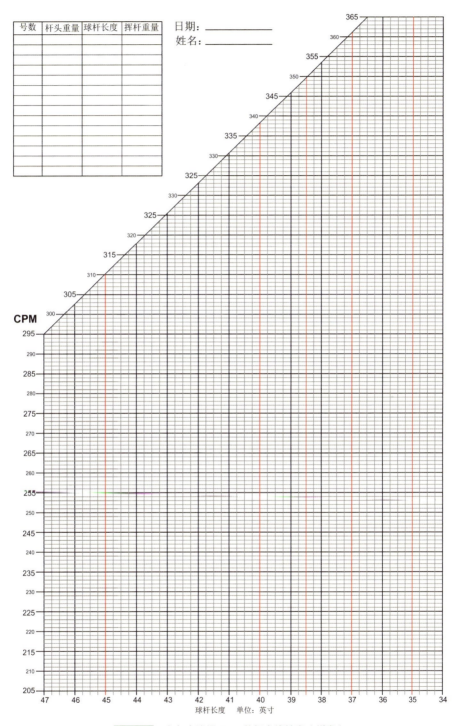

号数	杆头重量	球杆长度	挥杆重量

日期：＿＿＿＿＿＿＿
姓名：＿＿＿＿＿＿＿

CPM

球杆长度　单位：英寸

附图 4-1　高尔夫球杆 CPM 值标定线性表（样表）

二、握把及杆身定制相关参考图表

附表 4-8　手掌大小与握把尺寸定制建议对照表

手掌长度	中指长度	握把尺寸
$< 5^{3/4}$ in	2 ~ 3 in	青少年
	3 ~ 4 in	青少年 +1/64 in
	> 4 in	青少年 +1/32 in
$5^{3/4}$ ~ $6^{1/2}$ in	2 ~ 3 in	女性标准
	3 ~ 4 in	女性 +1/64 in
	> 4 in	女性 +1/32 in
$6^{1/2}$ ~ 7 in	2 ~ 3 in	男性 −1/64 in
	3 ~ 4 in	男性标准
	> 4 in	男性 +1/64 in
7 ~ $7^{3/4}$ in	2 ~ 3 in	男性标准
	3 ~ 4 in	男性 +1/64 in
	> 4 in	男性 +1/32 in
$7^{3/4}$ ~ $8^{1/4}$ in	2 ~ 3 in	男性 +1/64 in
	3 ~ 4 in	男性 +1/32 in
	> 4 in	男性 +3/64 in
$8^{1/4}$ ~ $8^{3/4}$ in	2 ~ 3 in	男性 +1/32 in
	3 ~ 4 in	男性 +3/64 in
	> 4 in	男性 +1/16 in
$8^{3/4}$ ~ $9^{1/4}$ in	2 ~ 3 in	男性 +1/16 in
	3 ~ 4 in	男性 +5/64 in
	> 4 in	男性 +3/32 in

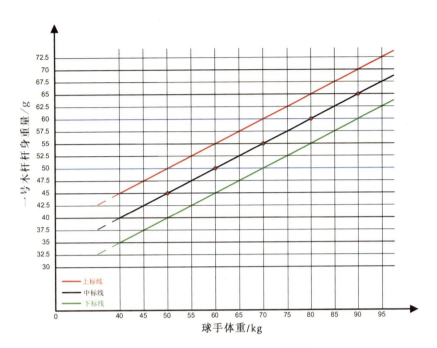

附图 4-2 球手体重与一号木杆杆身重量选择建议

球手体重	一号木杆杆身选择重量范围	铁杆杆身重量选择范围及材质
附表 4-9 根据球手体重选择一号木杆杆身重量参考		
小于等于 40 kg	小于 45 g	小于 55 g（碳素纤维）
41 ~ 50 kg	35 ~ 50 g	45 ~ 60 g（碳素纤维）
51 ~ 65 kg	40 ~ 57.5 g	50 ~ 75 g（碳素纤维、钢）
66 ~ 75 kg	47.5 ~ 62.5 g	75 ~ 95 g（碳素纤维、钢）
76 ~ 85 kg	52.5 ~ 67.5 g	85 ~ 105 g（碳素纤维、钢）
86 ~ 95 kg	57.5 ~ 72.5 g	95 ~ 115 g（钢、碳素纤维）
大于 95 kg	大于 62.5 g	105 ~ 125 g（钢、碳素纤维）

注：体重与杆身重量的关系是随着体重的减轻建议的杆身重量也随之减轻，但杆身重量减轻的幅度不同，主要是因为目前市场上较轻的一号木杆杆身，40 多克的最为常见，30 多克的也有，但成本较高。选择杆身重量时要与杆头速度一起进行综合考虑。这里一号木杆杆身重量是指裁切后的重量。

附表 4-10　根据一号木杆杆头速度或落点距离选择一号木杆杆身重量参考表

一号木杆头速度	一号木落点距离	一号木杆身建议重量范围
小于等于 60 mph	小于 140 yd	小于 45 g
61 ~ 70 mph	140 ~ 170 yd	35 ~ 50 g
71 ~ 80 mph	170 ~ 190 yd	40 ~ 55 g
81 ~ 90 mph	190 ~ 220 yd	45 ~ 60 g
91 ~ 100 mph	220 ~ 245 yd	50 ~ 65g
101 ~ 110 mph	245 ~ 270 yd	55 ~ 70 g
大于 110 mph	大于 270 yd	大于 60 g

附表 4-11　根据一号木杆头速度及落点距离选择杆身硬度建议对照表

一号木杆杆头速度	一号木杆落点距离	150 码落点距离所用球杆	建议杆身硬度
小于等于 60 mph	小于 140 yd	—	J
61 ~ 70 mph	140 ~ 170 yd	4 号铁杆或相应号数的铁木杆	L
71 ~ 80 mph	170 ~ 190 yd	5 号铁杆	A
81 ~ 90 mph	190 ~ 220 yd	6 号铁杆	R
91 ~ 100 mph	220 ~ 245 yd	7 号铁杆	SR
101 ~ 110 mph	245 ~ 270 yd	8 号铁杆	S
大于 110 mph	大于 270 yd	9 号铁杆	X

注：此表的应用需要技师有足够的经验并区别对待，因为挥杆速度很慢的球手用球道木杆及 4 号铁杆可能根本无法有效地击球，或者球的弹道很低，飞行距离很近。一号木杆杆头速度低于 70 mph 的球手建议使用大角度杆面倾角的一号木杆，6 号以上铁杆均用铁木杆替代。现在碳素纤维杆身的材质越来越好，稳定性越来越高，所以针对不经常锻炼的业余球手，杆的重量和硬度也趋于更轻更软。

三、球杆量身定制相关图表

附表 4-12 铁杆球杆长度定制建议表

手腕到地面距离	身高对应的球杆长度和杆颈角增减值						
	151～155 cm	156～160 cm	161～168 cm	169～183 cm	184～191 cm	192～196 cm	197～201 cm
65～69 cm	-1 1/2 in:-1°	-1 in:-2°	-1/2 in:-3°	STD:-4°	—	—	—
70～74 cm	-1 1/2 in:0°	-1 in:-1°	-1/2 in:-2°	STD:-3°	+1/2 in:-4°	—	—
75～79 cm	-1 1/2 in:+1°	-1 in:0°	-1/2 in:-1°	STD:-2°	+1/2 in:-3°	+1 in:-4°	—
80～84 cm	-1 1/2 in:+2°	-1 in:+1°	-1/2 in:0°	STD:-1°	+1/2 in:-2°	+1 in:-3°	+1 1/2 in:-4°
85～89 cm	-1 1/2 in:+3°	-1 in:+2°	-1/2 in:+1°	STD	+1/2 in:-1°	+1 in:-2°	+1 1/2 in:-3°
90～94 cm	-1 1/2 in:+4°	-1 in:+3°	-1/2 in:+2°	STD:+1°	+1/2 in:0°	+1 in:-1°	+1 1/2 in:-2°
95～99 cm	-1 1/2 in	-1 in:+4°	-1/2 in:+3°	STD:+2°	+1/2 in:+1°	+1 in:0°	+1 1/2 in:-1°
100～104 cm	—	-1 in	-1/2 in:+4°	STD:+3°	+1/2 in:+2°	+1 in:+1°	+1 1/2 in:0°
105～109 cm	—	—	-1/2 in	STD:+4°	+1/2 in:+3°	+1 in:+2°	+1 1/2 in:+1°

注：①表中具体的建议值，冒号左侧为球杆增加或减少的长度，单位为英寸；冒号右侧为建议增加或减少的杆颈角度数。增加对应的英寸为"Upright"，也就是向上调节角度；减少对应的英寸为"Flat"，也就是向下调节角度。球杆的长度及角度都没有标准。②STD 表示标准球杆长度，这里设定一个基准作为参考，即7号铁杆的长度（37.25英寸）和杆颈角（62°）。③本表仅作为球杆长度定制的参考基准表，更为准确的定制还需要在着地角的动态测试下通过看着地角的动态测试长度一定着地角的情况下来确定球杆长度的动态调整着杆颈角角度。

附表 4-13　青少年球杆定制参数建议表

身高范围	一号木杆或最长木杆、铁木杆			7号铁杆		推杆		球杆搭配型号建议	杆身硬度选择范围
	平均长度	长度范围	杆面倾角范围	平均长度	长度范围	平均长度	长度范围		
121～125cm	36 in	35.5～36.5 in	26°～22°	32 in	31.5～32.5 in	28 in	27.5～28.5 in	UT、#7~PW、SW、PT	J、L
126～130cm	37 in	36.5～37.5 in	26°～22°	32.5 in	32～33 in	28.5 in	28～29 in	Driver、UT、#6~PW、SW、PT	J、L
131～135cm	38 in	37.5～38.5 in	24°-20°	33 in	32.5～33.5 in	29 in	28.5～29.5 in	Driver、UT、#6~PW、SW、PT	J、L
136～140cm	39 in	38.5～39.5 in	22°～18°	33.5 in	33～34 in	29.5 in	29～30 in	Driver、FW7、UT、#5~PW、SW	J、L
141～145cm	40 in	39.5～40.5 in	20°～16°	34 in	33.5～34.5 in	30 in	29.5～30.5 in	Driver、FW7、UT、#5~PW、SW	J、L、R
146～150cm	41 in	40.5～41.5 in	18°～14°	34.5 in	34～35 in	30.5 in	30～31 in	Driver、FW5、FW7、UT、#5~PW、SW	L、R、SR
151～155cm	42 in	41.5～42.5 in	16°～13°	35 in	34.5～35.5 in	31 in	30.5～31.5 in	Driver、FW7、UT、#5~PW、SW	L、R、SR
156～160cm	43 in	42.5～43.5 in	14°～12°	35.5 in	35～36 in	31.5 in	31～32 in	Driver、FW5、FW7、UT、#5~PW、SW	L、R、SR、S
161～165cm	44 in	43.5～44.5 in	13.5°～10.5°	36 in	35.5～36.5 in	32 in	31.5～32.5 in	成人球杆搭配	L、R、SR、S
166～170cm	45 in	44.5～45.5 in	11.5°～9.5°	36.5 in	36～37 in	32.5 in	32～33 in	成人球杆搭配	R、SR、S
170 cm以上	45.5 in	45～46 in	10.5°～9.0°	37 in	36.5～37.5 in	33 in	32.5～33.5 in	成人球杆搭配	R、SR、S、X

注意事项：①身高较高的青少年球杆长度建议成人杆长度比成人杆的短一些，这是因为青少年处于生长发育期，肌肉的生长落后于骨骼，对动作的控制能力还没有发育完善。②对于身高低于 145 厘米的青少年，因为市场上没有这么大度数的一号木杆头，可能球杆搭配中一号木杆杆面倾角范围可能不是一号木杆的，是球道木杆或铁木杆的。

附件 5　高尔夫球杆定制参数思维导图

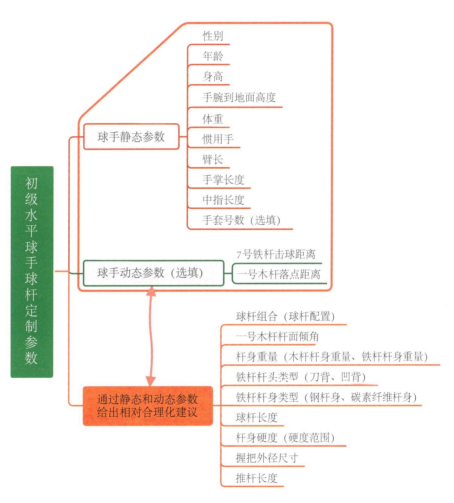

附图 5-1　初级水平球手球杆定制参数

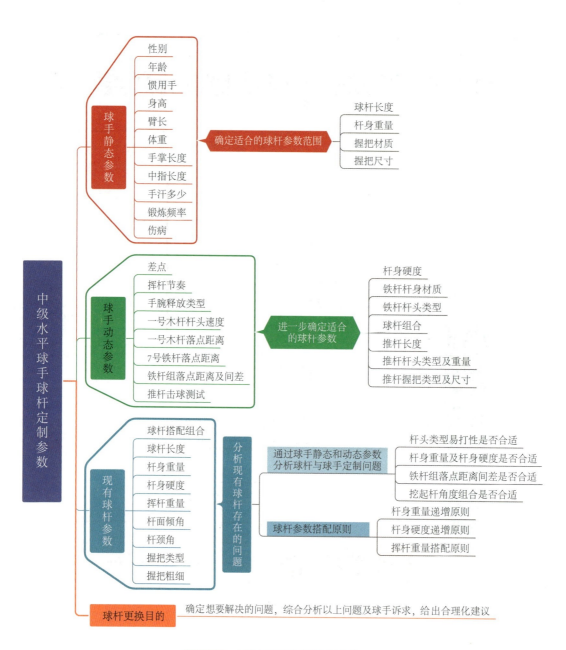

附图 5-2　中级水平球手球杆定制参数

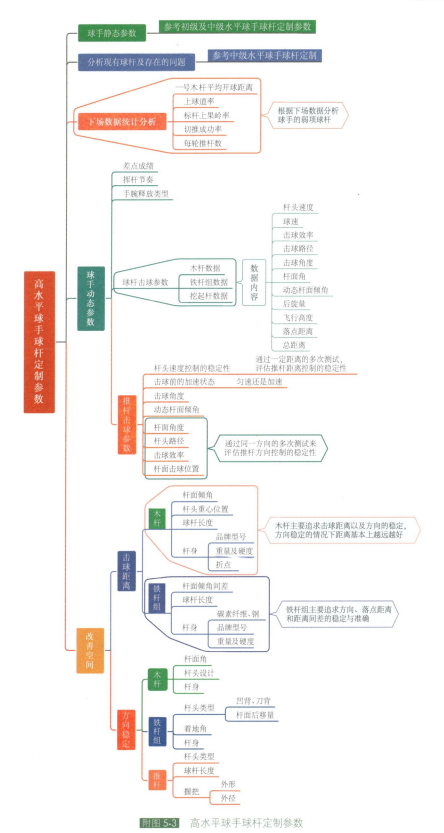

附图 5-3　高水平球手球杆定制参数

参考文献

[1] 林丁山，黄德敏，王玉玺.高尔夫球杆量身定制 [M].广州：华南理工大学出版社，2011.

[2] 王瑞元，苏全生.运动生理学 [M].北京：人民体育出版社，2011.

[3] 杜安·努森.生物力学基础：第 2 版 [M].钟亚平，胡卫红，译.北京：人民体育出版社，2012.

[4] 中华人民共和国国家卫生和计划生育委员会.中华人民共和国卫生行业标准 [S].2016.